33.322

HISTOIRE D'ELBEUF

par H. SAINT-DENIS

TOME VIII
(De 1800 à 1830)

ILLUSTRÉ DE 12 PLANCHES HORS TEXTE

PAR DÉLIBÉRATION DU CONSEIL MUNICIPAL D'ELBEUF,
EN DATE DU 9 MAI 1894

Elbeuf. — Imprimerie H. Saint-Denis
1901

HISTOIRE D'ELBEUF

—

TOME VIII

Restitution de l'ancienne rue St Etienne (dessin de Mérovak)

HISTOIRE
D'ELBEUF

par H. SAINT-DENIS

TOME VIII

(De 1800 à 1830)

ILLUSTRÉ DE 12 PLANCHES HORS TEXTE

PAR DÉLIBÉRATION DU CONSEIL MUNICIPAL D'ELBEUF,
EN DATE DU 9 MAI 1894

ELBEUF. — IMPRIMERIE H. SAINT-DENIS

1901

HISTOIRE D'ELBEUF

Tome Huitième

CHAPITRE Ier
(Du 11 nivôse an VIII au 10 nivôse an IX)
(année 1800)

Affaires diverses. — Le citoyen Mathieu Frontin, fabricant, 16e maire d'Elbeuf. — Les barrières. — Dénonciation contre la municipalité; réponse de celle-ci. — La fête du 1er Vendémiaire. — La garde nationale. — Le Conseil municipal. — Nouveau projet d'un hospice général avec atelier national. — Adresse de la municipalité a Bonaparte.

Par délibération du 20 nivôse an VIII (10 janv. 1800), on décida de déplacer l'amphithéâtre élevé dans le temple décadaire, pour le reporter dans le même lieu, mais d'une manière plus commode pour l'administration et le public.

On le monta dans un des bas-côtés, vis-à-vis de la tribune. Ce déplacement avait pour but de permettre aux fidèles d'apercevoir le maître-autel et le prêtre pendant les cérémonies du culte catholique.

A la fête décadaire du 30 nivôse (20 janv.), on donna lecture des actes du gouvernement concernant « sa volonté relativement aux émigrés, ses intentions sur la rentrée des François proscrits, sur le retour des prêtres et la tolérance des cultes ».

Dans la nuit du 3 au 4 pluviôse (23 au 24 janvier), l'officier, la sentinelle et toute la garde abandonnèrent le poste, vers quatre heures du matin, sous prétexte qu'ils n'avaient plus de bois pour se chauffer. Tous furent traduits devant le conseil de discipline, sur la réquisition de la municipalité.

Depuis longtemps, l'administration cantonale recevait une infinité de réclamations de citoyens se plaignant de ce que les préposés aux recettes des barrières exigeaient beaucoup plus que le droit ; d'autres avaient déclaré qu'on leur faisait payer la taxe en sortant et en entrant dans la ville. En conséquence, il avait été fait défense aux fermiers de continuer ces abus, mais ils en n'avaient tenu aucun compte.

Le 6 pluviôse (26 janvier), il se fit un rassemblement considérable à la barrière dite de Paris. Les voitures s'y trouvèrent amassées, la circulation interrompue, et bientôt des voies de fait allaient se produire quand le commissaire de police se présenta et dressa procès-verbal.

Le surlendemain, de nouvelles plaintes s'élevèrent contre les fermiers de la recette ;

l'administration dut poser deux sentinelles pour maintenir l'ordre. Alors, les préposés abandonnèrent leur bureau.

Par une délibération du 7 pluviôse (27 janv.), la municipalité décida qu'une partie de la prison serait employée comme « violon », pour y déposer les gens arrêtés provisoirement, qui, jusque-là, avaient été confiés à la garde du poste.

Le 9 (29 janvier), sur la demande du vieux prêtre Louis-Charles Alexandre Flavigny, ancien habitué de l'église Saint-Jean, et alors infirme, le citoyen Lefort, membre de l'administration, se rendit à son domicile pour recevoir son serment de fidélité à la Constitution.

Le 15 (4 février), à la suite d'un arrêté du Département, on publia et renouvela les défenses, précédemment faites, « d'élever publiquement aucuns signes extérieurs de culte et de sonner les cloches hors les cas d'incendie, d'attaques de brigands et autres événements imprévus pouvant nécessiter l'assistance des citoyens ».

On lut également la loi mettant hors la Constitution les départements d'Ille-et-Vilaine, de la Loire Inférieure, du Morbihan et des Côtes-du-Nord, avec une invitation aux autres départements à se préserver d'une pareille mesure, en montrant une attitude ferme et en se tenant prêts à marcher au premier signal partout où les brigands apparaîtraient.

L'administration municipale, le secrétaire, le commissaire du gouvernement et tous les fonctionnaires prêtèrent serment de fidélité à la Constitution, le 21 pluviôse (10 février). La garde nationale fit de même le 24 et le 30, au temple décadaire.

Afin d'empêcher les bateliers de faire passer la Seine aux étrangers, pendant la nuit, on créa un poste devant le port Saint-Gilles. En outre, des patrouilles de garde nationale à cheval, accompagnées d'un gendarme, circulèrent de nuit entre le port d'Elbeuf et celui d'Oissel, pour surveiller la riviere et empêcher les chouans de passer sur la rive droite.

On renouvela également la défense de laisser circuler des masques dans les rues. Cependant, sur la proposition faite par le citoyen Macé, on permit un bal masqué pour le 20 ventôse (11 mars), à condition que moitié de la recette serait versée dans la caisse de l'hospice. Ce bal n'eut guère de succès, et peu de personnes s'y présentèrent, car l'hospice ne toucha que 12 francs.

Le 12 ventôse (3 mars), notre administration écrivit au citoyen Lucien Bonaparte, ministre de l'intérieur, en lui adressant une réplique à la réponse faite par Lemercier aux accusations portées contre « ce citoyen éhonté, qui luttait contre les administrateurs fidèles et consciencieux qui l'avaient fait destituer. »

On donna lecture, le 22 ventôse (13 mars), à l'assemblée municipale, du discours prononcé par le citoyen Thiessé, membre du tribunal de Rouen, lors des funérailles du citoyen Anquetin-Beaulieu, de la Seine-Inférieure, membre du Corps législatif.

Huit conscrits ayant été demandés à la ville d'Elbeuf, le Conseil municipal se déclara en permanence jusque la fin des opérations de recrutement, à dater du 27 (18 mars).

Des chiens enragés ayant jeté l'épouvante dans notre ville, l'assemblée municipale prit, le 6 germinal (27 mars) un moyen radical.

Elle décida qu'il était permis de tuer ou faire tuer tous les chiens, enragés ou non, qui seraient trouvés divaguant dans les rues, et en outre qu'il serait payé cinquante centimes ou dix sous par tête de chien tué sur le territoire d'Elbeuf.

La première pièce concernant notre ville et signée du premier consul Bonaparte fut celle dont nous donnons copie :

« LIBERTÉ ÉGALITÉ »

« Au nom du Peuple françois.

« Du 14 germinal de l'an VIII de la République françoise une et indivisible.

« Bonaparte, premier consul de la République, nomme les citoyens Frontin père, fabricant ; Grandin, fabricant ; et Mathieu Quesné, fabricant, pour remplir dans le département de la Seine-Inférieure et dans la ville d'Elbeuf, savoir : le premier les fonctions de maire de la dite ville, et les deux autres les fonctions d'adjoint au maire.

« Ordonne en conséquence qu'ils se rendront de suite à leur poste pour y remplir les fonctions qui leur sont attribuées par la loi.
— BONAPARTE.

« Par le premier consul, le secrétaire d'Etat : HUGUES MARET.

« Le ministre de l'Intérieur : LUCIEN BONAPARTE ».

Cette pièce ne parvint qu'au commencement de l'an IX à Elbeuf, ainsi que nous le verrons plus loin, de sorte que l'ancienne administration, qui l'ignorait, resta en fonctions.

Le 17 germinal (7 avril) on reçut avis que le citoyen Beugnot avait été installé, le jour même, dans ses fonctions de préfet.

Le citoyen Louis-Charles-Alexandre Flavigny, ministre du culte catholique, mourut le 30 (21 mars), à l'âge de quatre-vingt-dix ans.

Le 12 floréal (2 mai), le citoyen Mathieu Frontin fit un nouveau don patriotique de 120 livres, destiné à l'équipement des volontaires à l'armée de réserve.

Le 2 prairial (22 mars), notre municipalité se plaignit amèrement au préfet de n'avoir pas encore été vengée des imputations calomnieuses de Lemercier, contre lequel justice n'avait pas été rendue, malgré le flagrant délit duement constaté.

Le 22 (11 juin), il fut représenté au préfet que la barrière d'Elbeuf, du côté du Neubourg, était placée à l'embranchement des trois routes de Louviers, de Pont-de-l'Arche et du Neubourg, mais qu'il n'existait réellement de grande route que pour cette dernière ville : celles de Pont-de-l'Arche et de Louviers n'étaient que des chemins de traverse, pour la réparation desquels il n'était dû aucun droit. Néanmoins, par la position de la barrière, la taxe était exigée des voyageurs d'où qu'ils vinssent. Conséquemment, notre ville demanda le transfèrement de la barrière sur la route du Neubourg, afin de laisser libres les entrées par les deux autres chemins.

On procéda, le 20 (8 août), à la nomination d'officiers et de sous-officiers de la garde nationale ; la réunion eut lieu dans le temple décadaire.

Le lendemain, le préfet transmit à Elbeuf la nomination, par le premier consul Bonaparte, du citoyen Baratte aux fonctions de commissaire de police.

La lettre suivante adressée, le 5 thermidor (24 juin), par la municipalité au préfet, va nous donner des détails sur un événement qui fit quelque sensation dans notre ville :

« Le citoyen Lefort, notre collègue, qui a eu l'honneur de vous voir, vient de nous apprendre qu'il vous avoit été envoyé une dénonciation signée de 300 individus, sur ce que la fête du 14 juillet n'auroit pas été célébrée en cette commune, que les maisons de fabrique sont restées ouvertes, et que même les ouvriers ont été payés pour qu'ils travaillassent ledit jour.

« Il nous importe de détruire l'impression fâcheuse qu'ont pu faire sur vous ces imputations, en vous faisant connoître ce qu'elles renferment de faux et d'odieux.

« Nous conviendrons d'abord que nous n'avons fait aucune cérémonie, mais nous ajouterons que nous n'avons pas été guidés par les motifs que nos délateurs n'auront pas manqué de nous prêter. Si nous nous en sommes abstenus, ce n'a été par aucune cause d'incivisme, ni même d'indifférence, mais seulement parce que, pour la forme que nous devions donner à cette fête, nous comptions sur une lettre instructive de votre part, d'usage en pareille circonstance, que nous avons vainement attendue jusqu'au dernier moment...

« ... Vous saurez que nous n'avons pas reçu davantage la dépêche que vous avez envoyée à toutes les communes pour la victoire de Marengo, et qui a privé nos concitoyens de l'apprendre par votre organe, tandis qu'à notre insu le citoyen Enout, brigadier de la gendarmerie, en a affiché deux placards....

« Nous ne pouvons douter qu'un génie malfaisant ne préside à ces soustractions, dans l'espoir qu'elles pourront nous devenir nuisibles, et nous pensons qu'avec quelques soins le génie ne seroit pas d'une difficille découverte : il y a tout lieu de croire qu'il n'est pas étranger à l'objet de la présente.

« On avance que les fabriques sont restées ouvertes : cette assertion est de toute fausseté. Elles ont été toutes fermées ainsi que les boutiques ; il n'a été souffert aucun étalage sur la voie publique, et, relativement à la police, tout ce que la loi ordonne a été exécuté ». La municipalité ajouta :

« On ose dire encore qu'on a payé les ouvriers pour qu'ils travaillassent : c'est ici surtout que se manifeste l'intention perverse des auteurs de la dénonciation. Nous leur portons le défi le plus formel d'administrer la moindre preuve d'un énoncé qui porte avec lui le caractère de la plus infâme calomnie. Il nous importe tellement que la vérité soit mise au grand jour sur ce point, que nous vous faisons, citoyen préfet, la plus pressante invitation de prendre toutes les mesures qui sont en votre pouvoir pour y parvenir.

« Cette dénonciation est, dit on, revêtue de trois cents signatures : comme nous ne craignons pas de vous assurer qu'il s'en faut qu'un pareil nombre de nos concitoyens soit capable d'y avoir prêté la main, nous espérons que l'examen de ces signatures vous paroîtra indispensable pour découvrir le véritable but de cette manœuvre, et qu'en définitif elle retombera sur celui qui en est le moteur.

« Comment pourroit-on suspecter notre zèle lorsque, malgré le découragement dans lequel a dû nous jeter l'objet dont nous vous avons entretenu, par notre lettre du 2 prairial dernier, nous sommes restés en fonctions, en attendant notre remplacement, qui devroit être opéré depuis longtemps ».

On sait qu'il s'agissait, dans cette lettre du 2 prairial, de l'affaire Lemercier. — La municipalité, qui avait conservé un vif ressentiment contre l'inculpé, termina ainsi une autre lettre, datée du 5 thermidor :

« Nous serons flattés, citoyen préfet, que cette explication vous satisfasse. Il en sort une grande vérité : c'est que l'impunité donne toujours de l'audace aux fripons et que, nonobstant les intentions paternelles du gouvernement, il existe encore une classe d'individus qui se persuadent qu'en le trompant par les plus viles délations, ils parviendront à sortir de la nullité à laquelle les condamnent présentement leur impéritie et leur profonde immoralité ».

Le citoyen Michel-Pierre Grandin fils aîné, fabricant, se distingua le 28 (17 juillet), par un acte de courage. Un baigneur allait se noyer, car il avait déjà disparu sous l'eau, quand le citoyen Grandin se jeta à la Seine tout vêtu pour le sauver, à quoi il ne parvint qu'après un troisième plongeon. La conduite du sauveteur fut signalée au préfet.

Le 17 messidor (5 août), on installa le citoyen Frédéric Baratte dans les fonctions de commissaire de police, où il avait été nommé par le premier consul. Le citoyen Cauchois, présent, manifesta son regret de quitter un service qu'il croyait avoir toujours rempli avec zèle et exactitude, ce que certifia l'administration.

Le citoyen Henri Delarue fils, ancien président de l'administration municipale, signait encore « maire provisoire d'Elbeuf », et les administrateurs comme « adjoints provisoires »

Le 21 (9 août), les citoyens Fautelin et Guenet, prêtres réfractaires, en cette qualité soumis à la surveillance, se présentèrent devant le maire et reçurent acte de leur comparution. Ils continuèrent à se présenter une fois par décade.

Le 11 fructidor (29 août), le préfet Beugnot rappela aux maire et adjoints que l'article 15 de la loi du 28 pluviôse précédent, relative à la division du territoire de la République et à l'administration, portait qu'il serait établi un conseil municipal dans chaque ville, et que l'article 20 attribuait la nomination des conseillers aux préfets. En conséquence, le citoyen Beugnot invita notre administration municipale à lui adresser une liste de dix citoyens, les plus propres par leur probité, leurs lumières et leur civisme à remplir les fonctions de conseillers municipaux.

Pendant l'an VIII, les fêtes républicaines n'avaient pas été célébrées. Les jours de décade seulement, l'administration avait continué à se rendre au temple décadaire, accompagnée de tambours et de la musique, pour y lire les lois et procéder aux mariages. Mais on célébra l'anniversaire de la fondation de la République, le 1er vendémiaire an IX (23 septembre 1800).

La veille, de six heures à neuf heures du soir, les cloches avaient sonné et le canon retenti. Le 1er vendémiaire, ils se firent entendre de nouveau de cinq heures à huit heures du matin.

A dix heures, sur la place de l'Hôtel-de-Ville, se réunirent la garde nationale, la gendarmerie à cheval et un détachement de la 26e demi-brigade, alors en station à Elbeuf.

Le cortége fut formé à onze heures. Une salve d'artillerie et des feux de file annoncèrent son départ pour le temple décadaire, où le citoyen Saillant, alors maire provisoire, assisté du citoyen Jean-Pierre Lefort, adjoint également provisoire, prononça un discours suivi de morceaux de musique.

Au retour, sur la place, la garde nationale et le détachement de la 26e évoluèrent, pendant que l'artillerie et la musique faisaient retentir les airs.

A six heures, les autorités se réunirent de nouveau pour assister à un concert instrumental donné dans l'Hôtel de Ville. La foule s'amassa sur la place du Coq, où l'on dansa jusqu'à neuf heures. Enfin la fête publique se termina par les illuminations et un feu d'artifice ; mais elle se prolongea encore dans les bals, où, par ordre de la municipalité, les danses furent gratuites.

Plainte fut portée, le 2, contre le citoyen Dubos, huissier de la justice de paix, pour injures envers la municipalité en fonctions.

Le 9, le citoyen Félix Lefebvre fut nommé administrateur de l'hospice.

Ce même jour les maire et adjoint provisoires prirent cet arrêté :

« Considérant que le service de la garde nationale est négligé à un point de compromettre la sûreté publique ; que requis de service, les hommes se ne rendent point au corps de garde, sinon le jour, qu'ils vaquent à leurs affaires comme s'ils n'étoient point de service ;

« Considérant que les invitations de l'administration aux chefs de la garde ont été infructueuses et que les mesures prises par elle, le 28 prairial an VIII, tendant à rétablir l'ordre dans ce temps où la désorganisation étoit déjà à son comble, sont devenues un objet de dérision ;

« Considérant que nous sommes heureusement sortis des temps de désordre qui n'ont duré que trop, et qu'il est possible d'alléger le service de la garde...

« Arrêtons :

« Tout espèce de remplacement autre que celui déterminé par la loi est défendu.

« Tous les citoyens assujettis au service de la garde nationale sont tenus de faire leur service en personne, ou se faire remplacer par un citoyen de leur compagnie ; les pères pourront se faire remplacer pour leurs fils et les frères par leurs frères, pourvu qu'ils aient l'âge requis.

« La garde, commandée pour vingt-quatre heures, ne se rendra au poste que le soir à la fin du jour, jusqu'au lendemain matin sept heures qu'elle sera licenciée... »

« Les rondes de nuit et les patrouilles seront faites comme par le passé.

« Les musiciens continueront à faire défiler la parade les cinq et dix de chaque décade ».

Le 14, les citoyens Pinel et Bourgeois, ministres du culte, prêtèrent serment de fidélité à la Constitution.

A cette époque, en raison du défaut de ressources, il n'y avait à l'hospice que trois ou quatre malades. La municipalité et les habitants secouraient, à domicile, de 80 à 100 indigents.

Le citoyen Bienaimé, instituteur dont l'école avait été interdite, avait repris ses cours. Les autres instituteurs étaient les citoyens Deleau, Guillot, Vitcoq et Derrey ; et les institutrices les citoyennes veuve Le Roy, Constance Dupont et Gancel. Il fut enjoint à tous, le 20 vendémiaire (12 octobre), de fermer leurs écoles les jours de décadi.

La loi du 28 pluviôse an VIII, qui avait supprimé les administrations de canton, n'avait pas encore reçu son exécution à Elbeuf. Le 20 vendémiaire, les fonctionnaires municipaux du canton-ville d'Elbeuf représentèrent au préfet l'exception dont notre cité était l'objet, et combien il était peu convenable de gérer si longtemps avec un caractère provisoire. Ils ajoutèrent dans leur lettre :

« Nous aurions pu, en exécution de l'arrêté des consuls, faire apposer les scellés sur les portes de la municipalité jusqu'à l'installation des nouveaux fonctionnaires ; nous ne l'avons pas fait parce que l'intérêt des citoyens, le bien des administrés et le maintien de la police dans une ville aussi importante ne le permettoient pas, et que nous avions l'espoir d'être remplacés de jour en jour... »

Ils demandèrent à quitter leurs fonctions, et, en conséquence, sollicitèrent leur remplacement au plus tôt.

Le préfet fit des recherches et trouva qu'une nouvelle administration avait été donnée à la ville, il y avait déjà plus de six mois.

Les citoyens Mathieu Frontin et Mathieu Quesné fils avaient été, comme on l'a vu, nommés, par arrêté des consuls, en date du 28 germinal an VIII (18 avril 1800), maire et adjoint ; mais ils ne furent installés dans ces fonctions que le décadi 30 vendémiaire an IX (22 octobre 1800) Cette installation fut faite solennellement, en présence de tous les fonctionnaires, de la garde nationale, de la gendarmerie et avec le concours de la musique et des tambours, au temple décadaire. — Le citoyen Grandin n'avait pas accepté les fonctions d'adjoint auxquelles il avait été également nommé.

Le 3 brumaire (25 octobre), le citoyen Frontin, maire, envoya au préfet une liste de trente-six citoyens, pour que ce dernier fit parmi eux le choix de 30 membres du conseil municipal.

Le 6 brumaire (28 octobre), le maire invita les citoyens Maille et Patallier, commandant et adjudant de la garde nationale, à venir conférer avec l'administration sur les moyens de rétablir l'ordre et la discipline dans leur corps.

Il fut décidé que les compagnies qui n'avaient pas désigné leurs chefs le 20 messidor précédent, s'assembleraient, le 10 brumaire (1er novembre), pour nommer leurs officiers, dans la salle de la justice de paix.

Si le citoyen maire Mathieu Frontin était généreux pour les pauvres, il était aussi économe ; car nous le voyons, le 17 (8 novembre), écrivant au commandant de la garde nationale de ne pas tolérer que l'on perdît autant de papier pour les rapports journaliers du chef de poste et lui enjoignant de donner une consigne en conséquence.

Le 18 brumaire (9 novembre), un ouragan terrible causa beaucoup de ravages à Elbeuf et aux environs. Une souscription publique fut ouverte dans notre ville, afin de venir au secours des sinistrés.

Le 23 (14 novembre), le préfet Beugnot envoya une ampliation de son arrêté du 28 vendémiaire précédent, portant nomination des citoyens suivants devant composer le Conseil municipal·

Charles Durand, Parfait Grandin, Pierre Lambert, Sevaistre père, Lejeune père, Jean-Pierre Lebailly, Jacques Delacroix, Modeste Frémont, Pierre Patallier, Joseph Godet, Mathieu Quesné père, Pierre-Henri Hayet, Alexandre Grandin, Pierre-Constant Bourdon, Servant Huault, Nicolas Bourdon, Nicolas Louvet, Pierre-Alexandre Adam, Augustin Henry, Louis Sevaistre, Jean-Baptiste Grandin, Pierre-Mathieu Bourdon, Amable Corblin, Henri Delacroix, Amable Delaunay, Augustin Dévé, Robert Flavigny fils, Parfait Maille et Mathieu Frontin ; ils furent installés le 15 frimaire suivant.

Nous avons dit que deux barrières étaient établies à Elbeuf pour la perception d'un droit destiné à l'entretien de la grande voirie. Le 22 brumaire, le préfet avait envoyé un état comparatif des recettes et dépenses de notre ville, en vue d'y établir un octroi municipal de bienfaisance. Le maire Frontin répondit au préfet, le 28 (19 novembre), qu'il y avait impossibilité d'établir un octroi à Elbeuf.

Ce même jour, le maire et son adjoint décidèrent d'envoyer au préfet, pour le transmettre au ministre, un fort curieux mémoire concernant l'établissement d'un hospice général à Elbeuf, qui avait été rédigé par l'administration précédente au mois de pluviôse de l'an VIII. Nous en détacherons quelques passages :

« Depuis longtemps, on se récrie contre les abus de la mendicité ; depuis longtemps, le bon ordre et l'humanité réclament pour l'abolition de cet usage pernicieux, qui corrompt la partie du peuple la plus nombreuse et sans contredit la plus utile.

« Sous la monarchie, des moyens rigoureux et destructeurs tenaient lieu des soins paternels qui, seuls, peuvent prévenir le mal ou y apporter un remède efficace. Sous un régime plus humain, plus éclairé, on sentira que la Société a des devoirs à remplir vis-à-vis de tous ses membres ; que chacun d'eux a des droits égaux à sa sollicitude et doit lui être également cher. On sentira qu'elle seule est coupable quand, faute de secours, l'indigent, découragé, se livre à une existence aussi funeste pour lui que dangereuse pour le repos public.

« Qui pourrait, en effet, calculer les maux qu'enfante la mendicité ?

« C'est surtout dans les petites villes populeuses et dans les campagnes qui avoisinent les grandes manufactures que ce fléau se fait le plus sentir. Dans ces moments (malheureusement trop fréquents et presque continuels depuis la guerre) où la suspension des travaux prive un grand nombre d'individus du moyen de subvenir à leurs besoins journaliers, ces infortunés, leurs femmes et leurs enfants, réunis en masses nombreuses, vont solliciter des secours, qu'on peut d'autant moins leur refuser que leur détresse est notoire, mais qu'ils doivent quelquefois moins à la pitié qu'ils inspirent qu'à la crainte que fait naître leur nombre et la manière souvent peu décente dont ils présentent leur requête.

« Cette fatale ressource devient pour cette classe malheureuse un penchant habituel qui la dégoûte du travail et détruit en elle toute inclination honnête et vertueuse. La paresse lui paraît plus désirable, plus lucrative, que l'occupation. Cette inaction perpétuée devient la source de la débauche et du vice. Les mœurs se dépravant et la corruption croissant avec rapidité, nous voyons ces êtres, d'abord dignes de pitié, devenir de vils suppots du crime, voués aux plus honteux châtiments !

« Jettons-nous un coup d'œil sur les inconvénients de la mendicité par rapport à la population ? Nous voyons des mères réduites par la misère à des travaux au-dessus de leurs forces et souvent funestes au fruit qu'elles portent dans leur sein. Nous voyons une foule d'êtres moissonnés dès les premiers instants de leur existence, faute de soins, de vêtements, de nourriture, ou qui, suçant un lait d'amertume et de douleur, n'échappent au trépas qu'aux dépens de leur tempérament et de leur conformation.

« Si quelque chose doit paroître étonnant, c'est que la cause de tant de maux étant bien connue, on soit encore à en chercher le remède qu'il convient de lui appliquer. Nous ne nous flattons pas que celui que nous allons proposer paroisse neuf ou ingénieux ; mais il est simple, puisé dans la nature même de son objet, d'autant plus convenable qu'il répond, suivant nous, à tout ce que peut désirer un gouvernement qui veut rétablir l'ordre, épurer les mœurs, assurer le repos public, soulager l'infortune, honorer la vieillesse et ménager à la République des citoyens utiles, en les formant dès l'âge le plus tendre aux devoirs qu'impose la Société.

« Il y a deux sortes d'oisiveté qui, pour n'être pas également blâmables, n'en sont pas moins également dangereuses. L'une est volontaire, et par cela seul punissable ; l'autre est accidentelle et mérite notre indulgence.

« Mais si, d'un côté, la société doit redouter l'être vil et méprisable, qui préfère la honte d'exister aux dépens des autres à la noble satisfaction de se suffire à soi-même, peut-elle être entièrement tranquille sur le compte de l'infortuné privé de travail, chargé d'une nombreuse famille, qui ne voit autour de lui que misère et dénuement, et qui, victime des circonstances, n'a plus de choix à faire qu'entre le crime et la mort?

« Bien vainement alors auroit-on recours à la terreur des supplices. Le trépas n'est plus une punition pour l'être qui touche au dernier terme du malheur. Il faut remonter à la source; il faut, par des moyens surs et humains, guider les pas de ces infortunés et veiller à ce qu'ils ne puissent s'égarer sur la route qu'ils doivent tenir.

« Il importe donc essentiellement à la tranquillité publique de contenir le vagabond, qui nuit toujours, et de soulager le nécessiteux, qui peut nuire malgré lui.

« C'est sous ces deux points de vue d'abord que nous proposons l'établissement d'un atelier national et public, où tous les indigents de l'arrondissement seront reçus et occupés, les uns à titre de secours, les autres pour les contraindre à mériter une subsistance qu'ils n'ont pas le droit de convertir en un impôt sur leurs semblables.

« Là, l'indigent honnête, sa femme, ses enfants, trouveront en tous temps une occupation relative à leurs talents, à leurs forces, à leurs habitudes. Là, des règlements humains, mais austères, n'accorderoient au réclamant rien au-delà de ses premiers besoins, parce qu'il ne faudroit pas que l'on pût préférer l'atelier public à l'industrie particulière. Là, on serait à la vérité sûr d'exister, soi et sa famille ; mais on ne pourroit espérer ni économies pécuniaires ni aucunes de ces petites jouissances que le pauvre même trouve le moyen de se procurer.

« Là, le vagabond que chacun redoute, et le paresseux, qui ne pourroient justifier de leurs moyens d'existence, soumis à une discipline sévère et privés d'une liberté dont ils abusent, achèteroient, par une tâche imposée, la nourriture qui leur seroit accordée et qu'on borneroit à un très étroit nécessaire. Bientôt, fatigués de cette monotone existence, ils s'en tiroient la nécessité de se rendre utiles à la Société et s'efforceroient de mériter, par une conduite plus louable, la faculté due à tout être raisonnable de vivre à sa manière quand elle ne nuit à personne.

« Mais l'atelier ne seroit pas seulement un asile pour l'infortuné, un frein pour la paresse. Destiné par sa nature à la bienfaisance, les deux âges de la vie qui ont le plus besoin de secours, l'enfance et la vieillesse, y trouveroient toujours, l'un les soins assidus, l'instruction, les bons exemples et l'émulation nécessaire au développement de ses dispositions physiques et morales ; l'autre, une retraite honorable et paisible, où elle pourroit achever tranquillement sa carrière et voir sans alarmes arriver cette époque, si fâcheuse pour le pauvre, où ses organes affaiblis le rendent à charge à lui-même et à sa famille, qu'il ne peut plus aider de son travail.

« En satisfaisant au bon ordre, à l'humanité, à la bienfaisance, l'atelier peut encore offrir un but d'utilité bien intéressant. La

Patrie a continuellement besoin de vêtir et équiper ses armées. On a recours, pour ces objets à des fournisseurs qui, à grands frais pour la République, s'enrichissent et la trompent. Les ateliers que nous proposons, répandus dans les lieux les plus favorables, peuvent devenir une source inépuisable de tous les objets dont on a besoin pour les armées de terre et de mer : draps pour les habits, toiles pour les chemises, doublures, bas, souliers, chapeaux, armes, agrès de navires, tout, en un mot, peut être fourni par ces établissements publics, qui, dirigés avec intelligence et économie, produiroient beaucoup, à des prix infiniment au-dessous de l'ordinaire, et couperoient pied à l'abus intolérable des fournisseurs, qui, pour satisfaire leur insatiable avidité, vont prendre chez l'étranger, au risque de mille fraudes, ce qu'ils trouveroient dans leur patrie en meilleure qualité et à des prix raisonnables.

« Dans ces ateliers, tout se feroit avec zèle et détail. Chaque article seroit visité séparément et classé suivant sa qualité. Une marche simple et uniforme rendroit les vérifications faciles et s'opposeroit à toute fraude, avec d'autant plus de succès qu'il n'y auroit aucun intérêt à fraude... »

En envoyant ce projet au citoyen Beugnot, préfet, le maire et l'adjoint demandèrent que l'on attribuât à l'atelier dont ils désiraient l'établissement dans notre ville, le revenu des bois des ci-devant seigneurs d'Elbeuf.

« A quel plus bel emploi pourroit-on appliquer les biens des émigrés ? Quelle ville plus recommandable à la bienveillance du gouvernement que celle d'Elbeuf, tant par sa belle et grande manufacture que par l'industrie de ses habitants ? Combien de pertes ont éprouvé les anciens entrepreneurs de cette manufacture par les effets de la Révolution ? »

Les membres de la commission administrative de l'hospice, auxquels ce mémoire fut soumis, y donnèrent leur approbation et trouvèrent que le projet offrirait de plus sûres ressources aux malheureux que la création d'un octroi.

Une note postérieure dit que le préfet fut frappé du mémoire « aussi lumineux que bien fait » présenté par la municipalité au sujet de la création d'un hospice général avec ateliers de travail.

Le 10 frimaire (1er décembre), le maire et l'adjoint reconnurent pour chef de bataillon le citoyen Félix Lefebvre et le présentèrent à la garde nationale assemblée à l'Hôtel de Ville. Le commandant reçut ensuite les capitaines, puis toute la troupe bourgeoise défila devant la mairie et se sépara aux cris de « Vive la République ! »

Le 14 (5 décembre), le citoyen Frontin représenta à plusieurs de ses collègues l'utilité d'une seconde pompe à incendie, celle existante étant insuffisante. Il proposa également que chaque citoyen aisé eût chez lui quatre ou six seaux, qu'il serait obligé d'envoyer sur le lieu du sinistre, au premier avis d'incendie.

Le 26 (17 décembre), la compagnie de la garde nationale des hameaux fut autorisée à faire son service sur les lieux, c'est à-dire au Buquet, aux Ecameaux et à la Souche.

Ce même jour, le maire signala au commissaire de police des déguisements de nuit qui troublaient la tranquillité. Un individu, entre autres, se couvrait d'une peau de mouton et causait une grande frayeur à de nombreux habitants. Le commissaire reçut l'ordre de se saisir du particulier « qui se permettoit une telle horreur ». Un individu du nom d'Ansoult, âgé de 20 ans ayant demeuré chez le citoyen Balleroy, fut également recommandé à la surveillance du commissaire, ainsi qu'un nommé Vaguet, tambour, que l'on avait vus déguisés en bêtes, sur la route d'Orival et dans les rues d'Elbeuf, entre minuit et deux ou trois heures du matin.

La première réunion du Conseil municipal eut lieu le 1er nivôse (22 décembre), sous la présidence du citoyen Frontin, maire, assisté du citoyen Quesné aîné, son adjoint. Il se divisa en cinq bureaux.

Le 5 (26 décembre), le Conseil décida de solliciter un seconde foire, qui ne pourrait manquer d'être utile « pour l'accroissement du commerce et le bonheur de la majeure partie des habitants ». Cette foire devait être établie le 19 floréal, correspondant au 9 ou 10 mai de chaque année, durer huit jours et être tenue sur l'emplacement du ci-devant calvaire, à l'embranchement des routes du Neubourg, de Louviers et de Pont-de-l'Arche.

Le 8 nivôse (29 décembre), le Conseil délibéra sur les moyens d'acquitter les dettes municipales. Le préfet lui laissait le choix entre deux moyens : établir un octroi ou dix centimes additionnels. Après en avoir délibéré, on s'arrêta au second, parce que « l'octroi pèseroit dans toute son intégrité sur la classe ouvrière », qu'en outre les deux mille ouvriers venant chaque jour du dehors à Elbeuf pourraient facilement pratiquer la fraude, « sous prétexte d'apporter à boire pour leur journée », et, enfin, que la ville étant ouverte de toutes parts, la perception des taxes serait trop difficile.

Il décida également d'acheter une deuxième pompe, « dont le dernier incendie avoit démontré la nécessité ». Les habitants furent invités à se pourvoir chacun de quelques seaux, les finances municipales ne permettant pas d'en acheter.

Ce même jour, le Conseil, reconnaissant la nécessité d'établir un pompier chargé, lors d'incendie, de diriger les pompes, nomma le citoyen Vitcoq, ferblantier, à cet emploi, aux appointements de 100 francs par an.

Le Conseil invita également « les bons citoyens à se réunir par quartier et à venir prendre, au magasin de la commune, les réverbères nécessaires à la sûreté publique, qu'ils feroient placer et entretiendroient à leurs frais ».

Le Conseil municipal chargea le citoyen Nicolas Bourdon de rédiger une adresse au premier consul, qui avait failli être victime d'un attentat ; il en fut donné lecture le 9 nivôse (30 décembre). Elle était ainsi conçue :

« Buonaparte !

« Destiné par la nature à être le plus grand homme du monde, le ciel vient de te défendre contre une horde impie, encore dégouttante de sang, qui frémit de voir la vertu où ils avoient mis tous les vices !

« Remplis ta destinée ; accomplis tes desseins formés pour le bonheur de la France : les efforts des méchants viendront se briser contre ta fortune ! Mais ce ciel, qui te protège, avertit ta sagesse de se défier de ta bonté. Le crime, trop longtemps triomphant pour se croire vaincu, veille et médite dans l'irritation de sa rage, de t'arracher à l'espérance des nations qui t'admirent, et à la restauration d'un pays qu'ils ont impunément bouleversé! »

Le citoyen Frontin, maire, ne partageant peut-être pas l'opinion du Conseil municipal, avait déjà envoyé sa démission au préfet, sous prétexte de santé. Le Conseil s'émut et pria le citoyen Frontin de rester à son poste ; mais celui-ci persista dans sa détermination, en s'appuyant sur ce que le préfet avait refusé de lui donner un second adjoint.

CHAPITRE II
(DU 11 NIVÔSE AU 11 PRAIRIAL AN IX)
(JANVIER-MAI 1801)

Encore le projet d'un hospice général. — Adresse de la municipalité a Bonaparte. — On demande des routes sur Pont-de-l'Arche et Bourgtheroulde. — Proclamation de la paix ; fête a Elbeuf. — Le citoyen Parfait Grandin. — Création a Elbeuf d'une Commission de commerce ; ses premiers travaux.

Le maire d'Elbeuf reçut le 17 nivôse an IX (7 janvier 1801), le signalement de quatre individus soupçonnés d'avoir attenté, le 3 nivôse, à la vie du premier consul Bonaparte.

Le 1er pluviôse (21 janvier), le sous-préfet de Louviers envoya au maire un courrier extraordinaire, pour des mesures de sûreté générale. On veilla à ce que le poste fut complet la nuit suivante ; mais les évènements que l'on redoutait n'eurent point lieu.

Le lendemain, le citoyen Louis-Robert Flavigny père adressa au maire un coupon de drap de sa fabrication, ouvré avec des laines de Rambouillet, avec invitation de faire parvenir ce coupon au préfet pour en disposer à son gré. — C'était la première fois qu'on employait des laines de Rambouillet à Elbeuf.

Le citoyen Frontin, maire, avait proposé au préfet le citoyen Joseph Flavigny pour remplir les fonctions d'adjoint, mais celui-ci ayant déclaré ne pas vouloir acccepter, le préfet demanda le 4 pluviôse (24 janvier), au maire d'Elbeuf s'il lui serait agréable d'avoir pour collaborateur le citoyen Prosper Delarue.

La réponse du maire fut favorable, et le 13 du même mois (2 février), le préfet envoya une commission provisoire au citoyen Delarue, en l'assurant qu'il le verrait avec beaucoup de satisfaction concourir à l'administration, et aider de ses connaissances et de ses talents les hommes probes et vertueux qui se trouvaient déjà à la tête d'une ville aussi intéressante que celle d'Elbeuf. L'installation du citoyen Prosper Delarue eut lieu le 20.

Le 21 (10 février), le Conseil décida d'essayer les pompes à incendie inventées par le citoyen Picot, d'Abbeville, dont le prix n'était que de 72 francs l'une.

Ce même jour, le Conseil délibéra à nouveau sur la création d'un hospice général :

« Considérant, dit-il, que les nombreuses manufactures que renferme cette ville entretiennent plus de 20.000 ouvriers ; que cette masse d'individus procure à la mendicité et au vagabondage un aliment toujours dangereux, surtout lorsque, par des circonstances fâcheuses, la suspension des travaux en laisse une grande partie dans l'oisiveté ; qu'il en résulte alors des abus multipliés, contre lesquels réclament depuis longtemps l'humanité et la tranquillité publique ; que le seul moyen de remédier à ces abus et même de les extirper, est de faire disparoître l'oisiveté qui les enfante, en procurant dans tous les temps du travail aux bras qui pourroient en manquer.

« Considérant que l'établissement d'un hospice général, basé sur des règlements sagement combinés, produiroit cette ressource importante, en même temps que les enfants indigents ou abandonnés pourroient y trouver des soins et de l'instruction, et les vieillards nécessiteux une retraite douce et paisible ; qu'un pareil établissement deviendroit utile à l'Etat pour la fabrication des divers objets nécessaire aux armées...

« Considérant enfin que le local de l'hospice civil de cette ville présente un espace suffisant pour les bâtiments convenables à l'exécution de ce projet.

« Le Conseil municipal délibère que l'établissement d'un hospice général dans Elbeuf sera sollicité... »

Ce même jour encore, l'assemblée, sur la proposition d'un de ses membres — qui avait dit que l'hospice civil d'Harcourt, obligé de recevoir deux vieillards d'Elbeuf pour y finir leurs jours, d'après des arrangements convenus antérieurement, avait refusé d'admettre ceux qui lui avaient été présentés, sous prétexte que cette sorte de servitude était abolie — nomma les citoyens Galleran et Bourdon pour rechercher les titres que la ville pouvait posséder concernant les droits qu'elle avait à l'hospice d'Harcourt.

Enfin, avant de se séparer, le Conseil décida de demander au préfet l'autorisation de sonner la cloche trois fois par jour, pour appeler les ouvriers au travail et leur indiquer l'heure de la cessation des travaux.

Le 29 pluviôse (18 février), le citoyen Frontin, maire, reconnaissant qu'il convenait de manifester à Bonaparte la joie qui régnait dans tous les cœurs par la signature de la paix avec l'empereur d'Autriche, chargea le Conseil municipal de nommer un rédacteur pour une adresse au premier consul. Le citoyen Hayet fut chargé de ce travail, dont voici le texte :

« Citoyen premier consul,

« Témoins de l'allégresse de nos concitoyens à la nouvelle de la paix, nous nous trouvons heureux d'avoir à vous transmettre l'expression de leur reconnoissance.

« Posez les armes, citoyen premier consul ! Vous avez assez fait pour votre gloire militaire ; elle a rempli le monde entier de terreur ou d'admiration. Vous l'avez imprimée sur les campagnes de l'Italie et de l'Egypte, sur les plaines de Marengo ; elle ne périra qu'avec elles !

« Une gloire plus douce et aussi durable vous était réservée, celle de donner la paix à l'Europe.

« Nos cœurs l'appeloient depuis longtemps ; en vain nos ennemis s'obstinoient à la refuser. Vous l'avez commandée et nous en jouissons ; avec elle nous verrons renoître le commerce et les arts.

« Déjà, vous avez tracé les canaux et les communications qui leur donnent la vie ; ils n'attendent qu'un de vos regards. La ville d'Elbeuf les réclame pour ses manufactures ; elles languissent depuis la guerre : la paix et votre appui les feront fleurir ! »

En même temps, le Conseil décida de célébrer « les victoires qui avoient illustré pour jamais la France et ses armées, et la paix qui avoit suivi ». Mais comme la caisse municipale était vide, le Conseil nomma huit commissaires pour recueillir une souscription publique, qui s'éleva à 666 liv. 13 sous 6 deniers.

Le 3 ventôse (22 février), les citoyens Pinel et Lebourgeois, ministres du culte catholique, invitèrent la municipalité à assister a un *Te Deum* qu'ils se proposaient de chanter, dans l'église Saint-Etienne, ce même jour, à cinq heures du soir, pour célébrer la signature de la paix. Cette proposition ayant été acceptée, on commanda un piquet de garde nationale pour accompagner les autorités, devant lesquelles marchèrent les tambours et la musique.

Un bal donné au profit de l'hospice produisit une somme nette de 122 francs, que l'on remit au citoyen Durand, président de la commission administrative de cet établissement.

Le citoyen Grandin ayant démissionné, le premier consul nomma le citoyen Prosper Delarue, fabricant de drap, aux fonctions de second adjoint au maire. Il fut installé le 17 ventôse (8 mars).

Une note de cette époque mentionne que les fabricants expédiaient alors beaucoup de marchandises pour être vendues, par tiers ou par eux-mêmes, aux foires de Caen et de Guibray près Falaise.

Les fabricants se réunirent le 22 ventôse (13 mars), et rédigèrent une adresse au préfet, qui renferme des renseignements intéressants, notamment sur les chemins existant alors aux abords de notre ville :

« La ville d'Elbeuf, dont les fabriques sont considérables et qui, sous ce rapport, a un besoin immédiat de communications et de grandes routes, en est presque entièrement privée. Une seule traverse ses murs ; celle de Rouen à Alençon, mais elle est entièrement étrangère à ses relations. Celle de Paris, par laquelle elle reçoit toutes les matières premières et expédie les neuf dixièmes au moins de ses draps, en est éloignée de deux lieues, à l'est ; celle de Caen et Guibray, dont les foires consomment l'autre dixième, passe également à deux lieues, à l'ouest.

« Les chemins qui accèdent à ces deux routes sont impraticables et dangereux ; ils sont même fermés pendant une partie de l'année, et les retards, les accidents et les longs circuits qu'ils occasionnent sont très préjudiciables à nos manufactures.

« Deux routes de jonction de deux lieues chacune, l'une au Pont-de-l'Arche, l'autre au Bourgtheroulde, feroient disparoître l'espèce d'isolement où nous nous trouvons et établiroient nos communications avec toute la République.

« Ce n'est point un objet de simple agrément ou de commodité que nous réclamons, citoyen préfet. Déjà le gouvernement a senti que les grandes routes étoient les canaux qui donnoient la vie et la circulation au commerce et aux manufactures. Sous ce point de vue, la ville d'Elbeuf a droit à sa bienveillance et à ses regards ; et lorsque les produits de son industrie vont se répandre dans tous les départements et à l'étranger, il ne lui refusera pas les moyens de communication qui lui son nécessaires, et qui lui manquent à ses portes.

« Deux raisons également majeures nécessitent l'établissement des deux routes que nous demandons.

« 1º L'arrivage des matières premières et l'expédition des draps manufacturés.

« 2º La communication avec les moulins à foulon qui, tous, sont éloignés de quatre, cinq et six lieues de la ville et au-delà des deux points de jonction (Pont-de-l'Arche et Bourgtheroulde).

« Les matières premières consommées dans nos fabriques se composent de six mille balles de laine par année et de tous les ingrédients de teinture et de fabrication relatifs. Ces objets nous sont expédiés d'Espagne, de Bayonne, de Marseille, du Berry, par la route de Paris jusqu'au Pont-de-l'Arche, qui n'est, il est vrai, éloigné d'Elbeuf que de deux lieues; mais la route étant impraticable pour les voitures de roulage, il faut, ou alléger les voitures, ou doubler le nombre des chevaux, ou enfin venir par Rouen et par ce moyen faire un circuit de neuf lieues au lieu de deux.

« Le même inconvénient se fait sentir chaque jour pour l'expédition des vingt à vingt-deux mille pièces de drap qui sortent également tous les ans de nos fabriques, et les quatre ou cinq voitures, qui les exportent chaque décade, ne peuvent sortir pour accéder au Pont-de-l'Arche que par les mêmes moyens ou en prenant les mêmes circuits. Il en résulte donc, outre les accidents et les retards, une augmentation dans les frais de transport qui s'ajoutent à la concurrence que nous avons à soutenir contre les fabriques nationales plus avantageusement situées et contre celles de l'étranger.

« Sous le second rapport, notre position n'est pas moins fâcheuse. Tous les moulins à foulon employés par notre fabrique sont placés, sans exception, dans les communes de Romilly, de Brionne et de Pont-Saint-Saint-Pierre. On n'y peut accéder que par le Pont-de-l'Arche et par le Bourgtheroulde. Il est donc de nécessité première que nous ayons des chemins praticables qui tendent à ces deux points ; ceux qui existent aujourd'hui sont tellement mauvais que les voitures emploient deux jours à un transport qui n'en exige qu'un seul, et que souvent elles restent embourbées dans les trous nombreux qu'elles rencontrent et d'où elle ne sortent qu'avec des avaries également préjudiciables aux voituriers et aux propriétaires des draps.

« Nous avons établi et il est reconnu qu'Elbeuf fabrique de vingt à vingt-deux mille pièces de drap année commune ; ces draps vont aux moulins à foulon y subir deux opérations distinctes et séparées par des apprêts intermédiaires ; ils équivalent donc à quarante ou quarante-cinq mille qui payent la taxe des barrières, et cependant les voitures qui les transportent quittent la grande route à trente pas de la barrière, et ne la reprennent qu'à deux cents pas de celle du Pont-de-l'Arche ; elles parcourent entre ces deux barrières une distance de deux lieues de chemins affreux et de traverse, c'est-à-dire la distance entière qui se trouve entre ces deux villes.

« Il résulte que si les manufactures payent une partie considérable de cet impôt, elles doivent, en retour, jouir de l'avantage qu'il procure aux contribuables celui d'une grande route de jonction d'Elbeuf à Pont-de l'Arche ».

An IX (1801)

Le 26 ventôse (17 mars), l'administration municipale décida de mettre en vente plusieurs lots de différents objets inutiles, parmi lesquels nous trouvons : environ 180 piques, un vieille guérite et 163 sacs à blé.

Le 29 (20 mars), on reçut une boîte fumigatoire, envoyée par le préfet, dans laquelle se trouvaient les objets nécessaires, sauf « deux rouleaux de tabac à fumer, de l'amadou, un briquet, une boîte d'allumettes et des plumes pour chatouiller le dedans du nez ».

Le 8 germinal (29 mars), les membres du Conseil se demandèrent s'il ne serait pas convenable, « vu le bruit répandu de l'arrivée du premier consul dans la ville de Rouen, de lui présenter les moyens de soutenir, même d'accroître le commerce de notre ville ».

Les citoyens Parfait Grandin, Henry Hayet, Pierre-Nicolas Bourdon et Augustin Henry, membres de la municipalité, furent désignés par un vote, à l'effet de s'entendre avec quatre manufacturiers, pris en dehors du Conseil, sur ce qu'il y aurait à faire.

En conséquence des ordres donnés par le préfet, pour la publication de l'adresse des consuls aux Français annonçant la paix continentale, les autorités et fonctionnaires publics se réunirent le 10 germinal (31 mars) pour former un cortège, auquel se joignirent les gendarmes, plusieurs détachements de la garde nationale, les militaires retirés ou blessés, ceux-ci portant tous à la main une branche de laurier, la justice de paix, la commission de l'hospice, etc.

Le cortège, placé entre deux haies de gardes nationaux, précédé de la musique et des tambours, se rendit dans les divers quartiers et carrefours de la ville, où l'on fit lecture de la proclamation des consuls ; chaque lecture précédée et suivie de morceaux de musique et des cris : Vive la Paix ! Vive la République !

Le cortège se rendit ensuite au temple pour assister à un *Te Deum* « chanté sur la proposition et au vœu de la garde nationale ». On revint sur la place de l'Hôtel de-Ville, où l'on se sépara aux cris de : Vive la Paix !

Le soir, il y eut concert instrumental, illumination générale, bal et spectacle publics et gratuits. Nous citons le procès-verbal :

« On vit avec admiration des maisons illuminées, offrant des inscriptions en l'honneur du premier consul, celle, entre autres, du citoyen Parfait Grandin, ex-président de l'hospice, sur laquelle on lisait les quatre vers suivants :

> Bonaparte, laissant reposer la Victoire,
> Offre au sein de la paix le règne des Vertus,
> L'Univers, étonné, rend hommage à sa gloire
> Et dans un seul héros voit Achille et Titus.

« L'auteur ayant soumis à la municipalité quatre autres vers, de même à la gloire de Bonaparte, ils ont été donnés à la vue des citoyens dans la décoration qui a eu lieu lors de l'illumination de l'hôtel de ville. Voici leur expression :

VIVE BONAPARTE !

> D'un héros jeune encore, la sagesse profonde,
> Après l'avoir vaincu, donne la paix au monde.
> Objet de notre amour, la France voit en lui
> Sa gloire, son bonheur et son plus ferme appui.

« Le maire a vu avec satisfaction que l'allégresse a été générale ; que tous les citoyens ont pris une part active à la célébration de l'annonce de la paix ».

M. Parfait Maille nous a laissé des notes sur le citoyen Parfait Grandin, auteur des quatrains que l'on vient de lire.

Ce M. Grandin, dit-il, est digne de nos égards à plus d'un titre, comme le prouvent quelques traits de sa vie. Né le 22 janvier 1736, M. Parfait Grandin est mort, célibataire, le 24 septembre 1807.

Il reçut une éducation soignée, fit de bonnes études et montra dès sa jeunesse un caractère sérieux, appliqué et du penchant pour la littérature. Il se livra au commerce et à la fabrication jusqu'à l'âge de soixante ans, et fut l'un des premiers manufacturiers qui établirent à Louviers, pour les draps superfins, une succursale de leur maison ; la sienne fut avantageusement connue sous la raison : Grandin et Morainville. La première médaille qu'Elbeuf ait obtenue aux expositions, fut décernée à la fabrique dont il avait été l'un des directeurs.

Les moments que lui laissaient ses occupations, il les employait à s'instruire. Garde-marteau du prince de Lambesc, il avait la permission de giboyer dans ses bois ; mais un volume emporté dans sa gibecière, lui faisait vite oublier la chasse, qu'il abandonnait à la première belle place qu'il rencontrait, où il s'asseyait et qu'il ne quittait qu'après s'être pénétré du livre qu'il avait dévoré.

Il cultivait à la fois les sciences, les lettres et les arts ; il faisait des expériences de teinture avec M. Dambourney, d'Oissel, et autres chimistes distingués de l'époque. Il versifiait agréablement. Il est resté de lui une foule de chansons, d'épithalames, de madrigaux, dont plusieurs ne seraient pas indignes de voir le jour.

Tels furent ses passe-temps et ses distractions ; mais son étude constante et favorite, sa passion dominante, fut la botanique, qui eut toujours pour lui des charmes inexprimables. On peut s'en convaincre par une préface qu'il a laissée au nombre de ses œuvres sur cette partie de la science, préface où il raconte son initiation à l'histoire naturelle.

Son jardin et sa bibliothèque contenaient ce que le règne végétal offre de plus enchanteur. Quand il eut fermé les yeux, ses plantes et ses livres devinrent la propriété de Mlle de Campulay-Saint-Maur, de Rouen.

Après avoir passé par toutes les charges de la cité pendant la Révolution, dont les excès le désenchantèrent, M. Parfait Grandin devint président du comité de Salut public — ou, préférablement du Comité de surveillance — On sait quelle omnipotence possédaient ces comités, qui avaient, pour ainsi dire, droit de vie et de mort sur les citoyens.

« Ce poste fut, pour M. Grandin, l'occasion d'une des plus belles actions de sa vie.

« Pendant qu'il l'occupait, arrive, un matin, de la Belgique, une lettre à l'adresse d'un des plus recommandables habitants d'Elbeuf; cette lettre ne fut pas remise à celui dont elle portait la suscription, mais déposée au comité de Salut public, qui l'ouvrit et trouva qu'elle était écrite, par un prêtre émigré, à son beau-frère d'Elbeuf, dont il réclamait quelques secours dans sa détresse.

« Tout aussitôt ce dernier fut accusé de correspondre avec les ennemis de la République, et dénoncé pour être envoyé au tribunal révolutionnaire, qui ne cessait d'être altéré de sang.

« C'en était fait de lui, si M. Grandin, bravant tous les périls qu'il pouvait courir, n'eut par un acte de courage et de dévouement, pris la lettre incriminée et ne l'eût, à ses risques, jetée au feu, anéantissant ainsi la preuve du crime supposé et sauvant un homme innocent.

« Parmi les agréments dont était doué M. Grandin, celui de raconter n'était pas un des moins remarquables. Dans la société qu'il fréquentait, il n'était pas de soirée où on ne lui demandât un de ces contes qu'il disait si bien. Tant qu'il parlait, ce n'est pas ici une phrase banale, l'auditoire restait suspendu à ses lèvres ».

L'habitation de M. Parfait Grandin, rue Meleuse, était l'ancienne maison du célèbre Le Comte, protestant, l'un des créateurs de l'industrie elbeuvienne.

Malgré des réglements antérieurs, plusieurs bouchers continuaient à abattre les bestiaux dans les rues de la ville ; d'autres jetaient les issues sur leurs fumiers ou dans la Seine. Des mesures furent prises le 11 germinal (1er mars), pour faire cesser cet état de choses, préjudiciable à la santé et à la sûreté publiques.

Le préfet, vers ce même temps, fut prié d'établir un tarif pour le transport par eau des personnes et des marchandises entre Elbeuf et Rouen, les propriétaires des bateaux demandant des prix arbitraires et à leur fantaisie. L'entrepreneur des transports par la Seine, entre les deux villes, était toujours le citoyen Ami ou Lami. Un procès-verbal dressé contre lui constate qu'il avait déchargé sur le quai « un grand nombre de boulets » qui, probablement, étaient destinés à lester des navires.

Une seconde foire fut autorisée à Elbeuf, par un arrêté des consuls du 13 germinal (3 avril). La date en était fixée au 19 floréal (9 mai) de chaque année. Elle se tint d'abord, en ce qui concernait les bestiaux, « sur la place du ci-devant calvaire, à l'embranchement des routes du Neubourg, Pont-de-l'Arche et Louviers ». Les marchands de cidre, d'eau-de-vie, de pain et autres denrées furent placés sur le Cours.

Voici un extrait du procès-verbal de la séance municipale du 16 germinal (6 avril)·

« Amphithéâtre du temple décadaire. — Le conseil municipal, vu le compte-rendu par le citoyen maire que l'amphithéâtre, qui existoit dans le temple décadaire et qui a coûté à l'administration une somme considérable, ne se retrouve plus ; qu'il n'est pas possible que les matériaux qui lui ont servi se soient trouvés égarés, et que dans la crainte que l'on lui en demande compte un jour à venir, il en prévient le conseil, afin de constater quelle destination ultérieure ont eu les bois et charpentes qui ont été employés à son élévation, et prendre le parti qu'il convient.

« Autorise le citoyen Frontin, maire, à se faire rendre compte par qui il croira convenable, et surtout par les trésoriers de l'édifice Saint-Jean, de l'emploi de tous ces objets et des ordres en vertu desquels ils ont pu en disposer ».

On retrouva les restes de l'amphithéâtre, mais par suite de leur transfèrement d'une place à une autre, « les matériaux avoient été réduits en plus petite quantité ». On les mit en adjudication ; leur vente ne produisit que la somme de 45 fr. 50.

Le nombre des citoyens actifs, c'est-à-dire

ayant droit de voter, était alors de 1.192 à Elbeuf, non compris ceux des hameaux.

Les citoyens Fautelin et Guenet, prêtres insermentés et comme tels soumis à la surveillance municipale, continuaient à se présenter chaque décade devant le maire, qui leur donnait acte de leur comparution ; mais le gouvernement étant devenu très tolérant à l'égard des ecclésiastiques réfractaires, et le serment à prêter n'étant plus le même, ils firent individuellement leur soumission, le 26 germinal (16 avril), dans les termes suivants :

« Je soussigné déclare que je fais la promesse de fidélité à la Constitution en tout ce qui ne répugne point à ma religion et à ma conscience ». Suivent leurs signatures. — Le citoyen J.-P. Lenoble, également prêtre, fit la même déclaration.

A cette époque, on forma le projet d'organiser une compagnie de pompiers à Elbeuf. Des volontaires s'offrirent ; mais comme ils demandèrent à être exemptés du service de la garde nationale et ne purent obtenir cette faveur du préfet, le projet n'eût pas de suite.

Depuis la suppression du Bureau de la manufacture d'Elbeuf, les fabricants avaient reconnu l'utilité de la création d'une nouvelle association corporative ayant pour objet de s'occuper spécialement des intérêts de l'industrie de notre ville. A ce sujet, le premier registre de l'ancienne Chambre consultative nous fournit la pièce suivante :

« Cejourd'hui 28 floréal an IX de la République françoise..., se sont réunis à l'hôtel de ville, sur l'invitation et sous la présidence du maire, les citoyens Parfait Grandin, Constant Godet père, Pierre-Henri Hayet, Mathieu

Quesné l'aîné, Mathieu Sevaistre père, Félix Lefebvre et Nicolas Louvet, auxquels a été donné lecture d'un arrêté du préfet conçu en ces termes :

« Vu : la demande du maire de la ville
« d'Elbeuf tendante à obtenir la formation
« d'une Commission de commerce, qui s'oc-
« cupe du progrès de l'industrie et propose
« les règlements propres à écarter et prévenir
« les obstacles et les abus qui pourroient re-
« tarder l'époque de sa perfection.

« La liste des commerçants instruits parmi
« lesquels le maire propose de choisir les mem-
« bres de laditte commission ;

« Considérant que le moment où le com-
« merce et l'industrie doivent reprendre n'est
« pas éloigné ;

« Considérant que la France, illustre par
« le succès de ses armes, doit acquérir une
« réputation aussi brillante par le développe-
« ment et la perfection de son industrie, et
« que de sages règlements peuvent seuls pré-
« parer et procurer cet avantage ;

« Arrête ce qui suit :

« Il est établi dans la ville d'Elbeuf une
« Commission de commerce. Elle sera compo-
« sée de huit commerçants ou fabricants, qui
« se réuniront sous la présidence du maire.

« 2º Les huit membres sont les citoyens
« Parfait Grandin, Louis-Robert Flavigny père,
« Constant Godet père, Pierre-Henri Hayet,
« Mathieu Quesné l'aîné, Mathieu Sevaistre
« père, Félix Lefebvre, Nicolas Louvet.

« 3º La Commission pourra admettre à ses
« séances les commerçants qui, par leurs lu-
« mières et leur zèle, pourroient éclairer sa
« religion et seconder ses efforts, mais ces

« derniers n'auront dans les discussions que
« voix consultative.

« 4° Tous les projets de règlements, toutes
« les propositions de la Commission, seront à
« l'examen et à l'approbation du préfet.

« 5° Le maire est chargé, etc.

« Rouen, hôtel de la préfecture, le 15 floréal
« an IX ».

Les membres désignés pour former cette Commission de commerce acceptèrent leur nomination, sauf le citoyen Flavigny.

Le 9 prairial (29 mai), la Commission de commerce se réunit pour la deuxième fois, émit les vœux ou proposa de délibérer sur les points suivants :

« 1° Que, dans le Conseil d'Etat, il soit créé un magistrat instruit des matières de manufactures et particulièrement chargé du maintien des fabriques, auquel on puisse avec confiance adresser les avis, mémoires, plaintes et demandes des fabriques de la République, pour en obtenir les fins nécessaires.

« 2° Qu'il soit fait au plus tôt un règlement de police pour les obligations et devoirs mutuels des ouvriers et des chefs.

« 3° Qu'il soit rétabli préalablement l'ancien usage des billets de congé, que le chef ne pourra refuser que lorsque l'ouvrier ne sera pas quitte envers lui.

« 4° Qu'une attribution spéciale et particulière soit donnée au juge de paix du chef-lieu de fabrique, lequel devra s'adjoindre deux ou trois fabricants toutes les fois qu'il le trouvera convenable, pour connoître, régler et juger sans appel sur tous les objets de fabrique, les différends et les contestations entre les maîtres et ouvriers, sauf à renvoyer après une instruction préalable aux tribunaux compétents les cas entraînant peine afflictive, lesquels seroient tenus de juger, par préférence et dans un très court délay, à la diligence du ministère public.

« 5° Que nul fabricant ne puisse mettre sur les chefs de ses pièces de drap ou autres étoffes, sous peine de confiscation et autres peines, que son nom propre et celui de sa commune, sans pouvoir y ajouter de quelque manière que ce soit, le nom de quelqu'autre lieu de fabrique.

« 6° Que cette disposition soit applicable à toutes les fabriques de la France généralement quelconques, sans nulle exception et sous quelque raison ou prétexte que ce soit.

« 7° Que l'amélioration des laines nationales soit fortement encouragée, par tous les moyens possibles, surtout en peuplant les troupeaux de races espagnoles.

« 8° Obtenir des puissances amies la faculté de faire rentrer en France les marchandises y importées et que le fabricant est quelquefois forcé de retirer, sans payer de droits à la sortie et avec remboursement des droits d'entrée pour tout ce qui seroit intact.

« 9° Le maintien sévère de la loy de prohibition des marchandises de fabrique angloise, qui entrent tous les jours, en fraude ou autrement, malgré les deffenses, et se vendent avec une espèce de faste au grand détriment de nos fabriques et à la honte de notre nation, qui porte sans mesure son numéraire chez une nation ennemie, dont l'esprit public et patriote rejette avec haine et mépris tout ce qui est production, même la plus parfaite, des fabriques françoises.

« 10° Que l'intérêt des fabriques de France soit infiniment recommandé pour les traités à faire avec les étrangers, en ouvrant de nouveaux débouchés pour la consommation des produits de leur industrie.

« 11° L'exemption de l'impôt des portes et fenêtres pour tout ce qui est atelier de fabrique, comme vexatoire, destructif de l'industrie et vraiment injuste envers les fabricants, dont les bâtiments nombreux et grands sont, par leur nombre prodigieux de fenêtres, construits contre toutes les lois de tous ordres d'architecture.

« 12° La prohibition de la vente des bouts et déchets, sinon à un fabricant qui s'en rendroit adjudicataire, sous la condition expresse de les employer en totalité.

« 13° La nécessité d'encourager l'exploitation des mines de charbon de terre, vu la disette absolue de combustibles.

« 14° Enfin, que les règlements nécessaires aux diverses fabriques, soient mis en vigueur seulement à la paix générale ».

L'assemblée décida en outre que la Commission de commerce de Louviers serait informée des désirs exprimés par celle d'Elbeuf, afin d'aviser d'un commun accord.

CHAPITRE III
(DU 12 PRAIRIAL AN IX AU 10 NIVÔSE AN X)
(JUIN-DÉCEMBRE 1801)

Le préfet veut établir un octroi ; vive opposition de la municipalité ; vingt centimes additionnels. — La fête du 14 Juillet. — Le citoyen P.-N. Bourdon, délégué de la fabrique d'Elbeuf a Paris. — Les draperies anglaises. — Vœux de la Commission de commerce. — Projet de création d'une Bourse a Elbeuf. — Démissions municipales. — Nouvelles adresses a Bonaparte. — Projet de loi sur les manufactures. — Inondation par la Seine.

La Commission de commerce se réunit de nouveau le 16 prairial (5 juin) pour prendre connaissance d'un autre arrêté du préfet, lui donnant huit membres suppléants : les citoyens Joseph Flavigny père, Pierre Lejeune Robert Bourdon père, Prosper Delarue, Félix Lefebvre, Joseph Delacroix, Pierre Adam et Pierre-Nicolas Bourdon. — La nomination du citoyen Lefebvre devint nulle, puisqu'il était déjà membre de la Commission.

Ce même jour, l'assemblée, après en avoir délibéré, reconnut qu'il serait utile de créer une Bourse de commerce à Elbeuf, mais qu'il n'y avait en ville aucun édifice ni emplacement qui y fut propre ou disponible.

Le préfet insista de nouveau pour qu'un octroi municipal fut établi à Elbeuf, afin de procurer des ressources à la ville, en déclarant qu'il n'avait pas transmis au corps législatif la délibération antérieure du Conseil municipal, tendant à imposer une charge additionnelle de 20 centimes par franc, dans la certitude qu'il était que cette proposition serait repoussée. Mais, le 19 prairial (8 juin), le Conseil, « dans le but d'épargner l'énorme impôt de l'octroi », maintint sa délibération précédente, en la modifiant légèrement.

Le préfet annonça sa visite prochaine à Elbeuf. On décida de lui offrir à dîner à l'hôtel de ville, de lui faire visiter les fabriques et de l'inviter à un bal.

Quelques jours après, la municipalité adressa cette proclamation aux habitants de notre ville :

« Citoyens,

« Depuis bientôt trois ans, vos administrateurs ont successivement repoussé toute idée et même écarté tous moyens d'établissement d'un octroi en cette ville, et malgré leurs veilles continuelles pour acquitter la dette arriérée de la municipalité, elle a toujours été en augmentation.

« Mais aujourd'hui que le payement n'en peut plus être retardé, il faut nécessairement, pour la combler, ou établir un octroi, ou prendre un parti pour y suppléer.

« Depuis que nous avons eu l'honneur d'être appelés à administrer la ville, nombre de fois nous avons été provoqués à l'établissement de l'octroi, que nous avons aussi rejetté pour toutes les considérations possibles et les plus évidentes.

« C'est dans ce dessein que le 14 pluviôse dernier nous avons délibéré que, pour éteindre l'arriéré, il seroit imposé extraordinairement 20 centimes par franc sur les contributions directes.

« Le préfet ne pouvant approuver cette mesure, parce qu'il s'agissoit de créer un nouvel impôt, n'a pas même cru devoir la proposer au Corps législatif, attendu qu'il eut bien certainement renvoyé à l'exécution de la loi du 11 frimaire an VII, portant établissement de taxes indirectes et locales, c'est-à-dire d'octroi.

« En conséquence, le maire, en vertu de l'autorisation qu'il a reçue du préfet le 14 de ce mois, a convoqué le Conseil municipal extraordinairement, pour le déterminer à adopter une des deux mesures proposées : l'établissement d'un octroi, ou celui d'un droit de mesurage, pontage, etc.

« Ces deux moyens ayant paru également peu convenables à la localité et contraires à la liberté de tous, la sagesse du Conseil municipal, celle du maire et de ses adjoints, les ont portés à proposer à leurs concitoyens de consentir à payer volontairement, pendant trois années, un cinquième en sus de leur cote, seulement sur celles de 12 francs et au dessus.

« De cette manière simple, la ville se trouveroit libérée dans l'espace de trois années ; alors, en usant d'économie, la recette seroit à peu près au niveau de la dépense.

« On éviteroit des frais immenses d'établissement de barrières, de commis, de receveurs.

« Les propriétés (presques toutes) qui ont des sorties par derrière ne seroient point exposées à être fermées, non plus que bien des rues ou ruelles de la ville.

« Ceux-là n'encourroient point des amendes conséquentes qui pour frauder, soit par besoin, soit par oubli, soit pour éluder la taxe, seroient pris en contravention.

« Une amende seule, si modique qu'elle fût, seroit plus conséquente que la somme qui vous est demandée pendant trois années, sans aucune espèce de droit, pas même de perception.

« Pour que chaque citoyen soit à portée d'apprécier davantage la différence des sommes que lui coûtera l'établissement de l'octroi, pendant seulement trois années, nous lui présentons pour base le tarif des droits perçus sur les principaux objets de consommation dans la ville de Rouen.

« Par muids de vin, 18 fr. 75 ; par pipe de de cidre, 13 fr. 50 ; par bœuf, 15 fr., etc.

« Cet exposé suffit pour déterminer la bonne volonté de tous les citoyens. Chacun y voit le tableau des sommes qu'il auroit à payer, d'après sa consommation plus ou moins grande.

« Toutes ces réflexions murement pesées dans l'opinion de chacun de nos concitoyens, nous nous flattons qu'ils approuveront nos vues et notre conduite, et qu'il ne s'en trouvera pas un seul qui, par une résistance blâmable sous tous les rapports, voulût se déclarer le partisan de l'octroi, et par là s'attirer l'animadversion de tous les habitants.

« Le Conseil municipal, pour l'exécution de cette proclamation, délibère qu'il sera ouvert pendant vingt jours un registre sur lequel les citoyens qui n'approuveroient pas la mesure ci-dessus viendront y consigner leur refus d'exécution... » — Suivent les signatures du maire, des adjoints et de dix-neuf conseillers municipaux.

Un peu plus tard, le Conseil décida que les vingt centimes ne seraient établis que sur les cotes de 15 francs et au-dessus, sauf sur celles des personnes qui, sans être gênées, pourraient payer cet impôt volontaire. Il décida également qu'une partie du produit servirait à acquérir une pompe à incendie de 300 à 400 fr.

Le 22 prairial, la municipalité arrêta les dispositions pour recevoir le préfet, dont la visite était annoncée, comme l'on sait.

Pendant la nuit du 22 au 23 (11 au 12 juin), « il fut fait un dommage à l'arbre de la Liberté planté vis-à-vis de l'hôtel de ville. L'écorce avoit été fendue sur une longueur de treize pouces ». Le Conseil municipal informé, « considérant que ce dommage, quoique n'étant pas conséquent, pourroit cependant être annoncé autrement au préfet, crut qu'il étoit bon de le prévenir que c'étoit, selon toute apparence, le fait de quelque factionnaire de la garde nationale, qui s'étoit amusé à jeter la baïonnette de son fusil dans l'écorce... »

Le 24 (13 juin), le citoyen Frontin, devant s'absenter pendant quelque temps, délégua ses fonctions de maire au citoyen P. Delarue, adjoint.

Les citoyens obligés de faire le service de la garde nationale furent convoqués, pour le décadi 20 messidor (9 juillet), dans l'édifice Saint-Jean, afin de procéder à la réélection des officiers.

Le 21 messidor (10 juillet), la Commission

de commerce fut informée par une lettre de Louviers et une autre d'Elbeuf que la loi sur les prohibitions de marchandises anglaises était si ouvertement violée qu'il arrivait à Paris, par quantités énormes, des draps, velours, casimirs, etc. L'assemblée prit cette délibération :

« Considérant que la Commission de commerce ne peut garder le silence sur un objet si important, puisqu'il intéresse non seulement les fabriques d'Elbeuf, mais encore une grande partie de celles de la République, auxquelles cette introduction frauduleuse doit porter le coup le plus fatal ; il a été unanimement arrêté qu'il seroit présenté au gouvernement une pétition tendante à le prier d'employer son autorité pour arrêter au plus tôt des abus aussi funestes à la chose publique, et qu'il en seroit écrit aux manufacturiers de Rouen et de Darnétal, pour les inviter à se réunir à nous... »

Une représentation théâtrale eut lieu vers ce temps à Elbeuf, mais il ne s'y présenta que peu de monde, car le dixième de la recette destiné à l'hospice ne s'éleva qu'à 6 fr. 20.

L'anniversaire du 14 juillet fut célébré par une fête officielle. Le maire défendit tout travail ce jour-là.

La veille et le matin des salves d'artillerie et les cloches annoncèrent la solennité. Les gendarmes et une compagnie de militaires blessés se rangèrent, à onze heures du matin, sur la place de l'Hôtel-de-Ville, c'est-à-dire du Coq. A midi, les autorités vinrent au milieu d'eux, et alors commencèrent des évolutions militaires, des feux de peloton et de file. La musique joua ; un adjoint prononça un discours. Il présenta les événements passés dans le cours de la Révolution « comme la marche ordinaire de la Nature, qui semble se plaire à semer des obstacles dans l'établissement des empires, comme dans nos jouissances publiques et privées, et qui met constamment la peine en opposition avec le plaisir, pour donner plus de prix à ce dernier.

« Aux maux qu'elle a causés et au récit desquels l'orateur passa rapidement, il a opposé la sagesse, la modération et la justice d'un gouvernement protecteur, et la perspective d'une paix générale. Il est entré dans le détail des actions éclatantes qui ont immortalisé Bonaparte et ses braves compagnons d'armes. Ensuite il dit :

« La tranquillité la plus parfaite règne sur
« toute la France ; son ciel, obscurci quelque
« temps par l'orage révolutionnaire, est pur
« et serein. Le commerce, presque anéanti, a
« repris ses relations. Le luxe, qui pendant
« longtemps étoit devenu un motif de pro-
« scription, répand la circulation dans nos
« ateliers. Des lois protectrices ont remplacé
« l'arbitraire. Une sage indifférence sur les
« opinions religieuses laisse aux consciences
« une liberté entière. La liberté civile n'est
« pas moins grande, elle est garantie par la
« surveillance active du gouvernement, qui ne
« pèse que sur ceux qui tenteraient de la trou-
« bler. La guerre, qui depuis dix ans étendait
« ses ravages sur toute l'Europe, est à peu
« près terminée. Nos armées sont presque
« toutes rentrées dans l'intérieur ; nos braves
« volontaires, couverts de lauriers, trouvent
« dans le repos une partie de la récompense
« due à leurs glorieux travaux... », etc.

On cria beaucoup : « Vive la République : Vive Bonaparte ! »

A trois heures, commencèrent les danses champêtres offertes par la Mairie. Le peuple s'y porta en foule. Il y eut aussi un concert instrumental. Les illuminations furent très belles. Le feu d'artifice, tiré à dix heures, attira une affluence considérable ; les danses reprirent ensuite et se continuèrent toute la nuit.

Le commandant Félix Lefebvre et les autres officiers de la garde nationale, nouvellement élus, prêtèrent serment sur la place de la Mairie, le 30 messidor (19 juillet), et furent reconnus par leurs hommes, devant la municipalité.

Les membres de la Commission de commerce prirent connaissance d'une intéressante pétition, rédigée par le secrétaire, ayant pour objet l'introduction en France de marchandises anglaises. Après en avoir adopté le texte, l'assemblée décida de la faire porter à Paris par le citoyen Pierre-Nicolas Bourdon, lequel se concerterait au préalable avec les députés des fabriques de Louviers, Rouen et Darnétal. Voici le texte de cette pétition, adressée au ministre :

« Alarmée du danger qui menace les fabriques d'Elbeuf, la Commission de commerce de cette ville vient s'acquitter de l'obligation que lui impose la confiance du gouvernement, en luy dénonçant les manœuvres employées pour opérer leur ruine.

« La paix glorieuse qui a dissous pour toujours la coalition formée contre la liberté françoise devoit être l'époque où l'industrie nationale alloit, par son activité, relever le commerce de l'état de langueur dans lequel l'avoient plongé dix années d'une guerre sans exemple. Déjà, en effet, dans l'espoir d'un débouché qu'ils avoient lieu d'attendre de l'amélioration de la fortune publique, nos manufacturiers s'empressoient de repeupler leurs ateliers déserts, et, mettant à profit pour l'intérêt national la disette des laines d'Espagne, on les voyoit employer à l'envi et avec succès celles de France; en sorte que tout sembloit annoncer que les maux passés ne tarderoient pas à se réparer.

« Mais le gouvernement anglois ne pouvoit voir avec indifférence cette restauration prochaine des fabriques françoises. Leur destruction devient l'objet de ses calculs, et ce sont les François eux-mêmes qui se rendent ses complices.

« Des renseignements positifs nous apprennent que les marchandises de cette nation jalouse arrivent par quantités énormes sur toutes nos frontières et qu'en violation de la loy, elles sont introduites de la manière la plus audacieuse chez des marchands en gros, qui les distribuent impunément dans toute la République.

« Pourroit-on le croire, si l'on n'en avoit la certitude, que ces hommes, si coupables envers leur patrie, trouvent des fabricants d'une assez basse cupidité pour se rendre l'instrument de leur fraude en faisant, au moyen d'un vil salaire, inscrire leurs noms sur ces étoffes prohibées ?

« Nous ne ressentons déjà que trop les funestes effets de cette criminelle connivence. Ces marchandises, qui abondent de toutes parts dans tous les genres, arrêtent la consommation des nôtres, au point même que des commissions, précédemment données, sont contremandées ; en sorte qu'en dépit de leur ardeur, nos manufacturiers vont être dans l'impossibilité de continuer leurs travaux.

« Vous sentez, citoyen ministre, quel déluge de maux devra produire une pareille situation tant pour nos fabriques, en laissant nombre de malheureux sans ressource, que pour l'Etat, en faisant passer à nos implacables ennemis notre or qu'ils convoitent. Il est temps sans doute de mettre fin à ce genre de guerre, qu'ils nous font avec tant de succès. Pour y parvenir, la stricte exécution de la loy est indispensable, mais l'expérience semble indiquer qu'il seroit nécessaire d'y ajouter les dispositions suivantes :

« 1º Que toutes les étoffes qui ne seroient pas marquées du nom de fabrique soient regardées comme étant dans le cas de la prohibition.

« 2º Que le fabricant qui prêteroit son nom pour nationaliser les productions étrangères soit puni comme complice de la contravention.

« 3º Que toute étoffe portant le nom d'un fabricant françois qui pourroit être suspecte de provenir d'Angleterre, soit soumise à la vérification de trois fabricants de ce même genre.

« 4º Que les étoffes dont la confiscation auroit été prononcée soient brûlées sur la place publique, arrivant ordinairement qu'au lieu d'être réexportées, suivant le vœu de la loy, elles sont remises en circulation.

« 5º Enfin que les affaires de cette nature soient jugées sans délay, comme objet provisoire.

« Mais pourquoi sommes-nous forcés de réclamer des mesures répressives pour soutenir nos manufactures, lorsque les Anglois n'ont besoin d'opposer que leur esprit national à l'introduction de nos étoffes, même de celles d'une qualité supérieure aux leurs ? Pourquoy les François ne sont-ils pas tous animés du même zèle pour l'intérêt de leur pays ?

« Certes, il est digne du gouvernement actuel de chercher à faire prévaloir ce sentiment par tous les moyens qui sont en son pouvoir. Qu'il soit inspiré dans les écoles ; que les fonctionnaires publics s'empressent de montrer l'exemple, en n'usant que d'objets manufacturés en France ; que les salariés publics y soient contraints et que l'animadversion générale soit proclamée contre les François assez lâches pour favoriser les projets sinistres de nos ennemis et de leur commerce au détriment de leur patrie !

« Mais les résultats heureux qu'on doit attendre des moyens de cette nature ne peuvent s'opérer que lentement, tandis que les dangers dont nous venons de vous entretenir, citoyen consul, sont des plus pressants. Il faut donc, pour les écarter, les remèdes prompts et efficaces que nous promettent votre sollicitude pour le bien public et votre autorité ».

Le 4 thermidor (23 juillet), le préfet approuva la réouverture de la chapelle de l'hospice, à la condition qu'elle serait entretenue en bon état par les citoyens qui avaient manifesté le désir de s'y réunir et que le prêtre desservant aurait fourni la promesse de fidélité au gouvernement.

Sur une pétition d'habitants de la rue Meleuse, l'arrêté suivant fut pris ce même jour :

« Considérant que l'église de l'hôpital, ayant servi au culte catholique, se trouve vacante ; vu la soumission du citoyen Fautelin, prêtre, et le désir manifesté par nombre d'habitants de cette ville de se réunir dans cet édifice pour y consacrer les principes de leur religion. Arrête que le citoyen Fautelin, prêtre soumissionnaire, pourra y exercer sa religion et en enseigner les dogmes, en tout ce qui ne sera pas contraire aux lois et intérêts de l'Etat ».

Le lendemain, le maire autorisa les administrateurs de l'hospice à faire faire des quêtes pendant les cérémonies religieuses, dont le produit devrait être versé, toutes les décades, dans la caisse de leur trésorier.

Ce même jour, le citoyen Fautelin signa cette déclaration : « Je suis dans l'intention d'exercer en l'église de l'hospice de ce lieu le ministère du culte catholique tous les jours, le matin à dix heures et l'après-midi à trois heures ».

Le citoyen Peuffier, officier de santé, se justifia, le 7 (26 juillet), de l'accusation de n'avoir pas déclaré un enfant nouveau-né.

Le lendemain, une dénonciation fut portée au préfet, par le maire, contre le citoyen Baratte, commissaire de police, qui négligeait ses devoirs.

Une lettre au préfet, datée du 10 (29 juillet), porte : « La route de Pont-de-l'Arche n'a jamais été confectionnée comme grande route ; elle n'existe qu'en projet ; et sur les plans qui nous ont été communiqués par l'ingénieur en chef, lorsqu'il a été question du plan de réforme de la traverse d'Elbeuf, elle est désignée sous la qualification de route de Paris projetée.

« La route du Neubourg est la seule faisant suite à la route qui traverse Elbeuf ».

Le maire demandait l'annulation de la taxe à payer à la barrière du ci-devant calvaire. « Un nouveau règlement est d'autant plus essentiel que les voitures qui portent journellement aux moulins à foulon de Pont-Saint-Pierre les sept huitièmes des draps qui se fabriquent à Elbeuf, payent, par la taxe des barrières, un impôt d'autant plus injuste que les chemins sont impraticables et qu'ils ne peuvent user d'un autre chemin un peu meilleur pendant une partie de l'année, par la raison que, ne passant pas par la barrière, le fermier leur fait un procès lorsqu'ils arrivent à Pont-de-l'Arche par ce dernier chemin. » — Ce dernier chemin était le halage.

Le citoyen Pierre-Nicolas Bourdon, qui avait été député de notre ville à Paris, rendit compte de sa mission, le 17 thermidor (5 juillet), dans une séance de la Commission de commerce, dont voici le procès-verbal :

« ... D'après l'entrevue qu'il a eue chez le ministre de l'intérieur et chez le consul Le Brun, il nous a assuré que le gouvernement s'occupoit avec vigueur des moyens propres et efficaces à empêcher l'introduction des marchandises angloises ; qu'il savoit que des mesures de rigueur étoient employées ; que déjà nombre de saisies avoient été faites et qu'enfin on espéroit que cette branche de commerce pour nos ennemis deviendroit nulle ou presque nulle ».

Il avait été fait une collecte pour indemniser le citoyen Bourdon de ses frais de voyage, mais comme elle avait produit 915 liv., somme beaucoup plus élevée qu'il n'était nécessaire, on remit aux souscripteurs la moitié de ce que chacun d'eux avait versé.

Le 20 de ce même mois, en l'assemblée de la Commission de commerce, il fut donné lecture d'une lettre du préfet, datée du 16, relative à la création d'une Bourse à Elbeuf et posant trois questions. La Commission prit cette délibération :

« Considérant que l'utilité d'une Bourse dans Elbeuf n'est pas encore telle qu'il y ait lieu de s'occuper d'aucune mesure à cet égard, puisque le principal commerce qui s'y fait étant celui de la fabrique, il n'en résulte aucune relation d'affaires entre les manufacturiers ; que, dans cette situation, aucun agent de change ni courtier ne trouveroit à s'y occuper, et qu'en conséquence toutes dispositions à ce sujet deviendroient infructueuses, jusqu'à ce qu'il s'y soit formé un genre d'affaires propre à l'établissement d'une Bourse, ce que nous ne pouvons espérer qu'à la paix générale.

« Il a été d'une voix unanime arrêté que la réponse aux susdites questions seroit ajournée jusqu'à un temps plus opportun ».

Le 3 fructidor (21 août), le citoyen Frontin, maire, renouvela sa démission, à cause de son âge et de sa mauvaise santé. Quelques jours après, le citoyen Quesné démissionna également. Mais le 12, le conseil municipal, « profondément affecté, et considérant que la probité du citoyen Frontin, ses lumières et son dévouement à la chose publique le rendoient digne de toute la confiance du gouvernement et singulièrement précieux à ses concitoyens ; que le citoyen Quesné n'a cessé de concourir avec ses collègues aux résultats que promet une bonne administration », pria le préfet de ne point accepter leur démission. — Sur l'invitation du préfet, les citoyens Frontin et Quesné restèrent à leur poste respectif.

Un arrêté des consuls ayant fait défense aux entrepreneurs de voitures libres de transporter les lettres, journaux, etc., la Commission de commerce se réunit le 16 fructidor (3 septembre) et prit la délibération suivante :

« Considérant qu'il y a lieu de craindre que, par une fausse interprétation de cet arrêté, la communication importante qui existe entre Elbeuf et Rouen par les bateaux ne soit interrompue, et que cette interruption seroit une véritable calamité pour nos manufactures.

« Considérant en outre que, dans tous les temps, le gouvernement a autorisé cette précieuse communication ; il a été arrêté qu'il seroit fait une pétition au ministre des finances et que ladite pétition seroit communiquée au préfet pour avoir son approbation en le priant de l'appuyer... »

On décida, de plus, d'écrire aux directeurs de la poste aux lettres de Rouen et d'Elbeuf, pour les inviter à suspendre provisoirement l'exécution de l'arrêté jusqu'à la réponse du ministre

Un nouveau règlement pour la garde nationale avait été établi le 22 fructidor. Mais le 2e jour complémentaire de l'an IX (19 sept.), afin de ne point distraire de leurs travaux les ouvriers qui formaient la plus grande partie de la milice municipale, il fut arrêté que la garde cesserait tout service effectif, sans, pour cela, se désorganiser, et à condition qu'il serait fait des patrouilles « de minuit jusqu'à trois heures du matin, les ci-devant jours de dimanche ».

Le 28 fructidor (15 sept.), le préfet Beugnot écrivit aux citoyens Frontin et Quesné aîné :

« Par votre lettre du 25 de ce mois, citoïens, vous me prévenez que, cédant au vœu de vos concitoyens, à celui du conseil municipal de votre ville et particulièrement à mon invitation, vous vous êtes décidés à retirer, aussitôt votre retour, la démission que vous aviez donnée de vos places de maire et d'adjoint, et vous ajoutez que vous attendrez néanmoins ma réponse pour reprendre vos fonctions.

« Je ne puis qu'applaudir à votre résolution, qui m'est d'autant plus agréable que je regrettois en particulier la perte que la commune d'Elbeuf auroit faite, et vous en avez déjà reçu la plus douce récompense par les témoignages d'estime et d'affection que vos concitoyens n'auront pas manqué de vous donner.

« Je vous invite à reprendre de suite vos fonctions, auxquelles vous appellent des vœux qui vous honorent, et à éviter à l'avenir avec soin toute mesure qui semble indiquer le défaut d'une complète confiance et d'une intelligence soutenue entre des autorités qui doivent également aimer le bien public et le poursuivre de la même manière.

« J'ai l'honneur, etc. — Beugnot ».

Le 3e jour complémentaire (20 septembre), le préfet ayant demandé et obtenu la démission du citoyen Baratte, le maire nomma le citoyen Drevet pour remplir les fonctions de commissaire de police. Il arrêta également que l'emploi de garde champêtre serait supprimé et que son service serait fait par l'agent du commissaire. Cet agent était l'ancien commissaire de police Cauchois. Mais ni l'un ni l'autre n'entrèrent en fonctions, parce que leur nomination devait être auparavant approuvée par le ministre.

La fête de la fondation de la République, le 1er vendémiaire an X (23 septembre 1801), n'eut que peu d'éclat. Elle se borna à des airs de musique et à une parade de la garde nationale sur la place du Coq.

Le 5 (27 septembre), le maire annonça à ses concitoyens que la route de Louviers avait été affranchie du droit de passe, et qu'en conséquence le receveur de la barrière n'avait rien à prétendre des voyageurs se rendant d'Elbeuf à Caudebec, quoique passant par la barrière.

Le 12 (4 octobre), on proclama, au son du tambour, par tous les quartiers et carrefours, que la paix avait été signée, le 9, entre la France et l'Angleterre. L'hôtel de ville et beaucoup de maisons particulières furent illuminés à l'instant même, car la nouvelle n'était arrivée que le soir par le bateau de Rouen.

Le 19 vendémiaire (11 octobre), le canton d'Elbeuf fut reconstitué, avec notre ville pour chef-lieu et les communes de Caudebec, La Londe, Orival, Saint-Aubin, Cléon, Tourville, Freneuse et Sotteville-sous-le-Val.

Le 8 brumaire (30 octobre), le maire et ses adjoints envoyèrent cette nouvelle adresse à Bonaparte :

« Citoyen consul,

« La France devoit à vos victoires la gloire d'avoir repris le premier rang parmi les puissances de l'Europe. Tranquille et heureuse, sous un gouvernement protecteur, elle n'éprouvoit qu'un seul besoin, celui de la paix.

« Vous la donnez à l'Europe entière !

« Héros et pacificateur, vous avez également droit à la reconnoissance de tous les François, de tous les peuples, et en vous exprimant particulièrement celle de nos concitoyens, permettez-nous, citoyen consul, de vous offrir le vœu, qu'ils forment comme nous, pour que votre bonheur égale votre gloire ». Suivent les signatures des citoyens Mathieu Frontin, Mathieu Quesné aîné et Prosper Delarue.

Le 14 brumaire (5 novembre), la Commission de commerce d'Elbeuf rédigea cette autre adresse au premier consul :

« Elle est donc terminée cette lutte sanglante dont l'issue glorieuse assure la liberté des François, et nous pouvons jouir enfin des douceurs d'une paix tant désirée, fruit de vos immortels travaux. Quels changements merveilleux ! Que de bienfaits en si peu de temps ! La postérité pourra t-elle y croire ?

« C'est ainsi, illustre Bonnaparte, qu'en opérant la félicité publique par des prodiges, vous vous élevez au faîte de la vraye grandeur. Les lauriers cueillis à Arcole et Maringo ne brilleront que d'un plus bel éclat auprès de l'olivier que votre génie réparateur a planté et qu'il saura faire fleurir.

« Continuez, héros cher à la patrie, vous dont la gloire est si intimement liée à son bonheur, continuez à remplir vos hautes destinées. Grand par la guerre, mais plus grand encore par la paix, en consolidant votre ouvrage, achevez de parcourir la route qui conduit à l'immortalité ! »

Par ordre des consuls, la célébration de la paix eut lieu le 18 brumaire (9 novembre). Un cortège se forma à l'Hôtel de Ville, dans lequel on pouvoit remarquer « la Commission de commerce » — le programme portait « la Chambre du commerce ». — Après des morceaux de musique, des détonations, des cris : Vive la Paix ! Vive Bonaparte ! on se rendit au temple de Saint-Jean, où un *Te Deum* fut chanté par les ministres du culte ».

Le soir, on illumina ; un feu d'artifice fut tiré sur la place de la Réunion, et l'on dansa gratuitement toute la nuit chez les entrepreneurs de bals.

Pendant la nuit du 21 au 22 brumaire (12 au 13 novembre), vers une heure du matin, un incendie considérable éclata chez le citoyen Michel-Pierre Grandin, fabricant, rue de la Réunion, numéro 99, et ne fut éteint que vers cinq heures du matin. Le bâtiment incendié avait « 10 mètres 71 centimètres de long sur 4 mètres 55 centimètres de large ». Un autre, appartenant au citoyen Prosper Delarue, fut aussi endommagé. Un troisième, occupé par le citoyen Bonnet, teinturier, « fut coupé sur une longueur de 3 mètres 25 cent. Sans cette précaution, l'incendie fut devenu terrible ». Un homme fut blessé. Parmi les citoyens dont on signala la belle conduite au préfet, nous trouvons le nom du citoyen Bellec dit Nantais et celui de la citoyenne Philie Barette, jeune fille de Saint-Aubin.

A cette époque, un factum contre le préfet circulait en ville. Le maire et ses adjoints, voulant dégager leur responsabilité et manifester « leur profonde indignation et celle de leurs concitoyens » prirent cette décision, le 28 brumaire (19 novembre) :

« Le maire et les adjoints, tant en leur nom qu'en celui de tous leurs concitoyens, désapprouvent et désavouent l'écrit imprimé et distribué ayant pour titre : *Le citoyen Henry Delarue fils, ex-président de l'administration municipale d'Elbeuf, au citoyen Beugnot, préfet,* et regardent comme injurieuses et calomniatrices les expressions contenues dans ledit écrit ».

Malgré leur longueur, nous reproduirons presque en entier les observations de la Commission de commerce sur un projet de loi concernant les manufactures, adressées, sur sa demande, au ministre de l'Intérieur :

« Lorsqu'on a lu et médité le projet d'une loi relative aux manufactures, on ne peut qu'applaudir aux principes qui en sont la base et qui y sont si bien développés, ainsi qu'aux sages dispositions qu'il renferme.

« Au milieu des désordres que l'espèce de licence a introduite dans les fabriques, et dans l'impossibilité d'établir des règlements qui seroient plus nuisibles qu'utiles d'après le genre actuel du commerce, pouvoit-on mieux faire ? Nous ne le pensons pas.

« Dans ce projet, les fabriquants sont maintenus dans leurs droits et obligations réciproques, par les meilleures précautions. La liberté illimitée dans la fabrication, mère de toute industrie, y est consacrée avec des mesures telles que chaque manufacturier devra, par son propre intérêt, se porter à une perfection qu'aucuns règlements n'auroient pu produire ; et le consommateur y trouve en même temps une garantie suffisante contre l'abus qu'on pourroit faire de cette même liberté.

« Ce projet enfin paroît des mieux combinés dans toutes ses parties, et son adoption devra opérer le retour au bon ordre, dont le besoin se fait tant sentir.

« Certes, ceux que le gouvernement a chargés de ce travail important ont bien répondu à sa confiance, nous nous hâtons de leur rendre cette justice. Il n'était cependant pas possible que, n'étant pas accoutumés à tous les détails des fabriques, il ne se glissât dans quelques parties d'un pareil ouvrage un petit nombre d'imperfections. Nous allons indiquer celles que nous avons cru y apercevoir, ainsi que les moyens qui nous ont paru les plus propres à les faire disparoître.

« 1º Il est d'une indispensable nécessité que toutes les contestations et difficultés qui pourroient noître entre le fabricant et son ouvrier, relativement au travail et aux matières confiées, soient portées devant le juge de paix du lieu de fabrique ; autrement, le manufacturier seroit souvent dans l'impossibilité de poursuivre son droit, parce qu'étant obligé de le faire à une distance quelquefois de six à huit lieues, les frais de déplacement et la perte d'un temps précieux absorberoient et au-delà l'objet par lui réclamé. Le projet de loi ne prononce pas cette attribution spéciale, sans laquelle divers des articles qu'il renferme ne seroient pas susceptibles d'exécution, parce qu'il semble supposer le même domicile aux parties. Mais comme presque tous les ouvriers et notamment ceux qui travaillent les matières chez eux, sont domiciliés hors l'arrondissement des fabricants qui les leur confient, il est besoin que cette disposition soit stipulée d'une manière non équivoque.

2º Le titre 4, sur les infidélités et abus de confiance, ne paroît pas suffisant contre les cas de vol, malheureusement si répétés dans les fabriques. On ne voit pas que ces fabricants malhonnêtes qui alimentent leurs ateliers de matières volées, puissent être plus atteints que par le passé. L'article 40 porte qu'ils seront dans le cas d'être punis comme recéleurs, toutes les fois qu'il sera prouvé que les objets proviennent de vol ; mais l'expérience nous a appris que cette preuve étoit presque toujours impossible à faire aux yeux des tribunaux, par la difficulté de constater que l'objet saisi entre les mains de ces individus est celui volé, à cause de la ressemblance des matières. Il n'en seroit pas ainsi sans doute si le fabricant ou détenteur de matières prévenu de complicité étoit forcé de produire ses factures ou livre d'achat et de fabrication, qui souvent aideroient à sa conviction.

« C'est donc avec étonnement que, dans l'exposition des principes, nous avons vu les rédacteurs annoncer qu'ils ont renoncé à cette mesure par les dangers qu'elle présente. Nous n'en apercevons aucun : n'oblige-t-on pas tout commerçant à tenir des livres et même à les représenter pour lever sa patente ? Il n'y a donc là rien qui ne se pratique déjà. Qu'on ne perde pas de vue, d'ailleurs, que nul ne seroit tenu de justifier de ses achats ou de ses opérations que dans le cas où il seroit accusé de vol. Pourroit-on regarder comme inquisitoire un moyen qui ne seroit employé que pour absoudre ou convaincre un homme prévenu d'une action criminelle, et sans lequel ce genre de fripons, aujourd'hui si multiples, échappera toujours aux poursuites... »

La Commission exposa aussi la nécessité qu'il y avait d'obliger tout fabricant à marquer ses étoffes de son nom.

Ce même jour, 2 frimaire, le maire donna

un règlement pour la tenue de la halle aux grains et le placement des marchands aux marchés d'Elbeuf, qui se tinrent comme précédemment rues de Seine (Saint-Jean), Nationale (jusqu'à la rue Voltaire), de la Barrière, de la Réunion, Neuve (Poulain), le quai et la place du Coq.

Le 17 (8 décembre), le citoyen Frontin donna une troisième fois sa démission, son âge et son défaut de forces physiques ne lui permettant plus de remplir les fonctions de maire.

Le 20 (11 décembre), on installa dans ses fonctions le citoyen Drevet, comme commissaire de police ; il était nommé par Bonaparte.

La Seine déborda et monta jusqu'à l'église Saint-Jean, de sorte que l'entrée actuelle de la rue du Moulin-Saint Jean fut couverte par les eaux. Par arrêté du maire, daté du 23 (14 décembre), il fut permis au public désirant se rendre de la rue de Seine (rue Saint-Jean actuelle) à la Rigole, de passer par les cours des citoyens Roch Poteau, Bataille, Tassel, Henri Delacroix, Corblin et Saillant, du lever du soleil jusqu'à dix heures du soir. Trois sentinelles furent posées dans ces cours et l'on éclaira le passage aux frais de la ville.

L'hiver approchant et le pain étant extrêmement cher, le préfet invita la Commission de commerce à délibérer sur la création d'un service de soupes économiques, pour les vieillards et infirmes indigents. La Commission se montra favorable à cette création.

Dans cette même séance, qui eut lieu le 28 frimaire, l'assemblée décida de prier le préfet d'employer son autorité au maintien de la brigade à cheval de gendarmes, qu'il était question de remplacer par une brigade à pied.

Nous trouvons à la date du 6 nivôse (27 déc.), cette lettre du préfet au citoyen Quesné aîné, adjoint au maire :

« J'ai reçu, citoïen, la lettre que vous m'avez fait l'honneur de m'écrire pour me presser de donner un successeur au citoïen Frontin.

« Je me suis fait une règle, lorsque les administrations municipales sont composées de citoïens recommandables, de leur renvoyer à eux-mêmes le choix de leurs collègues. Je vous prie donc de vous concerter à ce sujet avec les citoyens Frontin et Delarue, et de m'indiquer deux sujets parmi lesquels le premier consul pourra nommer un maire. Je vous observe que dans ce cas, les deux sujets étant également présumés dignes de la confiance publique, le choix du premier consul tombe ordinairement sur le premier désigné.

« J'ai l'honneur, etc. — Beugnot ».

CHAPITRE IV

(du 11 nivôse an X au 8 vendemiaire an XI)

(janvier-septembre 1802)

Affaires municipales. — Un nouveau juge de paix. — Le citoyen Prosper Delarue, fabricant, 17ᵉ maire d'Elbeuf. — Les premières draperies nouveautés. — Tondage mécanique des draps. — Crainte d'un traité avec l'Angleterre. — Troubles a l'occasion de l'installation du curé de Saint-Etienne. — Adresse de la fabrique d'Elbeuf au premier consul. — Mesures municipales en prévision de la visite de Bonaparte.

A cette époque, vivait dans notre ville, depuis trois ans déjà, un individu du nom de Robert, ancien chirurgien-barbier, qui avait exercé dans une petite commune des environs de Dieppe, puis à Bernay, avant de venir à Elbeuf. Afin de se créer une clientèle, il se faisait passer pour sorcier et, en outre, se qualifiait d'officier de santé. La conduite de cet homme, dont la moralité laissait beaucoup à désirer, obligea la municipalité à le dénoncer au public comme charlatan et à lui refuser une patente de chirurgien.

C'est peut-être de cet individu que la rue Robert porte le nom. Nous trouvons, en effet, mentionnés dans divers manuscrits de cette époque, la « rue à Robert » et « la porte à Robert », donnant rue de la Barrière.

Nous rapprocherons de ce nom, sans tirer à conséquence toutefois, un dicton populaire ayant déjà cours au commencement du xixe siècle et encore usité dans la classe ouvrière. « Il est de la clique à Robert », pour désigner un homme malfaisant. Il est vrai que cette locution n'est pas particulière à Elbeuf ; on la retrouve dans le Roumois, avec cette addition : « A male œuvre il appert ».

Au 14 nivôse an X (4 janvier 1802), l'inondation durait toujours. Le maire prit, ce jour, un arrêté pour faciliter aux citoyens riverains le moyen d'accéder à leurs maisons, dont le rez-de-chaussée avait dû être abandonné. Un bateau fit un service continuel pour porter les ouvriers gratuitement ; pour le distinguer des autres, on y attacha un petit pavillon tricolore.

Le 22 nivôse (12 janvier), le citoyen Bigot, chaudronnier, fut nommé pompier de la ville au traitement de 50 francs par an. Il était tenu de sortir, tous les mois, les deux pompes à incendie et à « les faire jouer sur la place du Coq », et avait charge de l'entretien du matériel.

Le 28 (18 janvier), le citoyen Quesné, premier adjoint au maire, donna sa démission.

Un acte de nivôse an X mentionne le citoyen Louis-Auguste Guilmard comme exerçant la profession de libraire à Elbeuf.

Ce même jour, l'administration municipale adressa cette proclamation aux habitants :

« Citoyens,

« Vous avez été instruits que le préfet, par sa lettre du 18 nivôse, a formellement provoqué l'établissement d'un octroi à Elbeuf. Il a donné les ordres les plus positifs pour que le conseil municipal fût assemblé pour rédiger des règlements et proposer un tarif.

« Des nouvelles démarches ont été faites auprès de ce magistrat. Il a reçu avec bonté toutes les observations qu'on lui a faites et il n'a consenti à retirer sa proposition qu'autant qu'il verroit que l'on s'empresse à l'envi de faire disparoître tout ce qui est des dépenses arriérées.

« Citoyens, le préfet tiendra sa parole, et vous éviterez l'octroi. Mais s'il a fait un acte de complaisance, vous devez, de votre côté, lui prouver que vous savez lui justifier la confiance qu'il met en vous, en vous empressant de solder votre cote aux rôles volontaires établis pour tenir lieu de l'octroi.

« C'est à cette fin que le maire vous invite à acquitter, dans un délai de dix jours, le montant de votre souscription pour chacune des années IX et X. Ce délai est de rigueur ; car le préfet désire apprendre que d'ici à ce temps presque tout l'arriéré soit comblé. A ce moyen, vous aurez encore évité l'octroi.

« Empressez-vous donc, citoyens, de vous rendre à cette invitation qui vous est faite pour vos intérêts, et vous aurez l'un pour l'autre la satisfaction avoir évité à notre pays l'impôt le plus à charge ».

Le 3 pluviôse (23 janvier), le préfet écrivit au maire d'Elbeuf :

« J'ai reçu, citoyen maire, la lettre que vous m'avez écrite le 28 nivôse, et la démission du citoyen Quesné, l'un de vos adjoints.

« Je vous remercie de l'indication que vous m'avez donnée, et puisque les sujets que vous me désignez vous ont paru dignes de la confiance publique, j'aurai l'honneur de les proposer au Gouvernement, pour les places vacantes de votre mairie.

« Mais jusqu'à ce qu'il ait été statué sur ma proposition, il est nécessaire que le citoyen Quesné continue ses fonctions. Je vous prie de lui en faire l'invitation, en lui observant que l'intérêt public et celui de la commune exigent encore ce sacrifice... BEUGNOT ».

Le 27 pluviôse (16 février), on procéda à l'installation du juge de paix nouvellement élu et de ses suppléants. Le nouveau juge était le citoyen Michel-Amable Le Cerf, juge de paix du ci-devant canton d'Orival. Les suppléants étaient les citoyens Pierre-Victorin Asse et Gabriel-Denis Savouray.

Cette installation se fit avec beaucoup de solennité. La musique, un piquet de la garde nationale et la gendarmerie avaient été convoqués. Le maire prononça un discours, auquel répondit le citoyen Le Cerf; le tout se termina par les acclamations du public. Le citoyen Cavelier, ancien secrétaire de la justice de paix d'Orival, fut désigné pour remplir les mêmes fonctions à la justice de paix d'Elbeuf.

Sur de nouvelles instances du préfet, les citoyens Frontin, maire, et Quesné, adjoint, reprirent encore une fois les fonctions desquelles ils s'étaient démis.

Le 30 ventôse (21 mars), les citoyens Macé et César Morel, directeurs de bals et redoutes, donnèrent un bal au profit de l'hospice, pour tenir lieu du dixième accordé par la loi à cet établissement de charité. La municipalité nomma huit commissaires pour le placement des cartes d'entrée.

On placarda, le 2 germinal (23 mars), une affiche annonçant que la foire créée à Elbeuf, par arrêté des consuls du 13 germinal an IX, se tiendrait le 19 floréal (9 mai) suivant, et qu'elle durerait huit jours. Son emplacement était le Cours et l'endroit où était « le ci-devant calvaire ».

Le 7 (28 mars), il fut fait défense aux mariniers d'attacher leurs bateaux aux pièces de bois servant de soutien au « quai de Paris », nouvellement rétabli.

Il fut également fait défense au citoyen Ami, « entrepreneur des voitures d'eau d'Elbeuf à Rouen, de charger des saumons de fer sur l'impériale de ses bateaux », afin d'éviter des accidents aux voyageurs.

Le préfet écrivit au maire, le 13 germinal (3 avril), que les consuls avaient procédé au changement de la municipalité de notre ville. Le citoyen Prosper Delarue était nommé maire et les citoyens Félix Lefebvre et Flavigny fils adjoints ; mais celui-ci refusa d'accepter cette nomination.

L'installation des deux premiers eut lieu le 17 (7 avril), avec le concours d'un piquet de garde nationale, de la musique et de la gendarmerie. Plusieurs discours furent prononcés et suivis des cris : Vive la Paix ! Vive la République ! Vive Bonaparte !

Un des premiers actes du nouveau maire fut de réduire les dépenses municipales, notamment celles de la mairie. Les séances se tinrent les mardi, jeudi et samedi de chaque semaine, à cinq heures du soir.

Le citoyen Guenet, prêtre insermenté, ayant omis de se présenter à la mairie, le maire le rappela à l'exécution de la loi.

Il fut enjoint aux maîtres teinturiers de ne vider leurs bains de teinture dans les cours d'eau que de quatre à sept heures du matin en été et de cinq à neuf heures du matin en hiver.

A partir de cette époque, sur ordre du préfet, le maire dut lui envoyer chaque mois « un état de la situation morale et politique de la ville », pour être transmis ensuite au ministre.

Au 14 floréal (4 mai), un détachement de chasseurs était en cantonnement dans notre ville.

Le 15 (5 mai), le maire nomma, en remplacement du citoyen Levilain, garde champêtre supprimé, les citoyens Dubuc, Préaux et Dantan, ci-devant gardes forestiers; les appointements de chacun d'eux furent fixés à 50 francs par an.

Ce même jour, la citoyenne Marie-Marguerite Martin, âgée de 81 ans, ex-religieuse des ci-devant Ursulines d'Elbeuf, prêta serment de fidélité à la Constitution. La citoyenne Marie-Françoise Delas, âgée de 66 ans, ancienne Ursuline d'Elbeuf également, prêta le même serment.

Le lendemain (6 mai), le maire rapporta l'arrêté relatif à la cessation du service de la garde nationale.

Un arrêté des consuls, daté du 20 floréal (10 mai), ordonna que le peuple français serait consulté sur cette question : « Napoléon Bonaparte sera-t-il consul à vie ? »

A Elbeuf, comme ailleurs, on ouvrit deux registres pour répondre à cette interrogation. Ils furent placés, l'un chez le citoyen Lingois, notaire, l'autre chez le citoyen maire, mais nous ne connaissons point les chiffres spéciaux à notre ville. On sait que, pour toute la France, il y eut 3.568.185 *oui* contre 9.074 *non*.

Le 28 (18 mai, les citoyens Bernard Flavigny et Jacques Chefdrue père, architectes, furent invités à constater l'état de l'avant-saillie d'une maison de la rue de Seine (Saint-Jean) qui menaçait ruine.

Ce même jour, le citoyen Hemmer annonça son intention d'organiser un service de galiotes entre Rouen et Paris, avec station à Elbeuf. Le maire lui fixa le « quai à plâtre » pour attacher ses bateaux.

Le 6 prairial (26 mai), mourut à l'hospice la « citoyenne Marie-Marguerite Martin, célibatrice *(sic)*, ex-religieuse, sœur converse » ; comme nous venons de le dire, elle était âgée de 81 ans.

Le 9 (29 mai), le citoyen Joseph Glin, prêtre déporté, rentra à Elbeuf et se plaça sous la surveillance municipale, conformément à la loi.

Le 20 (9 juin), les citoyens Joseph Glin, Gabriel-Henry Guenet et Jean-Pierre Lenoble, prêtres, signèrent individuellement la déclaration suivante : « Je déclare être de la communion des évêques de France nommés par suite de la convention passée entre le gouvernement françois et Sa Sainteté Pie VII, et que je serai fidèle au gouvernement établi par la Constitution et n'entretiendrai ni directement, ni indirectement, aucune liaison ou correspondance avec les ennemis de l'Etat ».

Quelques jours après, le citoyen Pierre Devé, « prêtre françois rentré », fit la même déclaration devant l'administration municipale.

On parlait alors beaucoup d'un traité de commerce avec l'Angleterre. Une lettre adressée de Paris par le citoyen Prosper Delarue, maire, faisant craindre aussi que l'introduction en France de tous les objets manufacturés au-delà de la Manche eût un résultat désastreux pour la fabrication de notre ville, le Conseil de commerce se réunit le 9 messidor et prit cette délibération :

« Considérant que l'introduction illimitée des étoffes et marchandises angloises entraîneroit infailliblement la ruine de nos fabriques, et qu'il est infiniment urgent d'éclairer le gouvernement sur les dangers d'une pareille clause, il a été arrêté qu'il seroit envoyé un député pour seconder les efforts du citoyen Frontin fils — résidant à Paris et déjà chargé de la défense des intérêts des fabriques françaises. — En conséquence, l'assemblée, d'une voix unanime, a invité le citoyen Henry Hayet à remplir cette mission, ce qu'il a accepté ». — On sait qu'aucun traité avec l'Angleterre ne fut conclu.

Le 17 messidor (6 juillet), le maire donna avis que la foire dite de Saint-Gilles, fixée au 18 fructidor, devant tomber « un dimanche, jour consacré au repos des fonctionnaires publics », elle serait reportée au lendemain 19 (6 septembre).

Le pain valait alors cinq sous la livre. A la halle du 21 messidor (10 juillet), le blé étant descendu à 17 fr. 36 le quintal, le maire prit un arrêté, le 23, fixant le prix du pain à quatre sous la livre de seize onces.

Les boulangers ne tinrent point compte de cet arrêté ; mais, le 29 (18 juillet), le maire les avertit qu'ils s'exposaient à des poursuites rigoureuses, et ils obéirent. Cependant, comme quelques-uns ne donnaient pas une cuisson suffisante à leur pain, des commissaires furent désignés pour inspecter leurs fournées.

L'anniversaire du 14 juillet fut célébré, cette année-là, sur la place de la Réunion, où la municipalité se rendit, escortée des tambours, de la musique et d'un piquet de gardes nationaux.

Plusieurs citoyens d'Elbeuf étant accusés ou soupçonnés d'être détenteurs d'objets servant au culte catholique, le maire en avertit le préfet. Celui-ci répondit par cette lettre, datée du 28 messidor (17 juillet) :

« Citoyen ; Nul n'a le droit d'enlever des églises les ornements qui servent à l'exercice du culte, à moins qu'il ne justifie de pièces qui en constatent sa propriété.

« Si donc les individus que vous soupçonnez avoir dépouillé les églises de votre ville d'une partie de leurs ornements, ne peuvent justifier que ces objets leur appartiennent véritablement, vous devez leur enjoindre d'en faire la remise sur le champ, sauf en cas de refus à les dénoncer aux tribunaux...

« Quoique, selon vous, il ne paraisse pas avoir jamais été dressé d'inventaire en forme des effets qui doivent exister dans ces édifices, il vous sera facile sans doute de vous assurer par les fabriciens, tant anciens que nouveaux, si les mêmes objets s'y trouvent encore maintenant. Je vous invite donc... BEUGNOT ».

Dans la séance du 4 thermidor (23 juillet), le maire posa cette question au Conseil, à l'occasion d'une demande faite par le citoyen Delarue :

« Peut-on, sans compromettre les intérêts de la ville et la commodité du public, souffrir l'aliénation du terrain situé au bout du Port, du côté du Pré-Bazile ? »

Le Conseil répondit, à l'unanimité :

« Ce terrain ne peut jamais être regardé que comme une dépendance de la voie publique, nécessaire et indispensable aux habitants et voyageurs qui, venant de Saint-Aubin ou partant d'Elbeuf en passant d'une rive à l'autre, débarquent presque toujours à cet endroit, et le plus souvent dans les temps de tempêtes et de grosses eaux. Il sert dans les gros temps à l'abordage de tous les bateaux ; quoique n'étant pas une extension du quai, il sert aussi au balage. Du temps de M. Frontin, maire, il fut demandé d'y établir une tuerie publique, mais on repoussa cette proposition, afin de conserver cette petite place ».

Ce même jour, le Conseil décida que les rues de la ville reprendraient leurs anciens noms, mais que l'une d'elles serait nommée rue Bonaparte.

Le 21 thermidor (9 août), le maire défendit les baignades « à la pointe de l'île Le Comte, dans le bras du passage d'Elbeuf à Saint-Aubin et à tout autre endroit exposé à la vue du public ». L'arrêté mentionne les promeneurs qui se rendaient alors dans le bois Landry, lieu déjà fréquenté par les Elbeuviens pendant la belle saison.

Le 25 (13 août), on nomma une commission municipale avec mission de trouver des logements convenables pour les curés et desservants des deux paroisses qui allaient être nommés et de faire un rapport sur les travaux nécessités par l'état des églises et des murs de cimetière.

Trois jours après, ce rapport fut soumis au Conseil. Il faut conclure de ce travail que peu de dégradations avaient été subies par les monuments religieux pendant « la Terreur », car le Conseil se borna à voter une somme de 140 francs pour réparer le presbytère de Saint-Etienne et les murs des deux cimetières. Le logement du curé de Saint-Jean fut fixé rue de Seine, dans une maison louée au citoyen Constant Bourdon, ancien fabricant, moyennant 450 francs par an.

Le 27 (15 août), le maire, ses adjoints, précédés des tambours et de la musique, escortés d'un piquet de garde nationale, se rendirent sur la place de l'Hôtel-de-Ville (du Coq), où ils publièrent solennellement le Senatus consulte du 14 thermidor, par lequel le Sénat proclamait Bonaparte premier consul à vie. Le peuple cria : « Vive Bonaparte ! Vive la République ! »

Bien des fois, on s'est demandé dans notre ville quand et par qui commença à Elbeuf la fabrication des « draps nouveautés », et beaucoup croient que cette fabrication ne date que de l'introduction dans nos fabriques du métier Jacquard, ce qui est une erreur.

En effet, à l'exposition des produits industriels de l'an X, M. Pierre-Parfait-Modeste Maille reçut une médaille d'argent pour la bonne confection des « draps-nouveautés » qu'il avait exposés.

Depuis longtemps les fabricants d'Elbeuf, comme ceux des autres industriels, rêvaient d'une machine qui pût tondre les draps mécaniquement ; mais ce ne fut qu'au commencement du xixe siècle que leurs espérances furent en parties réalisées.

Les premiers brevets anglais pour le tondage mécanique des draps remontaient à 1787. En France, dit M. Mouchel, on ne vit apparaître la tondeuse mécanique qu'en 1802, par un brevet d'importation de l'Anglais Douglas (breveté dans son pays dès 1798), et par un brevet d'invention du Français Wathier, de Charleville. A partir de cette époque, l'usage du nouveau procédé se développe rapidement. De nombreux brevets présentant quelques variantes dans le détail, mais se ramenant au fond au principe de Léonard de Vinci, sont pris par les constructeurs de machines des divers centres drapiers, par Leblanc-Paroissien, de Reims, en 1803, par Mazeline, en 1813, par Caplain, de Petit-Couronne, en 1822, par Taurin, d'Elbeuf, en 1823. Le mouvement était toutefois beaucoup plus accentué en Angleterre, où l'on ne compte pas moins de 20 brevets, de 1787 à 1829.

Ainsi, au commencement du dernier siècle, de 1802 à 1825, l'emploi des tondeuses à forces mécaniques avait pris en France une certaine extension. Des contemporains se souviennent d'avoir vu dans notre ville de telles machines, bien qu'en petit nombre. Leur travail était beaucoup moins parfait que celui des forces mues à la main, dont l'emploi restait toujours indispensable pour les dernières coupes, et l'économie qu'elles procuraient sur le travail à la main n'était guère que de 50 p. 100. En général, une machine ne comportait qu'une seule paire de forces, de dimensions énormes, et tondant le drap en long.

A peine le nouveau procédé commençait-il à prendre pied dans notre région, quand un un adversaire puissant, venu d'un pays où l'on eût difficilement soupçonné à cette époque l'existence d'une industrie drapière, vint entraver, et bientôt annihiler complètement les efforts de ses propagateurs.

Dès la fin du dix-huitième siècle, des inventeurs anglais avaient eu l'idée de séparer les deux lames des forces, et de communiquer à la lame mâle un mouvement d'oscillation indépendant de tout ressort. La tondeuse de Douglas (1798) nous offre un exemple de cette disposition. Dans cette machine, qu'on peut qualifier à bon droit de tondeuse longitudinale, une lame fixe occupe toute la largeur de l'étoffe et une lame mobile reçoit d'un arbre coudé, par l'intermédiaire de deux bielles parallèles, le mouvement de va-et-vient nécessaire au tondage.

Un inventeur américain, James Grissould Dorr, fit breveter, en 1792, à Philadelphie, une disposition encore plus heureuse. Sa machine peut être considérée avec certitude comme ayant fourni l'idée-mère de la tondeuse à lames hélicoïdales.

Nous aurons l'occasion de revenir sur les tondeuses.

Par ordre du maire, les boutiques et ateliers furent fermés le 1er vendémiaire an XI (23 septembre 1802), en raison de l'anniversaire de la fondation de la République, qui fut célébré par le son des cloches, des illuminations publiques et un bal chez le citoyen Macé.

L'installation du citoyen Jean-Claude-Prosper Renault comme desservant de la succursale de Saint-Etienne fut l'occasion de troubles, auxquels fait allusion la lettre suivante, adressée au maire d'Elbeuf, par le substitut du commissaire du gouvernement près le tribunal criminel de Rouen, le 5 vendémiaire (27 septembre).

« Citoyen maire ; je vois par l'original d'un des mandats d'amener que j'ai décernés contre plusieurs individus de votre commune, au sujet de l'opposition faite à l'installation du desservant de la succursale de Saint-Etienne, qu'il a été signifié à la personne de la nommée Masselin fille, qui a été provisoirement déposée dans la maison d'arrêt d'Elbeuf. Je suis surpris que les gendarmes ne me l'aient point encore amenée. Je vous invite à donner des ordres pour qu'elle soit conduite à Rouen le plus tôt possible... CAUDRON »

Le citoyen Bourgeois, ci-devant curé de Saint-Etienne, fut accusé d'avoir suscité ces troubles ; mais le maire écrivit au préfet Beugnot que c'était à tort que l'on avait porté cette accusation contre un estimable ecclésiastique. Le préfet prit l'abbé Bourgeois, alors curé de Caudebec, sous sa protection.

Il ressort d'une correspondance entre le maire et le préfet que le citoyen Lefebvre adjoint au maire d'Elbeuf, et le commandant de la garde nationale firent preuve de zèle en cette circonstance, mais qu'il n'en fut pas de même du brigadier de gendarmerie, dont on dénonça la conduite au commandant.

Les articles 81 et 82 de l'arrêté des Consuls du 19 fructidor précédent portaient que, par voie de tirage au sort, la moitié des membres des conseillers municipaux devait être remplacée. L'opération se fit en vendémiaire, à la préfecture. Le sort désigna les quinze citoyens suivants comme ayant cessé leurs fonctions :

Charles Capplet père, Servant Huault, Nicolas Bourdon, Pierre Lingois, Robert-Armand Valdampierre, Nicolas Louvet, Galleran, Pierre-Alexandre Adam, Jean-Pierre Lefort, Augustin Henry, Augustin Boivin, Louis Sevaistre, Gautier, Jean-Baptiste Grandin et Laurent Patallier père.

Un événement considérable fut annoncé dans les premiers jours de la nouvelle année républicaine. Le général Bonaparte devait faire un voyage à Rouen, et l'on espérait, à Elbeuf, qu'il viendrait au moins passer quelques heures dans notre ville ; mais comme cela n'était pas certain, l'administration résolut d'aller saluer au chef-lieu le premier consul.

De son côté, la Commission de commerce invita six de ses membres, les citoyens Parfait Grandin, Pierre Nicolas Bourdon, Henri Hayet, Pierre-Alexandre Adam, Nicolas Louvet et Félix Lefebvre, à rédiger un mémoire relatif aux besoins de la ville et de son industrie. Elle décida en outre, que ce mémoire serait présenté au premier consul, à Rouen, par une députation composée des citoyens J.-B.-Pierre Grandin, Pierre-Nicolas Bourdon, Prosper Delarue, Nicolas-Félix Lefebvre, Robert Flavigny fils aîné et Louis-Jacques Grandin. Voici le texte de ce mémoire :

« Général, premier Consul,

« C'est une mission bien honorable et bien flatteuse pour nous de venir, au nom des manufacturiers d'Elbeuf, vous offrir le juste tribut de nos respectueux hommages et de notre amour.

« Nous vous rendons grâce d'avoir rejeté un traité, présenté avec tant d'art par les Anglais, qui eût porté un coup terrible au commerce et aux manufactures, et qui a été suffisamment jugé par la funeste expérience qu'elles en firent en 1785.

« Une fabrique jadis florissante et d'une grande réputation chez l'étranger, que la Révolution a éloignée et qu'il est important de rappeler à ses anciennes liaisons, dont le produit annuel est de dix-huit à vingt mille pièces de drap, que les besoins du commerce peuvent faire monter à une plus grande quantité, qui nourrit 20.000 ouvriers depuis l'enfance jusqu'à l'âge le plus décrépit, qui répand l'aisance sur un rayon de population de plus de douze lieues à ses environs, qui a ouvert à l'agriculture une source de richesses par l'employ qu'elle a sçu faire avec avantage des laines nationales auxquelles elle a mis un prix jusqu'alors inouï, mérite sans doute qu'on s'occupe de sa conservation et de son accroissement.

« Dans ces vues, elle vient demander un regard de son premier magistrat, et présenter à sa sagesse les moyens qu'elle croit à peu près propres à préparer les voyes pour atteindre ce but désirable :

« 1º La création dans le Conseil d'Etat d'un magistrat instruit en matière de commerce et de fabrication, spécialement chargé du maintien des fabriques, auquel on puisse adresser les avis, mémoires, pétitions relatives à tout ce qui concerne les manufactures.

« 2º Des lois répressives sévères contre les vols et les pillages qui se font impunément et trop communément dans les ateliers, en assimilant ceux qui volent les matières qu'on leur confie aux voleurs domestiques. Des règles de police, bien dirigées et d'une exécution facile et de rigueur, pour les devoirs et les obligations des ouvriers, pour les amener au degré de perfection que l'on a droit d'exiger ;

« 3º Une attribution au juge de paix du chef-lieu de fabrique, en s'adjoignant deux fabricants experts, pour connoître, régler et juger sans appel les différents et contestations entre les maîtres et les ouvriers, sur quelque [cas] que ce soit, sauf à renvoyer, après une instruction préalable, aux tribunaux compétents les cas entraînant peine afflictive, lesquels seraient tenus de juger par préférence et sous un très court délai, à la diligence du ministère public.

« 4º Des lois sur les faillites et banqueroutes qui puissent arrêter ce fléau et assurer aux malheureux créanciers quelques débris de leur fortune, en déclarant qu'un failli qui ne payeroit pas au moins cinquante pour cent dans un délai donné, fut déclaré incapable de faire le commerce et non admis à l'indulgence de ses créanciers. Que chaque créancier soit tenu de se présenter ou faire représenter dans un délai convenable, sous peine d'être [exclu] de la masse et sensé avoir abandonné sa créance. Que tout failli attermoyé qui ne tiendroit pas les engagements de son accord fût soumis à des peines infamantes.

« 5º L'attention sérieuse sur un objet peut-être très important et qui pourroit faire seul le sujet d'un mémoire, c'est l'accroissement prodigieux d'établissements, tant dans Elbeuf que dans les petites communes environnantes, où se travaillent nos matières, confiées sur la bonne foi. Ces nouveaux fabricants, ouvriers d'abord, sans connoissances, sans moyens connus, cherchant à s'élever sur la réputation d'une fabrique célèbre, en la détruisant, présentent des dangers de plus d'un genre.

« 6° L'objet des hauts prix des matières, de celui de la main d'œuvre, du renchérissement de toutes les denrées, qui semble autoriser l'ouvrier à demander tous les jours une augmentation de salaire, joint aux allicimens des ouvriers par ces nouveaux maîtres (ce qui est un grand obstacle au perfectionnement de l'art), mérite un examen approfondi du gouvernement.

« 7° Une prime d'encouragement pour l'exportation des draps à l'étranger.

« 8° L'autorisation des puissances étrangères pour faire rentrer en France, sans payer de droits à la sortie et en rendant ceux payés à l'entrée, des marchandises que le fabricant français est obligé de faire revenir.

« 9° L'exemption, pour les ateliers, de l'impôt des portes et fenêtres, qui est infiniment onéreux et même injuste.

« 10° Une route d'Elbeuf à la commune de Romilly, véritablemennt nécessaire et indispensable pour accéder aux moulins à foulon, et utile encore pour le transport de nos marchandises pour Paris et les villes méridionales.

« Nous avons présenté succinctement des objets d'une utilité sentie ; nous serons toujours prêts à en développer les motifs, les causes, les moyens, et en faire entrevoir les résultats.

« Pleins de confiance dans les lumières d'un gouvernement sage, ami des arts et de la perfection, nous nous reposons [sur] sa sollicitude paternelle, en attendant tout du génie revivifiant, du héros qui fait le bonheur et la gloire de la France. »

Vers le 6 vendémiaire, on eut la certitude que Bonaparte visiterait notre ville.

Le 8 (30 septembre), le maire prit les dispositions suivantes :

« Une invitation sera adressée au citoyen Patallier, adjudant de la garde nationale, aux fins d'engager les fabricants et autres citoyens ayant chevaux de former une cavalcade et d'aller au devant du général jusqu'au Nouveau-Monde.

« Il sera tiré parmi les citoyens de la garde nationale cent cinquante hommes d'élite pour escorter le cortège composé comme ci-après :

« Tous les militaires ayant servi dans les dernières campagnes formeront une compagnie particulière, sous le commandement du citoyen Goubert, lieutenant, d'après les ordres du chef de bataillon.

« Les gendarmes monteront à cheval.

« Les six tambours de la garde seront mis en activité pour ce jour-là, et ils s'exerceront à l'avance, sous les ordres du citoyen Mercier, l'un d'eux.

« Les amateurs de musique seront invités de préparer des morceaux dignes du premier des François.

« Des députations du conseil municipal, de l'hospice, du conseil de commerce et généralement tous les fonctionnaires publics seront appelés à saluer le premier Consul.

« Lorsque le moment précis de son arrivée sera connu, il sera fait une proclamation aux habitants de tenir les rues et ruisseaux avec le plus grand soin, aux chefs des ateliers de tenir leurs ateliers dans un grand état de propreté.

« Il sera écrit particulièrement aux citoyens Pierre Grandin l'aîné, Louis-Robert Flavigny, Mathieu Sevaistre, Louis Delarue et Jean-Pierre Lefort que le maire se propose de faire visiter leurs ateliers par le premier Consul.

« Dans le cas où le premier Consul se rendroit à la mairie, il seroit reçu dans la salle d'audience, qui sera tendue, à l'avance, de tapisseries de haute lisse. Les membres de la mairie sont, en conséquence, invités à se procurer, chacun de son côté, tout ce qui pourra contribuer à meubler et embellir ladite salle.

« L'ordre pour la marche du cortège est réglé ainsi qu'il suit :

« Les jeunes gens à cheval iront jusqu'au Nouveau-Monde, et, à l'arrivée de Bonaparte, députeront l'un d'eux vers la mairie pour annoncer son arrivée.

« La compagnie des anciens militaires ;
« Les tambours ;
« La musique ;
« Un peloton de la garde nationale ;
« La mairie ;
« La justice de paix ;
« La députation du conseil municipal ;
« Celle des membres de l'hospice ;
« Celle du Conseil de commerce ;
« Tous les fonctionnaires publics ;
« Un fort détachement de la garde nationale, dont partie formera le cortège et l'autre rangée sur deux haies pour protéger le cortège.

« Les quatre gendarmes seront en haie sur les côtés vis-à-vis la mairie.

« Le soir de l'arrivée de Bonaparte, il y aura illumination générale... »

Le lendemain, le maire invita les militaires rentrés dans leurs foyers à venir se faire inscrire, parce qu'ils auraient peut être l'occasion d'être présentés au premier Consul.

La mention de tapis de haute lisse pour la décoration d'une salle de la mairie fait supposer que ces tissus provenaient de l'ancienne fabrication elbeuvienne, et qu'il y en avait encore, au commencement du xixe siècle, une certaine quantité dans les familles bourgeoises de notre ville.

CHAPITRE V

(Du 9 vendémiaire au 10 nivôse an XI)
(octobre-décembre 1802)

Exposition de draps a l'occasion du voyage a Elbeuf du premier consul ; dernières dispositions ; entrée de Bonaparte ; il visite des fabriques ; discours et proclamations ; le procès-verbal officiel ; Bonaparte soigne sa popularité. — A propos des armes d'Elbeuf. — Les puchots. — Installation du curé de Saint-Jean.

Pendant les derniers jours de vendémiaire, on ne s'entretenait à Elbeuf que de la visite du chef de l'Etat, qui se trouvait retardée.

Il y avait plus d'un mois qu'il était attendu en Normandie quand, le 4 brumaire (26 octobre), le maire d'Elbeuf fit afficher cet avis :

« Vu la nouvelle officielle de l'arrivée du premier consul à Rouen pour mercredi prochain et l'ordre donné au maire par le préfet de se rendre auprès de lui assez à temps pour être présenté jeudi au premier Consul.

« Prévient les conscrits des années IX et X que le tirage au sort qui devait avoir lieu jeudi prochain sera remis, pour la cause ci-dessus; au mardi prochain, lendemain de la Toussaint... »

Le citoyen Drevet, secrétaire de la mairie, se trouva dans l'obligation de faire les fonctions de maire par intérim. Le 7 brumaire (29 octobre), il fit publier cet autre avis :

« Vu la correspondance des maire et adjoint, de ville, datée de Rouen le 6 brumaire an sept — lire onze ; le secrétaire était probablement troublé, — d'après laquelle les ordres sont donnés de faire tous les préparatifs nécessaires dans le cas où le premier Consul se rendroit à Elbeuf, pour y visiter les fabriques, ce qui paroit présumable d'après l'entretien que les citoyens Prosper Delarue, maire, et Félix Lefebvre, adjoint, annoncent avoir eu avec le ministre de l'intérieur, auprès duquel ils ont eu audience ;

« Qu'une des dispositions principales est l'exposition des beaux draps dans la salle du conseil municipal préparée à cet effet.

« Les fabricants sont, en conséquence, invités, aux noms des maire et adjoint, à faire parvenir quelques pièces de leurs plus beaux draps, dans le cas d'être exposés et visités par le chef du gouvernement, lors de son arrivée dans cette ville.

« Ceux qui désireroient exposer les draps de leur fabrique sont invités à se faire inscrire à la mairie.

« On apportera le plus grand soin à ces marchandises, et toutes les mesures seront employées pour qu'elles soient rendues dans le même état de propreté qu'elles auront été confiées... »

Le citoyen Prosper Delarue et son adjoint

rentrèrent le soir à Elbeuf. Le lendemain 8, au matin, par un nouvel avis, ils approuvèrent celui de la veille, et prévinrent les manufacturiers que l'exposition des draps, annoncée pour être faite à l'hôtel-de ville, aurait lieu chez le citoyen Louis Delarue, fabricant.

Dans l'après-midi, le maire prit cet arrêté :

« Considérant que l'arrivée du premier Consul peut avoir lieu d'un moment à l'autre, et qu'il est bon de prendre des mesures pour tout ce qui tend à la propreté, ordonne ce qui suit :

« A partir de ce jour et jusqu'à ce qu'il ait été autrement ordonné, les rues seront balayées tous les jours à huit heures du matin...

« Le jour où le premier Consul se rendra en cette ville, tous les étaux mobiles disparaîtront... »

Les députés nommés par la Commission de commerce d'Elbeuf avec mandat de remettre au premier consul le mémoire dont on connaît le texte, s'occupèrent de leur mission, dont nous trouvons le compte rendu aux Archives de la Chambre de commerce :

« Les délégués se sont transportés à Rouen. Le général consul n'étant point encore arrivé, ils se sont présentés à l'audience du citoyen ministre de l'Intérieur, de qui ils ont eu l'accueil le plus flatteur, avec la promesse d'appuyer, près le premier consul, les différentes demandes de la fabrique et de la commune.

« Le 9 de ce même mois (vendémiaire), ils ont retourné à Rouen, pour obtenir leur audience, qui n'a eu lieu que le 10. La députation a présenté au premier consul un mémoire contenant dix articles...

« Le premier consul l'a lu et l'a discuté article par article, avec toute la sagacité d'un administrateur éclairé, et a assuré que, sous trois mois, la fabrique recevrait une réponse. Le premier consul a été invité de se rendre en cette ville d'Elbeuf, pour la vivifier par sa présence... Copie du mémoire a été remis au ministre de l'Intérieur, avec invitation de solliciter du premier consul la faveur que nous lui demandions de le posséder au milieu de nous. Pareille invitation a été faite au citoyen Beugnot, préfet du département.»

Le 11 brumaire (2 novembre), le maire fit annoncer que l'arrivée du premier Consul à Rouen, ne permettant pas au maire, à son adjoint, ni à la gendarmerie d'être revenus assez tôt à Elbeuf pour le tirage au sort, les conscrits ne tireraient que le lundi suivant.

On commençait à désespérer de cette visite, à laquelle chacun s'était préparé depuis quatre semaines, lorsque, ce jour même, un courrier extraordinaire arriva, au grand galop de son cheval, porteur d'une dépêche annonçant l'entrée de Bonaparte pour le lendemain, à dix heures du matin. Ce fut l'objet d'une nouvelle proclamation du maire à ses concitoyens :

« Cette nouvelle doit satisfaire tous les habitants et rendre chacun de nous glorieux de voir dans nos murs le chef du gouvernement.

« Sans vouloir dicter à personne ses devoirs en pareil cas, le maire se permettra d'inviter tous les fonctionnaires et employés publics, les fonctionnaires militaires, à se rendre demain, à neuf heures précises, à la mairie ; de recommander à tous les habitants demain dès le matin du soin de nettoyer et balayer le devant des portes, les ruisseaux, d'enlever les matériaux, les décombres...»

Le maire ne dormit pas tranquillement la nuit suivante, et le 12 brumaire (3 novembre), dès cinq heures du matin, il était à la mairie, où il rédigea cette nouvelle proclamation à ses concitoyens :

« Je vous ai prévenus, hier soir, que le premier Consul arriverait ce matin, à dix heures.

« A deux heures de nuit, j'ai reçu du préfet un courrier qui m'annonce que le premier Consul viendra prendre son déjeuner à Elbeuf et qu'il est convenable qu'il soit reçu chez le maire de la ville.

« De mon côté, je dispose tout ce qui peut être agréable au premier Consul.

« Je vous recommande, je recommande expressément à tous mes concitoyens de ne rien négliger des mesures que j'ai fait publier hier.

« La gloire de voir dans cette ville un homme qui a étonné l'Univers, qui vient pour visiter les manufactures, encourager et faire revivre le commerce, doit produire chez chacun de nous l'enthousiasme et la joie la plus complète.

« Pour donc bien célébrer l'arrivée de ce grand homme, qui doit être pour la ville un jour de fête la plus solennelle, le maire ordonne les dispositions de son arrêté du 8 vendémiaire...

« Il est enjoint à tous les habitants d'illuminer ce soir, au déclin du jour, et il prévient qu'il sera donné deux bals gratis et qui dureront toute la nuit, dans les salles des citoyens Macé et César. »

A six heures, le citoyen maire donna ses ordres au commandant de la garde nationale, à celui des canonniers, au chef de la musique et aux fonctionnaires publics.

Il ordonna d'élever un arc de triomphe à l'entrée de la ville, à la porte de Rouen.

Au petit jour, les citoyens Baptiste Grandin et Robert Flavigny fils se rendirent chez le citoyen Louis Delarue, rue de Seine (Saint-Jean), où devait se rendre aussi Bonaparte pour examiner les draps de la fabrique elbeuvienne, et préparer l'exposition.

A sept heures, arrivèrent de Rouen divers corps de troupe à cheval, qui se mirent aux ordres du maire.

A huit heures, après avoir conféré avec le commandant de la garde nationale, le maire et son adjoint passèrent en revue les jeunes gens de la ville qui, « au nombre de vingt, avoient formé une cavalerie bourgeoise et adopté un costume uniforme en drap bleu national avec ceinture lilas » et qui se portèrent au devant du premier consul ».

A neuf heures, les autorités constituées, les fonctionnaires, précédés des maire et adjoint, accompagnés d'un détachement d'anciens militaires, d'une forte escorte de la garde nationale « prise dans les hommes d'élite », ayant à leur tête une musique nombreuse, se rendirent à la porte de Rouen, où l'arc de triomphe était déjà terminé.

A dix heures, arriva Bonaparte, accompagné du ministre de l'Intérieur Chaptal, du préfet de la Seine-Inférieure et de plusieurs généraux, précédés et suivis d'une nombreuse escorte de cavalerie de diverses armes, de la cavalerie bourgeoise de Rouen et de celle d'Elbeuf.

Des décharges d'artillerie saluèrent le premier Consul, les cloches furent mises en volée, en même temps que des acclamations retentirent de toutes parts. La foule, venue des campagnes voisines ajoutée à celle de la ville, était énorme.

A l'arrivée de Bonaparte, et au moment où il se trouvait sous l'arc de triomphe « où pendoit une inscription ainsi composée : A BONAPARTE, *pacificateur du monde, ami du commerce et des arts,* » le citoyen Prosper Delarue, maire, lui adressa ce discours :

« Général premier consul,

« Je viens au nom des habitants de la ville vous présenter l'expression de leur amour, de leur respect et de leur reconnoissance,

« Nous n'ignorons pas que vous ne pouvez céder à l'empressement de tous les habitants du département, que tous ont le même désir de voir, de posséder le chef et le héros des François, le pacificateur du Monde ; aussi nous regardons comme une faveur particulière l'honneur que vous nous accordez en venant visiter nos fabriques.

« Tous les vœux, tous les cœurs vous appellent au milieu de nous ! Venez recevoir les bénédictions d'un peuple immense auquel vous avez rendu son travail et sa précieuse industrie ! Venez contempler votre propre ouvrage !

« Déjà la paix que vous avez donnée à l'Europe a ranimé nos ateliers. Les récompenses que vous avez accordées aux fabriques ont produit dans les nôtres une amélioration sensible ; votre présence sera un nouvel encouragement et une époque à jamais mémorable.

« Votre nom, comme votre gloire, étoient dans toutes les bouches; que vos traits soient dans tous les souvenirs, comme le respect et l'amour sont dans les cœurs de tous les habitants d'Elbeuf ! »

Bonaparte n'aimait pas les harangues, chacun le sait. Il ne répondit pas au maire, mais peut-être le remercia-t-il du geste.

On le conduisit jusqu'à la porte du maire, au milieu des cris de « Vive Bonaparte! » Au moment où il descendait de voiture pour entrer chez le citoyen Prosper Delarue, avec le ministre, les généraux Moncey, Saint-Cyr, Caffarelli, Beauharnais et autres, éclatèrent de nouvelles acclamations.

Le premier Consul accepta le déjeuner que lui avait fait préparer le maire. Pendant son repas, il l'interrogea sur l'administration et la police, parla beaucoup de l'industrie elbeuvienne, parut y prendre un vif intérêt « et montra la plus grande affabilité.

« Il voulut connaître l'épouse du maire et ses enfants. Cédant à son désir, le citoyen Delarue introduisit son épouse, qui fut saluée par le premier Consul. Madame Delarue présentant ses enfants, il les questionna en raison de leur âge, leur fit beaucoup de caresses et leur porta des témoignages d'amitié. »

Pendant ce temps une foule immense remplissait la rue, attendant le moment où Bonaparte se montrerait à elle. « La joie la plus pure et la plus vraie brilloit sur tous les visages. Les acclamations, les applaudissements, les cris à chaque instant répétés de « Vive Bo-«naparte! » étoient entendus jusque dans l'intérieur de la salle. C'étoit un père au milieu de ses enfants ; chacun éprouvoit que le héros que nous possédions avoit rendu à nos bras, inactifs depuis dix ans, et à notre industrie sa première activité.

« C'est au milieu de cette foule que le ministre de l'Intérieur et le citoyen Beugnot de-

Maison où descendit Bonaparte (indiquée par un trait, placé en dessous, dans la marge)
(Vue prise de la tour de Saint-Jean)

vancèrent de quelques instants le premier Consul pour se rendre dans les ateliers du citoyen Louis Delarue qu'il devait visiter, et où se trouvoient réunis en grand nombre tous les différents métiers et apprêts, depuis la teinture de la laine jusqu'au drap perfectionné.

« Ils furent accueillis par tous les fonctionnaires publics qui s'y étoient rendus à leur entrée. On exécuta divers morceaux de musique. Ces deux magistrats respectables furent introduits dans une des salles du citoyen Louis Delarue et reçurent la visite du conseil municipal, de la commission de l'hospice, de la justice de paix, de l'état-major, enfin de tous les fonctionnaires.

« On annonça l'arrivée de Bonaparte et de ses généraux au milieu d'un peuple immense qui le comblait de bénédictions. »

Aussitôt, le ministre, le préfet et toutes les autorités de la ville se présentèrent à sa voiture et le reçurent aux cris de : « Vive Bonaparte, premier Consul ! » On exécuta des airs de musique et particulièrement celui : *Où peut-on être mieux..?* Un membre du conseil municipal lui porta la parole en ces termes :

« Général premier Consul ;

« La faveur que vous accordez à la ville d'Elbeuf est vivement sentie par ses habitants. Ils étoient fort éloignés de croire qu'ils verroient un jour dans leurs murs un héros dont les exploits surpassent ceux de Scipion et d'Alexandre..., un sage que Licurgue et Solon eussent admiré... Bonaparte enfin !

« Général consul, après tant de travaux, un nouveau triomphe vous attendoit ; vous l'avez obtenu : le cœur des François et en particulier celui des habitants de la ville d'Elbeuf ».

Le secrétaire municipal assura, dans le récit qu'il fit de cette mémorable journée, que le premier consul « eût l'air satisfait et qu'il remercia, par un salut gracieux, ceux qui faisoient des vœux pour lui. »

Après de nouvelles acclamations, des applaudissements multipliés, les membres du Conseil de commerce accompagnèrent Bonaparte dans sa visite aux ateliers du citoyen Louis Delarue, qui le reçut par ce petit discours :

« Général premier Consul ;

« Pierre le Grand fut ouvrier dans les chantiers d'Amsterdam ; Bonaparte, plus grand encore, éclaire l'industrie, en lui donnant des leçons, et l'honore en visitant ses ateliers.. Jamais les manufactures ne furent aussi protégées !... Encourager les arts est facile à celui qui sut vaincre et pacifier l'Univers.

« Daignez, général Consul, rester quelques instants dans nos murs. On aime tant à voir un héros, au retour des champs de Bellone, se promener dans les laboratoires de Minerve ! »

On ne dit pas que Bonaparte fut sensible à ces paroles, ni même qu'il remercia le citoyen Louis Delarue ; mais qu'il observa avec soin tous les différents procédés de fabrication, fit plusieurs remarques judicieuses, visita tous les ateliers d'un bout à l'autre et fixa son attention sur les draps exposés dans les magasins. Il alla jusque dans le clos du citoyen Louis Delarue, où il examina les draps restés sur les rames.

« Dans ce moment, il accueillit avec la plus grande bonté tous les placets et exigea qu'ils lui fussent présentés à lui-même. Il parla à plusieurs militaires comme à des frères d'armes. Les généraux qui l'accompagnoient, ayant reconnu aussi, dans le détachement des anciens militaires, des soldats qui avoient servi sous leurs ordres, leur parlèrent avec la même bonté. »

Bonaparte étant toujours dans le clos aux rames, qui s'étendait jusque sur la place actuelle de la Halle, récemment dénommée, le commandant de la cavalerie bourgeoise se présenta et lui parla en ces termes :

« La jeunesse d'Elbeuf, général consul, vous présente ses hommages et vous demande l'honneur de vous servir d'escorte. Peu familier avec l'art de bien dire, nous ne cultivons que celui que vous venez encourager par votre présence ; nous sommes tous fabricants.

« Si le langage des cœurs vaut celui de l'esprit, le libérateur de la France, le pacificateur de l'Europe, le protecteur des arts, verra la sincérité du nôtre.

« Sans art, nous vous dirons que nous vous respectons, parce que vous avez commandé le respect aux nations étrangères ; que nous vous admirons, parce que vos actions sont au-delà de tout éloge ; que nous vous aimons, parce qu'on aime ce que l'on admire ; qu'enfin nous vous chérissons, parce que le bonheur du peuple françois est votre ouvrage.

« Puissiez-vous, par de longs jours, prolonger ce bonheur au-delà de votre vieillesse !

« Ce sont nos sentiments, nos désirs, nos vœux. »

Bonaparte répondit « qu'il voyait toujours avec plaisir la force armée et qu'il était flatté de voir la jeunesse d'Elbeuf auprès de lui. »

Le premier consul se disposant à aller visiter la teinturerie du citoyen Join-Lambert, les autorités et fonctionnaires publics se placèrent sur deux rangs, et pendant que la musique jouait de nouveaux morceaux et que de nouvelles acclamations faisaient retentir l'air, il passa au milieu d'eux pour se rendre à sa voiture.

Chez le citoyen Join-Lambert, il examina tout avec la sagacité qui le caractérisait. Avant de se retirer, il accorda aux ouvriers de cet établissement et à ceux du citoyen Louis Delarue, une gratification d'un mois de salaire.

Ensuite, il promit la construction d'une grande route d'Elbeuf à Romilly, pour le transport des draps aux moulins à foulon « et il voulut bien permettre que l'on appelât cette route voie Bonaparte. »

Le procès-verbal de cette journée fut consigné sur les registres de la municipalité. Il se termine ainsi :

« La visite du premier consul dans la fabrique d'Elbeuf, l'intérêt avec lequel il en a suivi les détails seront, dans tous les temps, un monument authentique de la protection particulière qu'il accorde au commerce et aux manufactures.

« Sa présence étoit un bienfait précieux pour tous nos concitoyens. Trop heureux de l'avoir possédé pendant plusieurs heures, d'avoir procuré au maire l'honneur inappréciable de le recevoir et d'accepter le déjeuner qu'il lui avoit préparé, il a voulu encore ajouter à tous ces bienfaits et récompenser la ville dans la personne du maire.

« En montant dans sa voiture, pour retourner à Rouen, le premier consul a fait mander le maire et lui a dit : « Je veux élever votre fils

« aîné. Je lui accorde une place au Prytannée;
« nous l'élèverons. »

« Le ministre de l'Intérieur, digne ministre d'un grand homme, prenant la parole, dit au maire : « Faites-moi passer, dans le jour, les « nom, prénoms et âge de votre fils auquel « Bonaparte vient d'assurer une éducation « distinguée. »

« Au même moment, le premier consul partit de la ville, avec les personnes qui l'accompagnoient, au milieu des applaudissements soutenus et longtemps prolongés des heureux qu'il venoit de faire.

« La joie s'est prolongée avec le même enthousiasme ; les jeux, les danses, les illuminations et de nombreuses salves d'artillerie ont terminé une journée qui laisse dans nos cœurs un souvenir ineffaçable, celui de toutes les vertus réunies dans un même homme, avec tous les génies de la gloire.

« Nous ne terminerons point sans rendre au ministre de l'Intérieur et au préfet l'expression de notre reconnoissance bien sincère. Ces deux estimables magistrats, également jaloux de protéger le commerce, ont coopéré par leur présence aux progrès des manufactures. Nous n'oublierons jamais que c'est à leurs bons soins, à leur empressement et à l'intérêt qu'ils portent au commerce et aux arts que nous devons la présence du premier consul dans cette ville.

« Puissent-ils vouloir toujours nous accorder la même protection !

« Le détachement des jeunes gens à cheval de la ville d'Elbeuf a escorté le premier consul jusqu'à Rouen et a eu l'honneur d'être admis à la revue passée par le premier consul, avec les autres corps de troupe, le lendemain 13 de ce mois. »

Ce même jour, Bonaparte dit d'expédier de Rouen, au maire d'Elbeuf, l'ampliation d'un arrêté nommant son fils élève au Prytanée de Paris.

Immédiatement, le ministre Chaptal adressa cette lettre au citoyen Prosper Delarue :

« Rouen, 13 brumaire an XI.

« Le premier consul, très satisfait du bon esprit qui règne dans la commune d'Elbeuf, a cru y reconnaître la bonne administration et la sage conduite du maire de cette ville. Il a voulu laisser une marque particulière de satisfaction et honorer la ville en votre personne, en appelant votre fils aîné à recevoir l'instruction distinguée qu'on donne au Prytanée de Paris. Je me fais un vrai plaisir de vous transmettre l'ampliation de son arrêté et de vous marquer, en cette circonstance, le degré d'estime que vous m'avez inspiré.

« Je vous salue. — CHAPTAL ».

Le 14 brumaire (5 novembre), les députés de la Commission de commerce retournèrent à Rouen, pour remercier Bonaparte, le ministre et le préfet de l'honneur qu'ils avaient fait à notre ville, mais le premier consul était parti ; ils furent reçus « avec honnesteté » par le ministre, qui les invita à correspondre avec lui, et par le préfet. Ces députés étaient les citoyens Mathieu Frontin, Baptiste Grandin, Pierre Bourdon et Robert Flavigny fils.

Le 19 (10 novembre), dans l'assemblée de la Commission de commerce, le maire proposa de consacrer la visite du premier consul par l'érection d'une fontaine publique sur le point le plus commode. La Commission applaudit à cette proposition, mais déclara n'être pas assez nombreuse pour prendre une décision, priant, au surplus, le citoyen président, maire, de chercher et indiquer les moyens à qui il appartiendrait.

Par parenthèse, notons qu'un de nos plus éminents concitoyens, qui avait eu connaissance de cette proposition par les registres conservés à la Chambre de commerce, nous disait, il y a quelques mois : « Est-ce que la fontaine projetée ne serait pas celle que l'on voit rue Saint-Jean, près de l'église ? » Nous ne le pensons pas ; il est probable que le projet n'eut pas de suite.

Le 25 brumaire (16 novembre), le maire prit un arrêté, sur le vu d'un procès-verbal dont le texte suit :

« Les ouvriers de la manufacture de draps des citoyens Louis Delarue et fils, pour témoigner leur reconnoissance de la haute paye d'un mois de leur salaire, que le premier consul Bonaparte avoit daigné leur accorder, lors de la visite qu'il avoit faite, le 12 de ce mois, dans cette fabrique, désignée pour l'exposition des différents produits de nos manufactures, et qui leur a été distribuée de suite, se sont tous cotisés pour faire chanter, le 24 courant, une grande messe pour la prospérité et la conservation de ses jours précieux ; cette messe a été célébrée par leur digne pasteur, le citoyen Pinel, curé de Saint-Jean, qui a déployé tout son zèle pour la rendre plus solennelle.

« Tous les ouvriers de cette fabrique y ont assisté avec beaucoup de recueillement, ainsi que les chefs des ateliers. Cette touchante cérémonie avoit attiré un grand concours de personnes, qui joignoient leurs ardentes prières à celles du célébrant. Il y a eu une quête pour les pauvres qui a été faite par la demoiselle du citoyen Louis Delarue, et on a chanté le *Domine salvam fac Rempublicam*, *Domine salvos fac consules*.

« A l'issue de la messe, ils sont tous rentrés en bon ordre dans la cour du citoyen Louis Delarue et ont fait retentir les cris : « Vive Bonaparte ! Vive le premier consul ! Vive notre bienfaiteur ! » Ils se sont ensuite réunis pour faire un repas où ils se sont livrés à une joie pure et innocente ; après quoi, ils se sont divertis dans la prairie dépendant des ateliers, en dansant en rond, répétant à chaque instant : « Vive Bonaparte ! Vive notre bienfaiteur ! » Les échos sembloient se disputer à l'envi lequel rendroit mieux ces noms chéris de tous les François.

« A cinq heures, on s'est rendu à l'église, au son des violons, pour assister aux vêpres et complies, qui ont été suivies d'un grand salut, célébré par le citoyen Le Bourgeois, ancien curé de Saint-Etienne de cette ville, qui a entonné le *Te Deum* au son de la grosse cloche. Ensuite on a chanté les deux versets : *Domine salvum fac primum consulem* ; *Domine salvos fac consules*. On a reçu la bénédiction du Saint Sacrement, et chacun s'est séparé pour terminer cette intéressante journée par de petits divertissements.

« On peut dire, avec la plus grande vérité, que tous les ouvriers se sont comportés avec toute la décence possible ; qu'ils ont fait un bon emploi de l'argent qu'ils avoient reçu, en acquittant diverses dettes et payant des loyers de maisons arriérés.

« Le même jour, pour conserver à la pos-

Le Bonaparte du Musée, par l'Elbeuvien Delaunay

térité le souvenir de la glorieuse époque du passage du premier consul et de la faveur signalée de l'avoir possédé dans leur maison, les citoyens Louis Delarue et fils ont fait placer, dans l'endroit le plus apparent de leur manufacture, une tablette en marbre sur laquelle il est gravé, en lettres d'or, que le premier consul Bonaparte, protecteur des arts, a visité leurs ateliers le 12 brumaire an XI, accompagné du citoyen Chaptal, ministre de l'Intérieur, et du citoyen Beugnot, préfet du département.

« Le maire, considérant que cette conduite de la part des ouvriers est une marque de vénération et de respect qu'ils doivent au premier consul et qu'il est trop juste de consacrer leurs sentiments par un acte authentique et durable, arrêta que le procès-verbal que l'on vient de lire seroit inscrit sur les registres de la mairie, qu'il seroit adressé officiellement au ministre de l'Intérieur, au préfet et livré à l'impression par la voie des journaux ».

Nous reproduisons le portrait en pied de Bonaparte que possède le Musée de notre ville. L'auteur de cette toile est M. Delaunay, un Elbeuvien, artiste de talent, dont nous reparlerons plus tard. Nous dirons seulement que ce n'est pas dans ce costume que le chef de l'Etat était venu à Elbeuf.

L'habit qu'il porta pendant son voyage en Normandie était un des deux que la ville de Lyon lui avait offerts à son retour de la campagne d'Italie.

C'était un habit de velours cerise, à la française, avec poches sur les pans, s'échancrant largement sur le plastron du gilet; le col, couvert de broderies en or, de feuilles de laurier, était haut et droit, laissant seulement passer un court jabot de dentelle ; les manches étaient à revers ; le long de la rangée de boutons, sur le fond du velours rouge ciselé, se détachait une large broderie de feuilles de laurier, en or et soie. Le gilet, dont les bords étaient échancrés carrément, en satin blanc brodé or et soie, avait été également donné par la ville de Lyon au premier consul.

Une histoire fantaisiste a été créée sur l'origine des armes de notre ville. Elle prétend que Bonaparte aurait dit, pendant sa visite chez nous : « Elbeuf est une ruche : tout le monde y travaille » Un mouvement populaire qui se produisit beaucoup plus tard, lors de l'inauguration du chemin de fer de Paris à Rouen, nous apprendra que la deuxième partie au moins de cette légende ne repose sur rien.

La vérité la voici : Quand Bonaparte fut entré dans la rue Saint-Etienne, une foule d'ouvriers et d'ouvrières déboucha sur son passage par toutes les portes des fabriques · « C'est comme un essaim », remarqua t-il ; et ce fut tout. Il est fait mention de cette comparaison dans une lettre du maire au préfet, datée du 26 vendémiaire an XIV (18 octobre 1805).

Lors de la visite du premier consul, les administrateurs municipaux lui ayant exposé la triste situation de l'hôpital, Bonaparte avait accueilli leur requête ; aussi et, du reste, en exécution de la loi du 7 octobre 1799, l'hospice fut envoyé en possession de nouveaux biens, en remplacement de ceux qui lui avaient été enlevés par la loi du 19 mars 1793.

Le cours du Puchot — qui ne portait pas encore ce nom à cette époque et que l'on continuait à désigner sous celui « des puchots » ou « des courants d'eau » — étant devenu stagnant sur plusieurs points, le maire avait nommé des commissaires pour en trouver les causes. Par suite du rapport qui lui fut remis, l'administration arrêta, le 5 frimaire (26 nov.):

De faire défense aux riverains de rien jeter dans les puchots qui puisse nuire ; de forcer ceux des riverains qui avaient établi des ponts en pierre à les remplacer par d'autres en planches ; d'assujettir le citoyen Parfait Grandin à rétablir la vanne ou coulisse au moyen de laquelle un bras d'eau, qui se perdait sans utilité, fut rendu aux teintureries et à la fabrication, et enfin d'obliger le fermier du moulin « à rabaisser le déversoir qu'il avoit élevé au-dessus de son niveau, afin de tenir les eaux au point qu'elles avoient précédemment ».

Il résulte des pièces que nous avons sous les yeux que par suite d'une saignée pratiquée par le citoyen Grandin et de la baisse des eaux qui en avait été la conséquence, les propriétaires d'aval avaient acheté l'eau d'une source passant dans la cour du citoyen Joseph Godet et dont celui ci pouvait les priver à son gré. Le volume de l'eau qui se perdait par la saignée était évalué à la moitié de celui qui alimentait les teintureries et les fabriques.

Les entrepreneurs de bals furent astreints, par arrêté du maire, à verser à l'hospice une somme annuelle, savoir : Macé 120 francs, César Morel 36 francs, et Le Roy 18 francs.

Voici le procès-verbal de l'installation du premier curé de Saint-Jean, après la Révolution :

« Ce jour d'hui 27 frimaire an XI de la République françoise (18 décembre), en la présence de M. J.-C.-P. Renault, desservant la succursale de Saint-Etienne, désigné par M. l'archevêque de Rouen à l'effet des présentes, M. Charles-Bruno-Bonaventure Romelot, prêtre du diocèse de Rouen, cy-devant curé de Rosay, muni de toutes les provisions nécessaires à lui accordées par M. Etienne-Hubert Cambacérès, archevêque de Rouen, à qui appartient la collation et provision de l'église paroissiale de Saint-Jean pour la ville et canton d'Elbeuf, à cause de sa dignité d'archevêque de Rouen, et principalement les lettres de *visa* scellées du grand sceau sur pain rouge, au bas duquel est écrit: *Stephanus Hubertus Rotomagensis archiepiscopus*, et plus bas : *de mandato* Baroche.

« A été ledit Me Charles-Bruno Bonaventure Romelot mis, par susdite personne Me Renault, en la possession réelle, actuelle et corporelle dudit bénéfice cure de la paroisse de Saint-Jean, pour la ville et canton d'Elbeuf ; des droits, fruits, profits et revenus, appartenances, dépendances, par l'entrée en l'église revêtu de l'étole, prise d'eau bénite, prière à Dieu devant le maître-autel, touché du pupitre, des fonts baptismaux, du confessionnal, de la chaire à prêcher, au son de la cloche et par séance à la place ordinaire du sieur curé de ladite paroisse, comme aussi par l'exhibition présentement faite dudit *visa* à l'instant rendu à Me Romelot, à laquelle mise en possession lue, publiée à haute voix, personne ne s'est opposé.

« Dont acte dressé en double en ladite église les jour et an que dessus, présence de MM. Félix Lefebvre, premier adjoint de la ville d'Elbeuf ; Drevet, secrétaire ; Amable Le Cerf, juge de paix du canton ; Theroulde, greffier du juge de paix ; Nicolas Enoult, commandant de la gendarmerie ; Laurent Patallier, commandant la garde nationale ; Constant Asse fils et Pierre Dugard, adjoints à l'état-major... » — Suivent les signatures.

Il survint un grave dissentiment entre le curé Romelot et le desservant Renault. Le maire s'employa à les concilier et il y parvint, car le préfet le félicita d'avoir amené un rapprochement entre les deux prêtres. — M. Romelot, ancien curé de Rosay, ainsi qu'il a été dit, avait émigré pendant la Révolution.

Le 28 frimaire (19 décembre), le citoyen maire, « instruit que l'on outrageoit sans cesse dans leurs fonctions, les ministres du culte de Saint-Jean, et que l'on interrompoit leurs cérémonies religieuses par des cris, des huées et d'autres injures, et considérant que l'intention du gouvernement, en rétablissant le libre exercice du culte, a été de faire respecter la religion dans tous ses ministres, » rappela la loi du 7 vendémiaire an IV et fit défense sévère au public de renouveler de tels actes, sous peine d'amende et de prison.

CHAPITRE VI
(du 11 nivôse an XI au 9 nivôse an XII)
(année 1803)

Médaille commémorative du voyage de Bonaparte. — Affaires diverses de la fabrique drapière, municipales et du culte. — La guerre contre l'Angleterre ; discours du maire. — Les marques frauduleuses sur les draps. — Les moulins a foulon de Romilly. — L'ancienne garde d'honneur elbeuvienne de Bonaparte. — Statistique ouvrière. — Un matériel complet de filature.

On remarque sur les registres de l'état-civil, qu'à partir de cette époque un certain nombre de pères de famille donnèrent le prénom de Napoléon à leurs enfants.

Le 15 nivôse, mourut subitement à l'âge de 50 ans, le citoyen Jean-Nicolas Rivette, officier de santé, fils de Nicolas.

Le 3 pluviôse an XI (23 janvier 1803), à huit heures du soir, des individus masqués passèrent devant la boutique du citoyen Gamare, apothicaire, et l'un d'eux, au moyen d'un fusil ou pistolet à vent, lança une balle qui cassa un verre de Bohême et brisa un bocal rempli de fleurs de soufre. Un instant après, un second coup fut tiré sur la même boutique, mais la balle frappa la croisée du citoyen Divory, son voisin.

A la suite de cet attentat, dès le lendemain, le maire interdit les mascarades, même dans les bals publics, en se prévalant d'un article de loi défendant « de laisser divaguer les insensés ou furieux ».

A la réunion tenue le 8 pluviôse (20 janv.), par la Commission de commerce, le maire-président informa l'assemblée que la Commission de commerce de Rouen faisait une souscription pour graver une médaille commémorative du voyage du premier consul dans la Seine Inférieure.

La médaille représenterait le chef de l'Etat en buste, autour duquel serait cette inscription : NAPOLÉON BONAPARTE, PREMIER CONSUL. Le revers montrerait le génie du Commerce se relevant, entre divers attributs de l'industrie, du commerce et de la navigation, avec cette légende : VOYAGE DANS LE DÉPARTEMENT DE LA SEINE-INFÉRIEURE, AN ONZIÈME.

Il serait ouvert deux feuilles de souscription, l'une pour des médailles d'argent, l'autre pour des médailles de bronze. Le prix de la première serait de 15 francs, celle de la seconde de 3 francs. L'assemblée prit cette décision :

« Les citoyens Join-Lambert et Louis Grandin recueilleront les noms et les fonds des divers souscripteurs de cette ville, tant marchands, qu'artisans et fabriquants, pour le montant être envoyé, conformément au prospectus, avec la liste des souscriptions, au greffe du Tribunal de commerce ».

Ce même jour, la Commission de commerce invita le maire à prendre une décision analogue à celle prise à Rouen en l'an X, et concernant les billets de congé, que la Révolution n'avait pas abrogés.

En conséquence, le 12 du même mois (1er février), le maire fit défense à tous compagnons et ouvriers des manufactures de les quitter pour aller travailler ailleurs « sans avoir obtenu un billet de congé exprès et par écrit de leurs maîtres, à peine de 100 francs d'amende ».

La contre-partie de cette même défense fut faite aux fabricants ; mais la peine était, pour eux, fixée à 300 francs.

La mairie fit imprimer des billets de congé et les mit à la disposition des manufacturiers.

Une série d'arrêtés municipaux nous apprend que l'hiver fut très rigoureux. Après la gelée, les eaux de la Seine débordèrent et causèrent des dégâts à Elbeuf.

On comprendra l'utilité des proclamations du maire, lancées avant la visite de Bonaparte, pour faire nettoyer la ville, quand on saura qu'il existait alors nombre de maisons « sans latrines ni barattes »; que l'on vidait dans les rues et les ruelles ces « latrines et barattes » jusqu'au point d'intercepter le passage et même « d'épaissir l'air ».

Le 8 germinal (29 mars), le maire rédigea un règlement pour mettre fin à ces abus, et il n'accorda que trois jours aux habitants pour vider la ville des immondices et détritus de toutes sortes qui l'encombraient.

Le citoyen Louis-Adrien Gamare, apothicaire, né à Launay (Calvados), mourut le 9 germinal (30 mars), à Elbeuf, à l'âge de 59 ans.

Depuis plusieurs années, on voyait, dans le cimetière de la paroisse Saint-Jean, une cloche d'église qui y avait été déposée en attendant son enlèvement. Cette cloche provenait de l'église de Sainte-Croix, de Bernay. Sur la demande du maire de cette ville, celui d'Elbeuf ordonna qu'elle fût rendue à ses propriétaires. En reconnaissance, le maire de Bernay fit remettre une somme de 100 francs pour les pauvres de notre localité.

Le 16 germinal (6 avril), à la suite d'un accident, la municipalité décida de faire réparer le ponceau en bois existant alors devant le moulin, rue Saint-Etienne.

Ce même jour, le citoyen Capplet fut invité à faire clore la carrière qu'il avait ouverte dans la côte Saint-Auct, parce qu'elle pourrait, sans cela, servir de repaire à des gens malintentionnés.

On nomma une commission pour étudier le parti qu'il y avait à tirer de deux parcelles de terrain appartenant à la ville, dont l'une était dans la forêt et connue sous le nom de Gibet.

C'était en ce dernier endroit que les anciens seigneurs d'Elbeuf avaient leurs fourches patibulaires. La partie de la rue, en côte, qui y conduisait, se nommait et se nomme encore partiellement rue de la Justice. Il n'y a guère qu'une quinzaine d'années que les dernières traces de cet ancien lieu de supplice ont disparu.

Depuis la publication du Concordat, beaucoup de personnes croyaient que les actes de l'état-civil devaient être passés devant un ministre du culte. Le maire publia un avis, le 12 floréal (2 mai), pour prévenir ses administrés que rien n'était changé quant aux déclarations de naissances, de décès et publications de mariages.

Le 4 prairial (24 mai), le Conseil reconnut « que les revenus de la paroisse Saint-Jean et de la succursale de Saint Etienne suffisoient au traitement des ministres de ces deux églises; que même les prêtres habitués, qui dans l'ancien temps étoient bornés à 50 livres d'indemnité, jouissoient, depuis le nouvel ordre de choses, d'un revenu de 200 francs chacun ; que les revenus des deux églises, outre les frais de traitement du clergé, produisoient suffisamment pour l'entretien et l'achat de tous les objets nécessaires au service du culte, en considérant surtout les dons faits par les âmes religieuses pour l'ornement des deux églises ».

En conséquence, il ne voulut point accorder de supplément de traitement aux prêtres des deux paroisses.

Le 10 prairial (30 mai), le maire fit annoncer que toutes les affaires ayant trait à la police des manufactures seraient portées devant lui ou devant l'un de ses adjoints, conformément à la loi du 22 germinal, ainsi que les affaires contentieuses du commerce.

Le 13 (2 juin), mourut le citoyen Gabriel-Marin Guenet, prêtre sacristain de Saint-Jean, à l'âge de 70 ans.

Le 22 prairial (11 juin), le maire considérant que les processions de la Fête-Dieu auraient lieu, les dimanches suivants, selon l'usage ancien, ordonna que les 23 et 30 prairial toutes les rues que la procession devait parcourir seraient débarrassées de toutes les immondices et nettoyées ; que les charretiers s'arrêteraient dans les rues aussitôt qu'ils apercevraient la procession, et dans le cas où ils ne pourraient rétrograder, seraient tenus de ranger leur attelage le plus près possible des murs ou maisons. Il fit également défense de tirer des pétards dans les rues.

Vers la fin de prairial, les fabricants d'Elbeuf furent prévenus que ceux de Louviers se disposaient à poursuivre tout fabricant étranger qui marquerait ses draps du mot « Louviers ».

Il paraît que, parfois, pendant des baptêmes donnés de nuit, les cloches des églises étaient sonnées, ce qui pouvait faire croire à quelque sinistre, car le maire défendit, le 12 du même mois, de sonner les cloches pour autre motif que celui du service divin, et non pour des baptêmes. Avis de cette ordonnance fut donné aux ministres du culte du temple de Saint-Jean et de la succursale de Saint-Etienne.

Le 5 messidor (24 juin), à la séance municipale, le citoyen Delarue, maire, prit la parole et s'exprima ainsi :

« Vous avez partagé l'indignation de toute la France à la nouvelle de la rupture de la paix. A peine nous commencions a en sentir les effets, qu'elle a été violée de la manière la plus déloyale, sans déclaration, sans délai et avec une mauvaise foi qui semble en raison inverse des procédés et des intentions conciliatrices du gouvernement françois.

« Comme toute la France, vous avez reconnu dans l'Angleterre l'ennemi irréconciliable de notre gloire, de nos succès et de notre prospérité.

« Il m'est doux de rendre à mes concitoyens la justice de déclarer devant vous qu'un cri général de vengeance s'est fait entendre dans notre ville.

« Les motifs de la guerre ne sont plus un problème. Les prétextes qui avaient été mis en avant ont promptement disparu. Nos ennemis eux-mêmes ont trahi leur secret, et il est évident que c'est à notre commerce seul qu'ils déclarent la guerre.

« ... Si vous considérez les pertes qui résulteroient pour chacun de nous si l'Angleterre parvenoit à établir son système d'introduction de ses marchandises en même temps qu'elle repousse les nôtres ; si la France, loin de s'y opposer, se prêtoit par faiblesse ou par crainte à consacrer un traité de commerce tel que celui dont vous avez ressenti si longtemps et si amèrement les funestes effets, vous féliciterez le gouvernement de veiller avec tant de soins à vos propres intérêts ; vous ferez avec plaisir un sacrifice qui vous en évitera de plus grands et vous contribuerez volontiers au seul moyen que nous ayons de repousser l'agression et la violence : celui de rétablir notre marine... »

A la suite de ce discours, le Conseil, à l'unanimité, adhéra au vœu émis par celui de la ville de Rouen, pour qu'il fût construit un vaisseau de 74 canons portant le nom de *la Seine-Inférieure*.

Ce fut surtout l'atteinte portée au commerce que la fabrique d'Elbeuf faisait avec l'étranger qui rendit cette guerre presque populaire.

Avant même la déclaration des hostilités, le gouvernement anglais avait, en effet, mis embargo sur tous les navires français et les marchandises qu'ils portaient. Puis une multitude de vaisseaux anglais s'étaient mis à la poursuite de nos bâtiments marchands, en avaient capturé près de mille et saisi leurs cargaisons.

A l'assemblée de la Commission de commerce, présidée par le citoyen maire Prosper Delarue, tenue le 16 messidor, le président communiqua la lettre dont le texte suit :

« Louviers, 9 messidor an XI.

« Les entrepreneurs des manufactures de draps de Louviers au maire de la ville d'Elbeuf.

« Citoyen maire ; la manufacture de draps de Louviers éprouve depuis trop longtemps un tort incalculable par les nombreuses contrefaçons que les autres fabriques se permettent à son égard. Elle a pris la ferme résolution de les faire cesser.

« Mais considérant que la peine prononcée par la loi contre les délinquants est d'une nature très grave, et ne voulant pas risquer de la provoquer contre qui que ce soit sans l'avoir prévenu du danger qu'il court, elle vous fait savoir, citoyen maire, qu'elle va employer très instamment tous les moyens que la loy lui donne pour réprimer cette funeste licence, et qu'elle poursuivra comme faussaire et à toute rigueur, tout individu non habitant de Louviers dont les draps saisis porteront au chef soit le nom d'un fabricant de Louviers, soit le nom de ladite ville, précédé ou non du mot « façon ».

« Nous nous reposons assez, citoyen maire, sur l'intérêt que vous prenez à tous vos concitoyens, pour ne pas douter que vous vous empresserez de faire part de cet avis à tous ceux à qui il peut être utile. Pour plus de sûreté, nous vous adressons la présente par un exprès, que nous chargeons de rapporter le certificat de réception.

« Nous vous saluons, citoyen maire, avec la plus parfaite considération ». — Suivent les signatures de dix-huit maisons de fabrication de Louviers.

L'assemblée décida que les citoyens Parfait Grandin et Pierre-Henri Hayet seraient invités à s'adresser au ministre de la Justice, pour demander que les fabricants d'Elbeuf n'aient pas à craindre d'être poursuivis à l'égard des draps sur lesquels auraient été inscrits, avant la loi, les mots : façon Louviers.

Un membre de la Commission ayant observé qu'il se fabriquait à Caudebec, Saint-Aubin, la Londe, Bosc-Roger, Orival et Darnétal, des draps que l'on marquait des mots « façon d'Elbeuf », l'assemblée arrêta que les citoyens P. Grandin et P.-H. Hayet seraient invités de rappeler aux maires de ces communes la loi du 22 germinal précédent, relative à la contrefaçon des articles manufacturés.

Le 23 du même mois (12 juillet), la Commission appuya en ces termes une demande de construction de moulin à foulon à Romilly, présentée par le citoyen J.-B. Mignot :

« Considérant : 1° Que la rareté des moulins à foulon est extrêmement préjudiciable aux fabriques d'Elbeuf ;

« 2° Qu'il a existé pendant un très long espace de temps deux moulins sur le même emplacement où le pétitionnaire se propose de faire bâtir ; que ces mêmes moulins existaient encore il y a 45 ou 50 ans.

« 3° Que six ou sept moulins, précédemment employés par la fabrique d'Elbeuf, ont été détruits par l'établissement des fonderies de Romilly; que, tout récemment encore, deux autres moulins ont été abattus pour l'établissement d'une filature de coton, sur la rivière de Brionne.

« 4° Que l'offre faite par le pétitionnaire de faire creuser un canal de décharge sur sa propriété, pour l'écoulement des eaux lors des élévations subites et extraordinaires, détruit toutes les objections, présentées plutôt par la jalousie ou la concurrence de métier, que par un motif d'intérêt public.

« 5° Enfin, que les deux moulins projetés seront placés au-dessus du point où les ravines viennent tendre dans la rivière d'Andelle; que leur établissement ne peut qu'être avantageux aux fabriques d'Elbeuf.

« La pétition du citoyen Mignot et l'arrêté du Conseil de commerce seront adressés au citoyen préfet, avec prière d'appuyer... » etc.

Le 20 fructidor (7 septembre), le préfet fit prévenir les fabricants d'Elbeuf qu'ils étaient appelés à fournir des draps au gouvernement pour l'habillement des troupes de la République, mais que ceux qui seraient disposés à faire des fournitures devaient le déclarer dans les quarante-huit heures, en déposant des échantillons de draps blancs, bleus et autres couleurs, accompagnés des prix, ainsi que de l'indication de la quantité qu'ils pourraient livrer de suite ou dans le courant de l'année.

Le maire engagea les manufacturiers à n'apporter aucun retard dans leurs déclarations, « d'autant plus qu'ils devoient sentir la nécessité de saisir cette occasion pour assurer un débouché aux manufacturiers et maintenir l'activité que les circonstances leur enlèvent ».

Nos fabricants saisirent avec empressement la compensation qui se présentait ; plusieurs même modifièrent leur fabrication, dans les échantillons qu'ils soumirent, afin d'obtenir une commande du gouvernement.

Un décret du 3 nivôse an VIII avait supprimé toutes les fêtes républicaines autres que celles du 14 juillet et du 1er vendémiaire. A l'approche de la fin de l'année républicaine, le maire prit des mesures pour que l'anniversaire de la fête de la fondation de la République fut célébrée convenablement.

Le 2 vendémiaire an XII (25 sept. 1803), on publia un arrêté obligeant le public à accepter en payement les écus de 3 livres et les pièces de 24, 12 et 6 sous, tant que ces monnaies présenteraient encore quelques traces d'empreinte.

Le 5 (28 septembre), on décida que, faute de fonds, les recherches pour trouver du marbre dans la forêt d'Elbeuf seraient ajournées.

Ce même jour, on arrêta que les limites d'Elbeuf, aux Ecameaux, à la Souche et au Buquet, devaient être mieux définies, car certaines masures se trouvaient non seulement dans ces communes, mais encore dans deux départements différents.

Le préfet fit inviter les citoyens Félix Lefebvre et Robert Flavigny fils à se présenter à la mairie d'Elbeuf pour tirer au sort la médaille collective n° 6 qui leur avait été attribuée à la suite de l'exposition de l'an X. Le tirage, qui eut lieu le 7 frimaire, favorisa le citoyen Flavigny.

Le 25 vendémiaire (18 octobre), on ouvrit

à la mairie un registre pour recevoir des souscriptions volontaires destinées à armer la France contre l'Angleterre.

Le 7 du même mois, le préfet avait écrit au maire d'Elbeuf :

« Les citoyens qui ont formé la garde d'honneur du premier consul dans les diverses villes où il a séjourné ont demandé, citoyen, l'autorisation de conserver leurs uniformes et de se réunir tous les mois afin de s'exercer et de former un noyau de compagnie comme détachement de la garde nationale du pays.

« Le premier consul n'ayant point vu d'inconvénient à cette proposition, je vous prie, citoyen, si la garde qui s'est formée dans votre arrondissement est dans l'intention de jouir de cette faveur du gouvernement, de m'envoyer la liste exacte des hommes qui la composaient, et d'y joindre un projet de l'organisation que l'on pourroit donner à cette garde ».

Les jeunes gens d'Elbeuf avaient bien voulu parader autour de Bonaparte, mais le projet exposé ne les avait point enthousiasmés, et ce ne fut qu'un mois après, le 6 brumaire, que le maire fit une réponse, assez évasive, au préfet, après avoir reçu de celui-ci une lettre de rappel, et sans dire si les gardiens d'honneur du premier consul étaient dans les intentions énoncées.

Le maire fit de nouvelles démarches auprès des jeunes gens, et, le 20 brumaire (12 nov.), il reçut cette lettre :

« Citoyen maire, vous pouvez annoncer au préfet que mes camarades et moy sommes dans l'intention de conserver nos uniformes et de nous réunir pour nous exercer lorsque nous en aurons la permission.

« Nous sommes toujours dévoués au gouvernement et à la personne de son auguste chef. — Henry Delarue fils, commandant ».

Les « gardiens d'honneur » ne s'engageaient qu'à s'exercer, et ils n'entendaient nullement se former en détachement de la garde nationale, comme le désirait le préfet, dans la crainte d'être obligés de quitter Elbeuf pour aller accompagner et entourer Bonaparte sur les champs de bataille.

Dans ce même mois de brumaire, on enregistra la mort du citoyen André-Robert Bourdon, fabricant, âgé de 60 ans.

Vers la fin de 1803, le nombre des ouvriers employés par la fabrique d'Elbeuf était d'environ 22.000. Il s'y fabriquait environ 15.500 draps par an ; ces draps se vendaient à divers prix, mais principalement à ceux de 12, 20 et 30 francs le mètre.

Des 22.000 ouvriers, 3.000 au plus habitaient la ville ; 2.000 environ descendaient des communes voisines pour travailler à Elbeuf ; 17.000 étaient des cardeurs à la main et fileurs à la quenouille, résidant en grande partie dans les contrées de Pacy, Gaillon et même Vernon.

Il sera intéressant pour certains de nos lecteurs de savoir en quoi consistait alors un assortiment complet des nouvelles machines appliquées à l'industrie drapière. M. Alcan va nous le dire :

1º Une machine à ouvrir la laine, alimentée par un enfant, faisant le travail de quarante personnes ;

2º Une carde briseuse produisant de 60 à 65 kilog. par jour ;

3º Deux cardes finisseuses, à loquettes, pour

desservir la précédente ; chacune alimentée par deux enfants ;

4° Une machine à filer en gros, de trente broches, donnant de 25 à 30 kilog. de boudins ou gros fil ;

5° Une machine à filer de quarante broches, filant, avec une femme et un enfant, 15 kilog. de gros fils de chaîne pour couverture ;

6° Un métier de soixante broches, produisant 6 kilog. de fils pour la draperie ;

7° Une machine à lainer les draps, remplaçant vingt laineurs à la main ;

8° Une brosserie mécanique pour les draps ordinaires ;

9° Une brosserie pour les casimirs plus étroits.

A partir de 1803, la population de notre canton augmenta, mais faiblement pendant une douzaine d'années encore, à cause des guerres de l'empire.

De cette époque aussi datent les premières maisons bâties rues du Bassin et du Nord, pour des ouvriers. D'autres habitations s'élevèrent également sur divers points, notamment à Caudebec de sorte, que la densité de la population dans les anciens quartiers de la ville eut une tendance à diminuer.

Afin d'éviter de payer des loyers, relativement élevés, des ouvriers de fabrique fixèrent même leur domicile dans les nombreux trous des roches d'Orival, déjà utilisés précédemment, notamment à la Roche-Noire et à la Roche-Foulon. Cette dernière conserva beaucoup d'habitants jusqu'après 1870, époque à laquelle on en comptait encore quatre-vingts ; depuis, leur nombre a considérablement diminué.

D'autres, pour s'affranchir complètement de redevance envers un propriétaire, s'établirent dans de véritables tanières, telle que celle dont l'ouverture est représentée par notre gravure et qui, au moment où nous écrivons, a encore des locataires. Elle se trouve au hameau du Nouveau-Monde, presqu'à l'entrée et à droite du chemin se dirigeant vers Moulineaux.

Nous avons sous les yeux un curieux tableau calligraphié, dû à la plume du citoyen Lethuillier, instituteur à Yvetot, et dédié au général Trilhard, commandant la 15e division militaire, en tête duquel le premier consul est représenté de profil et en buste, entouré de diverses allégories, avec cette légende : « Bonaparte est dans le cœur des François ».

Ce tableau donne la population de toutes les communes de l'arrondissement de Rouen. Le chef-lieu est indiqué comme comptant 79.786 habitants. Celle du canton se subdivisait ainsi : Elbeuf 5.521, Caudebec-lès-Elbeuf 2.334, Cléon 504, Freneuse 515, La Londe 1.426, Orival 1.023, Saint-Aubin-jouxte-Boulleng 1.067, Sotteville-sous-le-Val 679, Tourville-la-Rivière 778 ; au total, neuf communes et 14.039 habitants.

L'arrondissement comptait alors deux cents communes et 194.349 individus, dont 6.398 étaient sous les drapeaux en l'an XI, d'après ce tableau. Les citoyens du sexe masculin habitant l'arrondissement ne se chiffraient que par 87.268, contre 100.013 citoyennes de tout âge.

Pendant la nuit du 2 au 3 nivôse (24-25 déc.) on célébra aux deux églises une messe de minuit. Un piquet de dix hommes de la garde

Entrée d'une habitation souterraine au Nouveau-Monde

nationale fut commandé pour assurer la tranquillité des rues et de la cérémonie. Les cabaretiers reçurent l'ordre de fermer leurs portes à dix heures du soir.

En cette même année, on avait réédifié une croix sur la place du Calvaire ; un procès-verbal, dressé à cette occasion, fut retrouvé en 1839, dans l'un des cœurs de cuivre placés sous les pieds du Christ. On lisait également sur une autre feuille de papier que l'on trouverait une pièce d'écriture plus ancienne dans l'autre cœur, mais cette pièce avait été détruite par le temps et n'était plus que de la poussière.

Bonaparte avait, du reste, donné des ordres à ses préfets pour se concilier les bonnes grâces du clergé et du parti catholique. Ce fut en cette même année 1803 que Chateaubriand — qui depuis !.. — écrivit au premier consul que la Providence l'avait marqué de loin pour l'accomplissement de ses desseins prodigieux, que les peuples le regardaient et que trente millions de chrétiens priaient pour lui au pied des autels.

A Elbeuf, Bonaparte était plus populaire que jamais, et les anciennes familles royalistes que comptait notre ville s'étaient elles-mêmes sincèrement ralliées au régime nouveau.

CHAPITRE VII
(DU 10 NIVÔSE AN XII AU 10 NIVÔSE AN XIII)
(ANNÉE 1804)

CRÉATION DU BUREAU DE BIENFAISANCE. — FONDATION DE LA CHAMBRE CONSULTATIVE. — ADRESSE A BONAPARTE. — NAPOLÉON EMPEREUR. — LES FONCTIONNAIRES DU CANTON D'ELBEUF. — FOUILLES POUR DÉCOUVRIR UN GISEMENT DE MARBRE DANS LA FORÊT D'ELBEUF. — LE COURONNEMENT DE L'EMPEREUR. — MARIAGE RELIGIEUX D'UN ANCIEN PRÊTRE. — LA PETITE VÉROLE ET LA VACCINATION. — FÊTE COMMÉMORATIVE DE LA VISITE DE BONAPARTE A ELBEUF. — LE SERVICE DES INHUMATIONS.

Le 6 pluviôse (27 janvier,) on ordonna la démolition d'une maison qui menaçait ruine, située rues aux Bœufs, du Rendez-Vous et de l'Hospice.

Cet hiver-là, les mascarades furent permises, mais on ordonna des mesures pour que la tranquillité ne fût pas troublée. Les cabaretiers et cafetiers durent fermer leurs établissements à dix heures du soir; les entrepreneurs de bals et redoutes eurent, seuls, le droit de vendre des liquides pendant les nuits où ils donnaient à danser.

A partir du 18 pluviôse (8 février), on publia dans les rues de la ville, pendant trois jours, l'arrêté du gouvernement du 9 frimaire, prescrivant des livrets pour les ouvriers.

Le 20 pluviôse (10 février), le maire Prosper Delarue reçut avis que quatre cuirassiers montés, du 5e régiment, avaient reçu l'ordre de se porter sur le champ à Elbeuf, pour aider la gendarmerie dans le service qui lui était commandé. Ces soldats restèrent plusieurs mois dans notre ville.

Le préfet écrivit au maire d'Elbeuf, le 28 pluviôse (18 février) :

« Il n'est que trop évident, citoyen, que les évêques rebelles à la Religion et à la Patrie, cherchent, du fond de leurs retraites, à rallumer la discorde en France et à y rallier des partis qui en déchirent le sein.

« De là ces mandements et autres écrits incendiaires colportés par leurs complices de l'intérieur et que payent les ennemis de l'Etat.

« Il importe qu'une police active et sévère déconcerte les complots de ces perturbateurs hypocrites, et pour atteindre ce but, il faut que tout colporteur et distributeur de ces productions criminelles, ecclésiastiques ou laïques, soit poursuivi avec activité et sévèrement puni.

« L'intention du gouvernement est aussi que tout ecclésiastique qui n'est point dans la communion de son évêque soit surveillé soigneusement par les autorités locales.

« Il entre dans les principes du gouvernement de reconnaître les religions anciennement établies, mais ni la secte des prétendus Théophilanthropes, ni les ecclésiastiques qui ont refusé de se réunir à la communion de leur évêque et de se soumettre au Concordat ne doivent compter sur la tolérance... »

A la suite de la découverte du complot organisé par Georges Cadoudal, les généraux Moreau et Pichegru et l'arrestation de leurs auteurs, l'archevêque de Rouen ordonna qu'un *Te Deum* serait chanté dans les églises de son diocèse, pour remercier le Ciel d'avoir préservé les jours du premier consul. A Elbeuf, toutes les autorités et cinquante hommes de la garde nationale se rendirent à l'église Saint-Jean, un dimanche, à onze heures du matin, pour assister à la cérémonie, qui avait attiré une foule considérable.

Le 12 germinal (2 avril), le gouvernement arrêta qu'il serait créé une Chambre consultative de Commerce et des Manufactures à Elbeuf. Quelque temps après, le 11 prairial, il fut dressé une liste des trente fabricants de notre ville « les plus distingués par l'importance de leurs établissements » qui, ensuite, procéderaient, par voie de scrutin, à la nomination de six d'entre eux pour composer la Chambre.

Ces trente principaux fabricants étaient : Alexandre Grandin, Pierre-Henri Hayet, Mathieu Sevaistre père, Quesné fils aîné, Joseph Godet, Constant Duruflé, Pierre Patallier, H.-P. Delacroix, Laurent Patallier fils, Louis Delarue, David Menage, Augustin Delarue, Constant Godet, Félix Lefebvre, Jean Pierre Lefort, Pierre Lejeune fils, Alexandre Adam, Nicolas Louvet, Lejeune père, Pierre-

Nicolas Bourdon, Robert Flavigny, Jean Glin, Pierre Grandin aîné, Louis Piéton et Frémanger, Jacques Lécallier, Pierre Maille jeune, Henry et Boivin, Mathieu Bourdon, Joseph Delacroix, Capplet fils.

On sait que Bonaparte préméditait depuis longtemps de se faire nommer empereur et qu'il employa dans ce but les influences les plus diverses.

Il venait de faire odieusement assassiner le duc d'Enghien dans les fossés de Vincennes. Ses agents, les corps constitués et les chefs militaires firent entrevoir de nouvelles conspirations royalistes et déclarèrent qu'il y avait absolue nécessité pour le pays d'entrer dans une ère de « stabilité ». Ce mot fut adroitement exploité et l'on provoqua des adresses dans toute la province.

Le 21 floréal (11 mai), les maire et adjoint d'Elbeuf écrivirent à Bonaparte :

« Les dangers que votre auguste personne a courus sont encore trop récents pour que nos craintes soient entièrement dissipées : cet état d'inquiétude doit cesser.

« En vain vous avez reculé les limites de l'empire, porté la gloire du nom françois au plus haut degré, commandé le respect et l'admiration aux nations étrangères, rétabli l'ordre et l'harmonie dans l'administration, une marche uniforme et équitable dans l'action des lois ; en vain la tranquillité, le repos et le bonheur ont succédé, sous votre consulat, à l'anarchie qui nous dévorait depuis dix ans. Tous ces bienfaits, les François les tiennent de vous ; mais ils ne sont rien s'ils ne sont permanents et durables comme votre propre gloire.

« Un seul moyen se présente pour garantir cette stabilité ; le vœu de tous les François l'indiquent : tous vous nomment Empereur et demandent que cette suprême magistrature soit héréditaire dans votre auguste famille.

« Général premier consul, vous ne repousserez pas un vœu que votre talent et votre sagesse ont fait noître ; c'est celui des habitants d'Elbeuf en particulier. Permettez qu'en vous en transmettant l'expression, nous vous donnions l'assurance que leur amour et leur respect pour votre auguste personne seront également héréditaires dans notre ville ». — Suivent les signatures des citoyens Prosper Delarue, maire, et Nicolas-Félix Lefebvre.

La comédie politique jouée par Bonaparte et ses agents eut le résultat qu'ils en espéraient. Une proposition avait été déposée au Sénat, le 10 avril, par le tribun Curée. Elle concluait à la proclamation du premier consul à la dignité d'empereur. A peine ce mot avait-il été prononcé, que l'assemblée s'était levée aux cris de : Vive l'empereur ! Seul, le grand Carnot parla et vota pour le maintien de la République.

Le 28 floréal (18 mai), les sénateurs, sauf sept, se rallièrent avec enthousiasme aux vœux du premier consul, et le déclarèrent empereur des Français, en ajoutant que cette dignité serait transmise héréditairement dans sa famille.

La République, morte de fait depuis le Consulat, ne fut plus qu'un souvenir.

Le 15 mai, Mlle Caroline-Anne Bertaut était entrée à l'hospice comme directrice, sans aucuns appointements et en apportant même à l'établissement les quelques mille francs qu'elle possédait. — Nous dirons par la suite de quel dévouement était animée cette généreuse citoyenne, alors âgée de 24 ans, et qui devait diriger notre hôpital pendant trente années.

Le 28 floréal (18 mai), le maire dut quitter notre ville pour ses affaires particulières, et comme son adjoint était lui-même absent, il délégua le citoyen Mathieu Frontin, ancien maire, aux fonctions de « président du collège électoral de l'arrondissement de la justice de paix d'Elbeuf ».

Le 6 prairial (26 mai), sur l'ordre du préfet, le citoyen Frontin fit ouvrir un registre, sur lequel les citoyens furent invités à venir signer, pour manifester de leur attachement au gouvernement. En tête de ce registre était inscrit ce désir :

« Le peuple veut l'hérédité de la dignité impériale dans la descendance directe, légitime et adoptive de Joseph Bonaparte et de Louis Bonaparte, ainsi qu'il est réglé par le Senatus consulte organique du 28 floréal an XII ».

Le mardi 9 prairial (29 mai), le Senatus consulte qui avait proclamé Bonaparte empereur des Français, fut publié avec solennité dans les rues d'Elbeuf. Au préalable, il avait été ordonné aux habitants de nettoyer les rues et de les débarrasser de tous les matériaux pouvant obstruer la circulation. Cette publication fut faite par le citoyen Frontin, maire par intérim, avec le concours de tous les fonctionnaires publics, de la garde nationale, de la musique et des tambours.

Le cortège s'arrêta sur la place de l'Hôtel-de-Ville (du Coq), au carrefour de la Rigole, au carrefour de Rouen, au carrefour de la rue de l'Hospice, dans la rue de l'Hospice, dans la rue de la Justice et au carrefour de la Barrière. A chacune de ces stations, le maire lut l'article premier du Senatus consulte :

« Le gouvernement de la République est confié à un empereur qui prend le titre d'empereur des François.

« La justice se rend au nom de l'empereur, par les officiers qu'il institue.

« Napoléon Bonaparte, premier consul actuel de la République, est empereur des François ».

Cette proclamation fut accueillie par les cris de : Vive l'Empereur ! Vive Bonaparte ! »

Le 11 (31 mai), le citoyen Delarue, maire, invita les fonctionnaires publics à se rendre à la procession de la Fête-Dieu des deux dimanches suivants. Vingt hommes par compagnie de garde nationale furent commandés pour cette cérémonie, ainsi que la musique et les tambours. Le maire ordonna que la marche des processions se fit dans le silence et le respect. — Il va sans dire que l'arrêté portait le nettoyage des rues, qui étaient, comme par le passé, trop souvent couvertes d'ordures et même d'immondices.

Un décret impérial signé à Saint-Cloud ce même jour 11 prairial an XII, nomma les « personnes » suivantes — on ne disait plus citoyens — aux fonctions de membres du Conseil municipal d'Elbeuf, en remplacement de celles qui en étaient sorties, en exécution des articles 81 et 82 du règlement du 19 fructidor de l'an X :

Servant Huault, propriétaire ; Nicolas Bourdon ; Nicolas Louvet, fabricant ; Pierre Adam, fabricant ; Augustin Henry, médecin ; Louis Sevaistre, Jean-Baptiste Grandin, Pierre Bourdon, Amable Corblin, Henri Delacroix, fabricant ; Amable Delaunay, fabricant ; Augustin Dévé, fabricant ; Robert Flavigny fils, fabricant ; Parfait Maille, fabricant ; M. Frontin, ancien maire.

La fondation de la Chambre consultative des Arts et Manufactures, par arrêté du gouvernement en date du 12 germinal an XII, mit fin à la Commission de commerce.

Le 15 prairial (4 juin), sur une convocation du maire adressée aux trente plus importants industriels d'Elbeuf, les vingt-trois suivants se réunirent à l'Hôtel de Ville :

Lejeune père, Mathieu Sevaistre père, Pierre Bourdon, Nicolas Louvet, Ménage, Pierre Patallier, Mathieu Quesné aîné, Pierre-Jean Lefort, Jean Glin, Henri-Pierre Delacroix, Aug. Henry, Alexandre Grandin, Mathieu Bourdon, Turgis (pour la maison Pierre Grandin aîné), Augustin Delarue, Robert Flavigny fils, Lambert fils (pour la maison Henri Hayet), veuve Piéton et Fremanger, Laurent Patallier fils, Amédée Capplet fils, Alexandre Adam, Jacques Lécallier, Constant Duruflé.

Ces industriels procédèrent à un vote pour la nomination des six citoyens devant composer la Chambre consultative. Au premier tour furent élus les citoyens Henri Hayet (19 voix), Mathieu Quesné (16), Alexandre Grandin et David Ménage (chacun 15 voix). Au deuxième tour le citoyen Pierre Patallier se trouva élu, par 15 suffrages, et au troisième fut nommé, par 17 voix, le citoyen Jean-Pierre Lefort. Les six membres de la Chambre furent déclarés installés séance tenante.

Le mardi 16 prairial (5 juin), le maire et ses adjoints se rendirent à la préfecture à l'effet de prêter serment à l'empereur.

Les 24 et 25 prairial (13 et 14 juin), les autorités et fonctionnaires du canton d'Elbeuf se présentèrent devant le maire et l'adjoint de notre ville, pour prêter aussi serment de fidélité à l'empereur. On avait préparé, à l'avance, la liste de tous ceux qui étaient astreints à cette formalité ; elle nous fournit la composition générale des fonctionnaires dans notre canton à cette époque.

Elbeuf : Drevet, commissaire de police ;

J. Godet, Ch. Durand, Parfait Grandin, Ch. Capplet, Join-Lambert, Math. Sevaistre, L.-R. Flavigny, Pierre Lejeune, Pierre-Nicolas Bourdon, Nicolas Louvet, Galleran, Alex. Adam, J.-P. Lefort, J.-P. Lebailly, Laurent Patallier père, P.-J. Delacroix, Aug. Henry, Mod. Frémont, Pierre Patallier, Aug. Boivin, Mathieu Quesné père, Pierre-Henri Hayet, A. Grandin, Pierre Bourdon, Gaultier, J.-B. Grandin, Pierre Lingois, Valdampierre, Servan Huault et Louis Sevaistre, conseillers municipaux. — Ces deux derniers ne se présentèrent point.

Laurent Patallier, commandant de la garde nationale ; Asse fils, adjudant.

Jean Delarue, receveur des contributions ; Michel Macé, porteur de contraintes ;

Langeux, receveur de l'enregistrement ; G. Malhère, employé ;

Pierre Lingois, notaire (inscrit déjà comme conseiller municipal) ; Lingois fils, Mathieu Lecerf, clercs de notaire ;

Valdampierre (déjà nommé), directeur de la poste aux lettres ; Ferré, commis ;

Vve Murizon, receveuse de la Loterie (en sa qualité de femme, elle ne prêta pas le serment);

L.-C. Cauchois, garde champêtre;

Flavigny-Gosset, Jean Glin, Valdampierre, Ch. Durand et Alex. Adam (ces trois derniers déjà nommés), membre de la Commission de l'hospice;

Michel-Amable Lecerf, juge de paix et membre du bureau de bienfaisance:

Romelot, curé d'Elbeuf; Renault, desservant de Saint-Etienne; Delahaye, desservant d'Orival (ne prêtèrent serment que devant l'archevêque de Rouen);

Pierre Lejeune, Nicolas Louvet, Louis Sevaistre (déjà nommés), membres du Bureau de bienfaisance, dont le dernier était trésorier; Lefebvre, secrétaire (ne se présenta pas).

P.-H. Hayet, Mathieu Quesné fils, Alex. Grandin (déjà nommés), David Ménage, Pierre Patallier, J.-P. Lefort, membre de la Chambre consultative des Manufactures.

Raynal, docteur en médecine; Augustin Henry (déjà nommé), exerçant la médecine;

Auguste Peuffier, Gaultier, chirurgiens;

Lesaas, Grémont, apothicaires;

Maugé, peseur public;

Louis-Charles de Limoges, Le Roux, Jacques-Pierre Fosse, Dersy, Dupont, Le Cesne, Cossard, Touzé aîné, instituteurs; Bienaimé, instituteur particulier (ce dernier ne se présenta point).

Caudebec-lès-Elbeuf: Duruflé, maire; Tassel, adjoint;

Fiacre Duruflé, Pierre Couronné, J.-B. Lemercier, J.-L. Ridel, Cyprien Samson, Eléonore Corblin, conseillers municipaux;

Lemercier, garde champêtre ; Delaux, médecin ; Tournache, instituteur ;

Joseph Drouet, membre du Bureau de bienfaisance (ne se présenta pas).

Cléon : Jean-Louis Hédouin, maire ; Jean Potel, adjoint ;

Pierre Lefrançois, Nicolas Cauvet, Pierre Saxus, Louis Potel, Jean Mortreuil, J.-B. Deriberpré, Jacques Normand, Nicolas Caron, Gilles Lebret, conseillers municipaux. — (Pierre Saxus était l'ancien curé de Cléon ; il avait renoncé à la prêtrise).

Romain Fréret, membre du Bureau de bienfaisance.

Freneuse : François Rivette, maire ; Amable Dubuc, adjoint ;

Toussaint Fréret, Etienne Fréret, Pierre Bourdet, J.-F.-N. Fréret, Etienne Fréret (autre), Louis Legouas, Guill. Bachelet, Louis Bachelet, conseillers municipaux. — Toussaint Fréret était également membre du Bureau de bienfaisance.

La Londe : Leloup, maire ; Ant. Dulong, adjoint ;

D. Masselin, Jean Le Cerf, Guill. Brisemontier (ne se présenta pas), J. Vigor, Pierre Fauquet, J. Lyon, Noël Fauquet, N. Lieugard, Ch. Masselin, P.-M. Le Cesne, conseillers municipaux ;

Henry Masselin, membre du Bureau de bienfaisance ;

Louis Boisguillaume, J.-L. Pointel, gardes.

Orival : Chanteloup, maire (ancien président de l'administration municipale du canton d'Orival ; ne se présenta pas) ; Leclerc, adjoint.

Marc Lefrançois, Nicolas Plantrou, Michel

Lebret, J.-B. Planterou, J. Lefebvre, J. Lequeux, J.-P. Lebret, J.-B. Lecerf, J.-B.-M. Renault, Etienne Lebret, conseillers municipaux. — Ce dernier était receveur municipal, et Renault, officier de santé.

Louis Dieppedalle, instituteur ;
Le Marié, messager.

Saint-Aubin : Jean Hédouin, maire ; J. Lefrançois, adjoint ;

Aug. Bachelet, Louis Lesueur, Jean Maille, Pierre Fréret, Guill. Bachelet, Math. Fréret, Alexis Lefebvre, Ch. Hazet (ne se présenta pas), P.-J. Gommet, Etienne Landry, conseillers municipaux. — Ce dernier faisait partie du Bureau cantonal de bienfaisance.

J.-B. Durandel, percepteur ;

Sotteville-sous-le-Val : Fr. Fréret, maire, D. Legendre, adjoint ;

J.-L. Fréret, G.-H. Fréret (absents), Jean Bocquet, D. Viard, M.-P. Fréret, F. Dorival, G. Duhamel, Pierre Démares, J.-N. Germaine (absent), conseillers municipaux. — Ce dernier était receveur municipal.

Tourville-la-Rivière. — L. Hédouin, maire ; J.-B. Verly, adjoint ;

J.-G. Dorival, G. Lefrançois, J.-B. Lefrançois, J. Lenormand, Vincent Hédouin, Pierre Hédouin, A.-J.-B. Hédouin, Jean Hédouin, conseillers municipaux. — L'avant dernier était membre du Bureau de bienfaisance et le dernier garde champêtre et percepteur.

Le procès-verbal de cette longue opération fut transmis au préfet.

Les citoyens obligés et en état de faire le service de la garde nationale furent convoqués, le 20 messidor (9 juillet), pour procéder au renouvellement des officiers.

Sur une lettre du préfet, le Conseil municipal fut convoqué, le 27 prairial (16 juin), pour voter la dépense d'une somme de 200 fr., destinée à continuer des fouilles commencées à l'entrée de la forêt d'Elbeuf, au lieu dit la Carrière à Mulot, où, d'après le rapport du citoyen Le Boullenger, ingénieur, il avait été découvert un important gisement de marbre. Le Conseil vota 200 francs provisoirement, et stipula que les blocs tirés de la carrière à ouvrir seraient mis à la disposition de la municipalité.

Le décret impérial du 21 messidor (10 juill.) ordonnait que les gardes nationales de chaque département enverraient à Paris, pour assister à la cérémonie du couronnement de Napoléon, une députation de seize hommes avec un drapeau, composée moitié de fusiliers ou de grenadiers, un quart de sous-officiers et un quart d'officiers. Ces députations prêteraient serment de fidélité à l'empereur et recevraient de lui un drapeau par département.

La ville d'Elbeuf fut désignée pour envoyer un sous-officier, qui devait s'équiper et s'habiller à ses frais personnels, partir le 9 de Rouen et être arrivé à Paris, avec les autres délégués, avant le 12 brumaire, bien que la cérémonie fût fixée au 18. Le maire désigna son propre frère, M. Mathieu Delarue, pour faire partie de la députation.

Mais le 1er brumaire (23 octobre), le préfet prévint le maire que l'empereur avait décidé que le départ serait retardé de quinze jours et que le lieu de réunion était fixé à Rouen au 24 brumaire, à midi. M. Mathieu Delarue devait être accompagné de plusieurs membres de la garde d'honneur de Bonaparte à Elbeuf.

An XII (1804)

Le 16 brumaire (7 novembre), l'empereur fit prévenir que la cérémonie était encore retardée. Enfin, la date du départ de Rouen fut fixée au 4 frimaire, pour arriver à Paris le 7, et assister au couronnement le 11 frimaire (2 décembre).

Le 25 messidor (14 juillet), il fut procédé au mariage religieux, devant le clergé catholique d'Elbeuf, de M. Antoine Tournache, de droit de la paroisse de Guenouville-en-Roumois, de fait de celle de Caudebec-lès-Elbeuf, ancien prêtre, avec Jeanne-Marie Lacroix, fille naturelle élevée à l'hospice de Conches, mariés civilement à Grand-Couronne, le 19 germinal an II. La bénédiction nuptiale ne fut accordée qu'à la condition que M. Tournache renonçait par son mariage à tous droits, privilèges et bénéfices ecclésiastiques, qu'il ne se remarierait pas s'il devenait veuf, « qu'il serait sacrilège si, en péchant contre le sixième commandement, il manquait à la foi conjugale ».

La fête du 14 juillet (25 messidor) fut célébrée par le son des cloches, une grand'messe, une parade avec le concours de la musique et des danses jusqu'à minuit.

Le même jour, un arrêté municipal régla le curage des cours d'eau « depuis la fontaine du Sur jusqu'au pont dans le pré Basile ». Les riverains payèrent suivant l'importance de leurs établissements.

Le 29 thermidor (17 août), on procéda à l'installation de quinze nouveaux membres du conseil municipal, nommés par l'empereur le 11 prairial précédent. Les nouveaux édiles étaient les citoyens Nicolas Bourdon, Nicolas Louvet, Augustin Henry, J.-B. Grandin, Amable Corblin, Henri Delacroix, Amable Delaunay, Augustin Dévé, Louis-Robert Flavigny fils, Servant Huault, Mathieu Frontin, Alex. Adam et Parfait Maille.

Après avoir juré obéissance aux constitutions de l'empire, ils furent déclarés installés par M. Prosper Delarue.

Ce même jour, M. Robert-Amand-Collet Valdampierre, nommé par décret impérial, le 19 prairial, pour remplir les fonctions de notaire à la résidence d'Elbeuf, prêta serment devant le maire.

Dans le courant du même mois de thermidor, le maire écrivit à son collègue de Caudebec pour l'inviter à rappeler à certains fabricants de cette commune qu'aux termes de la loi du 22 germinal an XI, il leur était interdit de marquer leurs draps du mot « Elbeuf ».

Le 1er fructidor (19 août), le maire fit procéder à la reconnaissance des officiers de la garde nationale, après avoir reçu leur serment de fidélité à l'empereur. M. Laurent Patallier était chef du bataillon, M. Masse fils, adjudant, et M. Parfait Maille, porte-drapeau.

On ne sait pas, généralement, combien, autrefois, la « petite vérole » faisait de ravages. Cette année-là, une ville de l'importance d'Elbeuf, Issoire, avait perdu, en deux mois, 160 de ses habitants par cette maladie ; mais on remarqua que, parmi les morts, il ne se trouvait aucun des citoyens ayant été vaccinés.

Le préfet du département, devant cette observation, prit un arrêté, dont le maire fit publier les principales dispositions, le 12 fructidor (30 août). Voici quelques passages des commentaires du citoyen Prosper Delarue :

« On est à la veille de réaliser l'une des plus belles conquêtes que l'art de guérir ait faite sur l'infirmité humaine; il faut en saisir les moyens avec empressement. La disparition du germe variolique doit avoir sur la population, sur la santé, la beauté, le bonheur des races futures, une si haute influence, que l'administration seroit coupable si elle négligeoit un aussi grand résultat ».

A partir de ce jour, on n'admit plus aux secours du Bureau de bienfaisance ni à l'hospice aucun enfant non vacciné. Le citoyen Henry, jaloux de prouver que la vaccine méritait sa réputation, invita ses concitoyens à se rendre à son domicile, rue de la Rigole, pour recevoir le vaccin.

Le 15 fructidor mourut le citoyen Laurent Patallier, à l'âge de 75 ans.

Par ordre du préfet, publié le 6 vendémiaire an XIII (28 septembre 1804), il fut enjoint à tous les chefs d'industrie de remettre à la mairie, dans les vingt quatre heures, « la liste exacte et précise de tous leurs ouvriers mâles avec l'indication de leur âge ».

Quelques jours après, le sieur Cauchois, garde champêtre, se rendit dans tous les ateliers pour faire l'appel des ouvriers portés sur ces listes, avec mission d'arrêter et conduire devant le maire tous ceux qui lui paraîtraient d'âge à être militaires et qui ne pourraient justifier d'un congé ou d'une permission. Le sieur Desdomaines, seul gendarme pour le moment à Elbeuf, accompagnait Cauchois.

En ce même temps, un règlement fut donné à la garde nationale au sujet de ses dépenses et divers autres objets.

Le conseil municipal, dans sa séance du 13 vendémiaire (5 octobre), considérant que les deux cimetières n'étaient point éloignés de 35 à 40 mètres de l'enceinte de la ville, ni exposés au Nord, comme le voulait un arrêté du préfet, décida de les abandonner pour un nouveau dans lequel les deux paroisses inhumeraient.

A cet effet, il désigna un terrain appartenant à M. Lemercier, sis contre le bois du Vallot, exposé au Nord et contenant 270 ares, mais dont il n'acquerrait que la moitié.

Ce même jour, les habitants de la rue Notre-Dame pétitionnèrent pour obtenir le rétablissement du chemin, prolongation de leur rue, qui conduisait à la Seine.

Les officiers du bataillon ayant désiré que l'on célébrât l'anniversaire de la visite faite à Elbeuf deux ans auparavant, par une messe solennelle, le maire les en félicita et « leur témoigna sa satisfaction du zèle et de l'attachement qu'ils manifestoient pour la personne de Sa Majesté l'empereur ».

Cette messe, suivie d'un *Te Deum,* fixée au 12 brumaire, jour anniversaire, ne fut célébrée que le 14, à Saint-Jean, à cause de différentes considérations. La municipalité, les fonctionnaires et les « jeunes gens de la garde d'honneur impériale » y assistèrent ainsi que le clergé de Saint-Etienne, la musique, les tambours. « L'épouse de M. le maire, accompagnée d'un capitaine de la garde nationale fit une quête au profit du Bureau de bienfaisance, établi pour l'extinction de la mendicité ».

La cérémonie religieuse terminée, le cortège revint sur la place du Coq, où la musique joua plusieurs morceaux. On se sépara aux cris de : Vive l'Empereur ! qui, paraît-il, furent longtemps répétés par les habitants de la ville assemblés sur la place.

Le secrétaire greffier-commissaire de police Drevet termina ainsi le procès-verbal de cette fête :

« La joie peinte sur tous les visages, une reconnoissance pleine d'expression, de franchise et qui partoit du cœur ont entièrement rempli le but que s'étoient proposé MM. les officiers de la garde nationale. Ce n'étoit pas seulement l'anniversaire du voyage de Sa Majesté dans notre ville : on eût dit qu'Elbeuf jouissoit encore de sa présence, tant est gravé profondément dans le cœur de tous les habitants le souvenir des bontés de Sa Majesté, l'amour et le respect pour son auguste personne.

« M. le maire a terminé la fête par un banquet auquel il avoit invité MM. les officiers et commandant de la garde nationale et garde d'honneur, la justice de paix, les curés et plusieurs membres de toutes les administrations et fonctionnaires publics.

« Cette réunion des autorités civiles et militaires et du clergé, l'harmonie et l'intelligence qui règnent entre eux sont un garant de l'esprit public et général de notre ville, dont ils se félicitent d'avoir été les organes dans cette circonstance. Plusieurs toasts ont été portés: tous avoient pour but la constante prospérité de Sa Majesté, le bonheur et la durée de son règne.

« C'est dans l'appartement que Sa Majesté a honoré plus particulièrement de sa présence chez M. le maire que tous les membres de cette réunion ont juré un attachement inviolable à la personne de Sa Majesté ».

Une copie de ce procès-verbal fut envoyée au préfet.

Un arrêté municipal du 12 brumaire (3 novembre), régla le service des inhumations. Les corps devraient être transportés à bras ou sur un bard, par les frères de Charité. La première classe était fixée à 102 francs, la seconde à 57 francs, la troisième à 22 francs ; les indigents seraient inhumés gratuitement.

« Art. 9. — Les fabriques des deux églises jouiront seules du droit de faire porter les corps, de fournir les tentures, etc. Elles pourront affermer ce droit.

« Art. 10. — Les sommes provenant de l'exercice ou de l'affermage de ce droit seront consacrées à l'entretien des églises et au paiement des desservants... »

A partir du 1er frimaire (22 novembre), les femmes employées dans les fabriques furent contraintes de se pourvoir d'un livret, comme les hommes.

Un règlement du 2 frimaire (23 novembre) fixa les points où les bateaux du passage de Saint-Aubin devraient aborder à l'avenir.

M. Prosper Delarue, maire, se rendit à la cérémonie du couronnement de l'empereur, ainsi que son frère.

Le maire et l'adjoint étant absents, M. Frontin les remplaça provisoirement dans leurs fonctions.

Le 9 frimaire (30 novembre), il ordonna aux habitants, afin de prévenir les accidents que pouvait occasionner le verglas, « de répandre au-devant de leurs maisons des fumiers, pailles ou autres ordures », sous peine d'amende.

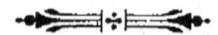

CHAPITRE VIII
(DU 11 NIVÔSE AN XIII AU 10 NIVÔSE AN XIV)
(1805)

Les prêtres d'Elbeuf. — Napoléon, roi d'Italie. — La première fête de l'empereur. — Encore la garde d'honneur elbeuvienne ; les jeunes gens se dérobent. — Recrutement de l'armée ; lettre du maire aux curés des deux paroisses. — Le manque de numéraire. — Les Bulletins des armées. — Origine du tissage mécanique.

Par ordre du ministre et du préfet, le maire fit publier, le 10 nivôse, que le lendemain 1er janvier 1805 il y aurait vacance dans les administrations et les écoles, l'empereur comptant ce jour parmi ceux réservés aux fêtes de famille par la plus grande majorité des Français.

Ce même jour 1er janvier, Napoléon écrivit une lettre d'apparat au roi d'Angleterre, pour l'inviter à la paix, mais celui-ci ne se trompa point sur les intentions de l'empereur, qui a cette époque avait fait établir un immense camp sur les côtes du Pas-de-Calais, dans le but d'une descente en Angleterre.

Le 19 (9 janvier), le maire d'Elbeuf annonça que le dimanche suivant, en l'église Saint-Jean, il serait chanté « un *Te Deum* en actions de grâces du sacre et du couronnement de Sa Majesté l'empereur ». Tous les fonctionnaires y assistèrent. Le soir, on illumina, et des danses se prolongèrent fort avant dans la nuit.

M. Cabissol, conseiller de préfecture, avait fait demander, au nom du préfet, un état des prêtres de notre ville, suivi de renseignements confidentiels. Il lui fut envoyé le suivant, vers le milieu de nivôse :

« *Paroisse Saint-Jean*. — Romelot (Charles-Bruno-Bonaventure), curé actuel d'Elbeuf, inconstitutionnel, déporté en 1792, rentré en 1802, auparavant curé de Rozay, diocèse de Rouen.

« Lenoble (Jean-Pierre), d'abord constitutionnel, puis rétracté, n'ayant pas sorti, vicaire d'Elbeuf, ayant exercé la profession de fabricant.

« Dévé (Pierre), inconstitutionnel, déporté en 1792, rentré en 1802, prêtre habitué et directeur de couvent à Elbeuf avant sa déportation, et depuis sa rentrée prêtre habitué.

« Lenoble (Louis-Jacques-Joseph), inconstitutionnel, déporté en 1792, rentré en 1802, prêtre habitué à Elbeuf avant sa déportation et depuis sa rentrée.

« Pinel (Charles-Valery-Porcien), ancien curé de Saint-Jean, constitutionnel, ayant exercé sans interruption jusqu'à son remplacement en 1802 par M. Romelot cy-dessus, aujourd'hui prêtre exerçant même paroisse.

« Mauduit (Jean), inconstitutionnel, déporté en 1792 ; rentré en 1795, auparavant vicaire et chapelain à Gaillon, diocèse d'Evreux, resté caché à Louviers jusqu'en 1802, aujourd'hui prêtre habitué.

« *Succursale de Saint-Etienne.* — Renaut (Jean-Claude-Prosper), ancien curé d'Epreville-en-Roumois, diocèse de Rouen, aujourd'hui desservant de Saint-Etienne d'Elbeuf, constitutionnel, puis s'est rétracté et n'a jamais sorti de France ; il a exercé pendant la Révolution la profession d'épicier à Rouen.

« Glin (Abraham-Joseph), ancien vicaire de Saint-Denis de Rouen, inconstitutionnel, déporté en 1792, rentré en France en 1802, vicaire actuel et depuis cette dernière époque.

« Pigaut dit Delandes (Jacques), ancien vicaire de Rully (Calvados), d'abord constitutionnel, puis rétracté, n'a pas sorti de France, où il a exercé la profession de toilier, aujourd'hui prêtre habitué.

« Billecoq (J.-B.), prêtre habitué, ancien curé constitutionnel du Val-David (Evreux), depuis rétracté, n'ayant été ni déporté ni émigré, a resté caché pendant la Révolution.

« Aubé (Pierre-Toussaint), prêtre habitué, constitutionnel, rétracté en février 1793, n'est pas sorti de France, auparavant curé d'Ernanville, diocèse d'Evreux ».

Pendant le carnaval de 1805, il fut interdit à toutes les personnes masquées de porter des armes et autres instruments pouvant en tenir lieu ; de se travestir avec des costumes ecclésiastiques ; de jeter de l'eau ou du son aux passants ; de parler dans les rues avec une voix déguisée, après dix heures du soir ; aux cafetiers de vendre après la même heure.

Le 28 pluviôse (17 février), le maire prit un arrêté pour prévenir les délits commis sur les grandes routes, les vols faits par bandes, soit dans les maisons, soit sur la voie publique, ainsi que les attroupements séditieux, les incendies et généralement tous les événements portant le caractère de brigandage.

En ventôse (février-mars), le dernier avertissement fut donné aux industriels et commerçants concernant l'abandon des anciens poids et mesures et l'obligation de ne se servir que des nouveaux.

Le maire prit, le 1er prairial, cet arrêté :
« Le jeudi 3 courant (23 mai), jour de l'Ascension, auquel doit avoir lieu, à Milan, le sacre de Sa Majesté l'empereur comme roi d'Italie, il sera célébré en cette ville une fête ».

Elle se composa de coups de canon tirés la veille, et le matin depuis cinq heures jusqu'à midi ; une messe, à Saint-Jean, où assista le clergé de Saint-Etienne, et qui fut suivie d'un *Te Deum*. Ceux des fonctionnaires à qui la loi n'avait pas désigné de costume s'y rendirent en habit noir. Plus de 3.000 personnes prirent place dans l'église. Inutile de dire que la garde nationale, la gendarmerie, « les jeunes gens de la garde d'honneur de Sa Majesté » étaient là. Après la cérémonie religieuse, il se reforma un cortège qui revint devant l'hôtel de ville.

Dans l'après-dînée, un banquet et un concert furent donnés à l'hôtel de ville, et de cinq heures à dix heures le canon ne cessa de tonner. Le soir, il y eut des illuminations générales ; on remarqua beaucoup des « pots de feu » que l'on avait placés sur le sommet de la tour de Saint-Jean. Les bals durèrent toute la nuit. A l'hôtel de ville, il y en eut un particulier, où l'on n'admit que les invités du maire ; on y établit des tables de jeu. La fête se termina à cinq heures du matin par une salve de vingt-et-un coups de canon.

Le 25 messidor (14 juillet) la garde nationale renomma ses officiers.

Le 24 thermidor (12 août), le maire « considérant que la ville d'Elbeuf doit s'empresser de saisir toutes les occasions de marquer son respect et sa reconnoissance à Sa Majesté l'empereur et roi Napoléon ; que la naissance de ce monarque, le 15 août, offre les moyens de lui prouver son attachement ; ordonne :

« Art. 1er. — Le jeudi 15 août, fête de l'Assomption et jour de la naissance de Sa Majesté l'empereur et roy, la Saint-Napoléon sera célébrée dans la ville d'Elbeuf... »

Les articles suivants prescrivent un *Te Deum* à Saint-Jean et aux habitants d'illuminer leurs maisons « sous les peines de droit ».

Le lendemain, on fixa à 600 francs le traitement du desservant de la paroisse Saint-Etienne.

A la date du 1er fructidor (18 août), on trouve sur les registres municipaux le procès-verbal d'une séance dans laquelle on traita des limites de notre ville et de Saint-Cyr.

Le clergé avait demandé à M. Delarue, maire de la ville, l'autorisation de rétablir le calvaire à l'extrémité de la rue de la Barrière. Le préfet, consulté, répondit le 4 fructidor (22 août) :

« Vous ne pouvez, Monsieur, autoriser l'érection d'un calvaire. Les monumens de la religion doivent être préservés de toute insulte, et je ne connais pas de loi qui s'applique à ceux qui seraient placés à l'extérieur des temples. Il est donc prudent d'attendre que cette loi soit portée pour relever les calvaires, si on veut éviter l'inconvénient très grand de les voir insulter impunément... BEUGNOT ».

A la foire Saint-Gilles de l'an XIII (1805), il y eut un marché pour la vente des toiles du Neubourg et du Roumois. Ce marché n'eut aucun succès.

Un arrêté du maire, daté du 25 fructidor (12 septembre), concerne la police du quai d'Elbeuf, encombré d'une manière excessive par les bois à brûler que l'on y déposait en immenses quantités.

Une lettre du citoyen Beugnot, datée du 3e jour complémentaire (22 septembre), adressée au maire de notre ville, fait allusion à l'insubordination et au désordre des gendarmes de la brigade d'Elbeuf.

Le 10 vendémiaire an XIV (2 octobre) en conséquence d'un décret du 2e jour complémentaire de l'an XIII, le maire invita les sous-officiers et soldats rentrés dans leurs foyers à reprendre du service. « Je présume trop bien, dit-il, du zèle et de la bravoure de ces anciens militaires pour croire qu'ils demeureront froids à l'appel de Sa Majesté l'empereur et roy ».

Ce que les jeunes gens de la garde d'honneur de Bonaparte avaient craint pour la plupart arriva ce même jour 10 vendémiaire. Le préfet adressa cette lettre au maire d'Elbeuf :

« L'Angleterre a rallumé le feu de la guerre continentale. Ses aveugles alliés ont osé faire entendre le signal des combats. Ce moment va fixer les destinées de la France.

« Une vaste carrière de gloire et d'honneur est ouverte à tous les Français ; mais ceux qui s'y présentent environnés des plus brillantes espérances, ceux auxquels Sa Majesté garantit particulièrement les succès et le triomphe, ce sont les jeunes volontaires admis au bonheur d'entourer sa personne lorsqu'elle visitait, dans une époque déjà loin de nous, les divers départements de son empire.

« Les compagnies d'honneur ont formé la portion la plus belle de cet appareil d'amour et d'enthousiasme qui se déployait sur son passage et qui exprimait si dignement toutes les affections publiques ; mais admises une fois à une si haute fonction, elles en ont regretté l'extrême rapidité.

« La plupart ont demandé qu'elles pussent recevoir une sorte de continuation et de permanence, et qu'un privilège aussi glorieux ne fût point un privilège d'un jour. Quelques-uns même, à l'instant où les circonstances ont pu laisser prévoir que Sa Majesté pourrait se placer elle-même à la tête de ses armées, pour diriger de grandes opérations militaires, ont compris quel nouvel éclat cette faveur recevrait encore, s'il leur était accordé de députer un détachement pris dans leur sein, pour former le cortège immédiat de Sa Majesté. Je ne doute point que cette ambition, digne des des cœurs véritablement français, ne se manifeste avec la même ardeur parmi les jeunes gens de votre ville, qui firent partie, en l'an IX *(sic)*, des compagnies d'honneur du département.

« Je vous engage à en recueillir les expressions... Ceux qui auront le bonheur d'être admis verront s'ouvrir devant eux la route des distinctions et des honneurs militaires. Ils feront l'apprentissage de la plus noble des professions sous le plus grand des capitaines. Si la nature leur a donné les talents qui constituent le vrai guerrier, joints à cette valeur brillante, partage des Français, leurs services seront couronnés par de justes récompenses. Il n'est aucun rang auquel il ne leur soit permis d'aspirer.

« Les villes qui auront le plus multiplié ces offres seront vues avec une bienveillance particulière par Sa Majesté l'empereur ; il y reconnaîtra l'influence des magistrats sachant rattacher les cœurs au gouvernement et les animer pour la défense de la patrie.

« Le corps qu'ils sont destinés à former ne peut être composé que des citoyens les plus distingués, tous à cheval, tous armés et équipés à leurs frais. J'ai calculé, par aperçu, sur une vingtaine de soumissions pour votre ville ».

Cette lettre ne produisit point sur les jeunes gens qu'elle visait l'effet que le préfet en attendait. Nos jeunes bourgeois, qui avaient été si zélés pour entourer Bonaparte et caracoler à ses côtés quand il n'y avait rien à craindre pour leur peau, ne montrèrent aucun empressement à entrer dans sa garde.

Le 13 vendémiaire (5 octobre), le préfet écrivit une nouvelle et longue lettre au maire, toujours en montrant sous l'aspect le plus glorieux le sort des volontaires ; mais ceux-ci avaient de moins en moins l'envie de se couvrir de gloire et refusèrent tous nettement d'accepter l'honneur qu'on leur faisait.

Le maire, fort embarrassé, ne répondit que le 26, par la lettre qui suit :

« ... J'ai réuni les jeunes gens de cette ville qui formèrent en l'an XI la compagnie d'honneur de Sa Majesté ; je leur ai lu votre correspondance. Ils ont senti combien il serait honorable et glorieux de pouvoir être admis dans la légion impériale et d'entourer la per- de Sa Majesté.

« La plupart, ceux que des motifs puissants retiennent dans leurs foyers, ont formé de vifs regrets de ne pouvoir répondre à cet appel honorable, qui ouvre une aussi belle carrière. D'autres, éprouvant le même sentiment, mais moins jaloux d'avancer, ont allégué des motifs bien évasifs ; c'est ce qui m'a déterminé à vous envoyer le contrôle de ces jeunes gens, avec des observations sur chacun d'eux.

« Il n'est pas douteux, Monsieur le préfet, que beaucoup soient empêchés par la nature de leur commerce, qui tient non seulement au chef, mais encore à un nombre considérable d'ouvriers qui, s'ils en étaient privés pendant plusieurs mois, seraient réduits à manquer d'ouvrage pendant la saison rigoureuse dans laquelle nous entrons, et leur existence, celles de leurs femmes, de leurs enfants manqueraient infailliblement, et les privations les plus fortes se feraient sentir pour eux.

« Néanmoins, tous ne sont pas de ce nombre ; il est de ces jeunes gens qui pourraient faire le sacrifice de leurs moments, sans que leurs affaires éprouvent aucun dérangement : je les ai notés dans la liste que j'ai dressée de leurs noms.

« J'éprouve avec bien du regret que les jeunes gens que rien n'attache (ils sont, il est vrai, en petite quantité) ne se soient présentés pour être inscrits. Vous pouvez croire que j'ai fait tout ce qui a dépendu de moi pour les y déterminer tous, et si ce n'est la considération du commerce qu'offre la localité et dont s'est bien aperçue Sa Majesté, puisque dans son voyage elle n'a pas manqué de comparer la population de la ville à un essaim, j'aurais à vous en présenter une grande quantité, du moins en ne consultant que le vœu et l'attachement des habitants d'Elbeuf à Sa Majesté l'empereur et roi ».

L'empire n'était qu'à son début, et déjà les soldats dont disposait Napoléon n'étaient point en nombre suffisant pour exécuter les entreprises qu'il méditait. Les engagements devenaient de plus en plus rares et, à Elbeuf, on citait la situation malheureuse de familles dont les chefs, dans un élan de patriotisme, avaient précédemment pris du service. Le gouvernement songea à s'adresser au clergé. C'est dans ce but que le maire écrivit le 7 brumaire (29 octobre) aux deux curés d'Elbeuf :

« ... Dans la guerre cruelle qui afflige de nouveau l'Europe, il n'est personne qui ne reconnaisse le résultat des intrigues de l'or de l'Angleterre ; mais ce n'est pas chez les nations étrangères seulement que son implacable jalousie tente de nous susciter des ennemis. L'abaissement de la grandeur française est son unique but, et, pour y parvenir, elle essayera également d'introduire ses agents dans l'intérieur et d'y souffler le feu de la discorde.

« Sans doute, ses efforts seront également vains, sous l'un et sous l'autre rapport. Déjà nos invincibles phalanges, conduites par le héros qui nous gouverne, ont dérangé, par des victoires rapides et multipliées, les plans d'une perfide coalition. Par une activité infatigable et qui tient du prodige, Napoléon a fait en peu de jours ce qui sous un autre chef eut exigé plusieurs campagnes. Il a garanti l'empire d'une invasion ennemie, réintégré ses alliés dans leurs Etats, repoussé et culbuté l'ennemi sur son propre sol. Il avance, victorieux, dans le cœur de l'Allemagne. Ces succès éclatants n'occupent pas seuls sa sollicitude ; s'il est le héros des Français, il en est aussi le père, et ses regards se reportent également sur l'administration intérieure de son empire.

« Il est donc du devoir de tous ceux qui par leurs places ou leurs fonctions peuvent servir le gouvernement, de le seconder de tous leurs moyens. Vous êtes de ce nombre, Monsieur ; le caractère auguste dont vous êtes revêtu vous fait un devoir d'unir vos prières aux acclamations générales, d'invoquer le Dieu des armées, de le prier de conserver toujours la victoire à nos intrépides phalanges. Déjà, vous vous êtes acquitté de ce devoir avec un zèle digne d'éloges.

« Le gouvernement attend encore d'autres soins de votre part. Le nombre de ses ennemis exige un appel proportionné d'hommes. La conscription, cette sauvegarde de l'empire, offre le plus sûr moyen de leur résister et de les vaincre ; mais, en même temps, elle excite chez les parents des sentiments, bien naturels sans doute, mais qui doivent céder à la force impérieuse des circonstances.

« Vous leur démontrerez que cette charge, commune à tous les Français, doit être supportée successivement par chacun des citoyens; que si ce sacrifice est pénible pour les affections du sang, il est une obligation pour l'enfant qui, se portant généreusement au devant de l'ennemi, garantit son père, sa mère, sa sœur, du pillage, de la mort et de toutes les horreurs d'une invasion ennemie, et qu'il n'est pas moins une obligation pour le père qui conserve le noble sentiment de l'amour et de la gloire de son pays.

« Vous leur direz que l'amour de la patrie, la fidélité au prince qui se dévoue et expose chaque jour sa vie, et un entier dévouement à sa personne sacrée sont les premiers devoirs d'un Français et d'un chrétien.

« Ces sentiments vous sont trop familiers, Monsieur, pour que vous ne vous empressiez pas de les propager dans vos exhortations. Je sais qu'ils forment également l'esprit public de notre ville : je vous engage à les entretenir de tous vos moyens ; c'est ainsi que vous contribuerez à déjouer les projets que pourrait tenter l'Angleterre de détruire une aussi heureuse harmonie. Elle est intéressée à paralyser autant qu'elle le pourra une mesure dont elle a tant de sujets de craindre les effets.

« Le gouvernement compte sur vos efforts, et il me sera bien agréable de l'instruire que vous n'avez rien négligé pour remplir ses vues, en lui rendant le compte qu'il me demande à ce sujet ».

M. Romelot, curé de Saint-Jean et impérialiste militant, n'avait pas attendu cette lettre pour faire pression sur ses paroissiens, et le maire avait eu déjà l'occasion de le féliciter de son zèle, qu'il avait signalé à la préfecture.

Il n'en était pas de même de M. Renault, curé de Saint-Etienne, qui déplorait les tueries d'hommes et trouvait que c'était une bien mauvaise manière de servir Dieu que, sous prétexte de patriotisme, d'assassiner des gens que l'on ne connaissait pas et contre lesquels conséquemment on ne pouvait avoir de grief.

Le maire fit donc savoir au préfet que ce prêtre n'avait tenu aucun compte de sa lettre, qu'il n'avait point excité à l'amour de la patrie, ni à la fidélité au prince, ni au dévouement que l'on devait à sa personne sacrée. Le maire ajouta qu'il le ferait surveiller pour savoir s'il revenait à de meilleurs sentiments.

La guerre avait fait disparaître la numéraire, au point que le samedi qui précéda le 21 brumaire, de nombreux fabricants jouissant cependant de grands moyens et d'un excellent crédit n'avaient pu payer leurs ouvriers.

La Chambre consultative s'émut, naturellement, de cette fâcheuse pénurie de monnaie, dans une ville où une somme hebdomadaire de 80.000 francs était nécessaire pour le salaire ouvrier. Le maire représenta au préfet, le 22 (13 novembre), que depuis un mois, les fabricants, ne pouvant obtenir de leurs banquiers qu'une partie de l'argent nécessaire à leur fabrication, avaient successivement diminué le nombre de leurs ouvriers ; mais que, depuis plusieurs jours, les banquiers ayant annoncé qu'ils ne délivreraient plus du tout d'argent, une cessation générale de travail était imminente. Le maire ajouta :

« Déjà, j'étais instruit des murmures qu'avait excité dans la classe des ouvriers la diminution des ouvrages et celui du prix de la main-d'œuvre qui en est la suite nécessaire. Quelques paroles de consolation, l'espoir de temps plus heureux, pouvaient contenir ces plaintes ; mais je ne puis, sans trembler et surtout sans être vivement affecté, prévoir les résultats d'une cessation entière de travail...

« Dans cet état de choses, j'ai convoqué la

Chambre consultative de commerce et l'ai invitée à délibérer. La Chambre de commerce, instruite que la Banque de France payait à bureau ouvert sur des numéros délivrés par les maires de Paris, pour éviter l'agiotage et faciliter les fabriques, a pensé que celles d'Elbeuf pouvaient espérer la même faveur.

« Elle a arrêté de demander une somme de... par semaine, remboursable par une pareille somme en billets de la banque, qu'elle se procurerait par la voie du commerce... »

Comme conclusion M. Hayet demandait au préfet d'appuyer cette délibération auprès des ministres.

Le 12 frimaire (3 décembre), mourut M. Louis-Robert Flavigny, fils de Louis-Robert, à l'âge de 55 ans.

Le maire était entré en pourparlers avec les deux curés pour, conformément à une circulaire préfectorale, faire faire la lecture des Bulletins des armées dans chacune des églises, soit au prône, soit après la messe paroissiale. Ces deux prêtres en ayant référé au cardinal-archevêque, celui-ci leur ordonna de se refuser à toute lecture dans leur église respective. M. Hayet informa le préfet de cet incident le 14 frimaire (5 décembre).

C'est par le Bulletin officiel que la population de notre ville apprenait les événements militaires.

Le camp de Boulogne, formé dans le but d'une descente en Angleterre, avait été levé et, le 1er octobre, l'armée avait franchi le Rhin. La place d'Ulm avait capitulé le 20 du même mois, en laissant entre les mains des Français 30.000 Autrichiens, 3.000 chevaux et 60 canons. Ce brillant début de la guerre avait été suivi, dès le lendemain 21, du terrible désastre de Trafalgar, dans lequel la flotte française fut presque complètement détruite par l'amiral anglais Nelson. Jamais, a écrit M. Thiers, plus grande scène d'horreur ne s'était vue sur les flots.

Vienne avait été prise le 15 novembre ; d'autres grands succès étaient dus à la valeur d'Augereau, Ney et Masséna ; enfin la grande bataille d'Austerlitz avait été gagnée par Napoléon le 2 décembre. Dans cette journée, les Russes et les Autrichiens, commandés par les empereurs Alexandre Ier et François II, avaient perdu 35.000 hommes dont 15.000 morts, et 180 bouches à feu, et les Français 8 mille hommes.

Le dernier acte de l'administration d'Elbeuf que nous trouvons daté au moyen du calendrier républicain, est du 10 nivôse an XIV (31 décembre 1805). C'est un arrêté rendu à la suite d'une lettre adressée au maire par le curé, par laquelle il lui annonce qu'un *Te Deum* serait chanté le dimanche suivant, dans son église de Saint-Jean, pour célébrer la victoire d'Austerlitz. Cette fête fut une réédition des précédentes.

L'emploi du métier mécanique à tisser pour la draperie est de date relativement récente, et ce ne fut qu'après la guerre de 1870-1871 que l'usage s'en répandit à Elbeuf.

L'idée d'appliquer un moteur aux métiers à tisser, afin de remplacer la force de l'homme, paraît due à Vaucanson, qui la publia il y a plus d'un siècle et demi, en 1747 ; mais cette invention ne fut mise en pratique, et seulement pour le tissage du coton, qu'à la fin du XVIIIe siècle.

En 1785, Cartwrigth avait introduit le tissage mécanique à Doncaster. En 1790, Grimshaw monta plusieurs métiers à Manchester ; d'autres furent construits par Bell à Dumbarton en Ecosse, et Robert Miller, de Milton, prit une patente pour un métier à tisser mécanique.

Cependant, ce ne fut qu'à partir de 1803 que les métiers pénétrèrent dans les manufactures, à Down et à Catrine, en Ecosse, où, avant 1827, il y en avait déjà plus de cinq cents.

Les guerres de l'empire et les événements politiques furent sans doute cause que les métiers mécaniques ne se répandirent qu'assez tard en France ; mais même en Angleterre, ce ne fut qu'en 1824 qu'on tenta de tisser mécaniquement les étoffes de laine.

CHAPITRE IX
(1806)

Rétablissement du calendrier grégorien. — Suppression de l'Arbre de la Liberté. — Réclamation de la fabrique contre l'Espagne. — La Saint-Napoléon. — Le Puchot. — Rétablissement du calvaire sur la place de ce nom. — Nouvelle tentative d'incorporation de jeunes bourgeois elbeuviens. — La campagne d'octobre en Allemagne. — L'Exposition de 1806. — Les marques distinctives sur les étoffes.

On reprit l'usage du calendrier grégorien à partir du 1er janvier 1806.

Le 2, l'attention du préfet fut appelée sur le pont de bois de la rue Saint-Etienne qui menaçait ruine, malgré les réparations qui y avaient été faites l'année précédente. M. Lemasson, ingénieur du département, craignait lui-même une rupture pouvant entraîner un grave accident. La construction d'un nouveau pont, en pierres, avait bien été décidée et la mise en adjudication passée, mais l'entrepreneur ne se pressait nullement à faire le travail. Cependant, comme le danger était imminent, le maire demanda au préfet de l'autoriser à supprimer la circulation des voitures par la rue Saint-Etienne et de les obliger à passer par la rue de la Rigole.

Il était alors question au Conseil municipal de créer un nouveau cimetière, dans la propriété de M. Lemercier, marchand de bois, située le long du bois du Vallot.

Jusque-là, les fabricants portés au rôle des patentes étaient divisés en deux classes : la première se composait des manufacturiers possédant plus de cinq métiers à tisser, et la seconde des autres. En 1806, ils furent portés les uns et les autres à un droit fixe de 50 fr. parce qu'ils furent tous considérés comme « manufacturiers » et non comme de simples « fabricants de draps ». Ce changement de qualification causa une augmentation totale de plus de 4.000 francs sur l'impôt des patentes des drapiers elbeuviens.

Un jugement du tribunal civil renvoya la ville d'Elbeuf en possession des halles, que le département lui disputait.

A cette époque, les maires de Caudebec et d'Elbeuf s'entre-dénoncèrent au préfet, qui eut fort à faire pour que leur querelle n'influât point sur l'administration des affaires publiques dans les deux localités.

Un procès-verbal du mois de mars constate que l'usage des nouveaux poids et mesures était devenu général et que la police n'avait eu à enregistrer que quatre contraventions.

Le 20 janvier, il fut fait défense aux ouvrières de porter par les rues des vases non couverts contenant du feu.

La Seine déborda ; il s'en suivit un encombrement en face de la rue de Seine (Saint-Jean), où les bateaux de Rouen, d'Oissel et d'Orival abordaient sans ordre. Pour remédier à cet inconvénient, le maire ordonna, le 23, que le chargement et le déchargement des bateaux se feraient, jusqu'à ce que le fleuve fut rentré dans son lit « au port de Candie, sur la route de Rouen ».

Par suite de la rupture du ponceau de la rue Saint-Etienne, les voitures devaient passer par la rue de la Rigole, quand elles se dirigeaient sur ou venaient d'Orival, de sorte que cette rue avait été défoncée et était devenue elle-même impraticable. Le 25 février, le Conseil décida de la faire réparer. — Ce même jour, il ordonna la plantation d'arbres sur le Cours, pour remplacer ceux qui étaient morts, et d'enlever les boues que l'inondation du fleuve avaient amassées rue de Seine.

Le 4 mars, on procéda à la vente, par lots, des boues déposées par les eaux de la Seine dans la rue Saint-Jean. Le produit s'éleva à la somme de 85 francs.

A partir de 1806, la foire qui se tenait le 1er germinal fut reportée au lundi de la fête de la Passion.

Le 1er mai, M. Renault, desservant de la paroisse Saint Etienne, renonça au traitement qui lui avait été adjugé, plutôt que d'employer la voie de souscription volontaire par les habitants autorisée par le préfet. « Je suis assez payé, dit-il, puisque j'ai mérité l'attention du gouvernement, l'estime de la ville et la confiance de ma paroisse ».

Vers ce temps, plusieurs personnes moururent des suites de morsures de chiens enragés.

Le 19 mai, le maire prit un arrêté par lequel il autorisait d'assommer les chiens errants ; une prime était même offerte à ceux qui les apporteraient morts, à la mairie. Il annonça, en outre, que « le lendemain, il ferait jeter dans les rues des boyaux préparés avec du poison ».

Ce même jour, le Conseil autorisa M. Patallier de détourner le chemin du Vallot du cours qu'il avait suivi jusque-là.

Des fabricants ayant été avisés, par lettres, que le gouvernement espagnol avait augmenté les droits d'entrée de 17 réaux 18 1/3 maravedis par vare castillane, la Chambre consultative se réunit le 20 mai et prit cette délibération :

« Considérant que ce surcroît de droits, indépendant de ceux déjà établis, donne une augmentation énorme de 5 fr. 15 par mètre de drap ; qu'alors et si ce surcroît d'impôts persiste, il faudra considérer comme nulle la consommation de ces draps en Espagne..., ce qui achèvera de faire au commerce, déjà trop affaibli, un tort réel, lors surtout que le débouché de ces marchandises en Espagne est regardé comme d'un intérêt majeur.

« La Chambre consultative, se faisant un devoir d'instruire le gouvernement de ce surcroît d'impôt, dont peut-être il n'est pas prévenu et qui tend à ruiner une branche essentielle de l'industrie française, a arrêté que le présent, ensemble la lettre de Valence et celle écrite par MM. Grandin et Turgis, seront adressés à M. le préfet, avec prière de faire à S. E. le ministre de fortes représentations pour obtenir du gouvernement la révocation de ce nouvel impôt... »

Autre arrêté du maire, daté du 27 mai :

« Vu la nécessité de faire réparer le pavé devant l'hôtel de ville et autour de l'Arbre de la Liberté ; que, pour opérer cette réparation plus aisément, il est utile de détruire cet arbre, qui d'ailleurs porte un ombrage continuel dans les bureaux de la mairie ». — A noter que les bureaux de la mairie se trouvaient au Sud de l'arbre.

« Le public est prévenu qu'il sera procédé à la vente de l'arbre, sur pied, le vendredi 30 de ce mois. Seront compris dans cette adjudication les pieux et bâtis qui entourent l'arbre ».

L'adjudication n'eut lieu qu'après une autorisation préfectorale, le 19 juin.

Le 25 du même mois, l'empereur nomma M. Nicolas Védie aux fonctions de maître de poste à Elbeuf « sur la route de Rouen à Évreux, à charge par lui d'avoir le nombre de postillons, chevaux et équipages prescrits pour le service de ce relais ».

Des piquets de 50 gardes nationaux accompagnèrent les processions de la Fête-Dieu des dimanches 8 et 15 juin.

On procéda, le 9 juillet, au renouvellement des officiers de la garde nationale.

M. Savoye-Rollin, préfet, informa le maire, le 14 août, que M. Jean-Louis Romelot, prêtre amnistié, devait se rendre dans sa famille. — Quelque temps après, M. Guillaume Jamet, émigré amnistié, reçut un passeport du préfet du Calvados pour venir à Elbeuf.

Le maire prit des dispositions concernant les cérémonies religieuses à célébrer le 15 août, pour la fête Saint-Napoléon et celle du rétablissement de la religion catholique.

On tira le canon la veille et le matin du 15,

en même temps que les cloches des églises étaient mises en volée. Cette fête eut cela de particulier que les autorités ne se rendirent pas officiellement et en corps à la messe ; mais le soir, à quatre heures, elles se réunirent à l'hôtel de ville et se rendirent, précédés de la musique et des tambours, dans le chœur de l'église Saint Jean, « pour entendre les discours et *Te Deum* qui eurent lieu dans le temple ». Un seul discours fut prononcé, par M. Romelot, curé.

Le clergé des deux paroisses fit ensuite une procession dans les rues de la ville ; les autorités et la garde nationale y assistèrent. A la rentrée on chanta un salut en musique, qui dura jusqu'à huit heures du soir.

La fête se termina à l'hôtel de ville, par un concert instrumental, qui ne prit fin qu'à onze heures du soir, par des illuminations, des danses sur la place du Coq jusqu'à minuit, le tout agrémenté de coups de canon, mais le rapporteur ne mentionne point d'acclamations populaires.

Nous trouvons dans une délibération du Conseil municipal du 20 août 1806, quelques renseignements concernant le régime du Puchot que nous croyons utile de noter :

« En portant son examen sur les travaux qui ont été faits dans cette petite rivière au commencement de ces établissements (teintureries et moulins), on verra que les ducs d'Elbeuf, aussi jaloux d'en favoriser le courant dans toutes ses parties que d'en conserver les sources, ont fait établir, dès le principe, dans le canal supérieur, un niveau qui, dans tous les temps, devait servir de règle au curage annuel.

« En effet, on sait par tradition qu'il existait anciennement dans ce canal un plancher, dont on voit encore une partie tout le long de la propriété du sieur Parfait Grandin. A quel dessein avait-il été posé, sinon pour indiquer de quelle importance il était que le curage se fît jusque-là ?

« Ce sont, n'en doutons pas, les mauvais curages qui ont été faits depuis nombre d'années, en ne suivant pas scrupuleusement le régulateur, qui ont déjà fait perdre quelques-unes de ces sources précieuses. Il est constant que plus on laisse de vase dans le canal, plus il en faut laisser dans le premier bassin pour faciliter le cours de l'eau, et qu'alors cette vase accumulée repousse les filets d'eau qui veulent y entrer.

« De semblables précautions ont été prises dans le canal inférieur, où l'on découvre nombre de pieux à diverses distances, lesquels ont été infailliblement établis pour faire concorder partout le curage avec la hauteur du second bassin dit de la Rigole, et conserver en même temps un niveau de pente fixe et invariable.

« Il paraît donc notoire que les auteurs des travaux opérés, dès le principe, pour le bien des moulins et teintures qui se trouvent sur le courant d'eau, ont senti le besoin de poser pour son curage annuel un niveau qui, depuis, n'a été que trop négligé et qu'il est important de rétablir... »

La foire qui se tenait le 18 fructidor ou aux environs fut reportée, comme avant la Révolution, au 1er septembre. Chaque année, un poste supplémentaire de garde nationale était établi dans le champ de foire. On faisait de fréquentes patrouilles dans les rues et sur l'emplacement de la foire. La gendarmerie et la police étaient aussi sur pied. Les bateleurs et autres payaient un droit, au profit des pauvres, fixé entre un et six francs pour toute la durée de la foire. Les loges closes versaient un dixième de leur recette dans la caisse de bienfaisance.

Pendant cette foire, deux femmes firent sensation. Elégamment vêtues, montées chacune sur un cheval, elles en imposaient à la population par leur costume autant que par leurs discours. Elles disaient la bonne aventure, et se faisaient remettre de l'argent comme prix de leurs prédictions et manœuvres. Le maire les dénonça au préfet.

Le parti clérical de notre ville, M. Romelot, curé de Saint-Jean, et même la presque totalité de la population paroissiale avaient demandé, à plusieurs reprises, le rétablissement du calvaire, sur la place de ce nom, auquel on avait substitué un autel de la Patrie pendant la Révolution. Il fut décidé que le christ serait planté le 14 septembre. A cette occasion, le maire prit un arrêté, à cause du grand nombre de personnes que cette cérémonie devait attirer sur les lieux.

Cent cinquante hommes de garde nationale furent commandés et l'on requit la gendarmerie. La municipalité invita le commandant du détachement de cuirassiers, alors en garnison à Elbeuf, à faire prendre les armes à ses hommes.

Les rues Saint-Jean et de la Barrière furent, par ordre, débarrassées des étaux et autres objets quelconques pouvant gêner la procession; la circulation des voitures dans ces deux rues fut interdite.

Une affiche imprimée, non signée, fut placardée en ville ; en voici les principaux passages :

« *Ordre de la procession pour la plantation de la Croix, qui aura lieu en la ville d'Elbeuf, le 14 septembre 1806 :*

« 1° Sur les deux heures et demie, après le sermon, toutes les bannières des confrairies iront se ranger sur une seule ligne au bout des halles ;

« 2° Tous les hommes, sans fonction, qui assisteront à la procession, marcheront, s'il est possible, en ligne serrée à la suite de ces bannières ;

« 3° Deux piquets de chacun douze hommes, marchant six par six le long des maisons, le drapeau au milieu ;

« 4° Les bannières des paroisses ;

« 5° Les hommes destinés à porter la croix, marchant six par six de chaque côté de la rue ;

« 6° Toutes les croix, accompagnées de leurs acolytes, c'est à-dire deux enfants de chœur portant des chandeliers ;

« 7° Le clergé, composé des enfants de chœur, fleuristes, thuriféraires, chantres et prêtres ;

« 8° Les confrairies marcheront deux par deux sur les côtés du clergé, le long des maisons. On ne reconnaîtra pour confrères que ceux qui seront décorés d'un chaperon. Suivront ensuite les frères du Saint-Sacrement, en costume noir ; les trésoriers tant anciens que modernes qui, tous aussi, porteront le costume noir. Sans ce costume, ils ne seraient point admis dans les rangs ;

« 9° La croix, qui sera portée au milieu du clergé ;

« 10º Les filles de Jérusalem et les vierges, marchant six par six de chaque côté, c'est-à-dire trois filles de Jérusalem et trois vierges ensemble, les vierges en dedans ;

« 11º Deux piquets de chacun douze hommes marchant six par six le long des maisons, un officier au milieu.

« 12º Toutes les femmes marchant derrière en ligne, s'il est possible ;

« 13º Il y aura des chantres distribués dans toute l'étendue de la procession, afin de soutenir de chants partout et que tout le monde puisse s'y réunir ».

Suivent ces observations :

« Tous ceux qui tiendront rang dans la procession marcheront selon l'ordre établi par les règlements et ordonnances de S. E. Mgr le cardinal-archevêque de Rouen, savoir : Saint-Aubin, Orival, La Londe, Caudebec, Saint-Etienne, Saint-Jean, en observant que toutes les confrairies d'un même ordre iront de suite, n'importe de quelles paroisses elles soient. L'ordre pour Saint-Jean sera tel qu'il suit : 1º La confrairie de Saint-Roch ; 2º Celle de Notre-Dame de Liesse ; 3º Celle des Porteurs ; 4º Celle de la Charité ; 5º Celle du Saint-Sacrement ; Ensuite les trésoriers.

« Pendant la marche de la procession de l'église au calvaire, on chantera les psaumes de la pénitence, entrecoupés des hymnes de l'office du jour, c'est-à-dire les hymnes des premières vêpres, de matines et de laudes pour l'exaltation de la Sainte Croix. Ceux qui ne les ont pas pourront se les procurer chez M. Delamare.

« La procession arrivée au calvaire, tous les hommes défileront à droite et à gauche du calvaire ; tous les autres ayant rang dans la procession garderont l'ordre dans lequel ils auront marché. Pendant la plantation de la croix on chantera *Vexilla regis*, *Stabat mater*, entrecoupés de cantiques. Qu'on ait soin de s'en munir, afin que tous ensemble, selon le précepte de l'Apôtre, nous louions et glorifiions Dieu dans toute la sincérité de notre cœur par des psaumes, des hymnes et des cantiques : *In psalmis, hymnis et canticis spiritualibus, in gratiâ cantantes in cordibus.*

« Ceux qui ne savent pas lire porteront un chapelet, présenteront les désirs de leurs cœurs, et méditeront les bienfaits de Dieu et son amour pour nous.

« Pour retourner à l'église, la procession se repliera sur elle-même. On chantera les litanies du S. Nom de Jésus, le Salut du Saint-Sacrement, et un *Te Deum* d'actions de grâces termineront cette journée si glorieuse et si sainte ».

Un « avis important » enjoignait de ne se présenter à cette cérémonie qu'avec la volonté de se soumettre à cet ordre, et pour cela de déposer tout orgueil et d'accepter les places assignées sans faire de réclamations.

Une foule considérable, venue des environs, assista à cette cérémonie religieuse.

Une lettre de cette époque, adressée à la préfecture, mentionne que M. Prosper Delarue s'était opposé, en thermidor an XIII, au rétablissement de ce calvaire. Le maire n'en était pas devenu beaucoup plus partisan, parce qu'il craignait de voir rétablir tous les calvaires existant à Elbeuf avant la Révolution, et surtout celui placé dans le marché parce que, dit-il, « ce lieu sert de réunion aux personnes de toutes les classes et de tout sexe, que les harangères et les poissardes souvent s'exhalent en termes fort indécents et les plus grossiers, ce qui, suivant moi, doit faire abstenir de placer en ces endroits des monuments de la religion ».

Le 27 septembre, le préfet fit un nouvel appel au maire d'Elbeuf afin d'engager les jeunes gens riches de notre ville à entrer dans l'armée :

« Sa Majesté, disait il, a daigné permettre qu'ils fussent admis à faire partie du corps de gendarmes d'ordonnance de l'empereur qui s'organisera à Mayence, sous les ordres de S. E. Monsieur le maréchal Kellermann, et qui sera partie à pied, partie à cheval.

« Les forces réunies sous les ordres de Sa Majesté l'empereur sont trop imposantes, ses troupes trop nombreuses, pour que ce détachement puisse être considéré même comme un renfort utile, si les opérations militaires doivent commencer de nouveau. Sa Majesté n'a donc eu d'autres motifs en autorisant cet établissement que celui d'ouvrir la carrière militaire à un grand nombre de sujets, déjà accoutumés au métier des armes ou avides de s'y montrer avec honneur, de leur faire connaître qu'elle n'avait point oublié les témoignages de dévouement qui lui ont été donnés et de montrer sa bienveillance à ceux qui désireraient les imiter ».

L'insuccès de l'appel fait à Elbeuf, l'année précédente, parmi les anciens membres de la garde d'honneur de Bonaparte, engagea sans doute le préfet à continuer ainsi :

« Sans donner de la publicité à cette lettre, vous appellerez auprès de vous les jeunes gens qui à raison de leur éducation et de leur fortune pourraient être admis dans ce corps ; vous leur ferez sentir les avantages qui peuvent en résulter pour eux... », etc.

Le maire ne répondit que le 15 octobre.

Le 17, le préfet écrivit de nouveau. Le gouvernement n'exigeait point, pour les gendarmes à pied, la pension de 600 francs demandée à ceux à cheval, et les uns et les autres ne s'engageraient que pour la durée de la campagne. Le maire était invité à faire de nouveaux efforts pour que notre ville fut dignement représentée dans le cortège qui accompagnerait l'empereur à la tête de ses armées.

Malgré ces appels réitérés, les jeunes gens riches de notre cité firent la sourde oreille et aucun ne réclama l'honneur d'entrer dans la garde de Napoléon.

Le 7 octobre, on avait mis en adjudication, pour le démolir, le bureau de la barrière que l'on avait établi, à la porte de Rouen, pour la perception du droit de passe.

Le 8, le maire rendit une ordonnance de police concernant la vente des viandes crues ou cuites, et, le 29, il nomma une commission pour inspecter les viandes chez les bouchers et charcutiers.

Personne n'ignore la rapidité avec laquelle la campagne de 1806 fut conduite.

Les Français gagnèrent, le 9 octobre, la bataille de Schleitz ; le 10, celle de Saafeld, où le prince de Prusse fut tué ; le 14, à Iéna, l'empereur écrasa le corps commandé par le prince de Hohenlohe, en même temps que Davoust, avec des forces inférieures, remporta la victoire d'Auërstædt. Bernadotte acheva la déroute de l'armée prussienne.

La nouvelle de ces brillants succès parvint assez promptement à Elbeuf, car le dimanche 23, un cortège officiel se forma à l'Hôtel de Ville, puis se rendit à l'église Saint-Jean, précédé de la musique, des tambours et de la gendarmerie, pour assister à un « *Te Deum* chanté en actions de grâces des innombrables victoires remportées sur les troupes prussiennes par S. M. l'empereur et roy ».

Par un décret impérial rendu à Berlin, où Napoléon était depuis huit jours, le 31 octobre, trois mille hommes, chasseurs et grenadiers des gardes nationales des départements de la Seine-Inférieure et de la Somme, furent commandés pour entrer en activité et se réunir au Havre, à Dieppe et à Saint-Valery pour la défense des côtes.

Il fut d'abord demandé aux communes du canton d'Elbeuf onze hommes pour les compagnies de grenadiers et six pour les compagnies de chasseurs, mais ces chiffres furent, par la suite, réduits à six et à trois.

Le fameux décret du 21 novembre fut aussi rendu à Berlin. Déjà, Napoléon avait fait fermer aux Anglais non seulement la France, mais encore les bouches de l'Ems, du Weser et de l'Elbe : par le blocus continental, il défendait à la Hollande, à l'Espagne, à l'Italie et à l'Allemagne entière tout espèce de commerce avec la Grande-Bretagne et ses colonies. Quand le décret fut connu à Elbeuf, il causa une vive satisfaction ; car on croyait chez nous, assez naïvement, que la fabrication de la draperie anglaise, comme les autres branches industrielles d'outre-Manche, allait être sinon anéantie, du moins hors d'état de concurrencer les produits nationaux.

Pour se conformer à un décret impérial, « portant que la fête anniversaire du couronnement de Sa Majesté et celle de la bataille d'Austerlitz serait célébrée le premier dimanche du mois de décembre ; que les autorités militaires, civiles et judiciaires y assisteraient et qu'il serait prononcé, dans les églises et par un ministre du culte, un discours sur la gloire des armées françaises et sur l'étendue du devoir imposé à chaque citoyen, de consacrer sa vie à son prince et à sa patrie, et qu'après ce discours, il serait chanté un *Te Deum* en actions de grâces », le maire d'Elbeuf fit publier que la fête aurait lieu, le 7 décembre, à l'église Saint-Jean.

Le discours, prononcé par l'abbé Romelot, fut suivi « d'une invocation à l'Etre suprême, pour la conservation des jours de l'auguste empereur Napoléon ».

Le cortège revint à la mairie dans l'ordre où il en était parti et, le soir, la ville fut illuminée.

Plusieurs fabricants d'Elbeuf prirent part à l'Exposition de Paris « la grande foire nationale » ; l'étalage le plus remarqué fut celui de M. Maille-Louvet, qui envoya 150 demi-pièces de drap et 40 pièces de « velours de laine de nouvelle invention ». Les autres manufacturiers n'exposèrent que des coupons.

Le 26 décembre, la Chambre consultative fut appelée à donner son avis sur une lettre qui lui avait été adressée par le ministre de l'Intérieur, touchant la vente qui se faisait d'étoffes de qualité inférieure pour des tissus de première qualité.

La Chambre répondit par un très long mémoire, dont le texte est consigné sur l'un des registres de cette compagnie et que son étendue nous empêche de reproduire. Disons seulement que la Chambre conclut contre l'adoption de marques distinctives dans la fabrication.

« Les fabricants, dit ce mémoire, ne vendent qu'aux marchands en détail, qui tous sont assez connaisseurs pour n'acheter la marchandises qu'au prix qu'elle vaut, et si le public est trompé dans les qualités qu'il demande, ce ne peut pas être par le fabricant. Il est d'ailleurs constant que le consommateur sera bien et fidèlement servi lorsqu'il voudra s'adresser à des vendeurs d'une réputation bien établie, et il en trouvera partout, malgré que le commerce soit présentement infesté de gens bien peu délicats. C'est chez ces marchands en détail que s'exerce une véritable inspection, la seule qui puisse raisonnablement exister, et que l'extrême concurrence qui règne par le grand nombre de fabriques rend aujourd'hui bien sévère. . »

Deux inventeurs-constructeurs répandaient alors leurs nouvelles machines pour les apprêts des draps et autres tissus de laine.

L'un était M. Cokerill, qui avait ses ateliers à Liège et à Verviers, et qui en monta plus tard un autre à Reims.

L'autre était M. Douglas, établi à Paris, auquel l'industrie devait déjà de nouvelles cardes et des machines à filer, et qui multipliait sa lainerie mécanique dans toute la France. Il construisait également des métiers à tisser, à navette volante. A l'exposition de cette année, il obtint une médaille d'or.

CHAPITRE X
(1807).

Travaux de la Chambre consultative; le transit des laines d'Espagne; la contrefaçon des draps. — Faits de guerre. — Attentat dans le bois des Essarts. — La paix de Tilsitt; réjouissances a Elbeuf. — La fontaine du Sud. — Nouveaux conseillers municipaux. — La fête du 6 décembre; chansons du cru elbeuvien; Pierre-Félix Cauchois.

La Chambre consultative se réunit le 8 janvier 1807, pour répondre à cette question du ministre de l'Intérieur : « Serait-il avantageux pour les manufactures, ou pourrait il y avoir inconvénient de permettre que les laines d'Espagne, dont la ville de Bayonne a obtenu l'entrepôt effectif, fussent expédiées par le commerce de cette place en transit par terre jusqu'aux extrêmes frontières de l'empire ? »

La Chambre répondit qu'il n'y avait aucun inconvénient. « La ville de Bayonne est, sans contredit, pendant la guerre maritime, la mieux placée pour l'entrepôt des laines espagnoles par sa proximité et la facilité qu'elle a de les recevoir par terre.

« On objecte que la majeure partie des laines tirées d'Espagne et envoyées en Hollande passe en Angleterre et qu'ainsi leur transit, en traversant la France, serait une facilité accordée aux fabriques de nos ennemis. Cependant, personne n'ignore que la Hollande n'est pas le marché qui les approvisionne, que l'Angleterre va chercher directement toutes ses matières en Espagne et que les laines qu'Amsterdam leur fournit quelquefois ne sont communément que celles rebutées par les fabriques françaises.

« On dit encore qu'il est à craindre qu'à la faveur du transit, on ne substitue à des laines grossières, introduites et déclarées pour la réexportation, nos belles laines de mérinos, qui passeraient ainsi à l'étranger. Cette objection semble ne présenter rien que de chimérique.

« La ville de Bayonne est trop éloignée des lieux qui produisent nos belles laines nationales pour que cette substitution présumée puisse y être d'une facile exécution. Les belles laines de mérinos sont vendues en France assez avantageusement pour qu'on ait à craindre qu'une semblable opération puisse donner à ceux qui la tenteraient un profit proportionné aux dangers qu'elle leur ferait courir.

« Nous estimons donc que ce transit par terre, bien loin de devenir préjudiciable à nos manufactures, ne peut que leur être avantageux, parce qu'il tend à faire entrer en France une plus grande quantité de matières, ce qu'il est important d'obtenir par tous les moyens possibles, dans un moment surtout où l'Angleterre les accapare de plus en plus... »

Dans sa séance suivante, tenue vingt jours après, la Chambre répondit au préfet, qui désirait connaître les moyens à employer pour empêcher la fraude et la contrefaçon du drap :

« 1º Chaque fabricant serait tenu de ne mettre dans ses lisières que deux couleurs au plus, à son choix.

« 2º Tout manufacturier qui voudrait donner à ses étoffes une marque distinctive le ferait en composant une de ses deux lisières de trois couleurs au moins, à son choix et combinées comme il lui plairait. L'autre lisière ne serait que de deux couleurs.

« 3º Celui qui voudrait une lisière distinctive en ferait la déclaration à la préfecture et en déposerait un échantillon.

« 4º Nul ne pourrait user de la lisière qu'un autre aurait adoptée et fait connaître, ni qui y serait trop ressemblante. En cas de contestation, M. le préfet en déciderait... »

Plusieurs religieuses Ursulines étaient revenues se fixer à Elbeuf. Un décret impérial du 25 janvier leur permit de faire dire la messe dans l'oratoire dépendant de leur maison et du pensionnat qu'elles avaient ouvert.

A l'occasion des victoires remportées sur les Russes, un nouveau *Te Deum* fut chanté, à Saint-Jean, le dimanche 1er février.

La garde nationale, la gendarmerie impériale, l'officier et les cuirassiers alors en remonte à Elbeuf, accompagnèrent le cortège officiel et assistèrent à la cérémonie.

Il semble que ces victoires n'enflammèrent point le maire autant que les précédentes, car il n'ordonna ni illuminations ni danses.

A cette époque fut ouverte une souscription à Elbeuf, pour les remplaçants des gardes nationaux appelés au service des côtes au Havre. Chaque garde national en activité recevait, indépendamment de la solde accordée par le gouvernement, une haute paye de vingt-cinq centimes par jour, et c'était pour faire les fonds de cette haute paye que la souscription fut ouverte.

Le 18 mars, MM. Dupuis, Delimoges, Touzé, Fosse, Bienaimé et Derey, instituteurs à Elbeuf, furent invités à n'enseigner le calcul à leurs élèves que par le système décimal. Le maire les prévint qu'il dénoncerait au préfet ceux qui ne tiendraient pas compte de cet avis.

Ce même jour, le préfet fut avisé que le maire avait retiré les délégations qu'il avait données à M. Félix Lefebvre, son adjoint, lequel envoya sa démission au préfet.

Le 3 avril, entre six et sept heures du soir, dans le bois des Essarts, deux brigands arrêtèrent successivement quatre voitures, dont trois publiques. La voiture privée était un cabriolet dans lequel se trouvaient MM. Flavigny-Gosset et Quesné, fabricants, que les malfaiteurs dépouillèrent de divers objets.

Cet événement causa une vive inquiétude dans toute la contrée, notamment à Elbeuf, d'où les habitants ne sortirent plus qu'armés. Cependant, les deux voleurs furent bientôt arrêtés, l'un à Saint-Aubin, l'autre à Paris ; celui-ci, nommé Morice, se suicida dans sa prison. Bellanguet, son complice, fut condamné à avoir la tête tranchée sur une place publique de Rouen.

Une correspondance de mai-juin mentionne la présence à l'Ecole polytechnique de M. Lemercier, fils de Louis, marchand de bois, qui avait ouvert une porte donnant, d'une propriété en côte qu'il avait achetée, sur l'ancien cimetière Saint-Etienne, près l'église.

Le 3 juin, mourut Claude Paupelin, âgé de 84 ans, qui tenait les petites écoles rue Saint-Etienne. — Trois jours après, on enregistra le décès de Pierre Galleran, rentier, âgé de 70 ans.

Le 6 également, en réponse à un questionnaire du préfet Savoye-Rollin, sur les maire et adjoint, l'administration municipale d'Elbeuf écrivit :

M. François-Prosper Delarue, manufacturier, est né le 9 janvier 1762 ; il habite Elbeuf, est marié et père de trois enfants. Il a été appelé à la magistrature de Mantes, en qualité de sous-préfet, depuis deux mois.

M. Nicolas-Félix Lefebvre, manufacturier, est né le 8 septembre 1759 ; il habite Elbeuf, est veuf, a trois enfants. A été commandant de la garde nationale avant l'an V, administrateur municipal en l'an V et VI, et depuis, commandant de la garde nationale, ensuite adjoint au maire, encore en fonctions. On peut évaluer sa fortune de 200 à 300.000 fr. tant en capitaux de commerce qu'en propriétés.

Cette pièce est signée de M. Pierre-Henri Hayet, conseiller municipal, délégué aux fonctions de maire.

Le 8, le préfet invita le maire à lui envoyer une liste de dix candidats pour compléter le Conseil municipal, où il manquait cinq membres. Les dix candidats devaient être choisis parmi les cent plus imposés de la ville. Deux décès portèrent bientôt à sept le nombre des sièges vacants au Conseil.

Nous avons dit que, depuis plusieurs années on remarquait que le débit des sources du

Puchot diminuait considérablement, ce dont la fabrique souffrait beaucoup. Le maire fit appeler M. Bouet, architecte de la ville de Rouen, pour examiner quels travaux il conviendrait de faire à la fontaine du Sud.

La police et les gendarmes furent chargés de saisir « un infâme libelle venant d'Angleterre et ayant pour titre le *Véritable esprit du Catéchisme* ».

Les processions de la Fête-Dieu se firent cette année là avec la même solennité que la précédente. Un piquet de grenadiers et de chasseurs de la garde nationale les accompagnèrent. Le maire invita les habitants à tendre de draps le devant de leurs maisons.

Le maire et son adjoint ayant été obligés de s'absenter, la ville fut administrée provisoirement par M. Drevet, secrétaire de la mairie et commissaire de police, et par M. Pierre-Henry Hayet, conseiller municipal.

Les danses de la Saint-Jean se prolongeaient alors fort avant dans la nuit et même jusqu'au jour ; en outre, on y chantait, paraît-il, des rondes contraires aux bonnes mœurs. Un arrêté du maire interdit toute danse après minuit dans les rues et défendit les chansons indécentes.

La prise de Dantzig fut une occasion pour chanter un nouveau *Te Deum* à Saint-Jean, le 28 juin ; il ne paraît pas que cette fête ait, plus que la précédente, soulevé l'enthousiasme de l'administration.

Pendant l'été de cette année, un fait d'une extrême rareté conduisit une foule d'Elbeuviens à la Saussaye. Voici ce qui s'était passé :

Le 21 juin, Geneviève Delaquerrière, femme de Louis-François Bulté, âgé de 23 ans, avait mis au monde quatre enfants, tous du sexe masculin.

On conçoit l'embarras de ces pauvres gens ; aussi chacun s'empressa-t-il de venir à leur secours. De charitables dames elbeuviennes leur portèrent des objets les plus divers et, de temps à autre, des petites sommes d'argent.

Les enfants, bien soignés, vécurent tous et parvinrent à l'âge d'homme ; le dernier mourut vers 1873. Quant au père de cette véritable nichée, un assez grand nombre de nos contemporains l'ont connu : c'est lui qui, pendant de longues années, jouait du violon, le dimanche, sur la Pelouse de la Saussaye. Le vieux ménétrier mourut le 21 février 1866, à l'âge de 82 ans.

Les maires des communes d'Orival, Caudebec, Saint-Pierre-de-Lierroult, Saint-Cyr, Saint-Martin-la-Corneille, la Saussaye, Thuit-Anger, Bosnormand, Saint-Ouen de la Londe et la Londe furent convoqués à la mairie d'Elbeuf, le 11 juillet, pour prendre connaissance de la nouvelle délimitation de la forêt domaniale d'Elbeuf et signer le procès-verbal dressé à cet effet.

Le 21 juillet, on publia, dans notre ville, l'avis suivant :

« Au quartier général, à Tilsitt, le 9 juillet 1807.

« La paix a été conclue entre l'empereur des Français et l'empereur de Russie, hier, 8 juillet, à Tilsitt, et signée par le prince de Benevent, ministre des relations extérieures de France, et par les princes Kourackim et Labanoff de Rostow, pour l'empereur de Russie, chacun de ces plénipotentiaires étant muni de pleins pouvoirs de son souverain respectif.

« Les ratifications ont été échangées aujourd'hui 9 juillet, ces deux souverains se trouvant encore à Tilsitt ». — L'empire était alors à son apogée.

Le maire ordonna de faire sonner les cloches pour annoncer les conclusions de la paix.

Le 30, on reçut l'avis officiel qu'un autre traité avait été signé entre « Sa Majesté l'empereur des Français et Leurs Majestés l'empereur de toutes les Russies et le roy de Prusse ». Immédiatement, le maire fit proclamer cette autre bonne nouvelle dans les cinq principaux quartiers de la ville. Le cortège se composait des autorités, de la musique, des tambours, de cent hommes de garde nationale et de la gendarmerie. Le soir, on illumina et l'on cria « Vive l'empereur ! Vive Napoléon ! » avec plus de sincérité qu'on aurait pu le faire à l'occasion de la plus grande victoire.

Le secrétaire de la mairie, dans son compte-rendu, dit que les rues et places furent « couvertes de groupes pendant une partie de la nuit, et que l'on remarquait que chacun éprouvait un sentiment d'allégresse. C'est surtout aux différents genres d'illuminations, qui rivalisaient l'une pour l'autre et qu'en général on a remarqué n'avoir été aussi brillantes depuis longtemps, que le maire a jugé de l'opinion et des heureux effets qu'a produit sur l'esprit des habitants l'heureuse conclusion de la paix ».

La fête de l'empereur se ressentit de l'impression faite sur la population de notre cité laborieuse par la signature du traité de Tilsitt. Le 15 août, à neuf heures du matin, la garde nationale était rangée en armes, sur la place du Coq, où « M. de Trémoville, chef de légion, accompagné de MM. de Trémoville fils et Laurent Patallier, chefs de cohorte, et les officiers de l'état-major, procédèrent à la réception des officiers et sous-officiers des compagnies de grenadiers et de chasseurs de la garde nationale, de récente formation, en tenue d'ordonnance pour la plus grande partie ».

Après la revue, le cortège, ayant à sa tête la musique et les tambours, tous ceux-ci, au nombre de plus de vingt, ayant endossé l'uniforme pour la première fois, se rendit à la messe.

L'après-midi, le cortège se reforma pour retourner à l'église Saint-Jean, où se trouvait aussi le clergé de Saint-Etienne. M. Glin, vicaire de cette succursale, prononça un discours. Une procession générale eut lieu en ville. De retour, on chanta un salut où la musique prit une grande part ; la fête religieuse se termina, à huit heures, par un *Te Deum.*

Le cortège rentra à la mairie. Après plusieurs morceaux de musique, les autorités et la garde se séparèrent « en agitant leurs chapeaux et en faisant retentir l'air des cris de : « Vive Napoléon ! Vive Bonaparte ! »

L'illumination de l'Hôtel de Ville, le soir, « présentait des devises au héros qui gouverne et à son auguste épouse ». L'affluence sur la place était considérable. On dansa, pendant que des concerts étaient donnés dans les salles de la mairie. Un orchestre, placé sur un amphithéâtre élevé sur cette place était entendu et ses sons venaient se mêler aux accents joyeux du public.

« Ces sentiments de plaisir se sont manifestés pendant toute la nuit et on entendait fréquemment le peuple s'exprimer par des transports de satisfaction. A minuit, un feu d'artifice, tiré sur la place, est venu encore ajouter à cet élan manifeste pour Sa Majesté l'empereur et roi, et l'allégresse était générale. Tous ces plaisirs, ces amusements, se sont prolongés jusqu'au 16 à 5 heures du matin, qu'une nouvelle décharge de canons et le son des cloches ont annoncé la continuation de la fête.

« L'après-midi, les danses ont recommencé vis-à-vis l'Hôtel de Ville. Le soir un nouveau concert a été exécuté et il y a eu une seconde illumination générale. Les danses sur la place ont duré jusqu'à minuit, que le public est rentré dans les salles de danses où il y a eu un bal gratis jusqu'à cinq heures du matin », malgré une dernière décharge qui avait annoncé, à minuit, la fin de ces deux jours de fête.

M. Nicolas-Félix Lefebvre, qui alors remplissait les fonctions de maire, nota que ce magistrat « avait déjà rendu compte du bon esprit de ses administrés pour leur attachement et leur respect envers le plus grand des empereurs, mais que, cette fois, ils avaient mis le sceau à leur amour et à leur vénération pour sa personne », ce qu'il signa.

Le 29 août, mourut M. Jean-Nicolas-Antoine Louvet, rentier, âgé de 66 ans, qui habitait rue de la Justice.

La pose de la première pierre du talus de la « fontaine du Sur », donna prétexte à une nouvelle démonstration.

Le mercredi 16 septembre M. N. Lefebvre, adjoint, et M. Henri Hayet, conseiller municipal, délégué du maire, qui était toujours absent, se réunirent à la mairie, ainsi que des officiers de la garde nationale, la musique, les entrepreneurs et maçons de la ville, portant les attributs de leur état, puis le cortège se rendit à la fontaine.

L'entrepreneur des travaux du talus, dont le plan avait été dressé par M. Bouet, architecte de la ville de Rouen, remit à M. Lefebvre « une truelle, du mortier et un maillet ornés de rubans tricolores, après en avoir fait la déférence à M. Hayet, qui n'avait pas voulu les accepter. L'adjoint au maire plaça la première pierre « qui est celle en forme circulaire à l'entrée à gauche de l'abreuvoir. M. Hayet l'a ensuite imité, et tous deux l'ont scellée par quelques coups de maillet.

« Des applaudissements de toutes parts, les cris de « Vive Napoléon ! Vive l'empereur ! » et les airs de musique, exécutés pendant cet intervalle, ont signalé l'allégresse publique ! »

Le 23 du même mois, le préfet fit demander au maire si des manufacturiers ou autres habitants de notre ville voudraient recevoir chez eux et employer des prisonniers de guerre russes et prussiens qui désiraient se fixer en France. Le maire répondit, quelques jours après qu'ils ne pourraient trouver d'emploi dans les fabriques.

Des vacances s'étant produites au Conseil municipal, dont deux par le décès de M. Nicolas Louvet et celui de M. Parfait Grandin, âgé de 72 ans, qui avait eu lieu le 24 septembre, l'empereur, étant au palais de Fontainebleau, le 17 octobre, nomma membres du Conseil municipal MM. Louis Grandin, David Ménage, Jean-Baptiste Glin, Thomas Videcoq et Duruflé, tous fabricants de draps, qui furent installés le 22 novembre suivant.

Par arrêté du 6 octobre, le préfet de l'Eure autorisa les fabricants d'Elbeuf de faire usage jusqu'à nouvel ordre, de roues de voitures à jantes étroites, depuis l'entrée du Pont-de-l'Arche jusqu'à la chaussée d'Igoville, pour le transport des draps aux moulins à foulon de Romilly et Pont-Saint-Pierre.

Le 26, mourut M. Louis-Augustin Delarue, fabricant, rue de Seine (Saint-Jean), à l'âge de 37 ans.

Le 16 novembre, le maire de Rouen informa celui d'Elbeuf qu'il venait de faire arrêter, par ordre du gouvernement, le nommé Pigot, négociant, demeurant dans notre ville, au domicile duquel on fit une perquisition et mit les scellés.

Le 22 novembre, le maire demanda l'autosation de faire poser quatre nouveaux reverbères : « Un rue de la Rigole, à cause du mauvais état de cette rue non pavée et du saut du moulin de Saint-Jean, qui présente un passage peu sûr ; un dans la rue de la Barrière vis-à-vis la rue des Champs, dans la traversée d'Elbeuf, à cause des deux rues parallèles qui présentent aussi des dangers pour la sûreté publique ; un troisième au carrefour de la rue Neuve (Poulain) pour porter de la lumière dans les quatre rues adjacentes ; un quatrième dans la rue de l'Hospice, le plus près possible de l'ancienne porte, afin d'éviter les dangers de la ravine qui a son cours par cette entrée de la ville ».

Le Conseil n'autorisa pas la pose du reverbère de la rue de la Barrière, mais celle des trois autres seulement.

A cette époque, existait dans notre ville une salle de spectacle, construite en bois et environnée de fabriques et d'ateliers. Le 23 novembre, sur des plaintes adressées à la préfecture, le maire fut invité à prendre des mesures pour éviter les incendies dont cette salle pourrait être la cause. Ajoutons que cet établissement était plus souvent exploité comme salle de danses, par M. Macé, qui en était le directeur.

Il fut enjoint au sieur Mariquier d'enlever les arbres et haies bornant le chemin de la côte Saint-Auct « à partir du cimetière jusqu'à la maison dite Dernier-Sou ». Cette maison est encore désignée sous ce nom ; elle est située à l'angle de la rue Beaucousin.

La fête anniversaire du couronnement de Napoléon et de la journée d'Austerlitz fut marquée par une particularité intéressante. Elle eut lieu le 6 décembre.

Disons d'abord que l'empereur avait voulu que toute commune ayant plus de 10.000 fr. de revenu dotât, sur les fonds communaux, « une fille sage, pour la marier à un homme ayant fait la guerre ».

Une délibération municipale avait désigné M. Pierre-Félix Cauchois, ancien militaire, âgé de 33 ans, ouvrier laineur, ayant fait neuf campagnes et reçu plusieurs blessures, et la demoiselle Rose-Aimée Delaruelle, âgée de 37 ans, rentrayeuse, « dont la sagesse est attestée » ; cette délibération fixait la dot des futurs à 400 francs et les frais accessoires à 200 francs.

Le monde officiel d'Elbeuf se réunit à l'Hôtel de Ville, ainsi que les deux futurs époux, où leur mariage fut célébré. M. Lefebvre, adjoint et maire par intérim, leur fit un discours dans lequel il s'étendit sur la sollicitude de l'empereur, qui savait « récompenser la bravoure et la vertu ».

On salua la fin de ce discours des cris de : « Vive l'empereur ! » et « d'airs triomphants ».

Le maire remit aux époux une bourse renfermant leur dot, puis le notaire fit lecture du contrat de mariage, que toutes les autorités signèrent.

Les nouveaux mariés furent ensuite conduits avec pompe à l'église, par un cortège dans lequel figuraient la musique, les grenadiers, les chasseurs, les gendarmes, précédant ou suivant les fonctionnaires publics. Le curé bénit les époux, prononça un discours, célébra une grand'messe et chanta un *Te Deum*.

L'épouse fut ramenée à l'Hôtel de Ville par M. Durand, doyen du corps municipal, suivie du cortège. On offrit un dîner aux mariés. Des toasts à l'empereur, à l'impératrice, aux premiers fonctionnaires de l'Etat, au préfet, à l'armée, furent suivis d'autres toasts aux mariés. Le repas, commencé après la messe, ne prit fin qu'à minuit.

M. Le Cerf, juge de paix, chanta quatre couplets — que nous croyons de sa composition — sur l'air de *Mon père était pot ;* ils eurent un tel succès que les invités prièrent le maire de les consigner sur le registre municipal ; c'est ainsi que nous pouvons donner un spécimen des accents de la muse elbeuvienne sous le premier empire :

I

Vive l'empereur des Français !
Ce héros de la gloire
Qui, pour couronner les hauts faits
Des fils de la Victoire
Veut que, tous les ans,
Un brave des camps,

Guidé par la tendresse,
Trouve le bonheur
Dans le prix d'un cœur
Formé par la sagesse !

II

Grâce à tes magistrats discrets,
Grâce à ton opulence,
Elbeuf, tu souris aux décrets
De la Reconnaissance.
En fixant ton choix
Sur de beaux exploits,
Sur la vertu chérie,
Tu réponds aux vœux
Actifs, généreux
Du chef de la Patrie !

III

Pierre-Félix, votre valeur
Se voit récompensée
De la vertu, de la douceur,
De votre Rose aimée.
Jouissez longtemps,
Heureux et contents,
De votre mariage.
Et que vos neveux
Aussi vertueux
Méritent même hommage !

IV

Pour nous qui célébrons ici
Cette fête nouvelle,
Réunissons-nous à l'envi,
Faisons-là solennelle.
Portons nos toasts
Aux braves soldats,
Soutiens de la Patrie ;
Aux jeunes époux,
Aux parents jaloux
Du bonheur de leur vie !

Des tonnerres d'applaudissements couvrirent sans doute cette pièce de circonstance, que l'on bissa probablement.

M. David Ménage, conseiller municipal et membre de la Chambre consultative, avait aussi ménagé — que l'on nous pardonne ce jeu de mots, il est involontaire — une surprise aux joyeux convives ; c'était également une chanson qui, comme la précédente, eût les honneurs de l'inscription sur les registres municipaux. La voici :

AIR : *Femmes voulez-vous éprouver.*

I

Français, ce fut à pareil jour
Que fut sacré notre monarque.
Donnons-lui tous de notre amour,
De notre hommage une marque.
Chantons ses bienfaisantes lois ;
Il veut dans ce jour d'allégresse,
Unir par un hymen de choix,
La valeur à la sagesse.

II

Si vous montrez au champ d'honneur
Un courage si magnanime,
Guerriers, votre auguste empereur
Par sa présence vous anime.
Il sait partager vos périls.
Il sait vous conduire à la gloire,
Et la bataille d'Austerlitz
Est un jour digne de mémoire.

III

Persistez, braves défenseurs ;
Soutenez votre renommée,
Toujours galants, toujours vainqueurs,
Oui, tel est votre destinée.
Puis, pour couronner votre ardeur,
Venez, près de douces compagnes,
Vous reposer avec honneur
Des fatigues de vos campagnes,

IV

Vos soins ne seront pas perdus,
Filles, méritez l'avantage
D'être admises, par vos vertus,
A récompenser le courage.
Est-il d'exemple plus flatteur ?
Et le cœur est plein d'allégresse
Quand on voit ainsi la valeur
S'allier à la sagesse.

V
A Pierre-Félix

Et toi qui sus, dans les combats,
De tes chefs mériter l'estime,
Aujourd'hui pour d'autres appas
C'est une autre ardeur qui t'anime.
Tu vas jouir d'un sort plus doux,
Mais montre-toi dans l'hyménée
Aussi tendre, aussi bon époux,
Que tu fus brave dans l'armée.

VI
Aux deux époux

Fille sage, vaillant guerrier,
Couple estimable, couple honnête,
Qui dans nos murs est le premier
Qui vient embellir cette fête ;
Qu'un amour, qu'un bonheur constant,
Accompagne votre hyménée,
Et puisse un lien si touchant
Se répéter chaque année !

Le festin se termina par des sérénades et aux cris mille fois répétés de : « Vive l'empereur ! »

Pierre-Félix Cauchois passait pour avoir sauvé la vie au général Lemonnier à « Fabriano en Romanie ». Le jour de l'entrée des Français dans cette ville, le général avait été assailli par six individus « qui tirèrent six coups de fusil par une fenêtre d'un appartement. Ce général ayant crié : «A moi, soldats!» Cauchois monta seul dans l'escalier de la maison d'où étaient partis les coups de feu et tua cinq de ces brigands, mais le sixième le blessa grièvement ». Cette action avait valu à Cauchois, qui déjà, lors de la prise de Fabriano, était monté le troisième à l'assaut, un certificat de bravoure qu'il avait remis lui-même à l'empereur en présence du maréchal Berthier, dans la plaine de « Montikuare », le 13 juin 1805.

En 1807, la comtesse de Brionne, mère du prince de Lambesc, dernier duc d'Elbeuf, mourut à Vienne (Autriche), où elle s'était retirée pendant la Révolution.

Le 29 décembre, mourut également M. Pierre-Joseph Duruflé, âgé de 67 ans, ancien fabricant, demeurant rue Bonaparte.

Dans le courant de l'année, l'état-civil avait enregistré 221 naissances, 48 mariages et 162 décès, y compris des militaires morts à l'armée.

CHAPITRE XI
(1808)

Enquête sur le clergé. — Une nouvelle machine a tondre les draps. — M. Pierre-Henri Hayet, fabricant, 18ᵉ maire d'Elbeuf. — Le préfet Savoye-Rollin. — Questions de voirie ; largeur des rues. — Nomination de conseillers municipaux. — La guerre d'Espagne.

Le gouvernement impérial parut s'effrayer de l'influence reprise par le clergé français. En ce qui concerne notre ville, le préfet demanda des renseignements confidentiels sur le produit des dispenses de carême et l'usage que le clergé faisait de ces sommes. L'adjoint faisant fonctions de maire répondit que ces dispenses avaient produit l'année précédente de 7 à 800 francs pour la paroisse Saint-Jean.

« On prétend, ajoutait le préfet dans une lettre datée du 7 janvier 1808, que des donations considérables sont faites aux ecclésiastiques et, dans ce cas, on désire savoir à quelles sommes elles peuvent être évaluées. On désire savoir encore si ces donations sont toutes spontanées, et si le clergé n'abuse pas de son influence, surtout envers les mourants. — Savoye-Rollin ».

Sur ce point, l'adjoint faisant fonctions de maire répondit qu'il n'avait jamais entendu dire qu'il se fût produit des abus de ce genre à Elbeuf.

A cette époque, MM. Billecoq, Desgenetez et Guenet étaient prêtres habitués à Saint-Etienne, et M. Glin était vicaire de la paroisse, fonction qu'il remplissait depuis 1803.

Une pièce de 1808 nous fournit le procès-verbal suivant, daté du 20 octobre de l'année précédente :

« Nous soussignés, membres de la Chambre consultative des manufactures de la ville d'Elbeuf :

« Communication prise dans notre séance du 18 de ce mois d'un procès-verbal rédigé par M. le maire, au sujet d'une mécanique à tondre les draps, de l'invention des sieurs Fouard et Gancel, mécaniciens à Elbeuf, laquelle nous ayant paru présenter quelque intérêt, nous avons décidé, d'après ce rapport et sur l'invitation que nous en ont faite eux-mêmes lesdits sieurs Fouard et Gancel, de la voir travailler pour en constater les résultats.

« En conséquence, nous nous sommes rendus ledit jour à leur atelier, où nous avons vu faire par ladite machine les opérations suivantes :

« 1º Le tondage d'une demi-pièce de drap de 1 m. 1/2 (1 aune 1/4) de largeur et 18 m. 66 (15 aunes 3/4) de longueur, laquelle opération a duré trois heures et un quart ; et faite à la main aurait exigé environ cinq heures, le drap étant extrêmement garni.

« 2° La première coupe d'apprêt dite coupe ronde d'une autre demi-pièce de même largeur que la précédente, portant 17 mètres 48 centimètres (14 aunes 3/4) de longueur. Cette opération, qui, à la main aurait duré à peu près cinq heures, a été faite en trois heures et quart.

« 3° Enfin, la seconde coupe de la même demi-pièce dite coupe d'apprêt, qui à la main aurait exigé six heures et demie, n'a duré que quatre heures.

« Nous avons en outre reconnu que, bien que ces diverses coupes aient été faites avec cette mécanique en beaucoup moins de temps qu'avec la main, le travail s'en est trouvé beaucoup plus parfait. Nous devons dire encore que nous avons été très satisfaits du mécanisme de cette machine, dont le mouvement est tellement doux que les couteaux qu'elle fait mouvoir sont extrêmement ménagés dans leur frottement.

« D'après ce que dessus, nous ne balançons pas à penser que cette mécanique sera d'un grand avantage pour nos manufactures et qu'il est à désirer que le gouvernement veuille bien donner un encouragement à ses auteurs par tous les moyens qui sont en son pouvoir ». Suivent les signatures de MM. Pierre-Henri Hayet, J.-P. Lefort, Math. Quesné aîné, Pierre Patallier, Join-Lambert aîné, Alex. Grandin.

Dans une lettre qu'il écrivit au préfet, le maire déclara que les expériences faites en sa présence établissaient « d'une manière assez authentique les avantages réels que présentait cette mécanique, qui est supérieure, à plusieurs égards, à celle que vous — le préfet — avez vue ici ».

Le 19 janvier 1808, mourut M. J.-L. Fosse, fabricant rue Saint-Jean, à l'âge de 36 ans.

M. François Quesné, chef de musique de la garde nationale, étant également décédé, M. J. Taurin fut élu pour le remplacer.

Par arrêté du préfet, en date du 25 mars, MM. Join-Lambert aîné, membre du Conseil d'arrondissement, Baptiste Grandin, membre du Conseil général du département, et Mathieu Sevaistre, conseiller municipal, furent nommés pour composer un comité chargé de la vérification des comptes de l'hospice. M. Lambert refusa d'accepter ce mandat.

Le 18 mars, Napoléon, étant au palais des Tuileries, avait nommé M. Pierre Henri Hayet aux fonctions de maire; MM. Nicolas-Félix Lefebvre et Parfait Maille à celles d'adjoint.

Deux mois après, le mercredi 18 mai, le préfet vint dans notre ville procéder à leur installation. A cette occasion, on organisa une fête en l'honneur du premier magistrat du département, qui était toujours M. Savoye-Rollin, chevalier de la Légion d'honneur.

Vers huit heures du matin, un détachement de la garde nationale et de la gendarmerie, précédé des tambours et de la musique, se rendit sur le territoire d'Orival pour y attendre le préfet, dont l'arrivée fut annoncée, à neuf heures, par cinq coups de canon.

MM. Hayet, Lefebvre et Maille se présentèrent, accompagnés de M. Drevet, secrétaire, aux portes de la ville, au moment où les cloches des paroisses annonçaient « l'entrée majestueuse » du préfet, qui était escorté par cinq gendarmes à cheval, et le complimentèrent à la portière de sa voiture. Une décharge d'artillerie se fit alors entendre.

Le préfet descendit, accompagné de M. Galli, secrétaire général, et de M. Vaultier, chef d'escadrons de la gendarmerie. Ils prirent place au milieu du détachement de la garde et furent conduits pompeusement aux sons des tambours et de la musique au domicile du maire, où le préfet prit un léger repas.

Le préfet fut ensuite conduit solennellement à l'Hôtel de Ville par deux détachements et tous les officiers de « la cohorte du canton ». Les cloches, la musique, les tambours faisaient amasser une foule de plus en plus compacte. Le préfet entra dans la grande salle, où un fauteuil avait été préparé pour lui sur une estrade ; le secrétaire général et le chef d'escadrons s'assirent à ses côtés. Toute l'administration d'Elbeuf était présente.

Le préfet ouvrit la séance. Le secrétaire général donna lecture du décret du 18 mars, qui fut suivie d'un roulement de tambours. Le maire et les deux adjoints prêtèrent serment d'obéissance aux constitutions de l'empire et de fidélité à l'empereur, puis le préfet les déclara installés et la musique joua une symphonie.

Le préfet prononça ensuite un discours, par lequel il fit l'éloge des nouveaux magistrats et témoigna de son grand intérêt pour notre ville. Les cris de « Vive M. le préfet ! Vive l'empereur ! » éclatèrent. M. Hayet « peignit sous ses véritables couleurs le cœur général des habitants d'Elbeuf, leur amour, leur dévouement au gouvernement et surtout leurs sentiments d'attachement pour M. le préfet. Chacun se sentait pris d'une douce émotion et on apercevait un rayon de joie sur tous les visages ». Ce discours fut suivi de nouvelles acclamations, puis la musique se fit entendre de nouveau.

Sur l'invitation du Conseil municipal, le préfet consentit que son discours figurât au procès verbal de la séance, rédigé par le secrétaire-général, mais à la condition que celui du maire y serait inséré également, ce que tous acceptèrent avec enthousiasme.

Le préfet fut introduit dans une autre salle où il reçut successivement les fonctionnaires de notre localité.

A sa sortie de l'Hôtel de Ville, la population l'acclama ; puis « il alla visiter l'hospice, les temples, les manufactures, le port et autres objets qui nécessitaient la présence d'un magistrat si jaloux de tout voir et de tout connaître, afin de raviver par sa présence tous les établissements publics ».

Pendant une matinée si bien employée, l'appétit était venu, ce que le maire avait prévu. Il réunit de nombreux fonctionnaires et tous, avec le préfet, le secrétaire-général et le chef d'escadrons, se dirigèrent à la maison de campagne que M. Hayet possédait à la Cerisaie, où un banquet « presque champêtre » avait été préparé.

Le préfet porta un toast aux habitants ; « on eut dit une fête de famille présidée par son chef ». Puis la musique, les tambours, la garde, reprirent le préfet et son cortège, lui firent traverser, au milieu d'une foule énorme, les rues de la Barrière et Bonaparte jusqu'à la porte de Rouen.

Avant de monter en voiture, le préfet donna de nouvelles assurances que la ville d'Elbeuf pouvait compter sur lui. Un instant après, le canon et les tambours annoncèrent son départ.

Le 12 mai, le Conseil décida de restaurer complètement le pavage des rues Saint Jean et de Seine, depuis la place du Coq jusqu'au bord de l'eau.

M. Poteau, propriétaire de la salle de spectacle, annonça au maire, le 27 mai, sur les observations de l'administration municipale, que cette salle, alors occupée par M. Macé, qui avait encore un an à en jouir, ne serait plus, après son départ, louée pour des représentations théâtrales, à cause du danger d'incendie qu'elle présentait, étant entièrement construite en bois.

Le préfet Savoye Rollin, désirant faire plus intime connaissance avec les nouveaux administrateurs de notre ville, invita le maire et ses adjoints à dîner chez lui le jeudi 2 juin. Pendant ce repas, le préfet s'informa des nouvelles machines en usage dans l'industrie textile. Quelques jours après, sur la demande du préfet, M. Hayet, maire, lui adressa un rapport très détaillé sur la série des machines Douglas, dont deux exemplaires existaient dans des fabriques de notre ville.

En juin, Mme Flavigny-Capplet informa le maire que Mme Murizon était dans l'intention de céder à la ville une partie de terrain, rue du Bassin, pour contribuer à faire une place vis-à-vis l'ancien château des ducs d'Elbeuf. L'autre côté de la rue appartenait à M. Lemercier, également propriétaire du château, édifice que la municipalité désirait acheter.

En ce même mois, le maire ordonna que les baigneurs en Seine se rendissent dans le bras de l'île de l'Epinette, sur une longueur de 72 mètres en aval de la ruelle du Port, et non ailleurs; deux poteaux fixaient les limites.

A la suite d'une pétition présentée par divers marchands, le maire fit ouvrir un nouveau marché « sur la place du ci-devant couvent... vis-à-vis l'ancien couvent rue Bonaparte ». Cet arrêté, qui donna naissance au marché Saint-Louis, est daté du 20 juin 1808.

Nous avons dit que M. Pierre Henri Hayet avait été nommé maire, par décret du 18 mars.

Le 21 juin, il prononça un discours devant le Conseil municipal :

« Messieurs, dans votre séance du 12 mai dernier, vous m'avez choisi pour avoir l'honneur de vous présider lors de la reddition des comptes de la mairie. Depuis, Sa Majesté a en quelque sorte sanctionné cette nomination en m'appelant aux fonctions honorables que je remplis aujourd'hui... »

Ce même jour, le Conseil, « considérant que la rue de la Bague, située derrière et à peu de distance de la Grande-Rue, présente pendant toute l'année et surtout dans les temps pluvieux une espèce de cloaque qui la rend impraticable ; que telle surveillance qu'apporte la police, elle répand continuellement une odeur infecte, causée par le séjour des eaux qui croupissent... », décida de faire paver cette rue aux frais des propriétaires pour deux tiers, qui, du reste, l'avaient demandé.

On décida également le pavage de la rue Percière, située entre les propriétés de M. Delacroix et de Mme veuve Le Roy.

Dans sa séance du 14 juillet, le Conseil approuva le plan d'Elbeuf, établi en l'an VII, avec les modifications spécifiées ci après :

1. — Sente allant à la rivière le long du jardin d'Isidore Petitgrand et rue du Mont-Prélat : largeur, 4 mètres.

La maison de la Vierge, rue Saint-Jean, et sa voisine

2. — Rue de la Fraternité ou Notre-Dame, chemin de la côte Saint-Auct et chemin tendant au Bourgtheroulde: largeur comme sur le plan.

3 et 4. — Rues du Nord et du Bassin : demande d'aliénation de la rue du Nord, faisant double emploi avec celle du Bassin.

5. — Rue de la République ou de la Rigole et rue du Moulin : largeur 5 mètres.

6. — Rue Saint-Jean et de Seine. — 1re partie : depuis la place de la Réunion (du Coq) jusqu'au temple : suppression des avant-saillies du côté Est, à cause des fréquents accidents de voiture et autres les jours de marché ; 2e partie : depuis le temple jusqu'à la rivière : largeur indiquée au plan.

7. — Rue de l'Egalité ou cour Padelle : 4 mètres au lieu de 5, parce qu'elle n'était considérée que comme cour commune aboutissant à une rue nouvellement percée — la rue de Seine actuelle.

8. — Port : du ressort de la grande voirie.

9. — Rues Percière et des Champs : « Ces deux rues, traversées par la grande route, ne sont pas susceptibles de recevoir une grande largeur, à cause de leur peu de longueur, qui n'est que de 50 à 60 mètres ». On les classa à 4 mètres.

10. — Rue du Cimetière (rue de la Porte-Rouge) · comme sur le plan, ainsi que les suivantes, toutes classées à 4 mètres.

11. — Rue de la Liberté (Bague) : 1re partie.

12. — Rues de la Justice et de Bonaparte ou rue Poulain dite aussi rue Neuve ;

13. — Rues de Voltaire et de la Liberté : 2e partie (comprenant la rue du Marché-Saint-Louis actuelle) ou rues Hayet et des Pendus.

14. — Rue du Vallot.
15. — Rue de l'Union et du Rendez Vous (rue aux Bœufs).
16. — Rue des Eclettes (rue Bertaud actuelle) : 3e partie de la rue de la Liberté.
17. — Rue de l'Hospice (Meleuse) et de Socrate (du Thuit-Anger) et rue de la Cavée.
18. — Traverse d'Elbeuf (rues de la Barrière, de la République et Saint-Etienne) : est du ressort de la grande voirie.

Voilà exactement la voirie elbeuvienne au temps de Napoléon Ier. La rue Saint-Louis n'était encore que projetée, mais sa largeur fut fixée à 6 mètres.

A cette époque, M. Prosper Delarue, ancien maire de notre ville, habitait Mantes où l'empereur l'avait nommé sous-préfet, ainsi que nous l'avons déjà dit.

La fête du 15 août ne présenta aucune particularité. Le maire se montra satisfait du zèle de la population et de son attachement au gouvernement.

M. Join-Lambert père fut installé, le 28, comme membre de la Chambre consultative, en remplacement de M. Hayet, devenu maire de la ville.

Le 21 septembre, les propriétaires des maisons situées sur « la traverse et grande route d'Elbeuf, depuis la porte de Paris jusqu'à celle de Rouen », reçurent l'ordre de faire paver, chacun en droit soi, le revers de la chaussée, depuis le pavé de cette chaussée jusqu'à leurs habitations.

Les fabricants d'Elbeuf reçurent avis, le lendemain 29, que le ministre de l'Intérieur venait de faire connaître que l'intention de l'empereur était de faire participer les manu-

Année 1808

facturiers en étoffes de laine aux avantages que procurait l'emploi des machines Douglas, en faisant l'avance aux manufacturiers d'un assortiment de ces machines, dont le prix était de 20.000 francs, remboursable en quatre années. Aucun fabricant d'Elbeuf n'accepta cette proposition.

A cette époque et pendant l'année suivante, M. Demaurey fit, à Incarville, près Louviers, de sérieux essais pour le peignage de la laine.

Il y avait déjà plus de cinq mois que le préfet avait demandé au maire une liste de candidats au Conseil municipal quand, le 23 novembre, l'empereur étant au camp de Burgos (Espagne), nomma conseillers municipaux M. Marin Duruflé en remplacement de M. Henri Hayet nommé maire ; M. Robert Bourdon, fabricant, en remplacement de M. Maille, nommé adjoint ; M. Jean Lefort, fabricant, en remplacement de M. Grandin, décédé ; M. Constant Godet fils, en remplacement de M. Louvet, également décédé ; M. Denis Leroy-Métais, marchand, en remplacement de M. Quesné, démissionnaire ; et M. Michel Langlois, propriétaire, en remplacement de M. Bourdon père, aussi démissionnaire. — L'administration municipale ne fut informée de ces nominations que le 8 janvier de l'année suivante.

L'enthousiasme des Elbeuviens pour les entreprises de Napoléon avait grandement baissé pendant cette année 1808.

En janvier, il avait fait entrer ses troupes en Espagne, dans l'intention d'amener la péninsule à son empire, mais sous le prétexte de s'opposer à un débarquement des Anglais, en Portugal, dont la conquête avait été faite par Junot. En mars, Murat avait pris le commandement de cette armée, bien accueillie des Espagnols, qui ne croyaient pas à une trahison de Napoléon, dont leur roi était l'allié.

Profitant des déchirements intérieurs, Napoléon avait fait abdiquer Charles IV, roi d'Espagne, et Ferdinand VII son fils. Des troubles ayant surgi à Madrid, Murat les avait réprimés dans le sang. Alors toute l'Espagne s'était soulevée contre la France et Napoléon, qui venait de donner la couronne d'Espagne à son frère Joseph, roi de Naples, et le royaume de Naples à Murat.

La guerre effroyable qui s'ensuivit coûta d'abord 30.000 hommes à la France, et l'armement général de l'Europe contre notre pays. On conçoit donc que les paisibles bourgeois d'Elbeuf qui voyaient leur commerce péricliter, pussent légitimement penser que la France était assez grande et glorieuse, sans encore y ajouter la presqu'île Ibérique.

La fête annuelle du 6 décembre n'eut, en conséquence, pas autant d'éclat que celle de l'année précédente. Les époux qui reçurent la dot de 400 francs, et en plus 96 fr. 27 qui avaient été économisés sur le déjeuner, se nommaient Jacques Hazet, militaire réformé à cause de ses blessures, et Marie-Anne La Marche, dont la sagesse avait été attestée.

En 1808, on fit de grandes réparations à la route de Bourgtheroulde par la Londe, notamment dans la partie de la côte Saint-Auct; mais la section entre cette côte et la Bergerie resta longtemps dans un état déplorable.

On avait compté à Elbeuf, pendant l'année, 213 naissances, 45 mariages, 1 divorce et 165 décès.

CHAPITRE XII
(1809)

Faits de guerre ; l'enthousiasme se refroidit. — Laines d'Espagne sequestrées ; offre a la fabrique elbeuvienne. — Arrivée de prisonniers autrichiens. — Enquête mystérieuse concernant les plus riches bourgeois d'Elbeuf. — Surveillance sur les missions et les pratiques du clergé. — Origine de la Société des Anciens militaires. — Divorce de Napoléon.

Napoléon, très mécontent de la tournure prise par les affaires qu'il avait soulevées en Espagne, était allé prendre lui-même le commandement des armées françaises. Pendant un séjour de deux mois, il avait remporté quelques succès sur les Espagnols, dont l'héroïque résistance était admirée de l'Europe entière, voire de nombreux Français.

A Elbeuf, le maire n'ayant pas jugé à propos de faire célébrer par des réjouissances publiques les dernières victoires de l'empereur sur les peuples d'Espagne, il laissa prendre l'initiative d'un *Te Deum* à M. Romelot, curé de Saint-Jean, dont l'impérialisme était très ardent.

Cette cérémonie, célébrée le 8 janvier 1809, réunit les autorités de la ville et les fonctionnaires. Partis de la mairie en cortège et précédés de la musique et des tambours, ils se rendirent à l'église Saint-Jean. Après l'office, l'assemblée retourna dans le même ordre à l'Hôtel de Ville et l'on se sépara aux cris de : « Vive l'empereur ! », dit le procès-verbal ; mais tous auraient certainement préféré acclamer la paix, dont on semblait s'éloigner chaque jour.

En effet, les peuples européens paraissaient se réveiller. Les Allemands, les Autrichiens, les Prussiens et d'autres encore s'étaient organisés en silence pendant que Napoléon était occupé en Espagne. En ce mois de janvier, prévenu de ces armements, il quitta la péninsule Ibérique, organisa de nouvelles conscriptions militaires, tira des renforts d'Espagne, augmenta ses effectifs par tous les moyens en son pouvoir, en saignant la France, et se disposa à entreprendre une campagne contre la coalition.

Ce ne fut pas sans un serrement de cœur que la population elbeuvienne vit ces préparatifs, contre lesquels personne n'osait élever la voix. Il n'y avait pas à compter sur l'action de la presse pour engager l'empereur à mettre un terme aux tueries qui désolaient les familles depuis tant d'années : après 1800, il n'était resté que quelques journaux, tous entre les mains du ministre de l'Intérieur, qui les inspirait. L'absolutisme du gouvernement attaqua les livres eux-mêmes ; il ne restait donc au peuple aucun moyen d'exprimer son ardent désir de la paix.

Le commencement de l'année avait été tellement doux qu'en février les herbes des prairies, favorisées aussi par les eaux, étaient déjà très hautes. En conséquence, le maire d'Elbeuf prit un arrêté, le 29 février, défendant le libre parcours des bestiaux dans les herbages du territoire elbeuvien, que l'ancienne coutume de Normandie autorisait jusqu'à la date du 15 mars.

Le commissaire de police Drevet, cumulant l'emploi de secrétaire-greffier de la mairie, se vit dans l'obligation de s'adjoindre « un appariteur » pour le service de la police ; il le paya de ses deniers personnels. L'agent de police, agréé par le maire, était un ancien militaire nommé Divory ; il succédait à un premier sergent de ville nommé Louvel, alors démissionnaire.

Les ressources du Bureau de bienfaisance se composaient alors de 5 à 6.000 francs, provenant de la charité des habitants, d'une quête mensuelle faite dans les églises et du produit des troncs. Ces deux dernières sources de revenus ne rendaient que de 100 à 150 francs par an.

La Chambre consultative écrivit, le 4 mars, au ministre de l'Intérieur :

« Par la lettre que V. E. nous a fait l'honneur de nous adresser le 1er de ce mois, elle nous manifeste ses dispositions bienfaisantes pour les manufactures françaises, qu'elle désirerait voir approvisionnées de laines séquestrées en Espagne, immédiatement et sans l'intermédiaire de spéculateurs étrangers à ce commerce.

« Pour y parvenir, il vous a semblé, Monseigneur, que, dans chaque lieu de fabrique, les manufacturiers pourraient se réunir pour contracter avec le gouvernement un marché de telles quantité et qualité de ces laines qui seraient nécessaires à leur fabrication pendant l'espace d'un an ou dix-huit mois, pour ensuite les répartir au prorata de leurs besoins. Ce plan vous conduit à nous demander :

« 1º A quelle quantité on peut évaluer la consommation annuelle des laines dans les fabriques de notre ville ?

« 2º Quels seraient les moyens et les dispositions des chefs de ces fabriques pour former une réunion en compagnie qui les représenterait dans l'acquisition de ces laines ?

3º Quels moyens nous paraîtraient les plus convenables pour opérer cette réunion ?

« Nous répondrons à la première question en disant que nos fabriques consomment annuellement environ 6.000 balles de laine, que nous supposons chacune de 100 kilogrammes.

« Pour satisfaire aux deux autres, il nous suffira, Monseigneur, de vous faire connaître de quelle manière nos manufacturiers, qui sont à peu près au nombre de cent, travaillent et s'approvisionnent.

« L'état actuel de la fabrique d'Elbeuf n'est plus le même qu'avant la Révolution. Elles employaient toutes alors les laines d'Espagne exclusivement et opéraient dans un genre à peu près égal. Il s'en faut qu'il en soit de même aujourd'hui, puisqu'il se fait des draps depuis 12 jusqu'à 35 francs le mètre. Chacun prend la place qui lui convient dans ces diverses qualités, et dirige son exploitation suivant les demandes qui lui sont faites. Il achète donc ses matières en conséquence : enfin, ordinaire ou commun.

« Dans cette situation, il est facile d'apercevoir que les achats ne se font pas généralement pour un temps bien long, parce qu'on ne peut prévoir quelles qualités seront recherchées. Il est assez d'usage, cependant, de faire son approvisionnement en septembre pour six mois et de le renouveler en mars pour les six autres mois. S'il est quelques fabricants qui le font pour l'année, il en est aussi bien davantage qui n'achètent qu'au fur et à mesure de leurs besoins.

« Comment alors, Monseigneur, former une réunion qui puisse répondre aux vues bien intentionnelles de V. E. ? Il n'y a pas lieu de l'espérer :

« 1º Parce que personne ne serait assuré de rencontrer dans les laines dont est question les qualités qu'il désirerait ; 2º Parce que dans les variations de prix que produisent les événements, aucun n'oserait se charger d'un approvisionnement de longue durée.

« Nous pensons donc que les fabriques ne pouvant profiter directement du bienfait dont V. E. voudrait les faire jouir, il suffira pour elles que ces laines sequestrées soient livrées à des négociants qui, exercés à ce genre de commerce, sauront les distribuer au plus grand avantage des consommateurs ».

En avril, toute l'attention publique fut portée sur l'Allemagne, où Napoléon venait de partir avec une puissante armée. Chacun sait qu'après les combats de Thann, d'Abensberg, de Landshut, d'Eckmülh et de Ratisbonne, qu'on a nommés la « bataille des cinq jours », il enfonça le centre des Autrichiens et les rejeta sur les rives du Danube en leur infligeant de grandes pertes et en leur faisant de très nombreux prisonniers.

Ces succès, où le génie militaire de Napoléon avait reçu une nouvelle consécration, laissèrent froids la municipalité, comme les manufacturiers et les ouvriers, d'autant plus que cette nouvelle guerre avait restreint le commerce et la fabrication des étoffes de laine. Aussi personne, M. Romelot lui-même, ne proposa un *Te Deum,* voire lorsqu'on apprit que l'empereur était entré, le 13 mai, pour la deuxième fois à Vienne.

C'est de cette capitale que Napoléon lança le décret qui mettait fin au pouvoir temporel des successeurs de saint Pierre. Peu de temps après, il fit enlever le pape, qu'il interna à Savone.

Dans sa séance du 4 mai, la municipalité décida de faire paver la rue des Champs (Robert), située entre la rue de la Barrière et celle tendant au cimetière, longue de 70 mètres, où le séjournement des eaux occasionnait des odeurs insupportables. La ville devait participer pour un tiers dans la dépense et les riverains pour le reste.

Depuis quelque temps M. André Greffin, de nationalité anglaise, occupé dans Elbeuf à monter des machines à carder, était sous la surveillance de la police. Greffin, ayant terminé ses installations chez nous, partit dans le courant de mai, pour Darnétal, afin d'y monter également des cardes mécaniques. Dans cette dernière localité, il fut aussi soumis à la surveillance de l'autorité, à cause de sa qualité d'Anglais.

Les manufacturiers d'Elbeuf, les cultivateurs et d'autres reçurent avis que le préfet avait à leur disposition 2.000 prisonniers de guerre autrichiens, pouvant être distribués par détachements de 50 hommes. Cet avis, qui fut publié à Elbeuf le 7 juin, portait que les Autrichiens étaient laborieux et dociles, et que ceux qui les emploieraient en seraient satisfaits ; que d'ailleurs ils seraient surveillés.

Le préfet écrivit, le 12 juin, au maire, qu'il était étonné qu'aucun fabricant ou cultivateur de cette ville ne se fût fait inscrire pour obtenir des prisonniers autrichiens. Le préfet disait qu'Elbeuf pouvait facilement en employer cinquante et qu'il y enverrait cette quantité, avec charge au maire d'en faire la répartition chez ses concitoyens. Il ajoutait :

« Vous direz à ceux qui manifesteraient quelque résistance que la volonté du gouvernement est que les grands établissements se chargent de ces prisonniers, afin de les fixer sur le sol français par les avantages qu'ils y trouveront dans l'exercice d'une industrie quelconque, et qu'il ne dépend ni de vous ni de moi qu'il ne les reçoivent pas ».

Le maire répondit que notre ville ne pouvait tirer aucun parti de ces Autrichiens et qu'ils seraient une charge pour ses concitoyens.

Le préfet s'étonna ou parut s'étonner de cette réponse ; mais il fit savoir qu'il réduisait à trente le nombre de ces prisonniers, et annonça leur arrivée pour le 2 juillet suivant, par le bateau de Rouen. Il ajouta que si le maire éprouvait de la résistance de la part de ceux à qui il aurait distribué ces hommes, il l'investissait de l'autorité de les faire placer aux frais des récalcitrants à l'auberge.

En réponse à une lettre confidentielle du préfet, du même jour 12 juin, demandant la liste des chefs de famille d'Elbeuf les plus marquants par leur fortune, les places qu'ils occupaient et la profession qu'ils exerçaient, cette lettre accompagnée d'un tableau-type, M. Hayet donna, le 25 du même mois, les renseignements suivants :

Mathieu Frontin, ancien fabricant, propriétaire, 10.000 francs de revenu, ancien maire, membre du Conseil municipal, sans enfants ;

Alexandre Grandin, fabricant, 12.000 francs de revenu, ancien administrateur, membre du Conseil municipal ; quatre garçons de 15, 10, 7 et 4 ans, dans les pensions, sont probablement destinés au commerce ; une fille de 2 ans.

Jean-Baptiste Grandin, propriétaire, 10.000 francs de revenu, membre du Conseil général du département et du Conseil municipal, sans enfants ;

Mathieu Sevaistre père, fabricant, 10.000 francs de revenu, membre du Conseil municipal ; deux fils de 32 et 22 ans, tous deux fabricants.

Parfait Maille, fabricant, 10.000 francs de revenu, adjoint au maire, ancien membre du Conseil municipal ; un fils de 13 ans, en pension, sans doute destiné à la fabrique, et deux filles de 11 et 9 ans.

Mathieu Quesné l'aîné, fabricant retiré des affaires, 15.000 francs de revenu, ex-adjoint au maire, membre de la Chambre consultative des manufactures ; un fils de 20 ans, fabricant, une fille de 2 ans.

Constant Duruflé, fabricant, 12.000 francs

de revenu, membre du Conseil municipal ; quatre filles de 14, 12, 9 et 6 ans, en pension.

Pierre Patallier, fabricant, 15.000 francs de revenu, membre du Conseil municipal et de la Chambre consultative des manufactures ; une fille de 14 ans.

Augustin Henry, médecin et fabricant, 8.000 francs de revenu, membre du Conseil municipal et médecin de l'hospice à titre gratuit ; un fils de 17 ans, destiné à la fabrique, et une fille de 12.

David Ménage, fabricant, 8.000 francs de revenu, membre du Conseil municipal et de la Chambre consultative des manufactures ; quatre fils de 15, 11, 9 et 7 ans, dont la destination n'est pas encore connue.

Constant Godet, fabricant, 15.000 francs de revenu ; un fils de 10 ans, dont la destination est inconnue.

Nicolas Lefebvre, fabricant, 10.000 francs de revenu, ancien administrateur, actuellement premier adjoint au maire ; un fils de 24 ans et une fille de 19 ans, fabricants.

Colet Valdampierre, notaire impérial, 4.000 francs de revenu, ancien membre du Conseil municipal, notaire spécialement désigné pour les biens de l'hospice ; sans enfants.

Nicolas Bourdon, fabricant, 10.000 francs de revenu, ancien administrateur, membre du Conseil municipal ; sans enfants ;

Robert Flavigny, fabricant, 15.000 francs de revenu, membre du Conseil municipal ; deux fils de 9 et 7 ans, probablement destinés à la fabrique, et une fille de 5 ans.

Join Lambert père, fabricant, 12.000 francs de revenu, membre du Conseil municipal, de la Chambre consultative des manufactures, ancien administrateur. — Des guillemets figurent dans la colonne destinée aux enfants.

Jean-Pierre Lefort, fabricant, 15.000 francs de revenu, membre du Conseil municipal et de la Chambre consultative ; trois fils de 23, 20 et 14, les premiers sont fabricants, la carrière du troisième n'est pas encore décidée.

Jean Glin, fabricant, 10.000 francs de revenu, membre du Conseil municipal ; un fils de 22 ans, fabricant.

Pierre Lejeune père, fabricant, 6.000 francs de revenu, ancien administrateur, membre du Conseil municipal ; deux filles de 34 et 24 ans, occupées dans le commerce de leur père.

Pierre Lingois, notaire impérial, 6.000 fr. de revenu, ancien maire, ex-membre du Conseil municipal, notaire désigné par S. M. pour la délivrance des certificats de vie aux pensionnaires de l'Etat ; un fils de 27 ans, occupé dans le cabinet de son père, qui le destine au notariat, et une fille de 23 ans.

A la suite de chacune ces notices, le maire ajouta cette mention : « De bonne moralité, dévoué au gouvernement » ; mais M. Lejeune diffère intentionnellement des autres : sa moralité, au lieu d'être déclarée seulement bonne, est indiquée comme « excellente ».

Ce questionnaire ne devait pas être particulier à notre ville et avait dû être ordonné par l'empereur, qui cherchait des jeunes gens pour en faire des officiers et des filles à marier pour ses colonels et généraux condamnés à la retraite par leur état de santé ou leurs blessures. Cependant, nous n'émettons là qu'une hypothèse. En tous cas, le travail du maire lui valut les félicitations du préfet.

Au lieu de trente prisonniers annoncés, il

n'en arriva que quinze, le 3 juillet. Chacun d'eux était muni d'une carte qui fut remise aux fabricants chez lesquels ils furent envoyés. — Ces hommes restèrent à Elbeuf jusqu'au mois de décembre, époque à laquelle on les renvoya dans leur patrie, sauf un nommé Reis qui se fixa en France.

Le 24 juillet, les sieurs Roger et Regnault, de Caen, furent autorisés à faire l'extraction des fosses de la ville, à raison de 40 francs de la toise. Les matières furent déposées à Caudebec, sur un terrain appartenant à un sieur Pierre Martin.

Dans sa séance du 25 juillet, le Conseil municipal, considérant « que la sacristie de Saint-Jean est dans un état de dépérissement et trop peu spacieuse pour le clergé », autorisa sa reconstruction et l'aliénation des hangars existant dans l'ancien cimetière entourant l'église.

La guerre s'était poursuivie. Après les victoires d'Essling, de Gros-Aspern, de Raab et autres, la campagne se termina par la terrible bataille de Wagram, qui eut lieu le 6 juillet et dans laquelle les Autrichiens perdirent 24.000 hommes tués ou blessés et 20.000 autres faits prisonniers. Du côté des Français, on compta 20.000 tués ou blessés.

Nous n'avons trouvé aucun document indiquant des réjouissances à Elbeuf à la suite de cette journée mémorable, qui avait épuisé l'Autriche et l'obligea à demander la paix, qui fut en effet signée le 14 octobre suivant, à des conditions assez dures pour elle.

Le préfet informa le maire, le 11 août, que, d'après les ordres de l'empereur, 3.000 hommes de la garde nationale du département de la

Seine-Inférieure devaient se rendre au camp de Boulogne pour y remplacer les troupes de ce camp, appelées sur d'autres points des côtes où l'ennemi s'était montré. Sur ce chiffre de 3.000 hommes, la ville d'Elbeuf devait en fournir 100. Le maire s'entendit avec M. Patallier, chef de la cohorte de notre ville, pour que cet ordre fut immédiatement exécuté.

La fête du 15 août, contrariée par le mauvais temps, n'eut pas de procession dans les rues de la ville.

Le 18, le maire écrivit au préfet qu'il croyait que des prisonniers autrichiens s'étaient réfugiés dans la forêt des Essarts.

D'un rapport du maire daté de ce jour, il résulte que la récolte du blé fut très bonne, celle d'orge passable, celle de seigle assez bonne et celle d'avoine très bonne.

Des élections municipales eurent lieu en septembre, les opérations se terminèrent le 19.

Le 5 octobre, le maire reçut cette lettre du préfet :

« Le ministre de la police a mis sous les yeux de sa Majesté les abus résultant des *missions* et de l'emploi des prêtres ambulants pour la prédication.

« Ces hommes, étrangers au pays où ils viennent exercer l'important ministère de la parole, se font presque toujours remarquer par des prédictions fanatiques et extravagantes, qui ne tendent qu'à discréditer les pasteurs, à jeter de l'incertitude dans les consciences et à susciter des persécutions.

« Le gouvernement ne les reconnaît point pour organes de la Religion et de la parole sacrée.

« Je vous recommande très expressément

de veiller à ce que toute mission soit interdite dans votre ville et de faire arrêter tout prêtre faisant profession de moine ambulant.

« A compter du 15 octobre, je vous rends responsable de tout abus de ce genre que vous n'auriez pas réprimé sur le champ. — Savoye-Rollin ».

Le 8, le maire procéda à l'installation de M. Mathurin Fréret, nommé par le préfet maire de Saint-Aubin jouxte-Boulleng.

Le 7 novembre, le préfet appela l'attention du maire sur une congrégation dite du « Culte de la vierge Marie », dont les membres se réunissaient dans les églises, où, après quelques pratiques de dévotion, ils s'entretenaient d'objets tout à fait étrangers à la religion.

Plusieurs avaient été arrêtés à Paris et à Bordeaux ; l'examen de leurs papiers avait fait connaître qu'ils cherchaient à étendre leurs affiliations dans d'autres villes, et qu'ils avaient, à cet effet, « des correspondances avec des jeunes gens sans expérience, jouets de leur fourberie et de leur intrigue ». Le maire reçut l'ordre de veiller à ce qu'aucune réunion de cette nature n'eut lieu dans les églises d'Elbeuf. — Le maire répondit que nulle association de ce genre n'existait dans notre ville.

Le Conseil municipal désigna M. Grandin, membre du Conseil général du département, pour défendre les intérêts de la ville d'Elbeuf dans une séance fixée au 19 novembre, à la préfecture, dans l'évaluation de la propriété foncière.

L'anniversaire du couronnement de Napoléon et de la victoire d'Austerlitz fut célébré le 3 décembre. Le couple doté par le Conseil municipal se composait de J.-B.-Emmanuel Divory, ancien militaire, et d'une demoiselle Lefebvre ; il reçut la somme de 493 fr. 12. La fête eut lieu avec le programme accoutumé, sans incident ou innovation à citer.

Pendant toute la durée de l'empire, un très grand nombre de familles restèrent sans nouvelles de parents partis à l'armée ; l'autorité municipale avait souvent à répondre à des demandes de renseignements sur ces militaires, qui, pour la plupart, ne rentrèrent point dans leurs foyers.

Une note de M. Godquin, qui fut médecin à Elbeuf, nous apprend que vers la fin de 1809, quelques militaires rentrés dans leurs foyers, après avoir pris part aux campagnes de la République et de l'Empire, conçurent la pensée de se venir réciproquement en aide en cas de misère ou de maladie. Ce fut l'origine de la société des Anciens militaires d'Elbeuf.

Bien que le divorce fut interdit aux membres de la famille impériale par les constitutions de l'empire, Napoléon projeta le sien, probablement parce que la mort du fils aîné d'Hortense de Beauharnais, qu'il voulait adopter, avait déconcerté ses projets.

Malgré les larmes et les supplications de l'impératrice, le divorce fut prononcé le 16 décembre. Joséphine se retira à la Malmaison, mais continua à entretenir une correspondance avec son ci-devant mari.

Cet événement fut l'objet de nombreux commentaires à Elbeuf ; la presque totalité des femmes plaignit la délaissée et prédit que la cruauté de son auguste époux serait punie. M. Romelot, curé de Saint-Jean, se montra fort embarrassé pour expliquer la convenance de ce divorce, car il lui fallait ne pas contrarier l'opinion générale de ses paroissiennes et en même temps ne pas désavouer les actions de l'empereur. Il s'en tira par cette sentence, qu'il répétait à tout instant : « Les desseins de la divine Providence ont une profondeur que les hommes ne peuvent sonder ». — Pendant plusieurs années, on parla des « profondeurs de M. l'abbé Romelot ».

Les fabricants, au fond, n'approuvèrent pas beaucoup plus la conduite de Napoléon, mais ils ne la critiquèrent pas ouvertement, comme le faisaient leurs épouses. Pour eux, les affaires devaient marcher avant le sentiment. « Si, disaient-ils, un nouveau mariage de notre empereur doit nous apporter la paix, il a bien fait ».

Cette réponse des bourgeois soulevait de vives discussion dans de nombreux ménages elbeuviens, et ces scènes d'intérieur se terminaient souvent par l'évanouissement de Madame : les syncopes étant devenues à la mode depuis que l'on savait que Joséphine en avait souvent usé vis-à-vis de l'empereur.

Le nombre des naissances, en 1809, avait été de 221, celui des mariages de 48 et il y avait eu 162 décès.

En 1809, la police d'Elbeuf se composait seulement de M. Drevet, commissaire, et d'un brigadier de gendarmerie, mais sans hommes sous ses ordres, de sorte que c'était la garde nationale que l'on chargeait de conduire les malfaiteurs à Rouen.

La première machine à lainer date de 1809 ; elle fut inventée par M. Mazeline, constructeur-mécanicien à Louviers.

CHAPITRE XIII
(1810)

Mariage de Napoléon avec Marie-Louise. — Fête a Elbeuf ; mariages d'après les ordres de l'empereur. — Enquête sur les membres du Conseil municipal. — M. Henri Delarue et le drapeau de l'ancienne garde d'honneur. — Ordre impérial de bruler les marchandises anglaises ; félicitations adressées a Napoléon, par la Chambre consultative.

Le budget de 1810 fut prévu pour 12.497 fr. en dépenses et pour 11.223 fr. en recettes.

Pendant toute la durée de l'empire, la vie municipale fut pour ainsi dire suspendue. A Elbeuf, comme partout ailleurs, on parlait de la guerre, des actes de l'empereur, du plus ou moins de chances pour une paix prochaine ; mais des intérêts municipaux, cantonaux ou départementaux, il n'en était à peu près point question.

Au commencement de 1810, on se demandait si le clergé ratifierait le divorce de Napoléon. Les dames elbeuviennes étaient pour la négative, tandis que leurs « bourgeois » qui paraissaient mieux connaître l'autocrate français et la cour de Rome, déclaraient nettement que l'Eglise ferait ce que l'empereur voudrait.

En effet, le 9 janvier, l'officialité de Paris prononça la dissolution du mariage qu'il avait contracté avec Joséphine, et trois jours après, l'officialité métropolitaine confirma cette décision. La tradition veut que M. Romelot, très impérialiste, ait consciencieusement cherché, pendant toute une semaine, des textes dans les Ecritures, pour justifier les autorités ecclésiastiques.

Il s'agissait maintenant de savoir quelle serait l'épouse de l'empereur. Nos politiciens locaux n'avaient aucune préférence. M. Hayet, maire, assurait même qu'il serait malséant d'émettre une opinion avant que « le grand homme eût fixé son choix, qu'on n'aurait qu'à approuver ensuite ».

Dans les sphères gouvernementales, on parlait d'une sœur de l'empereur de Russie, d'une princesse de Saxe et de la fille de l'empereur François Ier d'Autriche. Le 7 février, dans un conseil privé, la question fut étudiée. La majorité et Napoléon se prononcèrent pour cette dernière.

Le 27 du même mois, le Sénat fut informé de la convention de mariage entre Napoléon et Marie-Louise d'Autriche, laquelle quitta Vienne le 13 mars. Le 20, l'empereur se rendit au devant de sa fiancée et tous deux arrivèrent à Saint-Cloud, où leur mariage civil fut célébré, le 1er avril.

Le lendemain, les deux époux firent leur entrée à Paris, par l'arc-de-triomphe de l'Etoile. Le mariage religieux se fit aux Tuileries. Cinq cardinaux, qui avaient refusé d'assister à cette cérémonie, furent exilés de Paris.

La nouvelle impératrice des Français n'était âgée que de dix-huit ans et avait été élevée par sa famille dans la haine de notre pays. Cette union fut mal accueillie par le peuple, en général attaché à la gracieuse Joséphine. Sa qualité d'Autrichienne n'était d'ailleurs pas de nature à lui concilier les sympathies. Cependant, il fallut se réjouir, car l'ordre en avait été donné par l'empereur.

Des fêtes furent donc préparées. Le 3 avril, on avisa les anciens militaires d'Elbeuf que ceux d'entre eux « recherchant des filles sages et vertueuses » devaient se présenter à la mairie, s'y faire inscrire et donner le nom de leur fiancée, afin de profiter des dots stipulées par un décret du 25 mars précédent.

Le 25, le maire prit des dispositions pour la célébration des deux mariages « ordonnés par Sa Majesté pour marquer l'époque de son union avec Sa Majesté impériale et royale Mme l'archiduchesse Marie-Louise ».

La fête eut lieu dimanche 29 avril. Les anciens militaires, les fonctionnaires, la garde nationale et la musique se réunirent à l'hôtel de ville à dix heures du matin, où se présentèrent également les militaires Pinchon et Roger ainsi que les demoiselles Duboc et Saint-Amand, dont les mariages devaient être célébrés.

Le maire, dans un discours sur la gloire militaire et la vertu, fit ressortir la munificence impériale. On cria : « Vive l'empereur ! Vive l'impératrice ! » et les époux reçurent leur dot.

Après le mariage, les deux nouveaux couples, au milieu d'un cortège nombreux, furent conduits à l'église, où M. Romelot, curé, leur donna la bénédiction nuptiale, pendant que le canon grondait au dehors.

Après la messe et le *Te Deum*, les mariés furent reconduits à la mairie, et le cortège se sépara. Le soir, il y eut des illuminations générales et un bal gratuit « où le peuple se porta en foule », disent les registres municipaux de l'époque.

A l'occasion de son mariage, l'empereur licencia les bataillons de garde nationale de la Seine-Inférieure qui étaient au camp de Boulogne. Cette décision causa une vive satisfaction à Elbeuf.

M. Radier père, alors âgé de 81 ans, n'était plus, à cette époque, receveur municipal, mais la ville lui redevait, depuis plus de vingt ans, une somme de 15.737 francs. La municipalité décida de lui servir une rente viagère, s'élevant à 1.500 francs.

Sur une lettre du préfet et conformément à une demande du gouvernement, le maire d'Elbeuf envoya, le 16 avril, les renseignements qui suivent sur les membres du Conseil municipal de notre ville :

Pierre-Henri Hayet, maire, manufacturier, 58 ans, veuf, sans enfants, 15.000 francs de revenu.

Nicolas Lefebvre, premier adjoint, manufacturier, 50 ans, veuf, trois enfants, 10.000 francs de revenu.

Parfait Maille, deuxième adjoint, manufacturier, 38 ans, marié, trois enfants, 10.000 fr. de revenu.

Charles Durand, rentier, 70 ans, célibataire,

2.000 francs de revenu, ancien greffier du bailliage d'Elbeuf ; en fonction depuis l'installation des Conseils municipaux (16 frimaire an IX).

Alexandre Grandin, manufacturier, 48 ans, marié, cinq enfants, 12.000 francs de revenu ; en fonction depuis le 16 frimaire an IX.

Join-Lambert, teinturier, 66 ans, né à Saint-Chinian en Languedoc, veuf, deux enfants, 12.000 francs de revenu ; en fonction depuis le 16 frimaire an IX.

Mathieu Sevaistre, manufacturier, 70 ans, marié, sept enfants, 10.000 francs de revenu ; en fonction depuis le 16 frimaire an IX.

Pierre Lejeune père, manufacturier, 75 ans, veuf, six enfants, 6.000 francs de revenu ; en fonction depuis le 16 frimaire an IX.

Joseph Godet, rentier, 82 ans, veuf, un enfant, 4.000 francs de revenu ; en fonction depuis le 16 frimaire an IX.

Pierre Patallier, manufacturier, 56 ans, marié, trois enfants, 15.000 francs de revenu ; en fonction depuis le 16 frimaire an IX.

Modeste Frémont, teinturier, 55 ans, marié, trois enfants, 2.000 francs de revenu ; en fonction depuis le 16 frimaire an IX.

Mathieu Frontin père, rentier, 72 ans, marié, trois enfants, 10.000 francs de revenu, conseiller par décret du 11 prairial an XII, installé le 29 thermidor.

Jean-Baptiste Grandin, rentier, 70 ans, veuf, sans enfants, 10.000 francs de revenu ; en fonction depuis l'installation du Conseil (16 frimaire an IX).

Robert Flavigny, manufacturier, 36 ans, marié, trois enfants, 10.000 francs de revenu ; en fonction depuis le 16 frimaire an XI.

Nicolas Bourdon, manufacturier, 60 ans, marié, deux enfants, 10.000 francs de revenu; en fonction depuis le 16 frimaire an IX.

Servant Huault, rentier, 70 ans, ancien fermier général du duché d'Elbeuf, 6.000 francs de revenu ; en fonction depuis le 16 frimaire an IX.

Augustin Henry, médecin, 50 ans, né à Rouen, marié, deux enfants, 8.000 francs de revenu ; en fonction depuis le 16 frimaire an IX.

Amable Corblin, fabricant, 55 ans, marié, un enfant, 3.000 francs de revenu ; nommé le 11 prairial an XII, installé le 29 thermidor suivant.

Henri Delacroix, fabricant, 54 ans, marié, un enfant, 10.000 francs de revenu ; nommé et installé comme le précédent en l'an XII.

Augustin Dévé, fabricant, 44 ans, marié, quatre enfants, 5.000 francs de revenu ; conseiller depuis l'an XII, comme les précédents et les suivants.

Amable Delaunay, fabricant, 45 ans, marié, trois enfants, 3.000 fr. de revenu ; de l'an XII.

Pierre Mathieu Bourdon, fabricant, 42 ans, marié, quatre enfants, 3.000 francs de revenu.

Louis-Jacques Grandin, 44 ans, manufacturier, 44 ans, marié, deux enfants, 6.000 fr. de revenu ; nommé par décret du 17 octobre 1807, installé le 23 novembre suivant, ainsi que les suivants.

David Ménage, manufacturier, 57 ans, marié, quatre enfants, 8.000 francs de revenu ; comme le précédent.

Jean-Baptiste Glin, manufacturier, 55 ans, marié, deux enfants, 10.000 francs de revenu ; comme les précédents.

Thomas Vidcoq, manufacturier, 56 ans, marié, deux enfants, 6.000 francs de revenu ; comme les précédents.

Constant Duruflé, manufacturier, 41 ans, marié, quatre enfants, 12.000 fr. de revenu ; comme les précédents.

Marin Duruflé, rentier, 69 ans, célibataire, 3.000 francs de revenu ; nommé par décret du 23 novembre 1808 et installé en janvier 1809, ainsi que les cinq suivants.

Robert Bourdon, manufacturier, 40 ans, marié, trois enfants, 5.000 francs de revenu ; comme le précédent.

Jean-Pierre Lefort, manufacturier, 55 ans, né à Pont-Audemer, marié, trois enfants, 15.000 de revenu ; comme les précédents.

Constant Godet, manufacturier, 37 ans, marié, un enfant, 15.000 francs de revenu ; comme les précédents.

Denis Leroy-Métais, épicier, 55 ans, marié, deux enfants, 10.000 francs de revenu ; comme les précédents.

Michel Langlois, rentier, 60 ans, marié, un enfant, 6.000 francs de revenu ; comme les précédents.

L'empereur et l'impératrice devant prochainement passer par Rouen, le maire d'Elbeuf convoqua les plus notables manufacturiers, qui nommèrent MM. Pierre-Nicolas Bourdon et Louis-Jacques Grandin « pour aller déposer aux pieds de Leurs Majestés diverses coupes des plus beaux draps qui se fabriquent à Elbeuf », et, à cet effet, les délégués s'entendirent avec M. Hellot, vice-président de la Chambre de commerce de Rouen.

A cette époque, le quai était dans un état pitoyable et, en juin, l'on craignait sa ruine complète si des réparations n'y étaient faites avant l'hiver suivant.

Comme chaque année, le maire prit un arrêté réglementant les danses de la Saint-Jean. En voici les deux premiers articles :

« 1° Il est défendu de chanter et danser dans les rues après minuit, le jour où cet amusement est toléré, sous peine d'être regardé comme perturbateur du repos public.

« 2° Il est également défendu de chanter aucune chanson indécente, sans se rendre coupable d'attentat aux bonnes mœurs ».

D'autres événements politiques, connus de tout le monde, marquèrent encore l'année 1810. L'un de ceux qui paraissent avoir le plus impressionné les Elbeuviens fut la réunion de la Hollande à la France, par décret impérial du 9 juillet. On sait que Napoléon avait détrôné son frère Louis et même fait marcher des troupes contre lui. La mésintelligence régnant entre l'empereur et plusieurs membres de sa famille, auxquels il avait donné des trônes, fut considérée comme un mauvais présage, et l'on disait alors généralement que le prestige de Napoléon était sur son déclin.

Le 11 août, le maire réclama à M. Henri Delarue fils « le drapeau de la compagnie des gardes d'honneur, précédemment formée et paraissant n'avoir plus d'existence, pour le déposer à la mairie ».

Voici, au sujet de cette compagnie, quelques nouveaux renseignements puisés dans une lettre du maire au préfet :

« A l'époque du premier voyage de Sa Majesté et à l'instar de diverses communes, vingt-deux de nos gardes nationaux se formèrent en compagnie de garde d'honneur pour faire le service du moment. Six d'entre eux se rendirent ensuite au couronnement, ce qui fut le seul et dernier acte de leur réunion. Lors de la demande qui fut faite de ceux qui voudraient prendre un service actif à l'armée, chacun d'eux donna des motifs d'empêchement, en sorte que cette compagnie, si on peut l'appeler ainsi, s'est trouvée dissoute d'elle-même, sans avoir eu de réglement d'organisation, ni de contrôle, ni même pour ainsi dire d'existence ».

Les jeunes gens de cette garde d'honneur, existant encore en 1810, étaient MM. Mathieu Sevaistre fils, Alph. Sevaistre, Louis Maille, Join-Lambert fils, Henri Delacroix fils, Tassel fils, Laurent Patallier jeune, Félix Lefebvre fils, Charles Louvet, Constant Godet, Albert Godet, Louis Lingois, Pierre Turgis et Nicolas Louvet.

Comme M. Henri Delarue avait déclaré au maire que cette compagnie existait toujours et entendait conserver son drapeau, M. Hayet, malicieusement, convoqua ces jeunes gens à la mairie, pour arrêter un règlement relatif à l'organisation, l'uniforme et le contrôle de la compagnie. Je vous invite, ajouta le maire dans une lettre qu'il adressa à M. Delarue, « à tenter, parmi les jeunes gens aisés de cette ville, un recrutement qui puisse augmenter et illustrer un corps destiné à l'honneur de garder notre auguste monarque ».

La réunion eut lieu, mais les jeunes gens désavouèrent M. Delarue et dirent qu'il n'existait plus de garde d'honneur ; enfin, ils décidèrent que leur drapeau serait remis à la mairie. Par la suite, M. Delarue ayant refusé de faire ce dépôt, M. Hayet en avisa le préfet, lequel saisit le ministre de cette affaire. M. Delarue fut suspendu de son grade de capitaine de grenadiers de la garde nationale.

Un délibération municipale du 14 mentionne que l'hospice possédait à Palluel, canton de Cany, une propriété de 8 hect. 22 ares, qui lui avait été attribuée en conformité de la loi du 9 septembre 1807.

La fête de l'empereur, le 15 août, ne présenta rien de particulier. Le nom de l'impératrice fut seulement joint à celui de Napoléon dans les acclamations publiques.

Le 21, mourut M. Ambroise-Louis Flavigny fils Robert, rentier, rue de l'Hospice, âgé de 59 ans. — Cinq jours après, on enregistra le décès de M. Alexandre Bouic, âgé de 84 ans, rentier, rue Bonaparte.

Le 27 du même mois, un décret impérial ordonna de brûler toutes les marchandises anglaises que l'on découvrirait en France, en Hollande et dans les villes anséatiques depuis le Mein jusqu'à la mer : il fut ainsi livré aux flammes pour un milliard cent millions de ces produits, dans lesquels les tissus de laine entraient pour un gros chiffre.

Cette mesure inouïe, qui souleva contre la France les réclamations des puissances amies ou alliées, causa à Elbeuf une très vive satisfaction : il semblait que l'Angleterre ne devait pas se relever de l'atteinte énorme portée à son commerce et à son industrie, d'autant plus que les ouvriers anglais, réduits au chômage, détruisaient les ateliers de leur pays qui, suivant eux, ne se rouvriraient jamais.

De fait, nos fabriques de drap reprirent quelque activité pendant l'automne, et l'on pensa qu'il serait convenable, à cette occasion, de rédiger une adresse de félicitations à l'empereur.

Un arrêté du 15 septembre mit fin au refus que nombre de commerçants faisaient de recevoir les monnaies d'après le taux officiel. Il était ainsi conçu :

« Les pièces d'or de 48 livres, réduites à 47 fr. 20, doivent être reçues pour 47 livres 15 sols 9 deniers tournois ;

« Celles de 24 livres, réduites à 23 fr. 55, doivent être reçues pour 23 livres 17 sols ;

« Les pièces d'argent de 6 livres, réduites à 5 fr. 80, doivent avoir cours pour 5 livres 17 sols 6 deniers ;

« Et celles de 3 livres, réduites à 2 fr. 75, doivent circuler pour 2 livres 15 sols 9 deniers tournois.

« Au moyen de cette explication, le maire se flatte qu'il ne s'élèvera plus de difficultés et que l'exécution du décret impérial, de ce mois, ne donnera lieu à aucune plainte ».

Le 20 du même mois, mourut M. Robert-Nicolas-Bernard Flavigny, rentier, âgé de 80 ans ; il était fils de Louis-Nicolas Flavigny, de Rouen, descendant des anciens brodeurs dont nous avons parlé.

Un décret impérial fixa à 13.982 francs le budget de la ville pour 1810.

La sanglante guerre d'Espagne n'avait pas discontinué depuis le commencement de l'année ; de ce fait, la fabrication drapière avait cessé ses expéditions dans ce royaume.

Après des combats dans la Sierra-Morena, celui de Vich, la prise de Badajoz, le siège de Cadix, la prise d'Astorga, celles de Lérida où le général Suchet se couvrit de gloire, de Méquinenza et de Ciudad-Rodrigo, les armées françaises passèrent en Portugal, où Masséna combattit le général anglais Wellington. En résumé, nos troupes se rendirent maîtresses, pendant cette campagne, de la plupart des places fortes d'Espagne et de quelques-unes du Portugal, de Coimbre notamment, où les Français entrèrent le 27 septembre, mais au prix de pertes considérables en hommes. Cette guerre affecta nos concitoyens plus encore que celle contre l'Autriche.

La question du drapeau des Volontaires de l'ancienne garde d'honneur n'était pas terminée. Le 18 novembre, M. Pierre-Henri Hayet, maire, prévint MM. Mathieu Sevaistre fils, Alphonse Sevaistre, Lambert fils, H. Delacroix fils, Tassel fils, Laurent Patallier jeune, Félix Lefebvre fils, Charles Louvet, Constant Godet, Albert Godet, Pierre Turgis, Nicolas Louvet et Louis Maille que M. Henri Delarue fils, s'obstinant à garder le drapeau qu'il avait promis de rendre à la séance du 29 octobre précédent, il devenait nécessaire de mettre en évidence un procès-verbal sur lequel ils apposeraient leurs signatures.

Une lettre adressée par le préfet, le 31 décembre suivant, au maire d'Elbeuf, nous fournit quelques détails sur cet incident :

« J'ai mis sous les yeux du ministre de l'Intérieur votre lettre du 20 novembre... concernant le refus fait par le sieur Delarue de vous remettre le drapeau que cet officier reçut lorsqu'il se rendit à la cérémonie du couronnement de l'empereur, en qualité de commandant d'un détachement de la garde nationale. Voici la réponse que je viens de recevoir :

« Le sieur Delarue ne peut prétendre, pour
« appuyer son refus, que le détachement était

« une garde d'honneur et non une partie de
« la garde nationale. Les gardes d'honneur
« ne se forment et ne subsistent que pour les
« circonstances qui en déterminent l'organi-
« sation. Après le passage de Sa Majesté, elles
« sont dissoutes ».

« Le sieur Delarue n'est plus commandant
« de la garde nationale depuis qu'elle a été
« réorganisée, et c'est à la mairie que doit
« rester déposé le drapeau dont il s'agit.

« Je vous recommandé d'enjoindre, en mon
« nom, au sieur Delarue de le rapporter à la
« mairie... »

Mais M. Delarue n'obéit pas encore à cette nouvelle injonction. Quelques mois après, on lui envoya le garde champêtre sans plus de succès. Sur une plainte du maire, le préfet ordonna que la demande du drapeau serait faite par le commissaire de police, et, en attendant, destitua définitivement M. Delarue de son grade de capitaine des grenadiers de la garde nationale, parce qu'il ne pouvait désormais être investi de la confiance de l'autorité. Son successeur fut M. Louis Maille.

Le couple qui fut marié le 2 décembre, jour fixé pour l'anniversaire du couronnement de l'empereur, reçut 600 francs, aucune somme n'ayant été prélevée sur cette dot pour le dîner officiel, qui n'eut pas lieu. La rosière était Véronique Beaudoin, épinceteuse, âgée de 26 ans ; son futur se nommait Basile Luce, ancien chasseur au 8e régiment d'infanterie légère, qui comptait seize ans de services, quatorze campagnes à l'armée du Nord, à celle de Sambre-et-Meuse, en Italie, et en Dalmatie.

Le 11 décembre, la ville aliéna 134 mètres de terrain faisant partie de l'ancien cimetière contigu à l'église Saint-Jean ; le produit fut employé à la construction d'une sacristie.

Le même jour, on mit en adjudication, au rabais, les travaux de reconstruction de cette sacristie, évalués à 5.962 fr.

Le 13 décembre, la Chambre consultative des manufactures de la ville d'Elbeuf, assemblée sous la présidence de M. Pierre Henri Hayet, pour délibérer sur la lettre de M. le préfet, en date du 7 du même mois, relative à une adresse à l'empereur pour le féliciter de la mesure énergique qui avait donné lieu au décret du 19 octobre précédent, lequel ordonnait le brûlement des marchandises anglaises importées sur le continent, rédigea la suivante :

« Sire,

« Depuis plus d'un siècle, l'Angleterre, cette implacable ennemie des peuples, qui voulaient secouer le joug de son insatiable cupidité, ne cessait d'entretenir parmi les puissances du continent une division dont elle savait recueillir tout le fruit. La France seule pouvait mettre un frein à la politique astucieuse de ces insulaires, et renverser leurs perfides machinations. Mais, chaque fois qu'elle se montrait en état d'y parvenir, l'intrigue et la corruption la mettaient aux prises avec ses voisins ; et ces guerres, toujours ruineuses pour les deux partis, ne devenaient profitables qu'au gouvernement machiavélique qui les avait provoquées.

« Pour détruire un ordre de choses aussi funeste qu'avilissant pour l'Europe entière, il ne fallait que lui faire ouvrir les yeux sur ses véritables intérêts ; la réunir dans une même pensée, et la diriger contre l'ennemi commun.

« C'est, Sire, ce qu'a fait Votre Majesté. Elle a senti qu'en attendant le moment où l'on verra flotter l'Aigle impérial sur la Tour de Londres, il existait un moyen d'un succès infaillible pour livrer à une crise violente le Colosse britannique, celui de l'attaquer dans la source de ses richesses, et de l'appauvrir par l'encombrement de ses marchandises.

« Tout-à-coup, depuis les confins de la Méditerranée jusqu'au fond de la Baltique, s'élèvent des barrières qui font refluer sur leurs propres côtes les ballots anglais, si justement proscrits. De toutes parts, s'allument des feux vengeurs qui réduisent en cendres ces étoffes, qu'une criminelle avidité avait osé introduire sur un sol qui les repousse. Et c'est ainsi que, par un autodafé général, ces fiers Bretons viennent expier sur le continent leurs forfaits mercantiles, terreur salutaire qui, seule, pouvait assurer le succès de cette proscription !

« Mais, Sire, en portant ce coup fatal au commerce britannique, il n'a pas échappé à Votre Majesté que ces mesures énergiques tendaient en même temps à ranimer l'industrie nationale et à vivifier les manufactures françaises, résultat inappréciable d'un système qui a triomphé d'obstacles jusque-là regardés comme invincibles.

« Nous aperçumes ces grandes et bienfaisantes dispositions lorsqu'Elle daigna nous honorer de sa présence ; et en les voyant se réaliser d'une manière aussi complète, notre reconnaissance égale notre amour pour un souverain dont la prévoyante sollicitude ordonne et fait exécuter tout ce qui peut concourir à l'avantage de ses peuples.

« L'illustre alliance contractée par Votre Majesté donnait à la France l'espoir d'un précieux rejeton, gage assuré de son bonheur; puisque ses vœux sont exaucés, qu'il nous soit permis de déposer aux pieds du trône les témoignages respectueux de notre allégresse, et ceux que nous formons pour qu'une glorieuse et longue vie lui laisse accomplir les vastes projets qu'Elle a conçus, pour donner à cet empire toute la force et l'éclat qu'il doit acquérir sous un monarque aussi digne de la gouverner ».

Suivent les signatures de MM. Pierre-Henri Hayet, Jean-Pierre Lefort, Mathieu Quesné aîné, Join-Lambert aîné, Pierre Patallier et Alexandre Grandin.

Le 31 décembre, M. Lecerf fut avisé qu'il avait été nommé notaire à Elbeuf, comme successeur de M. Lingois.

En 1810, on compta 215 naissances, 33 mariages, 1 divorce et 215 décès. — Une note du registre de Saint-Etienne porte que la population de la paroisse était de 2.945 habitants.

CHAPITRE XIV
(1811)

Un rapport sur l'industrie elbeuvienne — Naissance du roi de Rome; fête a Elbeuf. — Cherté des vivres et crise industrielle. — Encore le drapeau et M. Delarue. — Saisie du « Catéchisme » de Rouen. — L'indigo et le pastel. — Affaires diverses.

Le 11 janvier 1811, mourut M. Michel Heudier, prêtre, âgé de 86 ans.

En réponse à une lettre du préfet en date du 16 du précédent mois, demandant un travail sur l'industrie du canton, la Chambre consultative se réunit le 17 janvier et rédigea ce rapport :

« La fabrique d'Elbeuf, si avantageusement connue partout, jouissait d'une réputation acquise depuis plus d'un siècle, en exploitant régulièrement par chaque année 5 à 6 mille balles de laines d'Espagne, qui produisaient 18 à 20.000 pièces de drap de 30 à 36 aunes. Le sixième à peu près en était consommé chez l'étranger, et le tout pouvait être évalué à dix millions, dont trois étaient journellement distribués pour une main-d'œuvre qui faisait vivre 18 à 20.000 individus de tout sexe et de tout âge. Les relations commerciales, alors ouvertes de toutes parts, procuraient d'immenses débouchés, et les étoffes à peine achevées se trouvaient déjà vendues.

« Telle était sa situation, lorsqu'elle fut tout-à-coup attérée par le traité de 1786, arraché sans doute par l'intrigue à la facilité d'un roi faible. A cette nouvelle inattendue, les manufacturiers portèrent leurs doléances aux pieds du trône, par l'intermédiaire de ses ministres, dont ils ne rapportèrent d'autre réponse que, le mal étant fait, il était sans remède, et qu'il fallait forcer d'industrie pour le rendre le moins onéreux qu'il fût possible. Ce traité, si funeste à la France, fit diminuer la fabrication d'un tiers, et l'entrepreneur, consterné, ne travailla plus qu'avec crainte et répugnance, seulement pour ne pas retirer toute ressource à une population nombreuse, que le manque de travail allait réduire à une grande misère.

« Cet état de choses ne tarda pas à s'aggraver par la Révolution de 1789, qui déplaça, changea, bouleversa tout, donna à tout un nouvel aspect. On vit naître alors une liberté sans bornes. La fabrication n'étant plus la même, on employa des matières de tout genre. Rien de ce qui était n'existe plus. L'activité se montra dans une direction toute nouvelle. Les fabricants se multiplièrent et il est impossible d'en donner ici le nombre, de dire rien d'exact sur la quantité ni la qualité des produits qui est variée jusqu'à l'infini.

« Le papier-monnaie, le *maximum*, des réquisitions à toute outrance, une obligation rigoureuse de ne travailler que pour l'habillement des troupes, ce qui force à n'employer que des matières communes et grossières : telles sont les causes qui ont amené nécessairement la détérioration, l'anéantissement des belles qualités, et, avec la ruine des fabricants, la presque impossibilité de remonter leurs ateliers.

« Lorsque le numéraire vint à reparaître, la fabrique d'Elbeuf, épuisée par toutes les secousses d'une Révolution qui a tout dévoré, fait, dans l'espoir d'un meilleur temps, de nombreux efforts pour se ressaisir d'un état que tant de malheurs lui ont fait perdre, et c'est alors qu'une fabrique, étrangère jusquelà, mais que les conquêtes de la France ont naturalisée, vient lui enlever le peu de débouchés qui lui reste dans l'intérieur.

« Enfin, arrive le 18 brumaire, journée à jamais mémorable, qui fait renaître l'espoir dans tous les cœurs. Déjà, on est heureux du bonheur futur ; tout reprend vie, et chacun se livre avec confiance au rétablissement de ses affaires. Des victoires nouvelles amènent, avec la paix, le traité d'Amiens, qui devait réaliser les plus flatteuses espérances.

« Vaine attente ! Les perfides Anglais ne l'ont signé que pour s'emparer des capitaux qu'une fausse sécurité nous faisait envoyer au-delà des mers. Un pareil événement, qui écrasait le commerce maritime, dût nécessairement influer sur le commerce intérieur, et nos manufactures s'en ressentirent vivement. Tel est toujours l'effet que produisent sur elles les grands événements politiques. L'état de guerre les fait languir ; l'état de paix les ranime. Les bases les plus solides de leur prospérité sont l'abondance du numéraire et l'affermissement du crédit public.

« Un de ces points essentiels semble manquer aujourd'hui. On ne vit jamais l'argent plus rare, plus difficile à se procurer. Toute négociation devient presque impossible, et les paiements ne se font qu'avec une peine extrême. La méfiance générale, qui fait resserrer les capitaux, fermer toutes les bourses, menace nos manufactures d'une stagnation effrayante et, déjà, les marchandises s'y accumulent. Les faillites se multiplient et deviennent plus ruineuses que jamais. C'est certainement de la disette d'espèces que provient la cause immédiate de cet état désastreux.

« Mais au milieu de ces diverses crises et malgré tous ces obstacles, l'industrie obtient dans nos fabriques les plus grands succès. Elle s'accroît chaque jour et prend l'essor le plus rapide. Tel est l'heureux effet d'une quantité de machines mécaniques de divers genres, qui, rendant nombre de bras à l'agriculture et aux arts et métiers, assure à l'étoffe sa perfection dans tous les points. Les encouragements que le gouvernement y a donnés sont, sans doute, un bienfait inappréciable pour nos manufactures.

« Il est constant qu'à l'aide de ces machines, l'entrepreneur aura le moyen d'augmenter de beaucoup les produits de sa fabrication, mais il ne cherchera à jouir de cet avantage que lorsque des temps plus heureux le lui permettront. Car à quoi lui servirait cette surabondance ? Elle lui serait funeste à lui-même en ce moment où, concentré dans l'intérieur, il ne trouve aucun débouché au dehors. Avant les époques que nous venons de parcourir, il sortait de la ville d'Elbeuf près de 3.000 pièces de drap pour l'étranger, et nous avons la certitude qu'en 1810 il n'en est pas sorti 360.

« Quel avantage pour la France si ses anciens débouchés lui étaient rendus, aujourd'hui qu'elle fournit presqu'à suffire la matière première ! Nous entendons parler des laines nationales qui, depuis quelques années, ont acquis un tel degré de finesse et de qualité que bientôt on pourra se passer de celles d'Espagne, même pour les plus beaux draps. Résultat précieux des efforts du gouvernement pour l'amélioration des troupeaux.

« Dans aucun temps, sans contredit, il ne s'est fabriqué à Elbeuf d'aussi beaux draps que ceux qui s'y font maintenant : heureux effet de la liberté, qu'on ne pourrait restreindre sans porter à l'industrie et à la perfection des qualités un coup mortel. Les 20.000 pièces de drap qui s'y fabriquent sont dans des qualités différentes depuis 12 jusqu'à 30 fr. le mètre. Le commerce a-t-il jamais eu plus de latitude pour le choix et plus de moyens pour satisfaire les divers goûts et besoins du consommateur ? De là, la nécessité de laisser chacun se livrer à ses combinaisons particulières pour la qualité, qu'il peut entreprendre et changer à son gré. Les capitaux tant réels qu'empruntés pour l'exploitation de cette fabrique peuvent s'évaluer, par approximation, à 15 millions de francs ; nous avons déjà dit qu'autrefois ils pouvaient s'élever à 10 millions. Elle occupe, comme alors, à peu près 20.000 ouvriers, sauf l'économie de 3.000 que peuvent procurer les mécaniques en activité.

« Le nombre des manufacturiers était autrefois de 70 ; on en compte présentement 120.

« Les fabriques d'Elbeuf se sont quelquefois livrées avec succès à des étoffes de mode. Elles se conforment au goût actuel du public, en ne s'occupant plus que de ces draps beaux et solides qui ont fait la réputation dont elles jouissent et qui seront toujours pour elles la base d'une vente très étendue.

« Depuis la Révolution, divers établissements se sont formés dans les communes environnantes et travaillent à l'instar des plus basses qualités d'Elbeuf. Leur nombre est d'environ 30 ; mais ils sont de si peu de conséquence qu'ils ne valent pas la peine qu'on en fasse mention.

« Nous croyons avoir satisfait au travail qui nous est demandé sur l'état des manufactures de cet arrondissement. Nous croyons avoir fidèlement tracé ce qu'elles ont été et ce qu'elles pourraient être. Nous le répétons : l'accroissement de leurs produits et leur véritable prospérité ne dépendent que des débouchés extérieurs. Tant qu'elles en seront privées, elles devront éprouver une stagnation fâcheuse, pour laquelle nous ne pouvons indiquer de remède, puisqu'elle prend sa source dans des événements qu'on ne peut ni prévoir ni empêcher. Il faudra donc attendre avec patience le moment où, nos étoffes pouvant circuler librement sur l'immensité du globe, nos manufacturiers pourront se livrer avec sécurité à toute l'étendue de leur industrie. C'est ce que nous espérons des mesures énergiques du gouvernement... »

Le 20 février, mourut M. Joseph-Pierre Godet, membre du Conseil municipal, âgé de 85 ans. Il était fils de Pierre et habitait la rue Bonaparte au moment de son décès.

Le 22, le Conseil municipal autorisa la fabrique de Saint-Jean à donner un deuxième vicaire au curé, la paroisse augmentant constamment et le service étant devenu trop pénible pour un seul.

Le sous-préfet de Rouen reçut de M. Hayet, maire, la lettre suivante, datée du 22 mai :

« ... Vous m'avez annoncé l'heureuse et importante nouvelle que S. M. l'impératrice a mis au monde le roi de Rome. Nos concitoyens en étaient déjà prévenus par des bruits avant-coureurs ; je leur ai fait confirmer aussitôt par le son des cloches et des salves de notre artillerie.

« Ce grand événement a produit ici la vive allégresse qu'il doit inspirer à tous ceux qui sont sincèrement attachés à notre illustre monarque et à son auguste épouse. Et dans le précieux gage qu'ils viennent de donner à la France, nous trouvons un motif de plus pour que notre amour soit inaltérable.

« Tels sont, Monsieur le sous-préfet, les sentiments unanimes de mes administrés, et je ne crains pas de m'en rendre garant, heureux si, par votre organe, le témoignage en peut parvenir jusqu'aux pieds du trône... »

Napoléon ordonna que la célébration de la naissance du roi de Rome aurait lieu le 9 juin ; que ce jour-là une fille pauvre et orpheline serait mariée avec un militaire réformé ; que la dot serait de 600 francs, et que le choix de la mariée serait fait par les conseils municipaux. En conséquence, le maire d'Elbeuf invita les anciens militaires qui prétendraient à la candidature, à déposer leur congé ou titre de réforme.

La rosière fut Marguerite-Julie Debos, âgée

de 30 ans. Son futur était un « ex-adjudant-sous-officier du 8e régiment d'infanterie, âgé de 36 ans, réformé du service ».

Le dimanche 9 juin, jour du baptême du jeune roi, dès le lever du soleil, les cloches et le canon annoncèrent la fête. A dix heures, la garde nationale et la gendarmerie en armes étaient sur la place. Cette fête ne différa des précédentes de même nature que par les cris de : « Vive le roi de Rome ! » ajoutés aux acclations ordinaires.

Le 12, mourut M. Jean-Baptiste Fouard, rentier, âgé de 61 ans, demeurant rue de la Liberté.

Le 15, M. Barbe fut nommé percepteur des contributions directes, pour Elbeuf et Caudebec.

En ce même temps, la Seine-Inférieure, sur l'invitation du gouvernement, cultivait la betterave. Pour donner l'exemple, le maire d'Elbeuf se livrait à cette culture.

Cinq déserteurs militaires étaient alors signalés à Elbeuf. L'un se déguisait en femme pour se soustraire aux recherches. Pendant toute la durée de l'empire, il y eut, du reste, d'assez nombreux réfractaires à la loi militaire.

Un état porte que tous les conscrits de la ville d'Elbeuf, classe de 1811, écrivaient passablement.

Au mois de juin, à Elbeuf, le blé valut de 19 fr. 50 à 24 fr. 50 l'hectolitre, le méteil de 18 fr. 50 à 23 fr. 50, l'orge de 9 fr. 50 à 10 fr., le son de 3 fr. 50 à 4 fr. 50, l'avoine de 5 fr. 50 à 6 fr. ; la viande 80 cent. le kilog. ; le foin 2 fr. les 50 kilog., la paille 2 fr. 35, le trèfle 2 fr. ; le hêtre de 15 à 16 fr. la corde de 112 pieds cubes, le chêne de 14 fr. 50 à 15 fr. ; le cent de fagots 20 fr.; la chandelle 1 fr. 50 le kilog.; l'huile à brûler de 1 fr. à 1 fr. 25 le kilog., le coton pour mèche 15 fr. le kilog.

Le travail s'était considérablement ralenti dans nos fabriques et un grand nombre d'ouvriers se trouvaient alors sans travail, cette situation s'aggrava encore par la suite.

D'ordinaire, la garde nationale fournissait un piquet pour la Fête-Dieu; mais au lieu d'en obtenir de l'ordre pendant la procession, « il n'en résultait que du scandale, par la conduite de nombre de ceux qui, jusqu'alors, composaient ce détachement ». Le curé de Saint-Jean s'en plaignit au maire lequel pria, le 11 juin, le commandant de faire un choix parmi ses hommes pour former le prochain piquet.

Le maire reçut, le 15 juillet, la liste des ouvriers désignés pour faire partie de la levée extraordinaire ordonnée par l'empereur, pour travailler au port de Boulogne. Elle comprenait les nommés Galichet, Dumontier, Mazurier, Vallée, Boulais et Bréchet, charpentiers; Enault et Champion, scieurs de long; Delalande et Vasseur, menuisiers; Cauche et Lemaire, forgeron. Le plus jeune était âgé de 20 ans; deux, Lemaire et Bréchet avaient 50 ans.

Le 20, mourut M. Pierre Dévé, prêtre, âgé de 74 ans, demeurant rue Saint-Jean.

Vers ce temps, le sous-préfet de Rouen donna l'ordre au maire d'Elbeuf de saisir une brochure anti-gouvernementale désignée, si cherchait à la répandre dans notre ville.

Cette année-là, on commença le pavage de la rue des Champs, dans la partie portant maintenant le nom de Porte-Rouge.

Il faut croire que l'application du système métrique était parfaite à Elbeuf, car le commissaire de police, ayant fait une visite générale, ne trouva aucune contravention à signaler.

Les manufacturiers d'Elbeuf reçurent de la mairie, le 20 août, l'avis suivant :

« A trois reprises différentes, trois établissements de mécaniques à carder sont devenus, à Verviers, la proie des flammes.

« La cause de ces affreux accidents est connue. Ils proviennent de déchets de cardes et de dégraissage qui, pour peu qu'ils soient accumulés, ne tardent pas à prendre feu et à brûler ce qui les environne.

« Il est donc du plus grand intérêt qu'ils soient enlevés chaque jour de l'atelier, déposés dans un endroit éloigné de tout bâtiment, et même répandus de manière qu'ils ne puissent s'enflammer.

« La sûreté de tous et de chacun en particulier commande ces précautions, que vous êtes, Messieurs, expressément invités et requis de prendre scrupuleusement. — P. Hayet ».

M. Henri Delarue, n'ayant pas encore rendu le drapeau de la « garde d'honneur », la gendarmerie et le commissaire de police reçurent l'ordre de l'arrêter. Mais quand ce dernier se présenta à son domicile, au commencement de septembre, il apprit que celui qu'il voulait prendre était parti à Paris.

La récolte de 1811, très mauvaise, amena bien des souffrances à Elbeuf. On pourra déjà juger des effets de la disette quand nous aurons dit que le fermier des droits de place de notre ville dut implorer la bienveillance du Conseil municipal, par suite du non approvisionnement de notre marché, où, au lieu de 600 à 1.200 sacs de blé par semaine, il n'en vint plus que 80 ou 100 sacs. Le Conseil vota une indemnité de 1.000 francs au placier.

M. Jacques-Simon Touzé, instituteur, rue Bonaparte, mourut le 13 septembre, à l'âge de 62 ans.

Le 16, étant au palais impérial de Compiègne, « Napoléon, empereur des Français, roi d'Italie, protecteur de la Confédération du Rhin, médiateur de la Confédération suisse » rendit ce décret :

« La rente de 1.481 fr. 48 cent. due au sieur Quesné pour l'acquisition, faite le 25 juin 1779, d'une maison destinée à servir d'hôtel-de-ville et qui a reçu jusqu'à présent cette destination, demeure à la charge de la commune d'Elbeuf.

« Le payement de cette rente et des arrérages sera effectué sur les revenus de cette ville .. NAPOLÉON ».

Le 24, M. Henry, médecin de l'hospice, fut invité par le maire à supprimer le sucre de canne de ses ordonnances, et à le remplacer, conformément aux vues du gouvernement, par « du sucre et sirop de raisin, du miel ou autres matières sucrées prises de substances indigènes ». Le maire écrivit dans le même sens à M. Grémont, pharmacien de l'hospice.

On interdit à Elbeuf la vente et la circulation d'un imprimé portant pour titre : *Enrôlement volontaire de 200.000 filles*.

Par ordre de M. de Gasville, sous préfet de Rouen, le maire fit saisir chez M. Delamare-Vivien, herboriste et marchand de livres, place du Coq, et Mme veuve Vivien, marchande de livres également, une quarantaine d'exemlaires du *Catéchisme* ou *Abrégé de la Doctrine chrétienne*, imprimé par ordre du cardinal de la Rochefoucault, archevêque de Rouen, qui, n'étant pas conforme à celui approuvé par l'empereur, était prohibé.

Le 24 octobre, l'administration municipale procéda à l'adjudication, pour trois années, de l'allumage et de l'entretien des réverbères, au nombre de dix-neuf.

Le gouvernement avait fait inviter les teinturiers se servant d'indigo à remplacer ce produit par le pastel et les avait engagés à cultiver cette plante eux-mêmes. Le maire, pour répondre à une lettre du sous-préfet, lui envoya un état indiquant qu'un seul teinturier d'Elbeuf manipulant l'indigo, M. Join-Lambert, était propriétaire. Un second, établi en ville et employant la même matière colorante, ne possédait aucun terrain.

La Chambre consultative, réunie le 29 octobre, après avoir pris connaissance d'une lettre du préfet, datée du 22, dans laquelle il lui adressait deux exemplaires du procès-verbal, du 28 août 1811, descriptif des procédés employés sous ses yeux, par MM. Benjamin Pavie et Gresset, pour extraire, des feuilles de pastel, un indigo d'une belle qualité, prit cette délibération :

« Désirant assurer le souvenir de la reconnaissance due à ces commerçants, pour l'utile découverte qu'ils ont faite à l'industrie, ainsi qu'au magistrat qui la seconde avec tant de zèle, et qui désire qu'il soit attesté à l'avenir que le département de la Seine Inférieure aura puissamment concouru à fixer en France la connaissance et l'usage d'une richesse nationale trop longtemps méconnue.

« La Chambre a arrêté que les deux exemplaires du procès-verbal en question seront déposés dans les archives et conservés soigneusement pour être donnés à la connaissance des commerçants qui le désireront... »

Marie-Catherine Cavillon, âgée de 24 ans, et Pierre-Charles Mulot, sergent au 54e de ligne, retiré dans ses foyers, après 27 ans de service, avec une pension de retraite, époux dotés par la ville, au nom de l'empereur, se marièrent le dimanche 1er décembre et reçurent 600 francs. La fête commémorative du couronnement ne paraît avoir eu qu'un succès relatif. Le maire, pour la première fois, s'abstint de noter l'esprit bonapartiste de la population.

La récolte de blé en 1810 n'avait pas été bonne, et celle de 1811 avait été pire encore.

Le prix du pain, à Elbeuf, augmenta considérablement, d'autant plus que chaque semaine la ville de Rouen se pourvoyait à notre halle de 80 à 100 sacs de blé environ et que les apports à cette halle avaient diminué d'un tiers. En réponse à une lettre du sous-préfet, le maire répondit le 8 novembre : « Ce n'est plus de la cause du renchérissement du blé qu'il faut s'occuper, mais des moyens de prévenir la disette qui doit s'en suivre ».

Un vicaire général de Rouen, nommé Clément, ayant persisté à ne pas reconnaître les évêques nommés par Napoléon et institués par le pape après le Concordat, était devenu par la suite, le fondateur d'une petite secte religieuse qui avait des ramifications à Elbeuf. En 1811, Victoire Gancel, institutrice dans notre ville, était une des affiliées. Le commissaire de police fit une perquisition chez cette « clémentine », mais n'y trouva aucun catéchisme: d'ailleurs ses rares élèves étaient de tout jeunes enfants. Victoire déclara au magistrat perquisiteur qu'elle restait fidèle à ses convictions, que rien ne ferait changer.

Le premier métier à filer la laine peignée ayant fonctionné en France, fut construit cette année-là par M. Dobo, mécanicien dans l'établissement de M. Ternaux, à Bazancourt, près Reims, pour la fabrication de fils destinés à des étoffes rases, désignées sous le nom de tissus Ternaux. — La peigneuse « Collier », inventée par M. Godard, d'Amiens, fit son apparition six ans après ; on l'utilisa pendant une vingtaine d'années.

La crise de 1810 avait causé une perte de 25 pour 100 du capital employé dans les manufactures d'Elbeuf, de sorte qu'en 1811, elles ne produisirent que 12.000 pièces de drap, qui furent vendues sans profit.

A cette époque, où le pain était fort cher, on fut douloureusement impressionné, le matin du 22 décembre, par la nouvelle de l'incendie de la grange de M. Sément, maire de Saint-Ouen de la Londe, dans laquelle se trouvaient 3.000 gerbes de blé. La gendarmerie d'Elbeuf se mit immédiatement à la recherche des incendiaires.

On avait enregistré pendant le courant de l'année, 245 naissances, 51 mariages et 201 décès.

CHAPITRE XV

(JANVIER-MAI 1812)

Notre première École primaire supérieure. — Chômage des ouvriers et cherté des subsistances. — Troubles a la halle. — Le Puchot. — Le sucre de betteraves. — Nouveaux troubles. — Le blé a 128 francs le sac. — Les soupes économiques. — La librairie a Elbeuf. — Un questionnaire industriel et commercial. — Saisie, a Louviers, de draps d'Elbeuf.

Le 20 janvier 1812, le maire reçut, pour le Bureau de bienfaisance, une somme de 379 fr. « provenant d'un reliquat de caisse de MM. les associés pour les métiers mécaniques à tisser et retordoirs ».

Le 1er février, le Conseil municipal appuya une demande de M. Dupuis, instituteur, qui sollicitait que son école fut rangée au nombre de celles portant la désignation de « maison d'institution ». Le Conseil constata que, dans cet établissement, les enfants recevaient « une instruction parfaitement organisée, s'étendant depuis l'écriture et les premiers éléments de la langue latine jusqu'à la première classe d'humanités ; la grammaire et les mathématiques y étaient également enseignées... »

Le rapport se terminait ainsi : « Cet établissement, le seul de ce genre dans cette ville composée de près de 7.000 habitants, est d'autant plus précieux aux pères de famille qu'ils ont la satisfaction de voir sous leurs propres yeux le progrès de leurs enfants, et qu'il procure au plus grand nombre d'entre eux la facilité de leur donner une éducation dont ils seraient privés... »

Le sous-préfet écrivit le 3 février, au maire de notre ville que le renouvellement de la seconde moitié des conseils municipaux aurait lieu en 1813 ; que ces fonctionnaires étant, pour Elbeuf, à la nomination de l'empereur, et les candidats à présenter devant être choisis par les assemblées cantonales sur la liste des cent plus imposés, il convenait de s'occuper sans délai de la formation de cette liste.

Les quinze conseillers municipaux dont les fonctions devaient se terminer au 31 décembre de l'année 1812 étaient MM. J.-B. Servant Huault, Nicolas Bourdon, Louis Grandin, J.-B. Glin, Thomas Vitcoq, Pierre-Mathieu Bourdon, Amable Corblin, Henri Delacroix, Amable Delaunay, Robert Flavigny fils, Mathieu Frontin, Augustin Dévé, David Ménage (décédé), Joseph Godet (décédé) et Pierre Lejeune (décédé).

Le cardinal-archevêque de Rouen, par ordonnance du 6 février, conformément à une délibération du bureau des marguilliers du 20 janvier 1811 et à un avis du Conseil municipal en date du 22 février suivant, fixa le nombre des vicaires de Saint-Jean à deux. Le traitement de chacun était de 500 francs, payé par la fabrique.

Le 10 de ce même mois, M. Pierre-Henri Hayet, maire, fit publier cet avis à la suite de troubles qui s'étaient produits :

« Le maire de la ville d'Elbeuf, profondément affligé du désordre qui s'est manifesté à la halle, et pénétré du devoir que lui imposent ses fonctions ;

« Déclare qu'il emploiera désormais tous les moyens qui lui sont confiés pour qu'un pareil scandale n'ait plus lieu.

« Qu'espèrent donc les auteurs des violences qui ont été commises ?

« Sourds à la voix du magistrat qui s'est inutilement opposé à leurs excès, ont-ils pu se flatter qu'ils jouiraient impunément d'un triomphe criminel ?

« S'il en est ainsi, qu'ils se désabusent ! L'autorité, dépositaire des lois qu'ils ont si indignement violées, saura les atteindre, et les bons citoyens applaudiront à la juste sévérité qu'elle aura déployée.

« En conséquence d'ordres supérieurs, et pour assurer désormais la tranquillité publique ainsi que l'abondance dans les marchés, il est arrêté :

« Chaque jour de halle, il sera mis sur pied une force suffisante pour y maintenir le bon ordre.

« Les acheteurs seuls seront admis dans l'enceinte ; les curieux en seront écartés.

« Des patrouilles seront chargées d'empêcher les rassemblements tumultueux.

« Les perturbateurs seront arrêtés sur le champ et envoyés devant l'autorité compétente... »

Des troubles graves s'étant également produits, le 4 mars, à la halle du Neubourg, le maire d'Elbeuf écrivit au sous-préfet, pour lui manifester ses craintes de nouvelles émeutes. Au Neubourg, des cultivateurs ayant demandé de 75 à 90 francs de leur blé, la multitude les avait obligés à le livrer à 50 et même à 40 fr. le sac.

Un différend étant survenu entre deux riverains du Puchot, le maire écrivit, le 12 du même mois, au sous-préfet. Voici un extrait de sa lettre :

« L'ingénieur de l'arrondissement m'ayant demandé si nous avions dans nos archives de la mairie une loi ou règlement qui oblige chacun des riverains de ce puchot à laisser sur ses bords la largeur nécessaire pour y placer le produit du curage, je n'ai pu lui faire qu'une réponse négative, en lui observant que la tradition assure que ces sortes de talus existaient autrefois d'un bout à l'autre, ainsi qu'on en voit encore sur quelques propriétés, mais que le plus grand nombre en a disparu, par suite de murs et bâtiments qui y ont été construits.

« En parcourant une partie de ce puchot avec M. l'ingénieur, j'ai dû lui faire remarquer diverses anticipations faites sur sa surface, tant en bâtiments qu'en voûtes plates de maçonnerie qui en embrassent les deux rives, et tellement prolongées qu'il est de toute impossibilité d'y opérer le curage... »

Le maire concluait par la demande d'un règlement, « pour la conservation de cette petite rivière, sans laquelle toutes nos manufactures seraient anéanties... »

Le 15 de ce même mois de février, la municipalité établit un projet de réglement pour l'octroi, s'il lui était imposé. Il comportait 86 articles, plus le tarif pour chaque objet soumis aux droits.

Le 2 mars, mourut à l'âge de 75 ans, rue de l'Hospice, M. Jacques-Armand de Postis fils Armand, rentier, célibataire, né à Grostheil.

Le préfet reçut la lettre suivante, datée du 6 mars, que lui avait envoyée la Chambre consultative de notre ville :

« Par la lettre que vous nous avez fait l'honneur de nous adresser, le 24 du mois dernier, vous nous faites sentir combien il est important de concourir à l'exécution des mesures ordonnées par le décret impérial du 15 janvier dernier, tendant à encourager la fabrication du sucre de betterave et, en conséquence, vous nous faites sentir combien il est important de concourir à l'exécution des mesures ordonnées par le décret impérial du 15 janvier dernier, tendant à encourager la fabrication du sucre de betterave et, en conséquence, vous nous invitez à engager quelques capitalistes à se réunir pour établir ici une fabrique de ce genre, qui puisse employer le produit de la récolte prochaine de cette racine dans nos environs.

« Nous sommes bien pénétrés, Monsieur le préfet, de la nécessité de seconder les vues de S. M. pour un objet d'un si grand intérêt ; mais ce n'est pas ici qu'on doit espérer d'y réussir. Les capitaux y sont trop utiles pour rester oisifs, et ceux qui les font valoir, par un genre d'industrie qui leur est familier, oseront ils jamais les verser dans une entreprise dont ils ne connaissent aucune des opérations, et pour laquelle il faudrait alors se livrer à des essais ruineux, à défaut de pratique qu'aucune théorie ne peut remplacer ; ou bien, il faudrait recourir en aveugles à des individus qui commenceront en s'annonçant comme d'habiles artistes et qui finiront par opérer, en ignorants, la perte de l'association, ainsi qu'il est arrivé tant de fois à des établissements auxquels les apparences promettaient d'abord les plus grands avantages.

« Telles sont, Monsieur le préfet, les réflexions que nous ont présentées les personnes que nous avions invitées de coopérer à l'exécution de ce projet. Il nous a été d'autant plus difficile de les combattre que nous les avions déjà faites nous-mêmes, en sorte qu'il ne nous reste aucun espoir d'atteindre le but que vous vous étiez proposé.

« S'il nous était permis d'exprimer notre opinion à cet égard, nous dirions qu'aucun établissement industriel d'un genre nouveau ne peut se former qu'après des essais faits par des hommes qui y soient expérimentés. Lorsque les résultats en sont satisfaisants, les usines ne tardent pas à se multiplier, souvent même au-delà des besoins... »

Les craintes exprimées par le maire au sujet de nouveaux troubles n'étaient que trop fondées, car voici le texte d'une lettre que reçut de lui le procureur impérial, à la date du 11 de ce même mois :

« ... La tranquillité a été troublée dans notre halle aux grains de samedi. L'ardeur d'un peuple nombreux pour se faire délivrer le blé à des prix arbitraires, y a fait commettre des excès dont vous verrez le détail dans le procès-verbal que j'en ai dressé et que j'ai l'honneur de vous envoyer. J'y joins celui du commissaire de police relatant en même temps le nom des individus qui ont pu être remarqués pour avoir pris part au désordre. Quoiqu'il ne soit peut-être pas possible de présenter contre eux des preuves juridiques, à défaut de témoins qui voulussent déposer, [il serait utile] de faire traduire devant vous au moins ceux qui vous paraîtront les plus coupables. Vous me permettrez alors de vous observer qu'il serait désirable que ce fût avant notre halle de samedi prochain, ce qui imprimerait une terreur favorable aux mesures que je dispose pour y assurer le bon ordre ».

Dans une autre lettre, adressée au sous-préfet, et dans une troisième, envoyée au ministre de la police générale à Paris, le maire relate ce qui s'était passé à la halle du samedi 9 :

« Les murmures qu'avait occasionné au dernier marché le haut prix du blé, m'avaient fait prendre le parti de m'y rendre, accompagné d'un piquet de grenadiers de la garde nationale et de gendarmerie.

« Tout, au commencement, paraissait assez calme ; seulement des groupes de femmes environnaient les cultivateurs, qu'ils sollicitaient de leur vendre beaucoup au-dessous du prix qui leur était fait. Enfin, par lassitude, un d'entre eux a cédé un sac à 40 francs.

« Le bruit en ayant couru sur le champ, chacun a voulu en exiger autant de ceux qu'ils marchandaient. Quelques-uns ont encore cédé, mais malgré eux. Alors, la foule de demandeurs a augmenté considérablement, au point qu'il n'y avait plus moyen de contenir la multitude, qui assaillait les charrettes et s'arrachait les sacs.

« On répandait à dessein que le maire avait lancé, les uns disaient à 40, d'autres à 50 ; ce que j'ai démenti hautement, en me portant, ainsi que les agents de police, d'un bout à l'autre de la halle en tâchant de déterminer les acheteurs et vendeurs à s'arranger ensemble. Mais il était impossible de suffire à tout, en sorte que nombre de laboureurs ont été contraints de livrer à 40, 50 et 60 francs. Il s'en est vendu jusqu'à 72, mais je crois bien que c'est la plus petite quantité ; et au milieu de ce tumulte, il en est quelques-uns qui n'ont pu être payés de tout ce qu'ils ont vendu.

« Enfin, on peut malheureusement dire que la halle s'est passée de manière à en dégoûter ceux qui la fournissaient. J'ai cru devoir les appeler tous auprès de moi ; je leur ai fait part de mes regrets des violences qu'ils avaient éprouvées et je les ai invités à ne pas se décourager, les assurant qu'il serait pris incessamment des mesures pour assurer leur tranquillité.

« Cet engagement de ma part, qui doit être rigoureusement rempli, me conduira auprès de vous lundi à dix heures du matin ; je pense qu'il sera nécessaire que vous veuilliez prendre un arrêté vigoureux sur ce qui vient de se passer, pour qu'il soit affiché ainsi que dans toutes les communes qui ont coutume de nous approvisionner.

« Il faut alors espérer, qu'avec d'autres précautions, nos halles prochaines seront plus calmes, surtout si le cultivateur pouvait avoir le bon esprit de se rendre plus raisonnable dans ses prétentions ».

Le maire se rendit donc à Rouen. A son retour, il écrivit à ses collègues des communes dont les cultivateurs fréquentaient notre marché, pour les informer qu'ils pouraient venir à la prochaine halle en toute sécurité. En effet, leur dit-il, nos deux compagnies de grenadiers et de chasseurs seront commandées ainsi que vingt hommes des compagnies du centre, ce qui devra former environ 250 hommes. « Je ferai en sorte d'y joindre quelques cavaliers bourgeois, écrivit le maire au sous-préfet, en sorte qu'avec la force que vous voudrez bien m'envoyer, il ne paraît nullement douteux que les acquéreurs ne soient contenus et le bon ordre maintenu ».

A cette époque, la halle ouvrait à midi pour le public et à une heure pour les acheteurs en gros ; elle se terminait à deux heures.

Elle se tenait ordinairement dans la rue de Seine — partie de la rue Saint-Jean actuelle située en aval de l'église — vers le bord du fleuve. En cas de débordement, elle se tenait rue de la Barrière, près de la mairie ; il en était de même lorsqu'on craignait quelque trouble, parce que ce dernier lieu était plus commode pour apaiser les tumultes.

Les cultivateurs n'avaient aucune place désignée : au fur et à mesure qu'ils arrivaient, ils mettaient leurs voitures à la suite et les sacs de blé n'en étaient pas descendus.

L'usage était d'ouvrir un sac de chaque voiture, et, lorsqu'il était vendu, on en ouvrait seulement un second. On ne permettait jamais aux acheteurs de monter dans les voitures.

Dans les marchés précédents, où le blé s'était vendu de 70 à 74 francs le sac, l'officier de garde nationale avait pour consigne de rester au poste avec les hommes qu'il commandait.

Le maire, dans une déposition qu'il fit le 12 de ce même mois, dit que les ouvriers ayant pris part au désordre étaient excusables jusqu'à un certain point, ce désordre provenant de leur extrême besoin, ce qui les avait portés en masse à profiter du bon marché qui s'était accidentellement présenté, sans songer à ce que leur conduite avait de criminelle; mais qu'il ne pouvait en dire autant de gens aisés. Enfin, il ne put ou ne voulut nommer ceux que l'on appelait les instigateurs du tumulte.

Quelques jours après, le maire intercéda en faveur de ceux qu'il avait fini par désigner et demanda leur mise en liberté, plusieurs d'entre eux ayant désintéressé un des cultivateurs lésés.

A la halle suivante, tout se passa correctement, malgré le faible apport de 50 sacs et l'immense foule qui se présenta. Il y eut pourtant quelques murmures, tant à cause de la pénurie de grain que de son prix, qui varia entre 60 et 80 francs le sac; ce dernier prix avait été établi par un revendeur.

Les ouvriers sans ouvrage et assez valides pour travailler au chemin de la côte Saint-Auct tendant à la Londe, furent avisés de se présenter à la mairie, à partir du 16 mars.

Le 17, arriva dans notre ville un détachement de 17 hommes à cheval de la garde impériale, à l'effet de protéger l'introduction des grains dans les marchés.

Sous l'empire, on lisait peu à Elbeuf, et il n'y existait point de libraire. Trois commerçants, pour toute librairie, vendaient des livres d'église: MM. Constant Fouard, mercier; Ch. Delamare-Vivien, herboriste et épicier, et Mme veuve Vivien, rubannière et regrattière.

Un autre boutiquier, M. Auguste Beaudouin, louait quelques romans et vieux bouquins, mais n'en vendait aucun : c'est ce que nous apprend une pièce adressée à la préfecture le 18 mars.

Deux ans plus tard, un autre état de la librairie à Elbeuf fut encore envoyé au préfet. Nous n'y voyons aucun changement sur celui de 1812, sauf qu'une note mentionne que M. Delamare-Vivien était devenu pharmacien et herboriste à Pont-de-l'Arche, et que c'était sa femme qui tenait la petite boutique de livres d'église et de classe à Elbeuf.

La misère allait toujours en croissant par suite du manque de travail et de la cherté des subsistances. On fit quelques essais de mélange de farines d'orge et de blé, pour en fabriquer un pain plus économique, mais l'orge augmenta à son tour. On essaya aussi de soupes dites à la Rumpfort ; on dut y renoncer à cause de la cherté des légumes qui y entraient. Le meilleur résultat obtenu pour le soulagement des pauvres était celui produit par des quêtes mensuelles, dont les fonds, malheusement, ne tardaient guère à s'épuiser. Le maire se plaignit à l'administration supérieure de la triste situation des familles pauvres, sans cependant pouvoir obtenir de secours du Département, car dans toutes les villes de la région la classe ouvrière était aussi en grande souffrance.

Le maire eut même à se défendre contre les boulangers de Rouen, prétendant qu'il les empêchait d'acheter du blé à notre halle. La vérité était qu'il venait si peu de blé aux marchés que les bourgeois et les ouvriers achetaient tout et qu'il n'en restait même pas pour les boulangers de notre ville; les cultivateurs, pour la plupart, vendaient leurs grains chez eux. Le marché du Neubourg était aussi mal approvisionné que celui d'Elbeuf; c'est à peine s'il y venait 50 sacs de blé par semaine.

A la halle du 28 mars, le blé fut vendu de 81 à 102 fr. le sac. Le maire écrivit au sous-préfet : « Le marché s'est passé avec calme et dans la consternation. Le nommé Leblond, maire de Saint-Amand, n'a pas craint de tenir longtemps son blé à 110 fr. C'est avoir une grande confiance dans la force armée... Les circonstances deviennent de plus en plus critiques... »

En ce même temps, un certain nombre de cultivateurs d'Elbeuf furent réquisitionnés pour cultiver la betterave. Le maire leur remit des instructions sur cette culture.

M. Henri Hayet, reçut avis, le 3 avril, que le nommé J.-P. Vallée, d'Elbeuf, était déserteur du port de Boulogne, depuis le 4 février précédent.

Pendant que, dans la Seine-Inférieure, on suivait rigoureusement les arrêtés concernant la libre circulation du grain, dans l'Eure, au contraire, on s'y opposait. Ce fut ainsi que le charretier de M. Auguste Dévé, d'Elbeuf, fut arrêté à Ormes, avec un chargement de quatre sacs de blé, emprisonné et conduit à Evreux.

A la halle du 4 avril, le blé se vendit de 100 à 110 fr. le sac.

Le Comité de bienfaisance fut complété, le 6, par la nomination de M. Jean-Baptiste-Pierre Grandin, membre du Conseil général du département, et Michel Langlois, conseiller municipal.

A cette époque, il y avait entre vingt et

vingt-cinq malades à l'hospice, dont la moitié seulement étaient en état de manger. On les nourrissait avec des « soupes économiques », ordonnées par un décret impérial du 24 mars précédent.

Il fut apporté 170 sacs de blé à la halle du 11, qui furent vendus de 98 à 102 francs.

Dans un rapport daté du 14, il est dit que l'industrie d'Elbeuf ne désire qu'une chose : c'est de pouvoir exporter les nombreuses et belles étoffes que produit notre ville, grâce à la multiplication de mécaniques de tous genres.

Le lendemain, le maire réglementa la boulangerie. Des inspecteurs furent chargés de vérifier le pain, qui valait alors de 5 sous 1/2 à 6 sous la livre, suivant la taxe fixée par la municipalité.

Un autre rapport, en date du 17 avril, porte que les soupes économiques mises à la disposition des pauvres, coûtaient 2 sous 7 deniers chacune d'environ un litre, répondant à une demi-livre de pain, non compris les frais de cuisson et de manipulation.

A la halle du 18, on apporta 180 sacs de blé ; leur prix varia entre 115 et 120 francs. A celle du 25, il y eut 160 sacs de blé, qui furent vendus de 120 à 128 francs. Le maire de Saint-Amand avait eu la prétention de vendre le sien 140 francs le sac.

Voici une série de questions posées par le sous-préfet, avec les réponses qu'y fit la Chambre consultative.

D. — Le commerce a-t-il contribué, par l'exportation, à l'activité des manufactures, au perfectionnement de leurs produits, pendant le trimestre ?

R. — Les produits de nos manufactures

qui ont été exportés pendant le premier trimestre de 1812, s'élèvent à peine au trentième de ce qui s'est fabriqué pendant cet intervalle, on ne peut pas dire que le commerce ait eu, par l'exportation, aucune influence sur leur activité ni sur le perfectionnement de nos draps.

D. — N'a-t-il pas été nuisible à l'industrie, par l'importation ? A-t-il servi à empêcher que le prix des denrées ou des marchandises ne s'élevât davantage ?

R. — Il n'y a pas lieu de penser que le commerce ait été nuisible à l'industrie manufacturière par l'importation, puisqu'il n'a introduit aucunes étoffes qui puissent rivaliser avec les nôtres. Il a dû servir à empêcher que les prix des denrées ou des marchandises ne s'élevât davantage, par l'importation des matières premières et des ingrédients, et surtout des articles propres aux teintures, dont néanmoins les prix sont beaucoup trop élevés.

D. — Quelles ont été les causes des faillites ?

R. — Les faillites, qui ont été multipliées dans ces derniers temps, proviennent : 1º De la crise résultant des opérations sur les denrées coloniales ; 2º De spéculations malheureuses ou mal combinées ; 3º De la stagnation totale que cette crise a produite dans les affaires, tant par le défaut d'espèces que par celui de confiance.

D. — Est-il survenu quelques variations brusques ou notables dans le prix des principales marchandises ?

R. — Il est survenu depuis un an, dans le prix des marchandises, une baisse successive de 15 à 20 0/0, qu'a dû causer cette longue stagnation, suite fatale de la misère générale.

Cette baisse s'est constamment maintenue dans le trimestre qui vient de s'écouler.

M. Pierre-Jacques-Fosse, qui avait joué un certain rôle pendant la Révolution et exerçait sous l'empire la profession d'écrivain public rue Notre-Dame, mourut le 22 avril, à l'âge de 67 ans.

Le 25, le maire d'Elbeuf reçut un mandat de 500 francs pour l'achat de denrées nécessaires à la confection des soupes économiques.

A cette époque, des trente-cinq ouvriers elbeuviens arrêtés à la suite de l'affaire de la halle du 7 mars, trente avaient été remis en liberté. Le maire écrivit au conseiller d'Etat chargé de la police générale, afin de faire relâcher également les cinq autres.

Peu d'acheteurs se présentèrent à la halle du 3 mai, où il y avait 180 sacs de blé ; par suite, le prix baissa et le sac se vendit entre 108 et 114 francs. A la suivante, on apporta 150 sacs, qui s'écoulèrent entre 112 et 117 fr.

Le 9, le maire mandata à des marchands de Rouen la somme de 730 fr. 79 pour 9 sacs de riz achetés par la ville.

Le 16 mai, une heure après l'ouverture de la halle, le maire reçut un arrêté du préfet concernant l'exécution d'un décret impérial en date du 8 du même mois, fixant les prix du blé et des farines. Il fit aussitôt afficher cet arrêté, qui produisit une réaction salutaire. Les 120 sacs de blé apportés furent vendus entre 77 et 80 francs chacun.

Un rapport, en date du 19, mentionne qu'en temps d'abondance on apportait à la halle 52.100 hectolitres de blé par an, dont 2.300 en mai, 2.900 en juin et 3.200 en juillet, environ.

Une nouvelle, concernant plus spécialement la fabrique, vint augmenter les craintes générales dans notre ville.

A partir du 21 mai, le commissaire impérial de l'arrondissement de Louviers, se basant sur un décret de l'empereur daté du 25 juillet 1810, fit saisir tous les draps d'Elbeuf coiffés de lisières jaunes qu'il put trouver dans les moulins à foulon de son ressort, et l'on redoutait pareille mesure dans notre ville, où la majeure partie des draps avaient des lisières semblables. Le maire écrivit au préfet ; voici un extrait de sa lettre :

« Ce n'est pas à moi, Monsieur le préfet, de vous démontrer l'impossibilité dans laquelle ont été les manufacturiers de se conformer à un décret dont ils n'ont eu ni communication ni notification quelconque et qui, par conséquent, n'était point obligatoire pour eux ; mais ce qu'il m'importe de mettre sous vos yeux, ce sont les résultats les plus funestes que va produire cette mise à exécution, tout au moins prématurée. La saisie de ces draps, qui seront en nombre immense, va ruiner les fabricants et nécessairement les milliers d'ouvriers qu'ils alimentent.

« C'est pour prévenir une pareille catastrophe que je m'empresse, Monsieur le préfet, de vous informer des dangers dont nous sommes menacés, vous priant de vouloir bien user de votre influence pour faire connaître la vérité à S. E. le ministre des manufactures et du commerce, et en obtenir au plus tôt mainlevée de la saisie opérée sur une aussi grande quantité de marchandises, sauf l'ordre à donner aux manufacturiers pour qu'ils n'en puissent prétexter d'ignorance de se conformer à l'avenir aux dispositions du décret précité s'il est vrai qu'il ait été rendu ».

A la date du 29, les boulangers étaient sans farine. Notre administration en informa les autorités supérieures, en ajoutant qu'il fallait nécessairement à la ville d'Elbeuf de 100 à 120 sacs par semaine.

A la halle du lendemain samedi 30 mai, on n'apporta pas un seul grain de blé, par suite des réquisitions faites par le préfet de l'Eure dans notre circonscription agricole. C'était donc de Rouen, seul, que notre halle approvisionnait autrefois, que la population elbeuvienne devait attendre sa nourriture.

Le lendemain, des poursuites furent exercées contre un boulanger de la ville qui livrait du pain falsifié.

Le sous-préfet ordonna de nous livrer 40 sacs de blé pendant deux jours. Cet apport fit vivre nos concitoyens, grâce aux dispositions prises par le maire, afin que chaque famille en eût sa part, basée sur le nombre de ses membres.

M. Daniel Ménage, membre de la Chambre consultative, étant décédé, l'assemblée n'eut, le 26 mai, qu'à tirer un seul nom au sort, pour le renouvellement par tiers de ses membres, conformément à l'arrêté du gouvernement daté du 10 thermidor an XI. Le nom de M. Mathieu Quesné sortit; mais cet industriel fut réélu, avec M. Louis-Robert Flavigny.

CHAPITRE XVI

(JUIN-DÉCEMBRE 1812)

La disette continue. — Plainte adressée au ministre par les fabricants d'Elbeuf contre ceux de Louviers; les lisières jaunes. Affaires diverses. — Création de fonds secrets pour la répression des vols de fabrique. — La conspiration du général Mallet. — Rétablissement de l'octroi. — La ville ne peut trouver une (« rosière ») pour le mariage annuel. — Plainte contre les fabricants de Caudebec. — Les tondeuses a lames hélicoïdales.

La disette continuait. Les portes des boulangers étaient assaillies au point que notre administration municipale craignit des accidents.

Le 1ᵉʳ juin, les boulangers se rendirent à Rouen, dans l'espoir d'obtenir de la farine; ils revinrent sans rien rapporter. Alors le maire envoya M. Drevet auprès du sous-préfet, pour lui exposer la situation terrible dans laquelle allait se trouver notre ville. Cette démarche eut pour résultat l'envoi de six sacs de farine, alors qu'un grand nombre d'ouvriers étaient sans pain depuis deux jours. M. Parfait Maille fut, à son tour, délégué vers l'administration supérieure.

Le 5, on apprit qu'un bateau chargé de plusieurs sacs de riz, à destination de notre ville, avait été arrêté à Rouen. Des fabricants avaient acheté ce riz pour alimenter leurs ouvriers et confectionner des soupes économiques, dont ce grain était la base principale. Le maire signala au sous-préfet cette violation de la loi sur la libre circulation des subsistances.

Ce même jour, le maire s'adressa à un marchand de Meaux, pour un achat de plusieurs centaines de sacs de farine. Ce même jour encore, notre premier magistrat écrivit au préfet d'Eure-et-Loir, afin de le prier d'autoriser un achat de blé dans son département, « pour rendre la vie, dit-il, à des milliers de malheureux auxquels il ne reste aucun autre moyen de satisfaire une faim dévorante ».

Entre temps, la mairie acheta à Rouen 40 sacs de riz, pour le prix de 3.558 francs.

La halle du 6 juin fut encore complètement nulle ; on n'y vit aucun grain, et à la suivante pas davantage.

Le 9, il n'y avait chez les boulangers ni pain ni farine. On obtint huit sacs de farine à Chartres, grâce à la recommandation du préfet de la Seine-Inférieure.

A cette époque, une partie des ouvriers sans travail fut occupée à réparer le chemin d'Elbeuf à la Londe, au-dessus de la côte Saint-Auct. 3.000 francs furent consacrés à ces travaux.

Le 11, il arriva 84 sacs de farine, achetés à Chartres pour le compte de notre ville. Le même jour, un boulanger fut envoyé par le maire auprès du préfet de l'Oise, avec une lettre de recommandation, pour prier ce fonctionnaire de laisser acheter des grains ou des farines dans son département. Dans cette lettre, il représentait que 7.000 ouvriers d'Elbeuf étaient sans pain et que de nombreux enfants périssaient faute de nouriture.

Le 20, le maire envoya son premier adjoint, M. Lefebvre, auprès du préfet d'Eure-et-Loir, pour le remercier de son intervention et le prier de la continuer encore afin de soulager les malheureux habitants d'Elbeuf.

A cette époque, les voitures publiques entre Elbeuf et Rouen, pour le transport des voyageurs, consistaient en deux bateaux sur la Seine et une messagerie par terre. Ce service suffisait, car il arrivait que cette dernière ne faisait pas toujours ses frais.

Nous avons dit qu'un grand mécontentement régnait depuis quelque temps, chez nos fabricants, au sujet de saisies de draps elbeuviens opérées à Louviers. La Chambre consultative adressa, le 18 juin, la lettre suivante au ministre du Commerce et des Manufactures :

« Monseigneur,

« Les fabricants de la ville d'Elbeuf se livraient à leurs travaux ordinaires, avec la sécurité qu'inspire un gouvernement protecteur de l'industrie, lorsque l'événement le plus inattendu a jeté parmi eux la surprise et l'alarme.

« Se fondant sur un décret impérial rendu, dit-on, le 25 juillet 1810, lequel attribuerait exclusivement à la ville de Louviers la faculté de coiffer ses draps d'une lisière jaune et bleue. M. le procureur impérial de cet arrondissement est venu mettre une saisie sur nombre de leurs draps déposés dans divers moulins à foulon de sa dépendance.

« Un acte de cette nature, qui pouvait avoir les plus funestes conséquences en paralysant tout-à-coup des milliers de bras, supposait sans doute, de la part des fabricants d'Elbeuf, la connaissance du décret impérial sur lequel on s'appuyait pour sequestrer leurs étoffes et suspendre leurs travaux. Il n'est cependant que trop vrai que cette connaissance n'a pu leur être acquise, puisque ce décret n'a été inséré au *Bulletin des Lois*, ni notifié à qui que ce soit.

« Comment donc a-t-on pu sévir contre eux, en vertu d'une loi qui ne leur est pas obligatoire ? Convaincus de l'illégalité de cette procédure, ils ont dû se presser d'en porter leurs plaintes à M. le préfet, qui a bien voulu les accueillir avec tout l'intérêt que méritent d'aussi précieux établissements. Les heureux effets de son intervention bienfaisante n'ont pas tardé à se faire sentir, et les draps saisis ont été rendus.

« Après avoir exposé à V. E., Monseigneur, les causes du trouble qui a été apporté momentanément dans les opérations des manufacturiers d'Elbeuf ; il nous paraît nécessaire de lui faire connaître les motifs que nous avons à craindre que leur industrie n'éprouve de grandes entraves, si le décret du 25 juillet n'éprouvait quelque modification interprétative ; car, malgré la justice qui leur a été rendue, ce qui a été fait peut encore se répéter. Nous pouvons même assurer qu'ils en sont menacés.

« Les fabricants d'Elbeuf, au nombre d'environ 120, livrent annuellement 18 à 20.000

pièces de drap. L'exploitation des nombreux ateliers de la Belgique est encore plus considérable, et on peut dire qu'il s'en fait présentement dans toutes les parties de l'empire. Presque toutes ces fabriques sont dans l'usage de coiffer leurs draps de lisières jaunes, parce que cette couleur est celle qui s'assortit le mieux avec toutes les autres et qu'elle paraît la plus goûtée du consommateur. On ne pourrait les en priver sans produire l'effet le plus désastreux pour leur débouché, tant de l'intérieur que de l'étranger.

« Ces lisières sont en majeure partie bordées de noir; quelques-unes le sont en bleu. D'après le texte du décret, celles-ci sans doute étaient les seules qui dussent fixer l'attention de M. le procureur impérial de Louviers; mais il a jugé à propos de les envelopper toutes dans la proscription; en sorte que, dans son système, non seulement tous les draps en fabrication, mais encore ceux en circulation, seraient saisissables, ce qui, en effet, a eu lieu dans divers magasins de la capitale.

« V. E., Monseigneur, ne verra pas sans étonnement que le décret dont il est question serve de prétextes à de pareilles vexations, et que les fabricants de Louviers, qui ne sont rien auprès de la masse imposante des autres manufactures, osent porter ainsi le désordre dans des ateliers auxquels il est si intéressant de conserver toute leur activité dans les circonstances actuelles.

« Si nous eussions été entendus, avant que la lisière jaune et bleue leur ait été particulièrement attribuée, nous leur aurions demandé à quel titre ils sollicitaient cette faveur, dont assurément leur faible exploitation et leurs qualités très inégales les rendent si peu dignes. Nous aurions rappelé à quel point un pareil privilège est contraire aux principes de liberté, dont l'adoption a donné un si grand accroissement aux manufactures françaises. Enfin, nous aurions représenté que tous les réglements qui ont eu lieu depuis le grand Colbert nous ont mis en possession d'une lisière moitié bleue et moitié jaune pour nos draps « doubles broches », qui jouissent de toutes parts d'une réputation aussi ancienne que méritée.

« Mais en respectant la décision de Sa Majesté, nos fabricants ne doivent pas être exposés désormais à se voir investis d'huissiers et arrêtés dans leurs opérations. Il est donc à propos qu'en laissant jouir la ville de Louviers de sa lisière jaune et bleue, elle soit contrainte de rester dans des limites qui puissent garantir aux autres leur tranquillité.

« Ces motifs nous conduisent, Monseigneur, à conclure à ce qu'il plaise à V. E., en interprétation du décret du 25 juillet 1810 :

« 1° Conserver aux fabricants d'Elbeuf, pour leurs draps, l'usage de la lisière jaune et noire.

« 2° Les maintenir dans la possession de celle moitié bleue, moitié jaune, pour ceux dits « doubles broches ».

« 3° Leur accorder le délai de six mois pour l'emploi des matières disposées pour les lisières jaunes et bleues, lequel délai expiré, il ne leur serait plus permis de coiffer leurs draps de ces deux couleurs réunies, à moins d'en ajouter une troisième... »

Dans le courant de cette année, la Chambre consultative fut consultée par le gouvernement sur des questions d'importation et d'exportation, sur les causes des faillites, etc. En juin, elle émit l'avis de réclamer à nouveau contre le décret impérial qui accordait des lisières à la fabrique de Louviers ; elle écrivit plusieurs lettres au ministre à ce sujet.

Cette même Chambre vota une somme de 1.500 francs à réunir par voie de souscription, pour la répression des vols de fabrique, et adopta des mesures propres à prévenir la contrefaçon des draps.

Au 20 juin, le maire dut s'absenter ; le second adjoint était lui-même absent pour des affaires personnelles ; enfin M. Lefebvre était en voyage pour rechercher des subsistances, qui faisaient défaut. Une délégation de M. Hayet fut remise à M. Baptiste Grandin, pour administrer la ville provisoirement.

Le 22, Napoléon, aveuglé par sa puissance et son ambition, commit la plus grande faute de son règne : il déclara la guerre à la Russie. A cette époque, l'industrie française subissait une crise terrible : les magasins étaient remplis de marchandises invendues, les faillites se multipliaient, les trois quarts des ouvriers étaient sans travail et la récolte s'annonçait comme devant être défavorable. En outre, beaucoup de denrées coloniales, le sucre et le café, par exemple, avaient atteint des prix fabuleux.

Depuis quatre semaines, notre population avait vécu de farines achetées en Eure-et-Loir ; au dernier voyage, M. Loiselet, son agent, n'avait pu en trouver que 34 sacs, alors qu'il comptait sur 80, car le pays Chartrain était battu aussi par les boulangers de Rouen. Le maire écrivit au préfet de ce département, à la date du 2 juillet, en le priant de prendre notre ville en pitié encore pendant trois ou quatre semaines.

Le 7, une somme de 935 francs, envoyée par le gouvernement pour le service des soupes économiques, fut mise à la disposition de notre municipalité, mais elle était de beaucoup insuffisante pour couvrir les dépenses précédemment faites, qui s'élevaient à plus de 2.500 fr. par mois. Le 30 juillet, notre ville reçut une somme de 2.800 francs en un mandat du sous-préfet.

M. Louis-Charles Capplet, né à Rouen, époux de Marie-Louise Flavigny, rentier, rue de l'Hospice, mourut le 15 juillet, à l'âge de 78 ans.

A la halle du 8 août, furent apportés les deux premiers sacs de blé de la nouvelle récolte ; ils venaient de Cesseville, et leur propriétaire voulut les vendre à raison de 105, puis de 100 francs le sac. Le commissaire de police, en ayant été informé, fit sequestrer les deux sacs et dressa procès-verbal contre le cultivateur, qui venait de commettre une contravention à la loi sur la taxe des grains, laquelle fixait à 40 francs le prix du blé.

L'avis suivant fut affiché dans les cantons voisins par les soins de l'administration elbeuvienne :

« L'amélioration des laines nationales les rendant propres à la fabrication des draps d'Elbeuf, dont les nombreuses manufactures en emploient une grande quantité depuis plusieurs années, les cultivateurs doivent y trouver un débit prompt et avantageux du produit de leurs troupeaux. Il est donc convenable à leurs intérêts qu'il leur soit indiqué un jour où ils puissent les exposer en vente, afin que les fabricants d'Elbeuf, Louviers, Darnétal et autres viennent y faire leurs achats.

« Le maire de la ville d'Elbeuf leur désigne à cet effet le premier de septembre de chaque année, jour de la foire Saint-Gilles ; et pour lieu d'exposition la grande route tendant au Neubourg, hors la porte de Paris.

« Les propriétaires des laines qui pourraient rester invendues trouveront, dans ladite ville, des maisons de commission, ayant de vastes magasins, qui se chargeraient de leur en procurer la vente. Ils peuvent donc les y apporter en pleine confiance, ainsi qu'ils en sont invités ».

A la date du 12 août 1812, les registres municipaux portent un rapport intéressant sur le Puchot ; malheureusement, une partie du texte a été endommagée par l'humidité et la lecture en est difficile. Le Conseil arrêta qu'un plan du cours d'eau serait dressé par un ingénieur.

On nota qu'à la fête du 15 août, le peuple se rendit en assez grand nombre « au bal champêtre, pour jouir des danses, qui se prolongèrent jusque dans la nuit ».

Le marché du 16 août causa une joie générale à Elbeuf et dans toute la contrée. Douze sacs de blé nouveau furent présentés à la halle. Ce grain fut vendu de 30 à 37 fr. 50 l'hectol.

Le 25, le maire écrivit au préfet d'Eure-et-Loir :

« La récolte qui vient de se faire commençant à ramener l'abondance, j'ai lieu d'espérer que l'approvisionnement de notre halle va désormais suffire aux besoins de ma commune, qui, depuis près de trois mois, n'est alimentée que des fruits de votre bienveillance.

« Je vais donc cesser, Monsieur le préfet, de vous importuner, et il ne me reste plus qu'à vous présenter les sentiments de ma respectueuse reconnaissance. Dieu veuille que pareille crise ne se fasse plus sentir ! S'il arrivait qu'il en fut autrement, je prendrais la liberté de recourir encore à vos bontés ».

Un des plus braves soldats qu'Elbeuf ait fourni aux armées impériales fut M. Michel-Frédéric Petit, fils d'un cabaretier entrepreneur de bals publics. Conscrit en 1806, il avait été exempté comme impropre au service. Mais il s'engagea et se conduisit de telle manière qu'il était chevalier de la Légion d'honneur en 1812, époque où il était revenu habiter notre ville.

Le 27 août, la Chambre consultative, afin de réprimer ou prévenir les vols de fabrique et empêcher l'usage du nom d'Elbeuf par les fabricants « horsains », prit cette délibération :

« 1° Qu'il soit fait un fonds destiné aux recherches et aux poursuites des auteurs et complices des vols et contrefaçons dont est question ;

« 2° Que ce fonds soit porté à la somme de 1.500 francs et qu'il soit renouvelé lorsqu'il sera épuisé.

3° Que les fabricants de cette ville soient invités d'y concourir, chacun à raison de 15 c. par franc du montant de sa patente, pour la première mise.

« 4° Que l'emploi de ces fonds soit dirigé par la Chambre consultative, sans qu'elle soit tenue d'en rendre aucun compte, sinon à l'autorité supérieure dans le cas où elle viendrait à le demander ».

Quelque temps après, la Chambre désigna

MM. Jean-Pierre Lefort et Louis-Robert Flavigny pour employer ces fonds, de concert avec le juge de paix.

Mentionnons, en passant, la date du 7 septembre, jour de la victoire de Borodino ou de la Moscova, et celle des 15-20 du même mois qui vit brûler Moscou et jeta la terreur dans l'esprit de la grande armée de 600.000 hommes que commandait Napoléon.

Le matin du 26 septembre, on apprit qu'une tentative d'assassinat avait été commise dans le bois des Essarts, sur un voyageur parti de Rouen pour Elbeuf. La gendarmerie de notre ville fut mise en mouvement pour trouver le coupable.

Le 6 octobre, la ville décida de bâtir un presbytère pour la cure de Saint-Jean.

Le 24, procès-verbal fut dressé contre un fabricant de Saint-Aubin, qui marquait ses draps du mot « Elbeuf ». On dénonça le délinquant au procureur impérial.

Le lendemain 25, notre ville, comme beaucoup d'autres, fut mise en émoi par les nouvelles extraordinaires qui lui étaient parvenues de Paris.

Le général Mallet, qui avait déjà conspiré en Espagne contre Napoléon, s'était présenté à la prison de la Force et avait fait mettre en liberté les généraux Lahorie et Guidal. Alors, lui et ses deux compagnons avaient proclamé partout que l'empereur était mort le 7 octobre devant Moscou. Ensuite, ils firent arrêter le ministre de la guerre et le préfet de police. Ils avaient même organisé un gouvernement provisoire. Mais d'autres autorités de Paris, instruites de ce mouvement audacieux, arrêtèrent Mallet et ses complices, qui furent fusillés quelques jours après, ainsi que plusieurs officiers qu'ils avaient entraînés.

Ces événements extraordinaires furent le sujet d'une lettre que le maire d'Elbeuf adressa au sous-préfet, le 27 octobre :

« J'ai reçu avec reconnaissance les détails que vous avez eu la bonté de me transmettre sur la tentative aussi extravagante que criminelle des trois généraux arrêtés. La nouvelle désastreuse qu'ils avaient inventée pour servir à l'accomplissement de leurs coupables projets, n'a servi qu'à mettre dans toute son évidence l'amour sincère des Français pour leur auguste monarque.

« A l'alarme qu'avaient répandu parmi mes administrés ces sinistres bruits, a succédé la plus vive allégresse, lorsque la fausseté en a été connue.

« J'ai fait publier à leur réception, Monsieur le sous-préfet, les deux affiches que vous m'aviez adressées, qui ont pleinement confirmé l'heureux résultat qu'on avait déjà fait espérer. J'ai recommandé aux agents de police de cette ville un redoublement de surveillance à l'égard des étrangers ; si on venait à découvrir quelqu'un de suspect, vous en seriez de suite informé ».

M. Delarue-Delamaribert avait émigré et était parti en Amérique, où il mourut. En 1812, après sa mort, on l'amnistia. Il avait trois sœurs à Elbeuf qui héritèrent de lui. Mme Vimont, Isabelle-Sophie Delarue, et Aimée Delarue femme Gueroult.

Nous avons vu que l'administration de notre ville avait résisté à l'établissement d'un octroi. Malgré le décret du 17 mai 1809, elle était parvenue à l'éloigner ; mais, en raison d'ordres supérieurs, le maire prévint les habitants, le 13 novembre, qu'un octroi serait établi dès le lendemain 14. M. Radier en fut nommé le receveur,

Le 14 et jours suivants, des visites furent faites aux celliers pour dresser un inventaire des articles soumis au tarif, déjà établi, qui y existaient.

Le 29, on fit le dépôt des marques devant servir à mettre une empreinte sur les viandes de boucherie. La première se composait des initiales E V entourées d'un cercle de 36^{mm} de diamètre; la seconde était ainsi composée : E P, et la troisième E M ; les lettres de ces deux dernières marques avaient deux centimètres de hauteur.

Le maire avait déjà exposé au sous-préfet l'embarras dans lequel il se trouvait pour marier une rosière, conformément au décret du 19 février 1806. Il avait fait des publications en ville et aucun épouseur ne s'était d'abord présenté. Le 24 novembre, il écrivit à son chef immédiat :

« Vous m'engagez à nouveau à prendre les mesures convenables pour assurer le mariage de la rosière, qui doit avoir lieu le premier dimanche de décembre prochain, jour anniversaire du sacre et du couronnement de S. M.

« J'ai fait, Monsieur le sous-préfet, tout ce qu'il a été en moi pour que ce mariage ait lieu. J'ai fait publier un avis à son de caisse pour appeler les concurrents : un seul militaire s'est présenté, avec la personne qu'il offrait pour rosière.

« Sur le champ, j'ai convoqué le Conseil municipal pour qu'il donne son avis ; comme le délai pour les publications de bans pressait, j'ai engagé les deux [futurs] époux à remplir cette formalité.

« Les choses en étaient à ce point, lorsque, lundi dernier, le militaire est venu m'annoncer que le père de sa future se refusait obstinément à donner son consentement, quelques efforts qu'il ait faits pour l'obtenir. Ainsi, je me vois dans la nécessité de vous annoncer que nous ne pourrons faire de mariage cette année, faute de sujets.

« Je compte remplacer cette dépense par un acte de bienfaisance envers les malheureux indigents, consistant en une distribution de pain et de bois, vu la rigueur de la saison ».

Au fond, le maire n'était pas fâché de cet incident, car il ne lui restait de disponible qu'une somme de 200 francs pour la dot de la rosière, et il eut été fort embarrassé pour trouver les 400 autres.

Le jour de la fête, les prêtres des deux paroisses firent une distribution supplémentaire aux indigents au nom du Bureau de bienfaisance. Le soir, il y eut des danses et des illuminations.

Le 25 novembre 1812, date fatale à l'armée française, vit engloutir 20.000 de nos soldats, dont une quarantaine environ d'Elbeuf, dans la Bérézina. On évalua à 300.000 le nombre des Français qui, revenant de la funeste campagne de Russie, ne repassèrent jamais le Niémen. On sait que Napoléon abandonna les débris de son armée le 6 décembre et accourut à Paris.

Le 12 décembre, le Conseil communal d'Elbeuf autorisa l'établissement d'un vicaire et de deux prêtres habitués à Saint-Etienne.

En ce même mois, la Chambre consultative

s'occupa de la désignation d'une lisière spéciale aux draps d'Elbeuf. Peu après, elle envoya des commissaires à Paris pour solliciter l'autorisation de prendre cette lisière. Les députés, MM. Lefort et Petou, réussirent dans leurs démarches, qui firent attribuer à notre fabrique une lisière jaune et bleue. La Chambre leur vota des félicitations.

D'une lettre adressée, le 14 décembre, par la Chambre consultative au préfet, nous détachons les passages qui suivent :

« ... Nous profitons de cette circonstance, Monsieur le préfet, pour vous faire part de l'abus qui, au mépris de la loi, s'est introduit dans une commune voisine de la nôtre.

« Caudebec ne renfermait aucune fabrique avant la Révolution. Depuis cette époque, il s'y en est élevé plusieurs qui travaillent généralement dans les basses qualités et qui toutes se permettent d'inscrire sur leurs draps le nom de « Caudebec-lez-Elbeuf », prétendant que leur commune est ainsi désignée depuis un temps immémorial. Mais il en résulte que les deux mots « Caudebec-lez » étant ensuite enlevés, soit par le fabricant lui-même, soit par l'acheteur, le mot « Elbeuf » reste seul et annonce comme de cette ville des draps qui n'en sont pas ; en sorte que ces fabriques, depuis peu sorties du néant, payant leurs loyers et impositions de tout genre beaucoup moins que celles d'Elbeuf, usurpant son propre nom, profitent avec beaucoup plus d'avantage d'une réputation acquise par d'anciens efforts et maintenus par la plus active industrie.

« En vain les fabricants de Caudebec diront-ils qu'il leur est nécessaire de se servir des mots « lez-Elbeuf » pour distinguer leur commune de celle de Caudebec-sur-Seine. On leur répondra que cette distinction peut être permise pour leur correspondance seulement, mais non pas pour les marques de leurs étoffes, qui portent alors évidemment le nom d'une ville qui n'est pas la leur, ce qui est expressément défendu par la loi.

« La surveillance dont nous sommes chargés nous impose sans doute l'obligation de faire connaître au ministère public cette infraction; mais considérant les peines qu'elle entraîne et devant présumer que les fabricants de Caudebec se croyent fondés dans l'inscription qu'ils donnent à leurs draps, nous ne demandons pas qu'ils soient punis de leur erreur, mais qu'ils soient prévenus des risques qu'ils courent.

« N'ayant aucun titre qui nous autorise à prendre ce soin, nous ne pouvons, Monsieur le préfet, que mettre sous vos yeux notre position et vous prier de vouloir bien nous indiquer comment nous devons nous conduire en cette circonstance pour la conservation des intérêts qui nous sont confiés ».

Par un décret impérial du 22 de ce mois, inséré au *Journal de l'Empire* du 29, toutes les manufactures de draps purent, sur le vœu des Chambres consultatives, obtenir l'autorisation de mettre à leurs produits une lisière particulière à chacune d'elles.

En conséquence, notre Chambre se réunit le 31 et prit cette délibération :

« Considérant : 1º Qu'il importe à l'intérêt des nombreuses manufactures de cette ville de s'occuper sur le champ du choix de la lisière dont elles devront se servir pour leurs draps ; 2º Que les draps d'Elbeuf étant distingués par leur qualité bonne et corsée approchant généralement de celle connue sous le nom de draps « double broche », pour lesquels ces fabriques se servent depuis un temps immémorial d'une lisière moitié bleue, moitié jaune, qui leur a été particulièrement attribuée par les anciens réglements ; que les draps blancs ne peuvent être coiffés qu'en bleu, à cause de l'opération du blanchissage, ainsi que celles de la teinture écarlate et autres, qui produiraient sur toute autre couleur un effet tellement désagréable que ces draps seraient invendables ;

« La Chambre exprime son vœu pour qu'il soit spécialement affecté aux draps d'Elbeuf, de toutes couleurs, une lisière moitié bleue, moitié jaune, à l'exception des draps blancs, qui en porteront une toute bleue, lesquelles deux lisières seront conformes aux modèles joints à la présente délibération, qui sera adressée à S. E. le ministre des Manufactures et du Commerce, avec prière de bien vouloir lui procurer la sanction de Sa Majesté ».

Il y eut à Elbeuf, en 1812, 220 naissances, 42 mariages et 229 décès.

Nous avons vu que, dès 1793, l'inventeur Dorr tondait les draps en employant des lames enroulées en forme d'hélice à la surface d'un cylindre. La tondeuse, telle que nous la connaissons aujourd'hui, dit M. Charles Mouchel, était donc créée, dans ses parties essentielles; il ne restait plus qu'à l'améliorer.

Il se passa toutefois près de vingt ans avant que l'invention nouvelle franchit l'Atlantique, pour arriver, presque simultanément, en Angleterre et en France. En ce qui concerne notre pays, nous avons une date précise. C'est en 1812 que l'américain Jonathan Ellis prit un brevet d'importation pour une machine de Georges Bass, de Boston, appelée par lui tondeuse à forces hélicoïdales. La figure ci-contre donne le plan de cette machine.

On y remarque d'abord une curieuse disposition du cylindre. Celui-ci se compose d'une pièce de fer forgé A en forme d'hélicoïde et limitée par deux lames opposées *a, b*. Normalement à cette pièce et à mi-distance des lames, est fixée de chaque côté un brosse *(c, c)*, également enroulée en hélice. La tontisse se trouvait ainsi renvoyée sur la lame fixe B. Une brosse ou balai mobile, fixée en C à la courroie *d, e,* et recevant son mouvement par l'intermédiaire des poulies à gorge D, E, F, venait périodiquement rejeter cette tontisse dans la caisse G placée au-dessous de la machine.

L'appareil était supporté par une cadre H, I, K, L, mobile autour de deux tourillons situés en H et en I. On l'amenait à la hauteur convenable pour tondre de plus ou moins près au moyen des deux vis *d, d,* dont la pointe reposait sur le bâti. C'est exactement la disposition encore en usage aujourd'hui.

Le drap, enroulé d'abord sur le rouleau M, muni d'un frein pour régler la tension de l'étoffe, était appelé par les deux rouleaux N, P, dont le premier servait de table.

Les bâtis de cette machine étaient en bois, mode de construction qui a persisté plus longtemps en Amérique que sur le continent, grâce au bas prix de cette matière première dans le Nouveau-Monde. Elle recevait son mouvement par la poulie de commande Q, et un mécanisme automatique arrêtait la machine lorsque le drap arrivait à sa fin.

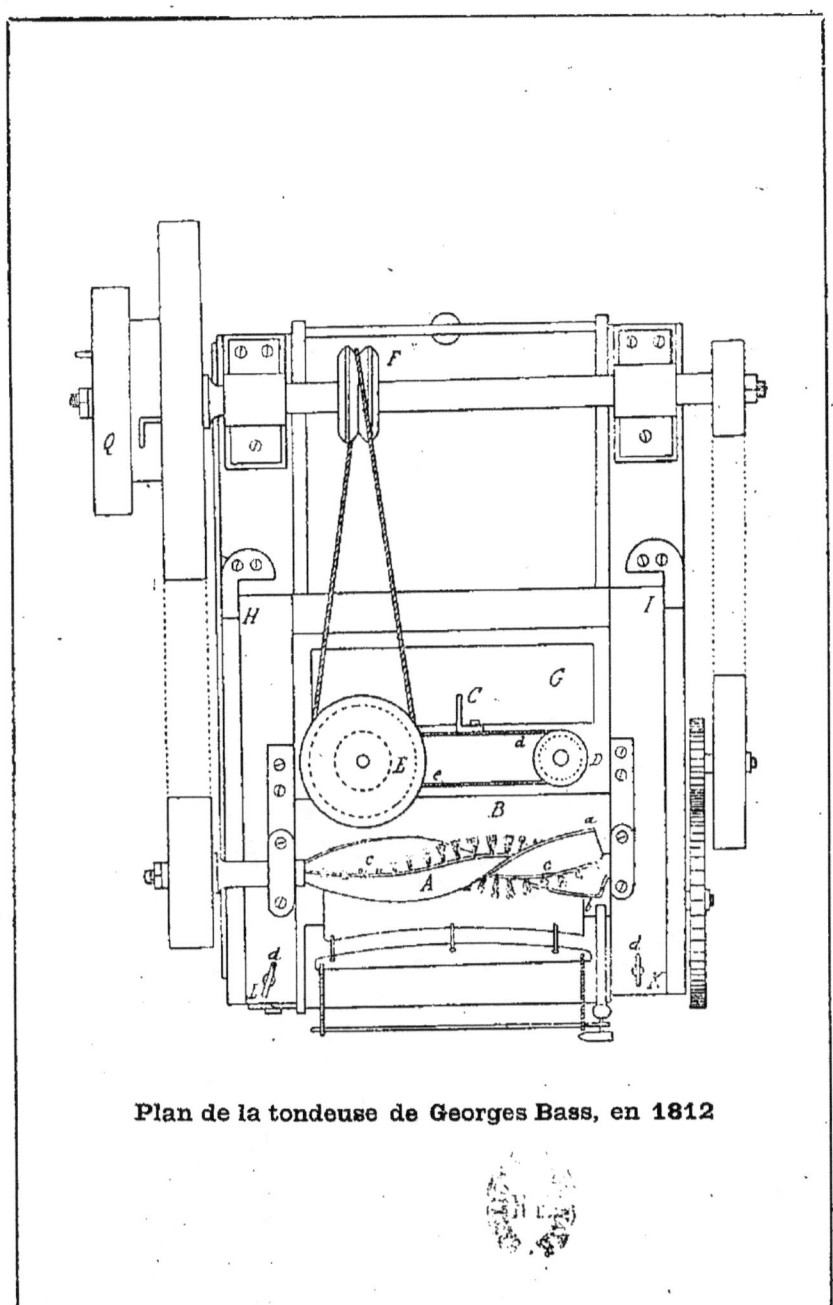

Plan de la tondeuse de Georges Bass, en 1812

CHAPITRE XVII
(1813)

MM. Lefort et Petou députés vers le ministre. — Elbeuf offre cinq cavaliers a Napoléon ; la vérité sur cette offrande. — Nouvelle adresse a l'empereur. — Les assemblées cantonales. — Les beautés de l'octroi. — La bataille de Leipzig ; mort du général Bachelet-Damville, d'Elbeuf. — Adresse du Conseil municipal a Marie-Louise. — Nouveaux revers de Napoléon ; lettre de la Chambre consultative au ministre.

Le renouvellement par moitié du Conseil municipal, qui devait s'opérer le 1er janvier 1813, fut retardé ; les anciens membres restèrent donc en fonctions.

Les fabricants de draps attachaient une telle importance à l'obtention des lisières distinctives choisies par la Chambre consultative, que, le 7 janvier, celle-ci délégua MM. J.-P. Lefort et Petou vers le ministre. Pour couvrir les frais de voyage, les fabricants payèrent 12 centimes par franc du montant de leur patente.

Dans un mémoire remis à ses députés, après avoir mentionné la crise de 1810-1814, la Chambre consultative observa que nos manufactures ne s'étaient pas découragées pendant ces « temps désastreux.

« Leur industrie parut, au contraire, en prendre une nouvelle activité, et l'établissement d'une quantité beaucoup plus considérable de machines à carder, filer et tondre, déjà existantes, en fut le résultat.

« Ces efforts, faits au milieu de la misère, ne furent pas perdus. Une perfection subite dans les diverses qualités donna un nouveau lustre à l'ancienne réputation des draps d'Elbeuf, et des prix très modérés y faisant abonder les acheteurs de tous pays, la fabrication ne tarda pas à reprendre une nouvelle vigueur.

« Il est très vraisemblable qu'elle s'est élevée en 1812 à plus de 20.000 pièces de 35 à 40 mètres. Cette quantité, produite par plus de 130 chefs d'ateliers qui se bornent aux plus médiocres bénéfices, doit désormais se multiplier !.. » La Chambre mentionne encore que les prix des draps variaient de 10 à 30 francs le mètre.

Elle explique également que les lisières des fabriques de Louviers sont jaunes et bordées de bleu foncé, et que celles demandées pour Elbeuf seraient moitié bleu ciel et moitié jaune. Elle observe que la fabrication d'Elbeuf est dix fois plus importante que celle de Louviers ; qu'en conséquence notre manufacture mérite un plus grand intérêt, d'autant plus que, par l'extrême variété de ses produits, elle présente au gouvernement d'immenses ressources pour l'habillement des troupes,

L'absence de MM. Petou et Flavigny fu

assez longue, car ils dépensèrent pendant leur voyage 829 francs, y compris l'achat de deux coupes de drap d'Elbeuf et de Louviers, qui furent mises sous les yeux du ministre. Des remerciements furent votés par la Chambre à ses deux députés.

Malgré cela, Louviers resta victorieux. En conséquence, les fabricants d'Elbeuf furent invités à ne plus donner à leurs draps une lisière se rapprochant de celle octroyée exclusivement à la fabrique de Louviers ; sans quoi, après le mois de juin suivant, ils seraient exposés à des poursuites sérieuses.

Nous avons entendu dire, pendant le dernier empire, que la ville avait toujours montré beaucoup de dévouement à Napoléon Ier, et comme preuve on citait l'offre de cinq cavaliers faite par les bourgeois elbeuviens en 1813. Mais les pièces que nous avons consultées prouvent que ce ne fut pas spontanément que notre ville fit ce cadeau à l'empereur.

Le 18 janvier, M. de Gasville, sous-préfet de Rouen, adressa cette lettre au maire :

« Monsieur, toutes les villes de France s'empressent de prouver à S. M. leur zèle et leur dévouement, celle d'Elbeuf ne peut faire exception. Sa population et l'aisance de ses habitants ne lui permettent pas de faire des offres qui soient au-dessous de sa position ; aussi je pense qu'elle pourrait présenter à l'Etat cinq hommes montés et équipés.

« Il est nécessaire, en ce moment, de faire preuve de bonne volonté et d'énergie, et l'empereur attend du bon esprit des habitants des secours qu'il regarde même comme n'étant pas en rapport avec leurs ressources. — DE GASVILLE ».

La vérité est que le maire d'Elbeuf ayant écrit au sous-préfet qu'il était impossible de trouver cinq chevaux convenables dans notre ville, pour remplacer cinq autres, d'abord envoyés, mais que l'administration militaire n'avait pas jugés propres au service, M. de Gasville, de son mouvement personnel, en avait acheté cinq dans le pays de Caux. Et comme ceux-ci avaient coûté 1.150 francs de plus que le prix prévu, il invita notre maire à répartir la différence sur les propriétaires de chevaux habitant Elbeuf.

Le maire convoqua alors son conseil, qui délibéra sur « l'ordre de M. le sous-préfet » et prit les conclusions suivantes, le 19 janvier :

« Considérant que des événements inattendus ont empêché l'effet de brillants succès de nos armées et rendu nécessaires de nouveaux efforts pour accomplir les vastes projets du Génie qui les dirige ; et que dans cette circonstance il est du devoir de tout Français de faire les efforts qu'elles exigent ;

« Le Conseil a arrêté : 1° Qu'il sera offert à Sa Majesté, au nom de la ville d'Elbeuf, cinq cavaliers montés et équipés ; 2° Que la somme nécessaire à cette dépense sera faite au moyen des souscriptions volontaires. Il sera ouvert, en conséquence, à la mairie, pendant cinq jours, un registre destiné à recevoir les offres de chacun... »

« Dans une adresse énergique, cette offrande sera présentée à Sa Majesté, comme une preuve de la fidélité et de l'attachement des habitants de cette ville pour sa personne... »

Les cinq cavaliers furent pris dans les conscrits de 1811 et années antérieures qui n'avaient pas été appelés au service.

Le maire leur adressa une petite proclamation, dans laquelle il fit ressortir qu'en se dévouant pour leur commune « ils auraient la gloire de dire que le zèle et la bravoure les avaient appelés dans les rangs, et qu'ils ne cesseraient d'avoir des droits à la reconnaissance de leur pays pour une action qui les honorerait toute leur vie ».

Cette adresse fut envoyée à Napoléon, le même jour :

« Sire ; un monarque, trompé par les intrigues d'une cour ambitieuse et perfide, a forcé Votre Majesté de porter presque aux extrémités du monde ses phalanges victorieuses. C'est au travers des dévastations et des incendies allumés par lui-même au milieu de... que vous êtes allé conquérir sa capitale, dont vous avez sauvé les restes d'une... destruction.

« Que manquerait-il à cette... qui tient du prodige si la rigueur prématurée de la saison ne fut venue frapper impitoyablement une armée de héros ? Mais quelque douloureuse que soit cette catastrophe, oublions, s'il est possible, les maux qu'elle a produits pour ne nous occuper que du soin de les réparer.

« N'en doutez pas, Sire, la France entière va répondre à l'appel qui lui est fait, et, de l'indignation profonde qu'inspire à tous la lâche trahison d'un général allié, vont sortir des escadrons nombreux qui, volant à vos ordres sur les bords de la Néva, iront de nouveau prouver aux barbares du Nord que, guidés par Vous, les braves du Midi sont invincibles.

« Qu'il nous soit donc permis de présenter à Votre Majesté, pour être placés dans les rangs de courage et de l'honneur, cinq cavaliers armés, montés et équipés, et de lui donner par cette offrande les preuves d'un attachement inviolable et d'un dévouement sans bornes ».

Suivent les signatures de MM. Pierre-Henri Hayet, maire ; Pierre Patallier, Pierre-Amable Corblin, Mathieu Frontin, J.-B.-Pierre Grandin, Join-Lambert aîné, Le Roy-Mettais, Aug. Henry, Alexandre Grandin, Amable Delaunay, Marin Duruflé, M. Langlois, Jean-Pierre Lefort, Constant Duruflé, Henri-Pierre Delacroix, Augustin Dévé, Mathieu Sevaistre père, Frémont. — Les mots manquant au texte de cette adresse, par suite de l'humidité dont cette pièce a été atteinte, sont remplacés par des points.

Les cinq cavaliers, très péniblement recrutés, reçurent ensemble une prime de 750 fr. Tous comptes faits, il resta une somme totale de 147 fr. 20 sur le produit de la souscription.

Les cinq nouveaux chevaux achetés par le sous-préfet furent également refusés, le 19 février, par le préfet. Quelques jours après, à un seconde visite, ils furent admis.

Le 26, M. Hayet fut invité par M. de Gasville à fournir des renseignements sur M. Ch.-Louis Franqueville, émigré, ancien seigneur de la Galitrelle, né à Saint-Martin-la-Saussaye.

A une demande du préfet, le maire répondit le lendemain 27, que le nommé Félix Guilbert sortant des prisons d'Angleterre, était né à Elbeuf, qu'il avait quitté notre ville à la suite d'un crime horrible dont il s'était rendu coupable sur ses sœurs ; qu'il était allé au Cap-Français où il s'était engagé. Après avoir déserté deux fois et tué deux gendarmes lancés à sa poursuite, il avait commis nombre de vols, et enfin, il avait été condamné à sept ans de fers ; sa peine ayant expiré le 6 mai 1807, il revint à Elbeuf, où il inspira la plus grande frayeur à sa sœur. M. Hayet termina ces renseignements en formant le vœu que le misérable fût incarcéré pour le reste de ses jours, car il tromperait certainement la surveillance dont il était l'objet.

Le Conseil municipal ayant voté la construction d'un presbytère derrière le chœur de l'église Saint-Jean, M. Grin, architecte, fut invité, le 18 mars, à en établir les plans et devis.

Le 25, M. Hayet attira l'attention du sous-préfet sur le bateau de M. Sanson Lepesqueur, dit Habit-bas, domicilié à Rouen, et qui, tous les deux jours, faisait le voyage de cette ville. Ce bateau était dans un tel état de vétusté, disait-on, qu'il exposait le public à un péril imminent.

Le 8 avril, mourut M. Marie-Thomas Bourdon fils Pierre, rentier, rue de Seine (Saint-Jean) ; il était âgé de 81 ans.

M. Hayet, intercéda, le 9, en faveur des ouvriers de la campagne, pour qu'ils pussent être autorisés, comme par le passé, à entrer en franchise le litre de boisson dont ils avaient besoin pour leur repas du jour ; mais ses démarches restèrent sans succès, car quelque temps après des poursuites furent exercées contre plusieurs ouvriers, qui furent condamnés pour avoir voulu ainsi frauder l'octroi. En conséquence, le maire invita la généralité des ouvriers à payer les droits lors de leur entrée en ville, pour chaque bouteille de boisson dont ils seraient porteurs.

Le 13, six chevaux furent réquisitionnés à Elbeuf pour le service du train des équipages militaires.

Un senatus consulte, du 3 avril 1813, avait créé quatre régiment de garde d'honneur, formés de citoyens français âgés de 19 à 30 ans, se composant de membres de Conseils généraux, de leurs fils et neveux ; des individus employés dans les diverses régies et leurs fils, etc. Un avis en conséquence fut publié à Elbeuf, le 14 avril.

Le 23 avril, on procéda au tirage au sort, parmi les membres de la garde nationale, pour désigner 75 hommes à l'effet de concourir au service des côtes. Ils étaient âgés de 20 à 40 ans ; dans le nombre se trouvaient quatorze fabricants de drap.

Napoléon venait, en effet, de réorganiser une nouvelle armée, avec laquelle il comptait battre les alliés. Il remporta, au prix de grands sacrifices, la victoire de Lutzen, le 2 mai, et, deux ou trois semaines après, défit les Russes dans une bataille de quatre jours, à Bautzen. Cette nouvelle guerre, malgré ces succès, qui furent encore suivis de la victoire de Dresde, était fort mal vue de la plupart des Elbeuviens, qui disaient ouvertement que l'empereur conduisait la France à la ruine.

Une pièce du 4 mai porte que Mme Flavigny-Gosset avait donné caution pour son frère M. Gabriel Fluoger, officier suisse, ayant été au service de l'Espagne, qui, quelques années auparavant, avait déjà passé un certain temps à Elbeuf, auprès de sa sœur.

Le Conseil municipal, dans sa séance du 13, considérant que les revenus de l'hospice n'étaient que de 4.676 fr. ; que sa dépense s'élevait de 10 à 12.000 fr. ; que si, jusqu'alors, il avait pu combler son déficit annuel, c'était grâce à la générosité des habitants et au produit des quêtes, mais que cette ressource devenait de plus en plus nulle depuis l'établissement de l'octroi, qui était supposé suffire à toutes les dépenses de cet établissement de bienfaisance, etc., alloua à l'hospice un secours annuel de 6.000 fr. — Il vota également une somme de 10.000 fr. pour le Bureau de bienfaisance.

Ce même jour, on inhuma M. Gabriel Desgenétez, fabricant, demeurant dans l'ancien château de la rue Saint-Etienne ; il était âgé de 72 ans. — Le 16 du même mois, mourut, à l'âge de 51 ans, M. Pierre-Benjamin Chefdrue fils Jacques, rentier, demeurant rue de l'Hospice.

En mai, le préfet du département du Zuiderzée demanda à la fabrique d'Elbeuf de lui fournir des draps pour l'habillement des gardes d'honneur de son département. Nous ne savons si la livraison se fit.

Nous voyons sur les registres municipaux le programme d'une cérémonie qui dut avoir lieu le 2 juin, à l'occasion de l'installation des maire et adjoints, mais dont nous n'avons pu trouver le procès-verbal :

Deux sentinelles seraient placées à la porte du maire avant l'arrivée du sous-préfet.

La tenue des fonctionnaires devait être un costume noir, autant que possible.

Cinquante grenadiers et autant de chasseurs de la garde nationale devaient prendre le cortège et le sous-préfet au domicile du maire et les conduire à l'hôtel de ville. « L'épouse de M. le sous-préfet et les dames invitées seront, si elles le désirent, appelées à faire partie du cortège ».

Une lettre du 18 du même mois écrite et signée par M. Renault, desservant de Saint-Etienne, mentionne que son vicaire recevait chaque année : de la fabrique, 400 fr. ; de pension ecclésiastique, 266 fr.; produit de ses messes, 500 fr. ; part au casuel de l'église, 240 fr.; soit au total environ 1.406 fr. par an.

A propos des assemblées cantonales qui allaient bientôt être convoquées, le préfet observa au maire de notre ville qu'elles offriraient l'occasion et les moyens de connaître l'opinion publique, et qu'il fallait en profiter. A cet effet, le maire devrait en noter soigneusement les détails : « Vous verrez, lui dit-il, figurer toutes les classes de la société dans ces assemblées, depuis les citoyens les plus obscurs jusqu'à ceux qui marquaient autrefois par leur naissance et par leur rang... Il sera assez facile de remarquer ceux qui auraient un esprit de domination ou des prétentions à la direction de l'opinion, et si des individualités exercent encore de l'influence sur leurs concitoyens, soit pour, soit contre la Révolution ou le changement de dynastie... »

Le maire d'Elbeuf, nommé président de l'assemblée cantonale, écrivit, le 27 juillet, au préfet une lettre remarquable par les discrètes critiques qu'elle adressait au gouvernement de Napoléon :

« ... Il n'est résulté aucune réunion de la convocation de l'assemblée. Malgré tous les avertissements donnés et réitérés, personne ne se présentait dans les sections, où les bureaux n'ont pas été faciles à compléter, et si, enfin, on est parvenu à y avoir quelques votes, ce n'est que par suite d'invitations faites *per domos,* sans lesquelles il eût été impossible d'obtenir un résultat.

« Ce moyen a procuré en totalité 247 votants, qui se sont succédés dans chaque section, de manière à ne pas s'y trouver trois ensemble, en sorte qu'on peut dire qu'il ne s'y est fait aucune réunion.

« L'intrigue ne s'y est donc montrée sous aucune forme, et d'après les éléments dont ce canton est composé, j'étais assuré d'avance que rien de ce genre n'y était à craindre.

« En effet, l'intérêt étant le premier mobile de chacun, peut-on attendre de cultivateurs, de manufacturiers et d'ouvriers autre chose que le désir du maintien du bon ordre, pour la conservation des propriétés, du commerce et du travail ? On en doit aisément conclure que le gouvernement le plus protecteur des choses et des individus est celui qui y est le plus aimé.

« Mais, dira-t-on, d'où vient cette négligence à concourir aux opérations de l'assemblée du canton ?

« Elle provient sans doute des travaux dont chacun est occupé dans un pays agricole et manufacturier. Mais on peut aussi lui attribuer une cause qui tient aux circonstances : l'incertitude des jeunes gens et même d'une grande partie de la population sur leur état, l'affliction des pères de famille, les sacrifices de tous genres, suites nécessaires d'une guerre longue et désastreuse.

« N'aperçoit-on pas dans cette situation les motifs d'un abattement général, qui conduit à l'indifférence absolue sur le but de ces assemblées ?

« Vous voyez donc, Monsieur le préfet, que dans leur espèce de nullité et d'après le genre des habitants de ce canton, elles n'ont pu présenter ici rien de suspect à l'autorité. On y souffre comme ailleurs, mais on y souffre patiemment, même dans la classe la plus pauvre, parce qu'il n'y a point d'agitateurs et surtout parce que l'attente d'une paix prochaine ouvre les cœurs à l'espoir d'un meilleur sort ».

Le lendemain 28, la Chambre consultative adressa au préfet un exposé des motifs qui lui faisaient considérer comme très préjudiciable aux fabriques françaises l'établissement d'un droit sur les laines fines et métisses de Saxe et d'Espagne.

Des réquisitions d'ouvriers furent faites à cette époque, pour la « grande armée ». Elbeuf fournit deux boulangers : Nicolas Pilate et Pierre Dujardin, sur les trois qui lui avaient été demandés. Ils partirent le 6 août.

Vers le 12, arriva à Elbeuf M. Gabriel Fluoger, lieutenant-colonel suisse, prisonnier de guerre, précédemment en résidence à Châlons-sur-Marne, auquel le ministre avait donné l'autorisation de passer trois mois à Elbeuf chez Mme veuve Flavigny-Gosset, sa sœur.

Le 15, on célébra, pour la dernière fois, la fête de Napoléon « époque de sa naissance et du rétablissement de la religion ». Comme les années précédentes, il y eut des sons de cloches, batteries de tambours, airs de musique, coups de canon, cortège à l'église, grand'messe et *Te Deum*, défilé de la garde nationale, illuminations, danses jusqu'au jour et acclamations de l'empereur et de l'impératrice. Le maire rendit « bonne justice aux sentiments manifestés par les habitants ». Cette fête coûta 150 fr. aux habitants.

La ville avait été imposée à fournir trois nouveaux chevaux, pour le service des dragons ; mais comme il n'y en avait aucun de convenable, le maire s'adressa à un marchand, auquel il les acheta 1.000 fr. l'un. Comme le gouvernement ne les payait que 430 fr., il en résulta un déficit de 1.710 fr., qui furent encore reportés sur les propriétaires de chevaux.

Deux hommes extrêmement dangereux, condamnés à mort, s'étaient évadés pendant la nuit du 30 au 31 août de la prison de Rouen. Le maréchal des logis de gendarmerie Grimbert, en garnison à Elbeuf, fut commandé pour les rechercher dans notre région.

Le 4 septembre, le maire adressa au sous-préfet la liste des individus d'Elbeuf qui, « par diverses considérations, pouvaient avoir quelque influence dans l'ordre social ».

Le peuple des campagnes travaillant dans les fabriques de notre ville était tellement exaspéré contre l'octroi, dont les agents faisaient des procès quand ils prenaient un ouvrier porteur d'une bouteille de boisson sans avoir rempli la série des formalités obligatoires et payé les droits d'entrée, que les gendarmes furent requis, le 17 du même mois, pour protéger les préposés des droits réunis et de l'octroi. Ce même jour, le maire écrivit encore au directeur des droits à Rouen et au sous-préfet, afin d'obtenir une tolérance pour ces ouvriers.

M. Hayet revint à la charge le 30 du même mois, par une nouvelle lettre au directeur général des droits réunis, dont voici quelques passages :

« ... Je me garderais de vous importuner par une nouvelle tentative, s'il n'était de mon devoir de vous faire connaître les inconvénients qui résultent de la rigueur exercée contre ces individus, qu'il semble bien dur de priver du produit de leur petite récolte ou de les exposer à des poursuites ruineuses, et c'est malheureusement ce qui n'arrive que trop souvent, pour mettre envers eux la loi à exécution.

« On a vu dans les rues des bouteilles cassées et on y a vu dernièrement une femme enceinte se débattant avec les employés, au milieu d'une nombreuse population.

« De pareilles scènes, qui ne manquent pas d'exaspérer les esprits, donnent lieu d'en craindre de plus sérieuses encore, malgré la vigilance de la police.

« On ne peut dissimuler que, sous un certain rapport, le mécontentement de ces journaliers ne soit excusable, car ils proposent d'acquitter le droit qui peut être dû pour la petite quantité de liquide dont ils sont porteurs ; mais alors il leur faut un congé du lieu de leur domicile ; il faut ensuite qu'ils se rendent au bureau pour payer et prendre quittance. Ces frais et la perte du temps rendent évidemment ces formalités impraticables, et, d'ailleurs, comment le receveur pourrait-il suffire à 800 ou 900 personnes dont il serait assailli chaque matin ? Le maintien du bon ordre ne permettrait pas même de pareils rassemblements.

« On peut donc conclure que la loi n'est pas susceptible d'exécution pour ces malheureux et que, si le cas d'exception n'a pas été prononcé pour eux, la réclamation en est tacitement réservée aux autorités locales, seules à portée de bien juger de sa nécessité.

« Tels sont, Monsieur, les motifs qui me portent à vous soumettre cet objet ; puissent-ils vous déterminer à une décision favorable à cette classe d'individus étrangers à cette commune, qui ne jouissent ni des secours de l'hospice lorsqu'ils sont malades, ni de ceux du Bureau de bienfaisance. Mais s'il arrivait qu'il fût impossible de leur accorder cette tolérance, la voie de l'abonnement concilierait la stricte exécution de la loi avec le dessein qu'ils ont de s'acquitter. Il me semble qu'en leur donnant cette faculté on pourrait trouver le moyen d'empêcher tout abus ».

Le même jour, M. Hayet écrivit au préfet dans le même sens. Grâce à de nouvelles démarches qu'il fit ou fit faire, les ouvriers de la campagne obtinrent l'abonnement.

D'une note datée du 9 octobre, il résulte qu'il n'existait à Elbeuf que dix-sept fusils, et dans un si mauvais état que leur réparation aurait coûté plus cher que l'achat de neufs. Il y en avait trente autres, en bon état, entre les mains de divers grenadiers et chasseurs, lesquels avaient manifesté l'intention de les payer.

Vers le 15, MM. Dussaulx, maîtres de pensions à Rouen, furent autorisés par le recteur d'académie à transférer leur établissement dans notre ville.

On sait que le terrible désastre de Leipzig eut lieu les 16, 17 et 18 octobre. Le soir du 16, gîsaient déjà sur le sol 20.000 Français et 30.000 coalisés. Dans les trois jours, l'armée française perdit 60.000 hommes; les pertes de l'ennemi, commandé par Blücher, Schwarzembert et Bernadotte — ce dernier ancien lieutenant de Napoléon — furent estimées à un chiffre égal ; mais cette bataille eut pour les armes françaises les plus fâcheuses conséquences.

A Gossa, village voisin de Leipzig, fut tué le général Louis-Alexandre Bachelet-Damville. Ce brave soldat était né à Elbeuf ou à Saint-Aubin, le 1er novembre 1771.

Engagé volontaire à l'âge de 21 ans, il avait conquis tous ses grades sur le champ de bataille et été plusieurs fois blessé.

En 1799, il était aide de camp du général Vandermaessen. Admis à la réforme le 2 avril 1803, il avait repris du service le 5 janvier 1804 ; en 1808 et les années suivantes, il avait combattu en Espagne. Le 30 mai 1813, Napoléon l'avait nommé général et il était déjà général de division quand il marcha sur le village de Gossa, en enfonçant le corps de Gortzchakoff. Mais la division prussienne Pietsch s'étant portée en avant, réussit à arrêter les progrès de la colonne française et reprit le village, que le général Bachelet essaya plusieurs fois de réoccuper. Peut être y serait-il parvenu si un boulet ne l'eut atteint mortellement.

Le nom de Bachelet-Damville est inscrit sur les tables de bronze du palais de Versailles. En outre, le quartier militaire de la ville d'Elbeuf a reçu le nom de « Caserne Bachelet-Damville ».

La nouvelle de la bataille de Leipzig fut apportée à Elbeuf par un jeune Bourguignon, nommé Léon Pion, qui, de son pays d'origine, venait habiter chez son oncle, M. Suchetet, fabricant de draps de notre ville.

Le Conseil municipal fit remettre cette adresse à l'impératrice-reine et régente, le 17 octobre; — les points remplacent des mots détruits par l'humidité :

« Madame ; La voix de Votre Majesté s'est fait entendre au milieu du Sénat français, et l'appel que... a faite à l'honneur national, et l'amour de la patrie et du souverain a retenti jusqu'aux extrémités de l'empire. Vos peuples sauront y répondre par des efforts dignes des sentiments qui les animent pour Votre Majesté et son auguste Epoux.

« Il est donc vrai qu'oubliant leurs... défaites passées, les ennemis de la France se... de nouveau, sans doute dans le fol espoir de... partager. Déjà même, au mépris de la protection dont elle a ressenti les effets pendant si longtemps, une puissance ingrate, victime future des perfides conseils de l'Angleterre, vient de s'approp... lâchement une de nos possessions lointaines... devenue le prix de sa trahison.

« L'intérêt du commerce maritime repousse cette honteuse transaction et... l'honneur demande que cet affront soit vengé.

« Que de nouveaux bataillons aillent donc se réunir à ceux déjà rassemblés sous les ordres du grand Napoléon, pour chasser au loin les hordes ennemies ! Que toute la population s'il le faut, se montre en armes pour exterminer les bandes téméraires qui oseraient souiller de leur présence le territoire français, et que toute ouverture de paix soit fermée avec la Suède jusqu'à ce qu'elle ait renoncé à son infâme marché !

« Tels sont, Madame, les vœux que nous formons pour la dignité du trône sur lequel vous êtes assise pour le bonheur du peuple. Nous les formons aussi pour la gloire du monarque et la prospérité de la Nation, et nous osons présenter à Votre Majesté l'assurance qu'aucun sacrifice ne nous coûtera pour leur accomplissement... »

Cette protestation de dévouement, qu'on allait bientôt oublier, est signée de Pierre-Henry Hayet, maire, Pierre Patallier, J.-B. Pierre Grandin, P.-A. Corblin, Join-Lambert aîné, Mathieu Frontin, Alexandre Grandin, Le Roy-Mettais, Amable Delaunay, Auguste Henry, Marin Duruflé, Jean-Pierre Lefort, Henri-Pierre Delacroix, Augustin Dévé, Langlois, Mathieu Sevaistre père, Frémont.

Les événements militaires marchaient à grands pas. Napoléon, après s'être replié sur le Rhin, avait été obligé de rentrer en France avec un lambeau d'armée.

Dans sa séance du 30 novembre, la Chambre consultative prit connaissance d'une lettre adressée à son président, M. Hayet, maire d'Elbeuf, mentionnant l'insuccès des armes françaises. La Chambre adressa au ministre une réponse dont voici les termes :

« Monseigneur,

« La lettre que V. E. nous a fait l'honneur de nous adresser le 24 de ce mois, indique les causes déplorables et inattendues de la retraite de nos armées sur les frontières. Elle démontre en même temps l'urgente nécessité de repousser au loin des ennemis tant de fois vaincus, qui semblent avoir conçu la téméraire idée de les franchir.

« Nous sentons, Monseigneur, les maux affreux que produirait une pareille invasion, et par ceux que nos fabriques souffrent depuis les derniers événements, nous pouvons juger que leur anéantissemeut total serait opéré. Si le simple état de guerre est déjà pour elles une calamité, que n'auraient-elles pas à redouter de l'incursion de bandes incendiaires et dévastatrices ?

« Nos vœux pour de nouveaux triomphes et notre dévouement pour y concourir ne peuvent donc être équivoques, mais nous devons espérer qu'une paix glorieuse et durable deviendra l'heureux résultat des efforts qui se préparent... » Suivent les signatures de MM. P.-H. Hayet, J.-P. Lefort, Join-Lambert aîné, Alex. Grandin, L.-R. Flavigny et Mathieu Quesné.

La dernière rosière fut mariée le 5 décembre, jour de la dernière célébration de la journée d'Austerlitz et du couronnement de Napoléon. Elle se nommait Françoise Védie, était rentrayeuse et âgée de 21 ans. Son futur mari était un ancien caporal du 54º de ligne, réformé pour cause de blessures, après 24 ans de services, nommé J.-B. Cousin. L'une et l'autre étaient nés à Elbeuf.

Une levée de 300.000 hommes avait été ordonnée par le sénatus-consulte du 15 novembre précédent. Les hommes devaient être pris sur les classes des années 1811, 12, 13 et 14. Les premiers départs devaient avoir lieu le 8 décembre et les derniers le 25.

Une nouvelle réquisition de cinq chevaux fut imposée à la ville. Le maire ne put s'empêcher de remontrer au sous-préfet combien cette mesure était injuste, car, pour tout le département, l'autorité militaire n'en réclamait que quarante-trois. Il fallut néanmoins s'exécuter. Les chevaux enlevés valaient ensemble 3.640 fr.; le gouvernement paya à peu près la moitié de cette somme.

A cause des nécessités du Bureau de bienfaisance, de l'hospice et de la construction d'un presbytère à Saint-Jean, on décida que les tarifs de l'octroi seraient doublés à partir du 1er janvier 1814.

Les registres de l'état-civil d'Elbeuf portent, pour l'année 1813, 225 naissances, 98 mariages et 202 décès.

CHAPITRE XVIII
(JANVIER-MAI 1814)

Tentative de levée parmi les bourgeois elbeuviens. — La campagne de France. — Arrivée de bateaux chargés de blessés ; embarras du maire. — La 1re cohorte de la 2e légion de la Seine-Inférieure (garde nationale d'Elbeuf). — Déchéance de Napoléon. — Louis XVIII. — Acte d'adhésion du Conseil municipal ; sa proclamation aux habitants. — Cuirassiers et carabiniers.

Le 3 janvier 1814, le maire d'Elbeuf fut invité à donner ordre à 160 hommes des plus aisés de la ville, âgés de vingt à quarante ans, célibataires ou mariés, de se trouver le 8 du même mois à la mairie, où le chef de la 3e cohorte d'activité se rendrait, afin de compléter les cadres des compagnies désorganisées par les derniers appels de conscrits.

Les bourgeois ne se méprirent pas sur le sens de cette convocation, et entrevirent que le gouvernement avait pour but de faire une levée parmi eux.

Le 12, le commandant de la 3e cohorte de la légion des grenadiers et chasseurs manda à M. Hayet, maire d'Elbeuf, que 26 hommes de notre ville étaient réquisitionnés pour se mettre en marche le 15 du même mois. Chacun d'eux devait être habillé, armé et équipé.

Le maire objecta que le contingent fixé à la ville n'était que de 20 à 24 hommes. Le commandant Féret de Neuville, chef de cette 3e cohorte, lui répondit que le moment n'était pas de discuter ; s'il y avait erreur, on en tiendrait compte lors de la prochaine levée.

M. Patallier, chef de la cohorte d'Elbeuf, fut invité par le maire, le 20 du même mois, à réquisitionner 26 des 30 fusils que possédaient des gardes nationaux, afin de pouvoir armer les 26 hommes de la garde nationale active qui allaient partir pour l'armée.

Le 24 janvier, Napoléon quitta Paris pour engager la campagne de France contre les alliés. Le 27, il rencontra l'ennemi à Saint-Dizier. Les blessés et les prisonniers furent embarqués dans des bateaux qui descendirent la Seine.

Le 1er février, M. de Gasville, sous-prefet de Rouen, annonça au maire d'Elbeuf que cent prisonniers de guerre allaient être envoyés dans notre ville, et qu'en conséquence, il eût à rechercher un local pour les loger.

Le maire répondit le lendemain qu'aucun local n'était disponible. « Il y a environ vingt ans, dit M. Hayet, en pareille circonstance, on en logea dans une de nos églises, ce qui était peu décent ».

Un décret impérial du 28 janvier avait créé des régiments de voltigeurs et fusiliers pour être adjoints à la jeune garde. Le recrutement devait se faire parmi les ouvriers sans travail, auxquels « cette faveur était accordée pour le soulagement de leurs femmes et de leurs enfants ». A Elbeuf, personne ne se présenta : « Ce n'est pas, écrivit M. Hayet au sous-préfet, le 3 février, qu'il manque ici de bras oisifs et de familles bien misérables, mais ce qui reste dans les fabriques n'étant composé que de très jeunes gens, de ceux maintenus chez eux par infirmité et de pères de famille dont les enfants sont aux armées, la mesure proposée ne peut concerner qu'un petit nombre d'hommes dont quelques-uns ont du travail et les autres en espèrent ».

Le 12 février au soir, deux bateaux chargés de 500 militaires blessés, arrivèrent à Elbeuf, sans que nos autorités communales en eussent été prévenues. Le lendemain matin, le maire écrivit au sous-préfet :

« ... Le zèle qu'ont mis nos habitants à les recevoir m'ont mis dans le cas de leur procurer le logement et leur subsistance aussi vivement qu'il a été possible.

« Comme il en est annoncé d'autres qui descendent la rivière et que ces passagers exigent pour certains d'entre eux les plus maltraités des frais extraordinaires, tels que pansements et médicaments, et en outre la nourriture et le logement des mariniers, des fonds deviennent nécessaires à ces dépenses. La caisse municipale est dans le cas de les fournir, puisqu'il lui reste en excédent, du budget de 1813, une somme à peu près de 5.000 fr., dont on ne peut faire un emploi plus utile. Je vous prie donc de vouloir bien me donner l'autorisation d'y puiser pour ces sortes de besoins, lorsque l'occasion s'en présentera ».

Ces 500 blessés ne restèrent qu'une nuit dans notre ville ; ils se rembarquèrent le lendemain. Mais le 14, deux autres bateaux contenant un même nombre de soldats blessés ou malades, arrivèrent à sept heures du soir. Deux étaient morts pendant la journée, sur un bateau, et quatre autres succombèrent à leurs blessures pendant la nuit, à Elbeuf.

Le 15, à sept heures du matin, les blessés furent rembarqués, moins neuf, dont le grave état nécessita leur transport à l'hospice, où ils reçurent les soins les plus dévoués.

Cependant, le bruit se répandit à Pont-de-l'Arche, par la voix d'un nommé Quesné, que les soldats victimes de l'horrible guerre qui désolait la France, avaient été mal reçus dans notre ville.

M. Hayet, en ayant été informé, crut devoir les démentir auprès de son confrère de Pont-de-l'Arche, par une lettre qu'il lui adressa le 16, et, le lendemain, il le pria de le faire prévenir, par exprès, des passages de troupes qu'il connaîtrait, afin que des dispositions en conséquence fussent prises à Elbeuf.

La correspondance de M. Hayet avec le sous-préfet nous fournit d'autres détails sur cette malheureuse époque et les embarras qu'elle suscita à notre administration municipale. Le 23 février, le maire écrivit à son chef hiérarchique :

« A la réception de la lettre que vous m'avez fait l'honneur de m'adresser le 15 de ce mois, relativement à l'envoi qui devait nous être fait de cent militaires malades ou blessés, je m'étais occupé des moyens de les loger, et j'avais espéré pouvoir les placer tous à l'hospice, en y destinant un des greniers et le bûcher, et en y faisant construire une baraque bien close ; mais votre lettre du 16, m'en annonçant deux cents, a dû renverser totalement mes combinaisons et celles de MM. les administrateurs.

« Pour y satisfaire, nous étions sur le point d'accepter l'offre qui nous avait été faite par MM. Grandin et Turgis, d'un atelier pouvant contenir au moins quarante lits; mais il nous a fallu y renoncer, d'après les observations de nos officiers de santé, qui nous ont déclaré que ce local était trop peu ouvert pour que l'air puisse y circuler suffisamment, et qu'en outre il y avait impossibilité d'y établir des latrines, choses indispensables à ces malheureux, souvent attaqués de dyssenteries pestilentielles, ce qui donnait tout lieu de craindre que la contagion se répande dans la ville, si on en faisait usage.

« Nous avons alors jeté les yeux sur une maison voisine de l'hospice, servant d'habitation et d'atelier, pouvant contenir environ trente-cinq lits. Le propriétaire, auquel nous en avons fait la demande, s'y est d'abord refusé parce qu'il en a besoin ; mais après beaucoup d'insistances et avoir fait valoir le cas de force majeure où nous nous trouvions, il a fini par y consentir, mais sous la condition que nous lui rendrions ce bâtiment dans deux mois, et que vous voudriez bien, Monsieur le sous-préfet, ratifier cet engagement par votre réponse, que nous attendons pour la lui communiquer. Nous ne voyons pas d'inconvénient à cette promesse, qui devra être très facile à remplir en évacuant ce local le premier.

« Ceci terminé, nous nous trouverons en état de recevoir 170 malades, voisins les uns des autres, et nous vous assurons que nous aurons fait tout ce qu'il nous est possible.

« A l'instar de M. le maire de Rouen, je viens de faire à nos concitoyens un appel des objets à fournir pour ce service, chacun à raison de ses facultés.

« Je fais établir, sur la même base, un rôle de répartitions de 5 à 6.000 fr. pour les besoins journaliers ; mais je dois vous dire que cet objet ne sera pas facile à obtenir, tant est grande la rareté des espèces et à tel point qu'elle est cause que nos meilleures maisons de fabrique ne font presque rien.

« C'est par ce motif que je ne peux m'empêcher d'insister auprès de vous pour que je sois autorisé à emprunter dans la caisse municipale les 5.000 fr. qui y restent d'excédent de 1813...

« Ainsi que vous me l'indiquez, je vais chercher des ressources dans ce canton, que je ne pourrai me procurer que par des souscriptions pécuniaires, probablement bien faibles. Vous avez bien voulu me promettre les mêmes recherches dans votre arrondissement ; comme vous avez désiré que je vous indiquasse une maison à Rouen qui puisse recevoir ces secours et en tenir état, n'y connaissant que le sieur Périaux, imprimeur, rue de la Vicomté, propre à se charger de cet objet, je vous prie de vouloir bien y envoyer ceux qui répondront à l'invitation que vous voudrez bien leur faire à ce sujet.

« J'aurai soin, comme vous me le prescrivez, de vous tenir informé du nombre des convalescents et de vous en envoyer l'état nominatif à mesure qu'il s'en présentera.

« Depuis le 15 de ce mois, il est entré suc.

cessivement dans notre hospice vingt-quatre malades et blessés, que leur état dangereux n'a pas permis de remettre dans les bateaux qui nous les ont apportés. Déjà six sont morts, ainsi que quelques autres dans les maisons où ils avaient été déposés provisoirement... »

Quatre de ces malheureux restèrent inconnus ; ils appartenaient aux voltigeurs et grenadiers de la garde. Un autre, nommé Michel Branchu, était voltigeur au 8e régiment ; le sixième, nommé Jean Simer, était du 18e de ligne.

Du 17 au 20, quatre autres soldats blessés moururent à l'hôpital : Jean Yaligny, du 23e de ligne ; Bernard Naguet, du 37e ; François Roua, du 15e, et Joseph Ezouanie, chasseur à cheval.

La plupart de ces soldats avaient pris part à la bataille de Soissons. Un autre convoi de blessés arriva à Elbeuf le 21 février. Le lendemain, Jean Lenoir, de la 5e cohorte de la Seine-Inférieure, mourut également à notre hôpital, ainsi que le fusilier Jean-Baptiste Couty, du 82e de ligne.

A la suite de l'affaire de Soissons, un grand nombre de gardes nationaux de la Seine-Inférieure avaient quitté leur régiment pour retourner dans leurs foyers. Le maire d'Elbeuf fut invité par M. de Gasville, sous-préfet, à faire reconduire les fuyards à leur corps, ou à la maison d'arrêt de St-Lô à Rouen. Les remplacés dont les remplaçants à l'armée étaient déserteurs, furent engagés à contribuer à l'arrestation de ces militaires, sous peine de faire personnellement leur service.

A la date du 3 mars, cinquante lits étaient prêts pour recevoir des malades ou blessés, plus huit autres qui allaient être disponibles. Sur les vingt-six militaires entrés à l'hospice, onze étaient morts ; il en était mort sept autres dans des maisons particulières.

Le maire prit un arrêté pour faire placer cinq hommes de garde à la porte de l'hospice, avec ordre de n'y laisser entrer personne, quand les 200 blessés militaires seraient arrivés.

Le maire reçut l'ordre, le 4 mars, de réunir à l'hôtel de ville, le 15 du même mois, tous les conscrits réformés et ceux qui s'étaient fait remplacer, afin de choisir parmi eux les plus aisés pour les incorporer à la garde nationale d'activité, dont la réorganisation venait d'être ordonnée.

Le commandant de la 3ᵉ cohorte de la légion de la Seine-Inférieure écrivit au maire d'Elbeuf le 9 mars :

« ... Je dois, sans délai, compléter ma cohorte, de manière qu'elle soit composée de six cents hommes effectifs en état de marcher au premier ordre.

« Les hommes qui forment le contingent de votre ville — ils étaient au nombre de cent soixante — étant pour la plupart riches et établis, auxquels il ne peut convenir de faire par eux-mêmes le service, soit dans l'intérieur du département, soit à l'extérieur, tous désirent se faire remplacer.

« Mais où trouver des remplaçants ? C'est le point difficile... » Signé : Féret de Neuville.

Le même jour, M. Hayet écrivit au sous-préfet :

« ... Vous paraissez fortement prévenu contre les locaux préparés [pour les blessés militaires], dont on vous aurait donné certainement une idée plus favorable si on les eût connus.

« Le grenier mal fermé, dont vous parlez, est un de ces vastes appartements que vous m'avez vous-même indiqués par votre lettre du 15 février. Il en est de même du bûcher, qui a été mis en état pour le même usage. Ils sont l'un et l'autre bien clos et convenablement aérés au moyen des changements qui y ont été faits.

« Quant à la tente, c'est une cabane destinée aux moins malades, en planches recouvertes en paille, avec un plancher sur des lambourdes ; elle contient deux lits. Pouvait-on craindre d'en faire usage lorsque ce genre de local est conseillé par l'instruction sur le typhus ?

« Nous multiplions les lits..., il y en a dans ce moment quatre-vingts de prêts ; il nous manque, pour compléter les autres, quelques objets pour lesquels je vais écrire de nouveau à MM. les maires du canton. Celui de Saint-Aubin, qui m'a envoyé 264 fr., est le seul, jusqu'à présent, qui m'ait donné de ses nouvelles. Dieu veuille qu'il nous vienne des secours d'une autre valeur !

« Parmi les retardataires, il en est sans doute de mauvaise volonté, envers lesquels il faudra agir de rigueur... »

Une note postérieure porte que les quatre habitants de Tourville-la-Rivière en état d'envoyer des secours à l'hôpital, s'y étaient refusés.

Les blessés et malades annoncés arrivèrent par bateau, à partir du 12, à raison de 50 par jour.

A cette époque, le crédit de l'empire était

tombé très bas. Le 18 mars, le commissaire de la 15ᵉ division militaire annonça au maire que le ministre avait chargé M. Le Marchand d'acheter des draps à Elbeuf. Il ajoutait que 50.000 fr. avaient été mis à la disposition de l'acheteur et que les fabricants seraient payés aussitôt la réception de leurs étoffes faite.

Le maire reçut une autre lettre de M. Féret de Neuville, datée du 18 mars :

Le major de la légion l'avait chargé de présenter, sans délai, des candidats propres à remplir les places d'officier vacantes ; mais comme M. Féret n'en avait pas trouvé de bonne volonté, le major lui donnait l'ordre de recruter parmi les officiers de la garde nationale d'Elbeuf âgés de 20 à 40 ans.

M. Patallier, commandant de cette garde nationale, avait déjà repoussé des avances de M. Féret à ce sujet, et le maire était invité à envoyer un état des officiers elbeuviens, afin d'en lever d'office.

M. Féret exprima son regret d'être obligé d'agir de la sorte et surtout de rompre la bonne intelligence qu'il avait entretenue jusqu'alors avec M. Patallier, mais il devait obéir aux ordres de ses supérieurs.

La garde nationale d'Elbeuf formait la première cohorte de la deuxième légion de la Seine-Inférieure. Comme chef de cette première cohorte, M. Laurent Patallier écrivit, le 24 du même mois, au maire de notre ville.

« ... Je ne puis souscrire à la demande que vous fait M. le chef de la 3ᵉ cohorte de la garde nationale en activité, de lui fournir la liste des officiers de notre cohorte sédentaire, afin qu'il y fasse un choix de ceux qui lui deviendront nécessaires.

« D'abord je ne connais pas de loi qui lui permette une semblable mesure, ensuite j'ai peine à croire que l'autorité supérieure voulût l'aider à démembrer un corps tout formé, le seul qui puisse au premier besoin vous assurer la tranquillité de notre ville... »

Le même jour, 50 autres soldats blessés ou malades arrivèrent à notre hospice. Le maire remontra au sous-préfet l'embarras que ce surcroît, qui portait à 250 le nombre de ces malheureux, obligés de coucher deux à deux. Parmi eux se trouvaient une certaine quantité de galeux, que M. Hayet espérait faire sortir sous peu de jours.

Le lendemain, sept sortirent de l'hôpital ; trois étaient Français, un Portugais et trois Espagnols.

Un certain nombre de ces blessés avaient été atteints aux batailles de Montmirail (11 février) ou à celles de Guignes et de Montereau (17 et 18 février).

M. Féret de Neuville annonça au maire d'Elbeuf, le 25 mars, qu'il lui envoyait son adjudant, M. Néel, pour recevoir la liste des officiers de la garde nationale.

Le 28, il y avait plus de 300 militaires blessés à l'hospice. Un jeune homme, Pierre Lesaas, donna son temps gratuitement pour la préparation des médicaments.

Le 29, le préfet rappela au maire d'Elbeuf qu'en vertu du décret du 17 décembre précédent, notre ville devait avoir une cohorte urbaine de 2e classe, composée des propriétaires les plus imposés et des négociants patentés, qui tous étaient tenus de s'armer, de s'habiller et de s'équiper à leurs frais.

« Occupez-vous sans délai, disait le préfet

au maire, de la formation de cette cohorte. Vous avez les bases toutes trouvées dans la garde nationale sédentaire de votre ville, où vous pouvez prendre les hommes nécessaires à la composition de la nouvelle garde, qui se trouvera former alors les compagnies d'élite de la garde nationale...

« Ceux qui ne pourront parvenir à se procurer des fusils de munition devront avoir des fusils de chasse.

« S'ils trouvaient trop coûteux de faire les frais de l'habillement, vous leur feriez prendre la tunique gauloise. Le prix modique de cet équipement est à la portée de tout le monde puisqu'il ne s'élève qu'à 26 fr. 40... »

On sait que Napoléon avait dû reculer devant les troupes alliées qui, le 29, étaient devant les faubourgs de Paris. Le 30, dès cinq heures du matin, commença la bataille de Paris. Le soir du 31, on voyait déjà des drapeaux blancs à certaines fenêtres. Le surlendemain, le Sénat proclama la déchéance de Napoléon et abolit le droit d'hérédité dans sa famille.

Les tracas de notre administration municipale avaient redoublé, le 1er avril, par l'arrivée subite et inattendue de 300 hommes et 220 chevaux des dépôts des 1er et 2e régiments de carabiniers, envoyés par le général Preval, faute d'avoir trouvé une localité dans le département de l'Eure qui put les recevoir.

Le surlendemain, les majors de ces régiments demandèrent à M. Hayet de mettre à leur disposition 42 voitures à trois et quatre chevaux chacune, pour transporter leurs bagages, les infirmes et les blessés.

Après avoir fait parcourir les communes du

canton, le maire put réunir 16 voitures. Il demanda au sous-préfet d'ordonner que les 26 autres fussent fournies par le canton de Grand-Couronne. — Six jours après les carabiniers étaient encore à Elbeuf, quoique les fourrages et les vivres y fissent défaut.

Ce même jour, M. Sevaistre, « chef de la 2e cohorte de la 2e légion de la garde nationale du département de la Seine-Inférieure », écrivit, de Thuit-Simer, au maire d'Elbeuf, qu'il venait de recevoir l'ordre d'établir des patrouilles de nuit dans les sept communes formant l'arrondissement de la 2e cohorte, et qu'en conséquence il commencerait ce service le soir même par une patrouille partant de la Londe et une autre partant de Tourville.

M. Sevaistre ajoutait que M. Noyon, capitaine des grenadiers de la 2e cohorte, s'était établi à la Londe, et que la nuit suivante il ferait faire une patrouille vers Bourgtheroulde et une autre sur la route d'Elbeuf. Il invitait le maire à désigner le point de reconnaissance, pour la garde qui pourrait partir d'Elbeuf, au Chêne à la Vierge, et le priait de donner un mot d'ordre.

Le maire répondit que la patrouille partant d'Elbeuf pour le Chêne à la Vierge, devant passer devant un dépôt de carabiniers, le chef de ces soldats indiquerait lui-même le mot d'ordre.

Chacun connaît les grands événements politiques du mois d'avril. Le 8, le marquis de Gasville, sous-préfet de Rouen, annonça officiellement, au maire d'Elbeuf, le changement de gouvernement qui venait de se produire:

« Le règne de Napoléon est passé, dit-il ; il n'a plus de prétentions à la couronne ; il l'a déposée lui-même, et le trône de France, l'héritage des Bourbons, est enfin rendu aux Bourbons.

« Louis XVIII est proclamé roy de France par le Sénat; il est reconnu par tous les corps de l'Etat, et le peuple applaudit à cet acte qui répare tant d'injustice, qui calme tant d'inquiétude, qui guérit tant de maux et qui assure à l'Europe entière une paix profonde, un bonheur durable... »

Le sous-préfet invita le Conseil municipal d'Elbeuf à exprimer, dans une adresse, son adhésion aux actes du Sénat:

« Pour bien faire, il ne faut qu'un cœur et un souvenir: l'un vous dictera les expressions de reconnaissance au magnanime empereur qui nous rend à nos rois légitimes; l'autre ne nous permettra pas d'hésiter de vous prononcer en leur faveur; il rappellera à votre mémoire la félicité dont nous jouissions sous leur empire... »

A Elbeuf, l'abdication fut commentée assez vivement. La municipalité se réunit, et décida d'adresser aux habitants une proclamation. A ce sujet, on lit sur les anciens registres municipaux:

« L'an 1814, le jeudi 14 avril, les maire et adjoints, les membres du Conseil municipal, les fonctionnaires de l'ordre judiciaire, les membres des diverses commissions, les receveurs et notaires, les officiers de l'état major de la garde nationale, se sont rendus à la mairie pour publier solennellement la proclamation par laquelle le Conseil municipal déclare adhérer aux décrets du Sénat de 2 et 3 de ce mois, qui prononcent la déchéance de Bonaparte et exprime son vœu formel pour que la royauté soit déférée à l'auguste chef de la maison des Bourbons.

« Le cortège, s'étant formé à la mairie, a pris place au milieu de la garde nationale sous les armes et, précédé des tambours et de la musique, le maire a fait une première proclamation sur la place du carrefour de la rue de l'Hospice. Les cris de : « Vive le Roy ! » se sont fait entendre et la musique a exécuté l'air *Vive Henri IV !*

« Une seconde lecture a été faite dans la rue de Seine — Saint-Jean — avec la même pompe et le même enthousiasme.

« Enfin, une troisième et dernière proclamation a eu lieu sur la place de l'Hôtel-de-Ville — du Coq — où le cortège s'est rendu avec la même solennité, aux sons de la musique et des tambours. Des airs variés, et surtout celui *Vive Henri IV !* ont précédé et suivi la lecture de cette proclamation.

« Les cris de « Vive le Roy ! » se sont réitérés ; une foule nombreuse a toujours suivi le cortège. Le commandant de la garde a ordonné des évolutions militaires, et chacun s'est séparé aux cris de : « Vive le Roy ! » — Pierre-Henry HAYET, maire ».

Plusieurs drapeaux blancs furent arborés sur le parcours du cortège.

Copies de ce procès-verbal et de la proclamation furent envoyées au sous-préfet ; il les approuva et annonça, le 13, que ces pièces seraient adressées au gouvernement ; mais il demanda, en outre, un simple acte d'adhésion à Louis XVIII, dans la forme de celui que la ville de Dieppe avait fait insérer au *Journal de Rouen* la veille, en la datant du 9 avril.

Dans cette même séance, le Conseil vota la

proclamation suivante, qui fut lue aux carrefours de la ville ; — les points remplacent des mots détruits par l'humidité :

« De grands événements viennent de fixer à jamais les destinées de la France.

« La lutte terrible si criminellement engagée entre elle et l'Europe entière est enfin terminée, et Napoléon a cessé de régner... heureuse et mémorable pour tous les peuples... de couler des flots de sang répandus sans mesure, sans utilité, où la paix la plus profonde succède tout-à-coup à la guerre la plus acharnée.

« Mais ce serait en vain que nous espérerions jouir du bonheur que les démagogues et les tyrans nous promirent tour à tour, si le gouvernement despotique et destructeur qui vient de s'écrouler n'était pas remplacé par cette autorité tutélaire et paternelle de ses Rois, sous lesquels la France avait acquis tant de splendeur et de puissance.

« Ce grand acte est consommé ! L'illustre famille des Bourbons nous est rendue, et Louis XVIII est proclamé roi des Français ! Il arrive au milieu de nous avec la résolution de cicatriser nos plaies, de tarir nos larmes et de réparer tous les maux dont nous sommes accablés depuis si longtemps. Si l'expérience du passé nous donne la garantie de ses efforts pour nous rendre heureux, elle doit lui donner aussi celle de notre fidélité et de notre amour ; et l'acte constitutionnel qui va rendre indissolubles les deux liens qui, désormais, uniront le Monarque à la France, nous fera enfin retrouver notre patrie.

« Cessez donc, tendres mères, de craindre qu'une conscription dévoratrice vienne encore vous enlever vos enfants ! Habitants des campagnes, ne redoutez plus que le pillage et l'incendie viennent détruire vos granges et vos récoltes ! Manufacturiers industrieux, disposez-vous à repeupler vos ateliers ! Ouvriers laborieux, préparez-vous à reprendre vos travaux accoutumés ! Et vous, braves militaires, ce ne sera plus pour l'ambition d'un seul que vous verserez votre sang; un devoir plus sacré est réservé à votre courage ; celui de défendre les grands intérêts de la nation et du monarque.

« Nous allons tous, à l'abri des lys, respirer un air pur et bienfaisant, et c'est pour cette fois que la France est véritablement sauvée! »

La proclamation se termine par ces lignes écœurantes :

« Mais à qui devons-nous ces grands et heureux changements ?

« Le croiriez-vous, nos chers concitoyens ? Ceux-là même qu'on vous désignait comme venant vous combattre pour se partager la France, sont les auteurs de tant de bienfaits. C'est aux princes alliés que nous en sommes redevables, et c'est à vous surtout, magnanime Alexandre, qui nous faites connaître par vos excellentes qualités que l'âpreté des climats n'exclut point la sensibilité, la grandeur d'âme et toutes les hautes vertus qui parent votre diadème d'une manière si éclatante; c'est à votre générosité sublime que nous allons devoir encore les embrassements des 200.000 de nos frères et de nos enfants. Que de titres à notre reconnaissance ! Elle restera profondément gravée dans nos cœurs ! »

Suivent les signatures de MM. Pierre-Henri Hayet, maire, Pierre Patallier, Join-Lambert aîné, Mathieu Frontin, P.-A. Corblin, J.-B. Pierre Grandin, Alex. Grandin, Aug. Henry, Le Roy-Mettais, Marin Duruflé, Jean-Pierre Lefort, Fremont, Amable Delaunay, M. Langlois, Henri-Pierre Delacroix, Augustin Dévé Mathieu Sevaistre père, Constant Godet.

Ce même jour, 14 avril, le dépôt du régiment de cuirassiers arriva dans notre ville ; le maire le dirigea tout de suite sur Saint-Pierre-des-Cercueils.

Les commandants des deux dépôts de carabiniers et 48 voitures attelées contenant les blessés et bagages, ne partirent d'Elbeuf que le 16.

A partir du 26 avril, les militaires en traitement à l'hospice qui se trouvaient en état de marcher, furent autorisés à regagner leurs foyers.

Des carabiniers revinrent à Elbeuf ce même jour, mais en plus grand nombre que la première fois, car on y comptait 400 chevaux à la date du 7 mai. Des réquisitions de fourrages et avoines furent faites dans les environs d'Elbeuf et jusque dans le canton de Pavilly.

Au 21 mai, il y avait sept semaines que la municipalité devait pourvoir à la nourriture et au coucher de cavaleries militaires, et les fourrages devenaient de plus en plus rares. Le matin de ce jour, il ne restait que cinq bottes de foin disponibles, malgré l'envoi d'exprès dans un grand nombre de communes. Quant à la paille, on n'en avait plus depuis plusieurs jours. La population du canton était extrêmement fatiguée de la présence de ces soldats et encore plus de celle des chevaux ; aussi, en réclamait-on de tous côtés et avec force le départ.

Le 2 mai, Louis XVIII avait fait son entrée à Paris, avec la duchesse d'Angoulême, fille de Louis XVI, et le prince de Condé ; il se rendit aux Tuileries, où il forma un ministère par les soins du prince de Talleyrand. Les Prussiens et les Russes bivouaquèrent dans les rues de la capitale pendant les négociations du traité avec les alliés.

Le 26, M. de Gasville, sous-préfet de Rouen, manda au maire de notre ville de défendre l'étalage public de gravures représentant l'ancien chef du gouvernement ou les membres de sa famille.

Le maire écrivit au préfet, le 31 mai :

« ... Il devient désormais impossible de fournir ici aucuns fourrages pour les 300 chevaux de carabiniers répartis dans le canton, et il n'y a pas un moment à perdre pour les en retirer.

« Un motif non moins puissant rend cette mesure des plus urgentes : c'est la misère à laquelle réduit nombre d'habitants de cette ville et des autres communes la charge qui leur est donnée de nourrir depuis deux mois, un jour sur trois, un et deux carabiniers.

« Je suis accablé de leurs réclamations, et dans la dure impossibilité d'y faire droit, quelques fondées qu'elles soient.

« Ce canton, toujours soumis et patient dans le malheur, ne serait assurément pas traité avec plus de rigueur s'il avait pu encourir la disgrâce de l'autorité. Mais je n'ai pas besoin de m'étendre davantage envers vous sur l'extrême embarras de notre situation ; elle vous est connue. Cela doit me suffire pour être assuré que vous voudrez bien faire transférer ailleurs, sans délai, ces deux dépôts, et qu'incessamment notre sort sera changé ».

Le même jour, M. Hayet adressa une lettre conçue dans le même sens au commissaire-ordonnateur de Rouen.

Vers ce temps, M. Renault, curé de Saint-Etienne, fit faire une quatrième cloche pour son église ; elle fut fondue par M. Caplain, à Elbeuf. Cette cloche, donnée par le curé, avec le concours de M. Jean-Baptiste Sevaistre et de Mme Devitry, née Sophie Lejeune, femme de l'organiste de la paroisse, pesait 220 livres.

Plusieurs notables Elbeuviens étaient décédés depuis le commencement de l'année ;

Le 2 mars, M. Bernard Delarue, né à Rouen, rentier, rue de la Barrière, âgé de 89 ans. Il était père de M. Bernard-Benoît Delarue, rentier, et de M. Jean-Mathieu Delarue, commissionnaire en laines.

Le 3 mai, M. Jean-Baptiste Delacroix, rentier, rue de la Barrière, âgé de 59 ans, époux divorcé de Marie-Anne Grandin.

Le 8 mai, M. Louis-Joseph Flavigny, rentier, rue de l'Hospice, âgé de 74 ans. Il était fils de Louis-Nicolas et père de Jean-Baptiste Flavigny.

CHAPITRE XIX
(juin-décembre 1814)

La fête de la paix. — Service expiatoire a la mémoire de Louis XVI. — La ravine des Carabiniers. — Le Conseil municipal vote une adresse a Louis XVIII. — A la Chambre consultative. — M. L.-A. Flavigny député auprès du roi. — La fête Saint-Louis. — Visite du sous-préfet a Elbeuf ; discours. — Mesures de police, politiques et religieuses. — La vaccine. — Nominations au Conseil municipal.

M. Pierre-Henri Hayet, maire d'Elbeuf, prit cet arrêté, le 3 juin :
« Vu la proclamation de la paix générale ; considérant que ce grand événement, ce bienfait signalé de Louis XVIII, exige que l'allégresse publique se manifeste de la manière la plus éclatante ;
« Ordonne qu'il y aura cejourd'huy, à neuf heures du soir, une illumination générale qui devra durer toute la nuit.
En conséquence, tous les habitants de cette ville ayant leur domicile sur la rue sont requis d'illuminer la façade de leurs maisons ».

Notre administration municipale fut avisée, le même jour, que les carabiniers partiraient le lendemain pour le canton de Grand-Couronne. Mais le 4, M. Hayet reçut une lettre du colonel du 1er régiment de carabiniers l'informant que le maréchal de camp avait donné l'ordre aux deux dépôts de rester à Elbeuf. Le maire écrivit immédiatement au sous-préfet :

« ... Je vais donc prévenir MM. les maires des communes de s'en tirer comme ils pourront pour les hommes et chevaux qu'ils possèdent, et ils ne seront pas peu embarrassés. Quant à ceux qui nous restent ici, si je ne reçois rien, il faudra bien que je déguerpisse pour aller solliciter moi-même, en laissant, pendant mon absence, aux commandants de ces corps le soin de les approvisionner. Il est aisé de prévoir le désordre qui en résultera ; mais comme j'aurai fait tout ce qui est en mon pouvoir pour l'éviter, je devrai être à l'abri de tout reproche... »

Le 7, un service solennel expiatoire fut célébré en l'église Saint-Jean en l'honneur « de feues Leurs Majestés Louis XVI et Louis XVII, de feus la reine Marie-Antoinette d'Autriche, de Son Altesse royale Madame Elisabeth de France et de Monseigneur le duc d'Enghien ».

A cet effet, le maire avait pris plusieurs arrêtés de police et dressé un programme qui fut suivi de point en point. Un procès-verbal, rédigé le jour même, va nous faire connaître tous les détails de la cérémonie, à laquelle la garde nationale parut avec le drapeau blanc des Bourbons :

« Les habitants regardant comme un devoir sacré de manifester d'une manière solennelle leur douleur et leur indignation de l'horrible attentat commis en l'an 1793 sur l'infortuné Louis XVI et sur sa famille, et ayant déclaré souscrire aux frais du service funèbre en mémoire de ces augustes victimes de la plus affreuse tyrannie :

« Le mardi 7 juin, dès la pointe du jour, le son des cloches a annoncé la célébration de cette auguste cérémonie, pour laquelle l'église paroissiale de Saint-Jean avait été préparée. Les autorités constituées s'étant réunies à la mairie, à dix heures le cortège s'est mis en marche, composé du maire, des adjoints, du conseil municipal, de la justice de paix, de la commission administrative de l'hospice, des membres du bureau de bienfaisance, des notaires, du contrôleur des droits réunis, tous vêtus de noir, de l'état-major et des officiers des 1er et 2e régiments de carabiniers, ainsi que des officiers de la garde nationale, tous le crêpe au bras. L'escorte était formée d'un fort détachement de chacun des deux corps de carabiniers, ainsi que de la garde nationale et de la gendarmerie. Le son lugubre des trompettes militaires, des tambours et de la musique de la garde nationale indiquait le triste but de la réunion.

« Arrivé à l'église, chacun y a pris sa place dans le plus grand ordre. Ce bel et vaste édifice avait été disposé de manière à inspirer un respect religieux accompagné d'un sentiment de tristesse et de douleur, si déjà les plus cruels souvenirs ne l'avaient fait naître dans tous les cœurs.

« La voûte entière de la nef et du chœur était tapissée en noir ; il en était de même des colonnes qui séparent la nef des bas côtés. Elles étaient toutes parsemées de larmes et de fleurs de lys et elles portaient un écusson aux armes de France. Les murs du pourtour du temple étaient également couverts d'un tapis noir relevé en festons.

« Du milieu s'élevait majestueusement le cénotaphe convenablement illuminé et décoré, relevé en bosses, sur lequel étaient placés les attributs de la Royauté. Il était surmonté d'un dais porté sur quatre colonnes entre deux desquelles était posé un superbe lys naturel à fleurs doubles.

« L'église était remplie d'un monde considérable qui s'est constamment maintenu dans la décence due à la sainteté du lieu et à la dignité de l'objet. Beaucoup de dames en robe noire occupaient la nef.

« M. Romelot, curé de la paroisse, a monté en chaire où il a prononcé un discours analogue à la circonstance et écouté dans le silence le plus profond. Ce respectable pasteur a développé avec éloquence les causes de la catastrophe à jamais déplorable du 21 janvier et il a retracé du pinceau de la vérité les vertus sublimes de l'infortuné Louis XVI, cette innocente victime du jugement le plus atroce. Ce discours, prononcé avec l'accent de la plus grande sensibilité, a produit sur l'auditoire la plus vive émotion.

« Une messe de *Requiem* a ensuite été célébrée et chantée en musique, de la composition de M. Chambaurois, curé de Pinterville près Louviers.

« Mesdames Lichmann et de la Fargue ont fait une quête pour les pauvres. Elles étaient conduites l'une par M. le chevalier Baillincourt, colonel des carabiniers, et l'autre par M. le chevalier Lichmann, major.

« La cérémonie terminée, le cortège s'est retiré dans le même ordre qu'il était venu. Arrivé sur la place, devant l'Hôtel de Ville, les détachements de carabiniers et de la garde nationale y ont exécuté diverses manœuvres, à la suite desquelles le sentiment de la douleur faisant place à celui de la joie et de l'enthousiasme qu'inspire le retour d'un monarque désiré, adoré, qui se montre le père de son peuple, les cris mille fois répétés de : « Vive le Roy ! Vive Louis XVIII ! » se sont fait entendre tant de la part du cortège et de la troupe que de celle de la multitude immense qui les environnait ». — Suit la signature de M. P.-H. Hayet.

Le maire écrivit le surlendemain de cette cérémonie :

« A la suite des heureux événements qui ont rendu à la France le gouvernement paternel des Bourbons, un devoir sacré se présente : celui de rendre à la mémoire du vertueux et infortuné Louis XVI l'hommage qui lui est dû.

« A l'instar des diverses villes, la nôtre s'est empressée de le remplir, ainsi que vous le verrez par le procès-verbal que j'ai l'honneur de vous adresser du service solennel qui a été célébré ici mardi dernier, avec une pompe digne de son objet.

« Dans cette auguste cérémonie, vous reconnaîtrez les sentiments qui nous animent pour le précieux successeur de cette illustre victime des factions. Attachant quelque prix à ce qu'ils soient publiquement connus, si vous jugez ce procès-verbal digne d'être inséré dans le *Journal de Rouen*, nos habitants en seront extrêmement flattés ».

De nombreux militaires avaient quitté l'armée et étaient rentrés dans leurs foyers. Le 14 juin, ils furent avisés de se présenter à la mairie pour y faire connaître leur position, ou à rejoindre leur corps respectif.

En ce même mois, on mit en adjudication le pavage de la rue Percière, près de laquelle se trouvait un boit-tout dans lequel on jetait des fumiers, et l'allumage des réverbères de la ville pour trois ans.

Un document de cette même époque nous apprend qu'il existait encore, rue de la Bague, un mur couvert de chaume.

Enfin les troupes montées quittèrent notre ville le 15 juin ; mais ici nous arrivons à un événement qui fit époque et dont le souvenir s'est perpétué surtout dans le quartier de l'Hospice ; nous voulons parler de la « Ravine des Carabiniers ». Le rapport suivant nous instruira des principaux détails de ce singulier accident :

« Nous soussigné Pierre-Henry Hayet, maire de la ville d'Elbeuf, déclarons que ce jourd'hui mercredi 15 juin 1814, par suite du fort orage qui a eu lieu cet après-midi, un torrent affreux, arrivé vers cinq heures, a traversé la ville où il a causé de grands dégâts, ayant bordé des deux côtés les maisons jusqu'à plus d'un mètre de hauteur.

« Entre autres, il a emporté une forte charette qui venait d'être chargée, devant le magasin du sieur Petit, d'une portion des effets et bagages du 1er régiment des carabiniers, dont le poids pouvait être d'environ 2.500 kilogrammes.

« Ce torrent bouillonnait avec tant de force et chariait des pierres d'un tel volume qu'il est devenu impossible de porter le moindre secours à la dite charette, qui a fini par être entraînée à la rivière de Seine, après avoir versé, ce qui a fait tomber divers des objets qu'elle portait, dont plusieurs ont été sauvés du naufrage.

« Le sieur Georges, maître sellier dudit régiment, est venu nous prier de donner aux maires des communes voisines de la rivière jusqu'à Rouen l'avis de cet accident, avec invitation de faire sequestrer ceux desdits effets qui pourraient être repêchés dans leur dépendance et de nous en informer, ce que nous avons fait de suite et en avons chargé un exprès envoyé par ledit sieur Georges, après avoir fait également publier un avertissement aux habitants de cette ville de déposer dans un lieu indiqué les objets déjà recueillis.

« Enfin, nous avons appris que l'eau vaseuse de ce torrent est montée dans le susdit magasin du sieur Petit à une telle hauteur que les effets qui y restaient appartenant audit régiment étaient totalement mouillés.

« A ces détails, nous ajouterons que dans les orages et fontes de neiges, cette ville est exposée à de semblables torrents, mais que, depuis un temps immémorial, on n'en avait pas vu d'aussi désastreux... » — Suit la signature de M. P.-H. Hayet.

Par un hasard heureux, on retrouva tous les objets que la ravine avait entraînés, et même 217 kilog. de plus, à cause de la vase qui les avait pénétrés et de l'humidité qui avait imprégné les caisses dans lesquelles ils étaient enfermés.

Mais le ministre de la guerre ne s'expliqua pas comment cet accident s'était produit. Il crut à l'imprudence du sieur Delauney, agent des transports militaires. L'enquête démontra qu'il n'y avait eu aucune faute de sa part.

On conçoit que l'eau, haute d'un mètre contre les maisons des rues Meleuse et Royale, avait dû causer bien d'autres dégâts. Tous les riverains y perdirent quelque chose. Un sieur Coquelin, débitant, subit une perte considérable sur ses boissons et sur ses meubles. Un marchand de tabac, nommé Lefrançois, eut un dommage de plus de 800 fr. Un autre marchand de tabac et liquides le sieur Andrieu, perdit deux barriques d'eau-de-vie et 149 kilos de tabac, sans compter d'autres marchandises.

A cette époque déjà, un certain nombre de portes d'entrée des rez-de-chaussée étaient pourvues de rainures en fer, dans lesquelles, à l'approche de chaque ravine, on glissait un ais en bois, de façon à empêcher l'eau de pénétrer à l'intérieur des cours et des boutiques ; mais à la suite de celle de 1814, beaucoup d'autres propriétaires et locataires se protégèrent par le même procédé.

En partant, les carabiniers avaient laissé à notre hospice dix des leurs, trop blessés pour suivre la colonne.

Les vingt-cinq hommes de garde nationale mobile levés dans notre ville s'étaient tous fait remplacer, moyennant 2 francs par jour, jusqu'à la paix ou pour une durée de quatre mois. Les hommes âgés de 20 à 40 ans avaient formé les fonds nécessaires, chacun suivant ses facultés.

Des vingt-cinq remplaçants, deux étaient morts au service et quinze étaient revenus à Elbeuf. A la date du 18 juin, on était sans nouvelles des huit autres : on croyait qu'ils avaient été faits prisonniers à Soissons. Les femmes de ceux-ci réclamèrent la continuation du paiement des 2 fr. par jour ; mais comme les fonds étaient épuisés, le maire fit établir un rôle sur lequel on inscrivit les 146 Elbeuviens les plus imposés ; ce rôle donna 1.432 francs.

Le 30 juin, le Conseil municipal vota cette adresse au nouveau monarque :

« A Sa Majesté Louis XVIII, roi de France et de Navarre.

« Sire, arrachée au gouvernement paternel de ses rois légitimes, la France était en proie à tous les maux, et la guerre la plus affreuse la dévorait.

« A peine, enfin, rendue à ses vœux, Votre Majesté se montra comme un astre réparateur, et l'aurore du bonheur parut avec elle !

« Déjà les douceurs d'un paix durable se font sentir, les plaies se cicatrisent, et régis par le meilleur des rois, guidés par le plus tendre des pères, les Français n'auront bientôt plus à se rappeler des calamités qui les accablaient, que pour bénir la main qui les en a délivrés.

« Nous venons, Sire, déposer à vos pieds le tribut d'amour et de reconnaissance des habitants de la ville d'Elbeuf pour tant de bienfaits ; et il ne leur suffisait pas que ces sentiments fussent gravés dans leurs cœurs, il leur fallait encore que Votre Majesté daignât en entendre l'expression, par l'organe de leurs magistrats, qui, pénétrés d'une aussi honorable mission, la supplient d'agréer leur respectueux dévouement... ».

Le Conseil arrêta que cette adresse « serait portée au pieds du trône par MM. P. Maille et Robert Flavigny, adjoints, M. Jean-Pierre

Lefort, membre du Conseil, et MM. Petou et Turgis, propriétaires-manufacturiers ».

La Chambre consultative, réunie le 9 juillet, prit connaissance de deux lettres qui lui étaient adressées par le directeur général de l'Agriculture, du Commerce, des Arts et Manufactures.

Dans l'une, le ministre annonçait que le gouvernement ne perdait pas de vue tout ce qui pouvait contribuer à la véritable prospérité des fabriques du royaume, et recueillerait les observations qui lui seraient présentées à cet effet.

L'autre était une circulaire expositive de Louis XVIII de « faire fleurir les manufactures et le commerce par tous les moyens en son pouvoir, en prenant pour base les grands principes de liberté en dedans et protection au dehors ».

La Chambre décida qu'un mémoire serait rédigé, puis présenté au ministre par une députation composée de MM. Germain Petit, domicilié à Paris, mais ayant des intérêts dans la fabrique de M. J.-P. Lefort, d'Elbeuf, et de MM. L.-R. Flavigny, J.-P. Lefort, Parf. Maille, Petou et Turgis. — Suivent les principales parties de ce travail :

« En rentrant dans ses droits, le roi ne veut en user que pour le bonheur de ses peuples ; tout ce qui peut y concourir devient l'objet de ses sollicitudes... La lettre de M. le directeur général encourage de ne dire que la vérité à un gouvernement qui se montre avec la ferme résolution de réparer le mal et de faire le bien. C'est à nous de nous rendre dignes de sa confiance en répondant à ses vues. C'est donc avec cette franche détermination que nous allons traiter les divers objets relatifs à nos manufactures ».

La Chambre exposa le tort qu'avait fait à la fabrique d'Elbeuf l'annexion de la Belgique à la France. Les manufacturiers belges s'étaient instruits dans notre pays, et à l'aide de machines à carder et à filer, inconnues jusqu'alors, ils avaient répandu en France une grande quantité de draps. Les fabricants d'Elbeuf montèrent également de ces machines et des mécaniques à lainer et à tondre, et à l'heure présente, ils peuvent, dit la Chambre, jeter dans la consommation des quantités énormes de produits ; il ne leur manque que des débouchés.

La prohibition absolue des draps étrangers donnera aux fabriques d'Elbeuf toute l'activité et l'extension dont elles sont susceptibles, en leur aidant d'abord à réparer leurs pertes subies pendant les six mois de désastres et de calamités occasionnés par les derniers événements, augmentés de la concurrence des draps belges. La prohibition est de première nécessité.

Il serait bon d'obtenir que les puissances étrangères ne chargent les draps français que de droits modérés.

L'agriculture doit être encouragée par l'exportation des laines, mais avant de permettre cette sortie, il serait bon de s'assurer si les laines nationales suffisent aux manufactures françaises, qui vont donner beaucoup d'extension à la production des casimirs.

La Chambre se prononce contre toute réglementation des manufactures, qui nécessiterait la nomination d'inspecteurs : « On a vu de ces hommes, qui n'ayant pas su faire leurs propres étoffes, demander à inspecter celles d'autrui ».

Elle abandonne sa demande de lisières particulières, qui, ne pouvant indiquer ni le lieu de fabrique, ni la qualité du drap, n'offre aucune garantie au consommateur.

Elle renouvelle sa demande pour prévenir les vols de fabrique, par la présentation des registres des individus inculpés de recel.

Enfin, la Chambre désire que celui qui tombera en faillite pour la troisième fois soit déclaré coupable de banqueroute frauduleuse.

La commission rendit compte de sa visite au ministre à la prochaine réunion de la Chambre, laquelle lui adressa ses remerciements et décida que MM. Parfait Maille, Petou et Turgis, membres de cette députation, seraient adjoints à la Chambre consultative.

M. de Gasville, sous-préfet, étant appelé à d'autres fonctions, le maire lui écrivit le 18 juillet :

« Je ne pouvais être insensible au contenu de la lettre que vous m'avez fait l'honneur de m'adresser le 13 de ce mois, puisqu'elle m'annonce que vous perdre nous avons dû le craindre aussitôt que Sa Majesté Louis XVIII s'est assise sur un trône où l'appelaient et ses droits et nos vœux.

« Sa ferme volonté de réparer les maux dont il a trouvé la France accablée, devait le conduire à ne s'entourer que de personnes recommandables par leurs lumières et leurs vertus ; vous ne pouviez donc être oublié, Monsieur le sous-préfet, et dès lors nous avons dû nous attendre au sacrifice que nous sommes forcés de faire aujourd'hui.

« Vous emportez les regrets de tous et particulièrement ceux des administrateurs auxquels vous avez allégé, autant qu'il était possible, l'accablant fardeau que faisaient peser sur eux d'affreuses circonstances. Vous allez désormais, Monsieur le sous-préfet, et je vous en félicite bien sincèrement, vous allez désormais concourir à des travaux plus dignes de vous, puisqu'ils n'auront pour but que de nous faire oublier nos malheurs passés, en secondant les intentions paternelles du monarque le plus vertueux et le plus digne de notre amour ».

Dans le courant de juillet, la Chambre consultative rédigea un mémoire pour solliciter du gouvernement les encouragements que méritait l'industrie. Elle désigna un négociant de Paris pour défendre les intérêts de la fabrique, à l'occasion de l'augmentation des droits en Piémont. Enfin, elle nomma une délégation pour porter au directeur général du commerce un mémoire relatif à la protection que l'industrie réclamait.

Le 27, mourut Marie-Julienne-Augustine Claire de la Hougue des Bosquets, née au Havre, âgée de 40 ans, épouse de M. Robert-Amand Collet-Valdampierre, notaire royal.

A cette époque également, on mit en adjudication les travaux de pavage de la rue Percière.

Un état daté du 2 août porte que 53 soldats, français ou étrangers, étaient morts à l'hospice.

Les douze remplaçants dans la garde nationale mobile dont nous avons annoncé la disparition, avaient été faits prisonniers à Soissons, ainsi qu'on le supposait, puis transférés à Berlin, d'où huit revinrent successivement ; le dernier était rentré à Elbeuf le 8 août. Au 20 de ce même mois, les quatre autres étaient présumés morts.

Dans la séance du corps municipal tenue le 22 août, M. Louis-Robert Flavigny rendit compte de la mission dont il avait été chargé, ainsi que plusieurs de ses collègues et des manufacturiers d'Elbeuf, auprès du roi ; il s'exprima ainsi :

« M. le maire vous a déjà instruits sommairement du succès de la députation que le Conseil municipal a envoyée à Paris pour déposer aux pieds du trône les sentiments d'amour et de vénération dont nos concitoyens sont animés pour la personne de notre auguste monarque. Je n'ai donc à vous entretenir que des détails de notre présentation et vous répéter les propres paroles du roi, dont l'accent vrai et les traits pleins de noblesse et la bonté ont fait une profonde sensation sur ceux qui ont eu l'honneur d'être admis à son audience.

« Vous avez sans doute reconnu comme nous que l'adresse dont nous étions porteurs joignait à la concision le mérite assez rare d'être exempte des trivialités usitées en pareil cas.

« Mais si nous devons à M. le maire des remerciements du soin qu'il a pris à la rédiger, nous n'oublierons pas que M. Maille, président de la députation, l'a fait valoir par un débit ferme, un accent pur, des inflexions justes et que, pour tout dire en un mot, le lecteur était digne de l'auteur.

« Le Roy nous a paru l'entendre avec plaisir, et son émotion dans un passage remarquable nous a prouvé sa sensibilité. La réponse du roi a été celle-ci :

« Je connais l'industrie manufacturière de
« la ville d'Elbeuf ; je sais combien elle est

« utile à la prospérité de l'Etat: Elle peut
« compter sur ma protection. J'agrée vos sen-
« timents et vous accorde les décorations que
« vous me demandez ».

« Telles sont, Messieurs, les intentions du bon prince qui nous gouverne. Nous saurons nous rendre dignes de sa protection ».

La séance fut levée aux cris de : « Vive le Roi! Vive Louis XVIII! Vivent les Bourbons! »

L'approche de la fête du roi fit prendre à M. Hayet, maire, l'arrêté suivant :

« Considérant que cette fête ne peut être célébrée avec trop d'éclat et d'empressement, et qu'il suffit d'en faire connaître authentiquement le but pour que chaque Français fasse éclater les sentiments dont il est animé pour la personne de Sa Majesté ; ordonne :

« La solennité de la fête de saint Louis sera annoncée la veille et le matin par le son des cloches des deux paroisses.

« Ledit jour, à midi, il sera fait une distribution extraordinaire de pain aux pauvres du bureau de cette ville. A cet effet, les pauvres se présenteront chez MM. les curés de leur paroisse pour y recevoir leurs cartes.

« Le soir, au déclin du jour, il aura illumination générale et concert à l'Hôtel-de-Ville.

« Les habitants sont invités de manifester en cette circonstance leur zèle et leur amour pour le chef auguste du gouvernement.

« Il sera donné, aux frais de la ville, un bal public dans la salle du sieur Macé. Il sera aussi établi un orchestre sur la place de l'hôtel de la mairie, et les danses se prolongeront jusqu'au jour... »

Le procès-verbal de la fête constate qu'elle fut célébrée avec pompe et enthousiasme; que la foule se porta spontanément dans les temples pour assister aux messes suivant l'ancien usage ; que des devises allégoriques avaient été placées sur la façade du plus grand nombre des habitations ; que les cris de : « Vive le Roi ! Vive Louis XVIII ! Vivent les Bourbons ! » s'étaient fait entendre de toutes parts. Il se termine ainsi : « Le maire rend justice au zèle et à l'enthousiasme de ses administrés à célébrer la fête du meilleur des rois. Les témoignages d'allégresse qu'ils ont fait éclater en ce jour prouvent leur attachement et leur amour au monarque si digne de gouverner ».

Le 30, M. Pain, procureur du roi, invita le maire à faire enlever l'aigle qui figurait encore sur le mât du bateau faisant le service entre notre ville et Rouen.

A l'occasion de la foire Saint-Gilles, « le commandant chef de cohorte » établit un poste à l'Hôtel de Ville et un second dans le champ de foire. Le 1er septembre, il y eut « grande parade et musique à la garde montante ».

Le 2 septembre, le maire fit rendre, sur l'ordre du préfet, les catéchismes qui avaient été saisis, sur l'injonction du gouvernement impérial, chez M. Eustache Delamare et Mme veuve Vivien.

Un état, daté du 6, mentionne que les soins donnés aux militaires pendant leur séjour à l'hospice avaient nécessité divers emprunts s'élevant ensemble à 15.173 fr.

Le Conseil municipal décida d'augmenter de moitié les tarifs d'octroi, afin de porter son produit net à 20.000 fr.

On sait combien notre ville, en général, et son maire, en particulier, s'étaient employés pour faire partir les carabiniers ; néanmoins, dans une lettre que M. Hayet adressa au major du 2ᵉ régiment de cette arme à Lunéville, le 12 septembre, nous trouvons ce passage : « Je suis bien flatté, M. le major, des sentiments que vous conservez à notre bonne ville; croyez que le très brave corps des carabiniers de Monsieur lui laissera toujours le souvenir le plus agréable ».

Le nouveau sous-préfet de Rouen vint dans notre ville, le 19 septembre, pour recevoir le serment des maires, adjoints et autres fonctionnaires du canton d'Elbeuf. Un détachement de la garde nationale se rendit au-devant de lui jusqu'à la porte de Rouen.

A une heure, 50 grenadiers et 50 chasseurs de la garde nationale, la musique, les tambours se rendirent au domicile du maire pour prendre le cortège, composé du sous-préfet, de son secrétaire, des maires et adjoints du canton et le conduisirent à l'Hôtel de Ville où eut lieu la cérémonie.

Le sous-préfet rédigea un long compte-rendu que l'on trouve sur les registres municipaux, mais partiellement détruit par les effets de l'humidité. Ce magistrat constate l'enthousiasme des fonctionnaires d'Elbeuf à prêter le serment, « si différent des serments bizarres ou odieux exigés de l'administration pendant 25 ans d'erreurs et de rébellion ».

Au discours du sous-préfet, M. Hayet, maire, répondit par un autre, dont voici quelques passages :

« Epuisés par les projets extravagants d'un ambitieux, sans espoir de salut, la France était sur le bord de l'abîme, et ce bel empire, dévasté de toutes parts, n'allait plus montrer que des monceaux de ruines, lorsque le retour miraculeux du monarque fit tout à coup succéder le calme à la tempête, la vie à la mort et le bonheur aux plus affreuses calamités.

« C'est ainsi que la bénigne influence du pouvoir légitime finit par anéantir ces fantômes de puissances élevés et détruits tour à tour par de misérables factions, et qu'avec le temps elle fait disparaître jusqu'à la trace des maux qu'elles ont enfantés.

« C'est donc à présent qu'il nous est permis de rendre à l'autorité suprême l'hommage qui lui est dû, et de lui tenir un langage qui n'est que l'expression fidèle de nos vrais sentiments; car ces mots de *respect*, d'*amour*, de *devouement*, devenus en quelque sorte dérisoires depuis qu'ils furent tant de fois prodigués à l'hydre qui nous dévorait ; ces mots, dis-je, recevront désormais leur juste application dans la personne sacrée de Louis XVIII, le sauveur et le père des Français !

« Lorsqu'en juillet 1813, au nom de cette autorité toujours inquiète et déjà chancelante qui a disparu, il me fut demandé quel était le degré d'attachement des habitants de ce canton pour l'usurpateur, si j'osai répondre alors que le gouvernement le plus protecteur des personnes et des propriétés était celui qui était le plus aimé, avec quel empressement ne dois-je pas proclamer aujourd'hui que, si nos propres intérêts nous portent vers ce gouvernement protecteur qui nous est rendu, nos cœurs aussi nous tiennent attachés à ce trône, sur lequel nous voyons assis le modèle de toutes les vertus.

« Mais c'est à nous surtout qu'il appartient de nous réjouir de ce changement inespéré et d'être pénétrés de la reconnaissance qui en est due à son auguste auteur, nous dont l'institution paternelle et bienfaisante par son essence, fut transformée sous ce règne de fer en la plus dure inquisition sur les fortunes et les personnes de nos malheureux concitoyens, nous devenus ainsi les instruments forcés de la plus barbare tyrannie !

« Quels motifs donc de satisfaction de nous voir rendus au véritable caractère de nos fonctions, pour n'avoir plus désormais à répondre sur nos administrés que les bienfaits d'un gouvernement sage et réparateur ! »

La séance fut levée aux acclamations de : « Vive le Roi ! vivent les Bourbons ! », et le procès-verbal reçut les signatures des quarante-huit fonctionnaires présents, parmi lesquels se trouvaient les autorités des autres communes du canton.

Le sous-préfet écrivit au maire d'Elbeuf, à la date du 20 du même mois :

« J'ai l'honneur de vous communiquer l'état des propositions faites par M. le préfet pour le renouvellement décennal de la seconde moitié du Conseil municipal de votre ville qui devait avoir lieu au 1er janvier 1813, et pour lequel les assemblées cantonales avaient présenté des candidats vers la fin de 1812.

« Vous remarquerez sans doute que le travail était depuis longtemps préparé, mais l'état de crise dans lequel s'est trouvé la France, les heureux événements qui lui ont succédé, l'importance des objets dont l'administration a dû s'occuper, n'ont pas permis jusqu'à ce moment de suivre cette opération... »

Le sous-préfet termina en demandant que l'état des propositions fut remis à jour, d'autres vacances ayant pu se produire.

Pendant la nuit du lundi au mardi qui précéda le 24 septembre, « divers individus se permirent de troubler le repos public, par des cris répétés : de « Vive l'empereur ! » en y joignant les mots les plus injurieux à la personne du roi ».

Le commissaire de police fit une information qui porta les soupçons sur des ouvriers serruriers. Ils furent arrêtés et envoyés au procureur du roi, à Rouen.

Le mercredi suivant, un sieur Bocquet, fabricant de toile à Rouen, étant dans le bateau public venant à Elbeuf, tint « pendant longtemps contre la personne de Sa Majesté et en faveur de Buonaparte, les propos les plus révoltants, dont le sieur Nos Dargence, de notre ville, homme sage et tranquille, a été tellement indigné » que des voies de fait allaient se produire. M. Hayet, maire, dénonça ces faits et réclama qu'une « justice sévère fut faite de ces hommes séditieux et mal intentionnés, dont l'audace impunie finirait par égarer le peuple sur ses vrais intérêts ».

Le marché au poisson, qui se tenait rue Saint-Jean, fut transféré à partir du 27, rue de la Barrière, côté du midi, près la place du Coq. — Le 1er octobre, la veuve Ferrand fut nommée concierge de la mairie en remplacement de sa mère, la veuve Divory. — Le 15, on mit en adjudication l'élagage des arbres du Cours.

Malgré le nouveau régime plusieurs rues d'Elbeuf avaient conservé leurs noms révolutionnaires, notamment la rue de la Liberté.

A partir du 9 novembre, la halle aux grains du jeudi fut rétablie officiellement. Le maire en fixa l'ouverture à midi, afin d'éviter « les encombrements dangereux par la trop grande quantité de voitures qui s'y rendent ». On sait qu'une autre halle aux grains se tenait le samedi.

La municipalité décida, le 1er octobre, qu'il serait créé une compagnie de pompiers.

Le 3, M. Hayet indiqua au sous-préfet, pour être nommés membres du Conseil municipal, MM. Louis-Jacques Grandin, Jean-Baptiste Glin et Georges-Paul Petou, celui ci, dit le maire, « particulièrement recommandable par son mérite personnel et son attachement au gouvernement ». M. Petou, ajoute-t il encore, a été désigné par le Conseil municipal pour faire partie de la députation chargée de porter aux pieds du roi les vœux des habitants de cette ville ».

Le 8, la Chambre consultative rédigea un rapport dans lequel elle démontrait le danger qu'il y aurait à laisser exporter des béliers français :

« En nous livrant ses troupeaux et ses béliers, l'Espagne a perdu les 30.000.000 que lui payaient annuellement nos fabriques. Les Anglais, au contraire, jaloux de jouir seuls de la race de leurs coursiers, se gardent bien de nous envoyer de leurs étalons. Si nous ne suivons cet exemple, nous aurons bientôt appris à nos voisins à se passer de nos riches toisons ».

Le maréchal de logis de gendarmerie était encore M. Grimbert. Le 20 octobre, il reçut sous ses ordres le brigadier Lambert.

En ce mois, les fabricants montrèrent très peu d'empressement à accepter une commande importante de draps pour l'habillement des chasseurs, que les administrateurs de ce corps voulaient faire fabriquer à Elbeuf. — Une note porte que le prix de la laine avait augmenté de 20 pour 100 depuis un mois.

M. Pierre Lingois, ancien notaire et ancien maire, mourut le 4 décembre, âgé de 76 ans ; il était né à la Folletière.

Le 5, le sous-préfet rappela au maire la loi du 18 novembre sur la célébration du dimanche.

Il était interdit aux ouvriers de travailler ce jour-là et les jours fériés ; les boutiques des marchands devaient rester closes. Pendant les heures d'offices religieux, les aubergistes et « dépotayeurs » ne pouvaient vendre ni à manger ni à boire ; les cafés n'ouvraient qu'à midi. Enfin, pour toute démarche auprès de l'administration ou des services publics, il était presque toujours utile d'avoir une recommandation d'un prêtre catholique.

Vers ce même temps, le commissaire de police fut invité à fournir chaque semaine un rapport sur « la chronique de la ville, l'esprit public, les événements de tous genres, l'esprit des prêtres, les manufactures », etc.

Le 26, M. Hayet écrivit dans ces termes « au curé d'Elbeuf » — celui de Saint-Etienne n'avait encore que le titre de desservant :

« Le gouvernement voit avec beaucoup de peine que, malgré les recommandations réitérées pour la propagation de la vaccine, cette salutaire et précieuse découverte est encore négligée par une infinité de pères de famille, auxquels la perte de leurs enfants donnent des regrets d'autant plus amers qu'ils peuvent s'accuser d'en être les propres assassins. Il vient d'y avoir de nombreux exemples dans la commune d'Oissel, et malheureusement la nôtre n'en a pas été exemptée.

« Dans sa correspondance, M. le préfet insiste beaucoup pour que le peuple soit éclairé sur cet objet important, et il regarde, avec raison, MM. les curés comme propres à détruire les préjugés qui l'empêchent de recourir à ce préservatif, dont le succès est présentement reconnu infaillible. Ce magistrat dit que le roi compte sur leur zèle à cet égard.

« C'est donc avec une grande confiance que je vous invite, Monsieur le curé, à vouloir bien réunir vos efforts aux miens, pour que les enfants de votre paroisse qui n'ont pas encore été attaqués de la petite vérole soient incessamment vaccinés. Il n'est pas douteux qu'un avis pastoral donné au prône de temps en temps, ne soit de la plus grande influence même sur les plus récalcitrants ».

En décembre, M. Delamare-Vivien, pharmacien à Pont-de-l'Arche, marchand de livres et épicier à Elbeuf, fut dénoncé comme ayant une presse clandestine. Il ne paraît pas que cette dénonciation ait été fondée, car malgré la surveillance dont il fut l'objet, on ne trouve aucune trace de poursuite contre lui.

En cette année, l'abbé Lingois, né à Elbeuf, vers 1740, mourut à Paris. Il fut l'auteur de *Leçons élémentaires de Mathématiques, pour servir d'introduction à l'étude de la Physique* (Paris, 1779, in-8°).

Louis XVIII, étant au château des Tuileries, le 30 décembre, nomma aux fonctions de membres du Conseil municipal, pour remplacer la moitié de cette assemblée, conformément au règlement du 19 fructidor an X, MM. Pierre-Nicolas Bourdon, Mathieu Frontin, Louis-Jacques Grandin, J.-B. Glin, Thomas Vitcoq, Henri Delacroix père, Mathieu Quesné père,

Georges-Paul Petou, Amable Delaunay, Aug. Dévé, Amable Corblin, Pierre-Mathieu Bourdon, Laurent Patallier aîné, Mathieu Sevaistre fils, Félix Lefebvre père, tous fabricants, sauf M. Frontin, rentier.

Ces membres du Conseil devaient dater leur entrée en fonctions du 1er janvier 1815, mais l'ordonnance du roi ne parvint à l'administration municipale qu'à la fin de février.

Voici le tableau de l'industrie elbeuvienne, en 1814 : 80 fabriques, 13 teintureries dont 3 en grand teint ; 2 dépôts de laine, 2 maisons de commission pour la draperie ; fabrication de 25 à 30.000 pièces de 36 à 38 aunes (1^{m}20) l'une ; 18.000 ouvriers, dont 8.000 à l'intérieur 120 machines à carder et leurs jenny-mulls de 48 broches ; 40 manèges ayant ensemble une force de 100 chevaux attelés ; 50 laineries mécaniques et 300 tables à tondre. — Le kilogramme de laine employée valait de 5 à 8 fr. Le prix des draps était de 20 à 30 fr. l'aune. On estimait la valeur des draps livrés au commerce à 25 millions de francs.

A cette époque, la ville était peuplée de 7.343 habitants. Il y avait eu dans l'année 299 naissances, 36 mariages seulement et 329 décès ; ce dernier chiffre n'avait jamais encore été atteint.

CHAPITRE XX
(JANVIER-MAI 1815)

La variole. — Le Puchot et la teinture. — Installation des nouveaux conseillers municipaux. — Adresse du Conseil au roi. — Le retour de l'ile d'Elbe. — Lettre et proclamation anti-bonapartiste du maire d'Elbeuf. — Les Cent Jours. — Le Conseil municipal redevient impérialiste; son adresse a l'empereur ; Napoléon le maintient en exercice. — Waterloo. — Arrivée a Elbeuf de nouveaux blessés.

En janvier 1815, les fabricants et autres chefs d'atelier furent requis de renvoyer de chez eux les déserteurs et soldats n'ayant pas un congé définitif.

Le 23, le maire composa un conseil d'administration de la garde nationale, dont firent partie MM. Parfait Maille et Robert Flavigny, ses adjoints, Laurent Patallier, chef de la cohorte, et Charles Louvet.

A cette époque, les bouchers et charcutiers ne pouvaient exercer leur commerce sans en avoir fait la déclaration à la mairie.

En ce même mois, M. Jacquelin fut autorisé à ouvrir une pharmacie, bien qu'il n'eût pas encore de diplôme. Le sous-préfet manifesta le désir qu'il fût chargé de la fourniture des médicaments à l'hospice. — Un certain nombre de militaires malades ou blessés étaient encore en traitement dans cet établissement.

Le licenciement provisoire et la réorganisation d'une grande partie de l'armée avaient fait beaucoup de déserteurs. Cependant, il y en avait peu de signalés dans l'arrondissement de Rouen, mais notre canton, voisin du département de l'Eure, en reçut un certain nombre, du moins d'après un rapport fait au préfet par le commandant de la gendarmerie. Le maire d'Elbeuf fut invité, le 27 janvier, à fournir des renseignements à la préfecture sur ce sujet.

Un état daté du 1er février porte que le recensement des gardes nationaux susceptibles d'entrer dans les cadres donnait 504 hommes, dont 24 musiciens, 20 pompiers, 90 grenadiers, 90 chasseurs et 280 fusiliers, le tout réparti en trois compagnies.

Une lettre du maire au sous-préfet mentionne que, du 14 au 31 janvier, la petite vérole avait enlevé onze enfants. Les curés de notre ville lui avaient promis de le seconder dans la campagne qu'il entreprenait en faveur de la vaccine. M. Henry, médecin de l'hospice, se tenait tous les jours à la disposition du public pour vacciner gratuitement. Le maire terminait sa lettre ainsi :

« Les personnes raisonnables et instruites ne manquent pas d'user de ce préservatif, mais, parmi le peuple, il en est beaucoup qui, malgré l'évidence, y mettent un entêtement qu'on ne peut concevoir. Enfin, chose incroyable, aux reproches qu'on lui faisait d'être la cause de la mort de son enfant par sa criminelle négligence, une mère a osé répondre : « Eh bien ! j'aime mieux l'avoir perdu que de « l'avoir fait vacciner ! »

« De pareils sentiments sont sans doute bien rares, mais il n'en est pas moins vrai que, quelle qu'en soit la cause, le bienfait de la vaccine est beaucoup trop méconnu dans la classe ignorante, qui est bien nombreuse, et que les moyens coercitifs sont seuls capables de remédier au mal irréparable qui dérive de ses préjugés. C'est au gouvernement qu'il appartient de les établir.

« Quel motif pourrait le retenir, lorsqu'en dépit d'accidents multipliés, la résistance aux invitations se montrent aussi opiniâtres, et lorsque l'intérêt de la société exige aussi impérieusement l'extirpation d'un virus qui tend à sa destruction ? »

La municipalité décida, le 4 février, l'ouverture d'une rue de six mètres de largeur sur l'emplacement d'un ancien sentier existant entre la rue du Cimetière, c'est-à-dire la rue Constantine actuelle, et la ruelle du Port, et de lui donner le nom de rue des Traites, sous lequel était déjà désigné l'ancien chemin.

Ce même jour, le maire écrivit au préfet que l'octroi, pendant le mois de janvier, n'avait produit que 932 fr. contre 1.960 en 1843, bien que le commerce fût très actif et la consommation de viande et de boisson plus forte. Il attribuait ce résultat à la fraude et à l'absence du préposé Fosse, malade, mais buvant et fumant dans son lit ; la révocation de cet employé fut demandée.

Le 18, le maire adressa au sous-préfet les renseignements suivants sur le Puchot et les opérations de la teinture, au sujet d'une réclamation portée par certains industriels :

« Les laines se teignent dans de vastes chaudières dont on les retire tous les matins. On jette ensuite dans le Puchot l'eau dans laquelle elles ont été teintes, qui est plus ou moins foncée en couleur, suivant le besoin ; cette eau s'appelle « bain ». On la jette le plus promptement possible, pour pouvoir remplir de nouveau la chaudière et la préparer à faire une nouvelle couleur.

« Cette opération se répète chaque jour pour toutes les chaudières, et, ordinairement, les bains sont assez tôt répandus partout pour que le canal en soit débarrassé à l'heure convenable aux besoins. Les propriétaires de teintures y ont tous le même intérêt. Cependant, il arrive quelquefois qu'une couleur devenue trop claire exige qu'elle soit rabattue dans la chaudière ; il faut bien alors que le bain soit jeté deux ou trois heures plus tard que de coutume, mais la teinte qu'il donne à l'eau du Puchot n'est pas assez forte pour causer du dommage.

« Il se teint aussi des draps en pièce, tels que le chamois, le bleu, le noir, le vert-Saxe, l'écarlate, etc. Ce genre de travail a des versements de bains plus répétés, et même en certains jours à toutes heures de la journée.

« Ces cas sont rares, à la vérité ; mais dussent-ils être plus fréquents, il faudrait bien les supporter, plutôt que de s'exposer à perdre une branche d'industrie intéressante.

« D'ailleurs, on peut dire encore que les bains qu'elle produit n'ont rien de nuisible.

« Le lavage des laines teintes, qu'on voudrait également assujettir à certaines heures, se fait à l'aide de grands paniers à l'égard des laines chargées de certaines drogues, telles que les noires, savoyards, vertes et bleues.

« Or, il est des circonstances, comme celles actuelles, où ces couleurs sont presque les seules demandées. Comment alors pouvoir les laver, en ne commençant qu'à quatre ou cinq heures d'après-midi ? On n'y parviendrait pas même en y employant toute la nuit.

« Il est de fait que des maisons font commencer cette opération dès le commencement de la journée, et qui peuvent à peine y suffire jusqu'à neuf et dix heures du soir. Une de ces usines alimente la majeure partie des fabriques en bleus et verts, dont les demandes sont immenses. Si elle était contrainte de réduire ses lavages aux heures fixées par l'ordonnance, ses travaux diminueraient de moitié, et les fabriques en éprouveraient un tort considérable. Au surplus, s'il est notoire que ces lavages ne laissent après eux aucune trace nuisible, il est surprenant qu'ils aient pu faire l'objet d'une réclamation.

« Ce puchot est couvert d'un si grand nombre d'établissements qu'ils peuvent bien se donner les uns aux autres quelques moments de gêne, et il est vrai que plus ils sont voisins de son embouchure, moins ils jouissent d'une eau claire ; mais cet inconvénient est inséparable de la nature des choses, et il n'est pas douteux que la mesure que l'on sollicite ne devînt bien plus fâcheuse qu'une passagère incommodité, par les entraves qu'elle mettrait dans diverses opérations.

« Mon prédécesseur n'a rendu l'ordonnance

dont il est question qu'à la sollicitation de quelques fabricants qui n'en calculaient pas les résultats. En outre, la réclamation de beaucoup d'autres l'aura fait réfléchir plus mûrement, et c'est là sans doute le motif qui l'aura déterminé à n'y donner aucune suite.

« Ce que je viens de dire sur cette matière vous a déjà fait connaître, Monsieur le sous-préfet, l'opinion dans laquelle je suis que l'exécution de cette ordonnance, bien peu avantageuse au but qu'on s'en était proposé, serait véritablement très contraire aux intérêts des fabriques de cette ville, et qu'en conséquence, elle doit être regardée comme non avenue. C'est en laissant à chacun la liberté dont il a joui jusqu'à présent que l'industrie, toujours croissante ici, sera la mieux protégée.

« Il ne faut pas confondre les résidus de cuve avec les bains de teinture ; c'est tout autre chose. Ces résidus sont toujours le fond des cuves dans lesquelles on teint le bleu ; on les nomme « pâtée » en terme de teinture. Cette pâtée, dont il faut se débarrasser, ne pouvant surnager, ne tarderait pas à encombrer le Puchot, si on l'y jetait. C'est ce qui a porté le Conseil municipal à demander que cela soit expressément défendu ; il ne peut y avoir deux opinions sur ce point ».

Il y avait alors à la mairie, depuis six ou sept ans au moins, une boîte fumigatoire, mais qui n'avait été encore employée qu'une fois. Un nommé Charles Osmont, resté pendant une demi-heure dans l'eau, d'où il avait été retiré avec toutes les apparences de la mort, avait été rendu à la vie ; c'est ce que nous apprend une note du maire, datée du 24 fév.

A la date du 9 mars, dix-sept jeunes gens

Le Puchot (dessin de Merovak)

de notre ville, pour la plupart fils de fabricants ou chefs de maison eux-mêmes, s'étaient fait inscrire pour la garde nationale à cheval. On espérait qu'un même nombre suivrait le mouvement et qu'il serait possible d'en former une demi-compagnie.

En la séance municipale du mardi 14 mars, il fut donné lecture d'une ordonnance du roi, rendue au palais de Saint-Cloud, le 30 décembre précédent, relative au renouvellement de la moitié des membres du Conseil, dont nous avons donné les noms. Ces membres prêtèrent serment et furent installés immédiatement.

Ce même jour, le Conseil municipal, d'un avis unanime, décida d'envoyer l'adresse suivante au roi :

« A Sa Majesté Louis XVIII.

« Sire, déjà nous commencions à goûter le bonheur que nous avait promis le retour du meilleur des rois, et la jouissance d'une paix profonde préparait l'entière restauration de ce bel empire. Mais lorsque Votre Majesté s'occupait sans relâche des moyens d'assurer à jamais la prospérité de son peuple, l'impitoyable ennemi du repos de la France machinait les plus sinistres projets.

« Qu'ose-t-il donc espérer de son affreux délire ? Croit-il que la France peut oublier et ses serments et vos bienfaits ?

« Non, Sire, nous ne serons point de vils parjures et nous ne perdrons point de vue que la Charte et le roi sont la seule garantie de nos propriétés et de notre liberté. C'est donc autour du trône que nous nous empresserons de nous rallier en vous offrant et nos cœurs et nos bras... »

Suivent les signatures des nouveaux conseillers nommés par le roi, plus celles de MM. Pierre-Henry Hayet, maire, Alex. Grandin, Le Roy-Mettais, Pierre Patallier, Join-Lambert aîné, Fremont, Aug. Henry, Jean-Pierre Lefort, M. Langlois, Marin Duruflé, Constant Duruflé, Constant Godet, Mathieu Sevaistre fils.

Ce même jour, M. Hayet, écrivit au sous-préfet :

« Oui, certes, notre Conseil municipal partage l'indignation qu'inspire à tous les vrais Français l'audacieuse et infâme entreprise de Bonaparte, et il sent l'indispensable nécessité de se réunir autour du monarque si digne de nous gouverner.

« Je l'ai convoqué à la réception de votre lettre d'hier et il s'est empressé de consigner, dans l'adresse que j'ai l'honneur de vous adresser, l'expression de son dévoûment pour son auguste personne. Je puis dire que c'est surtout en cette circonstance qu'il est le fidèle interprète des sentiments de tous nos concitoyens ».

Chacun sait ce qui s'était passé ; nous ne rappellerons seulement que quelques dates.

Napoléon avait, le 25 février, quitté l'île d'Elbe, avec Bertrand, Cambronne, Drouot, accompagnés d'une petite armée, et était débarqué, le 1er mars, non loin de Cannes.

Le lendemain et les jours suivants, la colonne marcha vers le nord. Une division de 6.000 hommes, partie de Grenoble pour l'envelopper, accueillit au contraire Napoléon aux cris de : Vive l'empereur ! déchira son drapeau blanc et arbora le drapeau tricolore. Grenoble ouvrit ses portes à l'armée impériale. Le 10 mars, Napoléon était à Lyon, le 13 à Mâcon, le 14 à Châlons et le 15 à Autun.

Chaque jour, la cour de Louis XVIII apprenait de nouvelles défections militaires ; les chefs entraînaient leurs soldats, ou les soldats entraînaient leurs chefs. L'armée de Napoléon grossissait au fur et à mesure qu'elle se rapprochait de Paris.

Le maire, ce même jour 15 mars, invita ses concitoyens à réunir leurs efforts à ceux qui se faisaient « dans toutes les parties de la France pour la défense commune ». Il les prévint qu'un registre était ouvert à la mairie « pour recevoir les noms des braves qui voudraient y concourir » comme volontaires dans la garde nationale active : « Quelle occasion plus belle et plus glorieuse, s'écria-t-il, peut se présenter à la jeunesse pour manifester son zèle et son dévouement à la personne de Sa Majesté, dont la conservation est si précieuse à tous les Français! Leur propre intérêt, leur honneur les appelle. N'en doutons pas, ils s'empresseront d'y répondre! »

Le lendemain, il fit afficher sur les murs cette proclamation :

« APPEL A LA BRAVE JEUNESSE

« Citoyens; le trône, la liberté et votre existence sont menacés ; de toutes parts, des bataillons de garde nationale se forment pour les défendre. Cet élan généreux produira son effet.

« Quelle occasion plus belle et plus glorieuse peut s'offrir à l'ardeur de la jeunesse française? Mais aussi quelle honte est réservée à ceux qui resteraient insouciants sur les dangers de la Patrie?

« Qu'ils sachent que ne pas voler à sa défense c'est conspirer contre elle, et que cette lâche pusillanimité ne les sauverait ni de la fureur des factieux, ni des malheurs d'une guerre civile !

« Déjà dans les communes voisines, tous et même des pères de famille se font inscrire sur les registres des braves. Vous imiterez, citoyens, un aussi bel exemple !

« Le roi, votre devoir et votre honneur vous appellent : vous vous empresserez d'y répondre ! »

Napoléon était à Avallon, le 16, quand il apprit l'adhésion du maréchal Ney, qui le rejoignit, le 18, à Auxerre.

Ce jour-là, Louis XVIII, tout en faisant mine de rester aux Tuileries, boucla sa valise, car il quitta Paris, le 19 pendant la nuit, et se dirigea sur Lille.

Le 20, Napoléon, qui était à Fontainebleau depuis quatre heures du matin, reprit possession des Tuileries à neuf heures du soir. Le lendemain, il nomma son ministère.

Le 22, le maire d'Elbeuf reçut l'avis officiel « des grands événements qui avaient replacé sur le trône S. M. l'empereur ». Il fit afficher deux proclamations que la sous-préfecture lui avait envoyées, et il promit à son chef hiérarchique de soigner l'exécution des décrets insérés dans l'extrait du *Moniteur* du 21.

Dans notre ville, la tranquillité publique n'avait pas été troublée, et le maire avait l'espérance qu'elle serait maintenue. Les royalistes et les membres du clergé faisaient triste figure, mais s'abstenaient de tout commentaire et, en général, ne sortaient pas de chez eux. Quant au peuple et à une partie de la bourgeoisie, ils avaient accueilli avec joie le retour de l'empereur. « Les leçons qu'il a reçues, disait-on, font croire que son gouvernement sera vraiment libéral et paternel ».

Cambacérès, parlant à Napoléon au nom des ministres, confirma cette bonne opinion :

« Ce qui est seul légitime, dit il, la cause du peuple, a triomphé... Les Bourbons n'ont rien su oublier : leurs actions et leur conduite démentaient leurs paroles. Votre Majesté tiendra la sienne : elle ne se souviendra que des services rendus à la Patrie.

« Point de guerres au dehors, si ce n'est pour repousser une injuste agression ; point de réactions au dedans ; point d'actes arbitraires ; sûreté des personnes, sûreté des propriétés, libre circulation de la pensée, tels sont les principes que vous avez consacrés ».

Le 24, Napoléon abolit la censure, le 29 il défendit la traite des nègres, et, quelques jours après, supprima l'impôt sur les boissons.

Le 1er avril, le Conseil municipal envoya cette adresse à celui qu'il appelait, quelques jours auparavant, affreux tyran, vil usurpateur, etc. :

« Sire ; des événements extraordinaires vous avaient éloigné de nous. Mais le bonheur de la France, toujours présent à votre souvenir, était, dans votre exil, l'unique objet de vos méditations.

« Par son retour miraculeux, Votre Majesté vient consommer ce grand œuvre. Les moyens, Sire, vous en sont connus : un pacte constitutionnel basé sur trois pouvoirs sagement balancés, qui garantisse au monarque son inviolabilité, à la nation sa liberté, à chacun sa propriété, aux tribunaux leur indépendance, à l'Europe sa tranquillité.

« Nous osons le dire : Sans l'adoption de ces principes, point de bonheur pour le peuple, point de gloire ni de stabilité pour le trône. Mais, Sire, nous n'en pouvons douter, pénétré de ces grandes vérités, votre génie en saura faire la juste application ; car vous l'avez dit vous-même : « Les rois sont faits pour les « peuples et non les peuples pour les rois ! »

« C'est ainsi qu'en assurant la félicité publique, vous mériterez à juste titre le nom de *grand ;* c'est ainsi que vous rendrez le trône inébranlable et Napoléon immortel ! »

Au bas de cette adresse étaient les signatures de MM. Pierre Hayet, maire, Pierre Patallier, Join-Lambert aîné, Pierre Corblin, J.-B.-Pierre Grandin, Mathieu Frontin, Alex. Grandin, Le Roy-Mettais, Aug. Henry, Thomas Vitcoq, Amable Delaunay, Jean-Pierre Lefort, Jacques Grandin, Marin Duruflé, Aug. Dévé, Mathieu Sevaistre père, Mathieu Sevaistre fils aîné, M. Langlois et Frémont.

En transmettant cette adresse au sous-préfet M. Hayet y joignit ces quelques lignes :

« Par la lettre que vous m'avez fait l'honneur de m'écrire en date d'hier, vous m'entretenez des considérations qui doivent porter notre conseil municipal à féliciter Sa Majesté sur l'événement miraculeux qui l'a replacé sur le trône.

« M'étant empressé de le convoquer à ce sujet, il ne m'a pas été difficile d'obtenir son vœu unanime en faveur de l'adresse que je joins à la présente en double expédition. Elle est basée sur des principes sans lesquels il lui a paru que le bonheur de la nation et la gloire du monarque ne seraient qu'une chimère ».

Le 17 avril, la Chambre consultative rédigea un mémoire d'observation sur les matières colorantes et l'adressa au directeur général du commerce. Elle apprit avec surprise, ce même jour, que le gouvernement se proposait de percevoir un impôt sur toutes les étoffes de draperies dans les moulins à foulon. Immédiatement, elle dressa un mémoire contre ce projet d'impôt et nomma une commission pour aller en appuyer les principes auprès des deux Chambres du Parlement.

Le 20, les mêmes signataires de l'adresse, plus MM. Prosper Durand, Constant Godet, Nicolas Bourdon, Georges Petou, Jean Glin, Mathieu Quesné, Henri Delacroix père, Constant Duruflé, Robert Bourdon, Laurent Patallier et Pierre-Mathieu Bourdon, également membres du Conseil municipal, prêtèrent solennellement serment de fidélité à l'empereur et d'obéissance aux Constitutions de l'empire.

Ce serment fut également prêté par MM. Louis Drevet, secrétaire de la mairie et commissaire de police, et Emmanuel Divory, appariteur et garde champêtre.

Un seul ne voulut pas signer ; ce fut M. Félix Lefebvre, membre du Conseil municipal, qui avait refusé de prêter serment par le motif qu'il avait été nommé par Louis XVIII le 30 octobre précédent, et que Napoléon ayant tout annulé, il se regardait comme étant sans fonctions. Il fut l'unique fonctionnaire elbeuvien qui montra, en cette circonstance, quelque caractère.

Le 25, le maire rappela tous les militaires en congé et en retraite. Le 28, il les assembla et leur fit une pressante invitation à reprendre le service, par dévouement à la patrie. Mais M. Hayet perdit son éloquence ; tous les anciens militaires convoqués trouvèrent des prétextes pour rester chez eux. D'ailleurs, le maire reconnut lui-même que, parmi eux, il y en avait bien peu en état d'entrer en ligne. Un seul se présenta, le 10 mai suivant ; il se nommait Charles Gaguin.

A partir du 30 avril on publia à son de caisse, tous les deux jours, cet arrêté du maire d'Elbeuf :

« Il est ouvert à la mairie de ce lieu, chez le juge de paix et au greffe du tribunal de cette justice, chez les sieurs Lecerf et Longuemare, notaires audit lieu, des registres pour l'acceptation de l'acte additionnel aux constitutions de l'empire.

« Tous les citoyens sont invités d'y consigner leurs votes. Ces registres seront clos et arrêtés le 7 mai ».

La pièce suivante est conservée aux Archives municipales :

« Nous Quinette de Rochemont, baron de l'Empire, officier de la Légion d'honneur, conseiller d'Etat, commissaire extraordinaire de Sa Majesté dans la 15e division.

« Vu le décret impérial du 20 avril 1815 ; vu les instructions de Son Excellence le ministre de l'Intérieur du 22 avril ; vu l'état de proposition du préfet de la Seine-Inférieure ; avons arrêté et arrêtons ce qui suit.

« Art. 1er. — Sont nommés :

« Maire de la ville d'Elbeuf, M. Henri Hayet;

« Premier adjoint à la mairie, M. Parfait Maille ;

« Deuxième adjoint, M. Robert Flavigny.

« Membres du Conseil municipal: MM. Modeste Frémont, Prosper Durand, Constant Godet, Marin Duruffé, Michel Langlois, Jean-

Baptiste Grandin, J.-Prosper Lefort, Métays Le Roy, Augustin Henry, Constant Duruflé, Join-Lambert, Alexandre Grandin, Laurent Patallier, Pierre-Michel Bourdon, Mathieu Sevestre fils, Pierre Patallier, Mathieu Sevaistre, Aimable Corblin, Aimable Delaunay, J.-Louis Grandin, Thomas Vitcoq, Nicolas Bourdon, Georges Petou, Augustin Dévé, Jean Glin, Mathieu Quesné, Henri Delacroix père, Robert Bourdon, Félix Lefebvre, Mathieu Frontin.

« Art. 2. — M. le maire se rendra à la réception du présent auprès du sous-préfet, pour prêter entre ses mains et déposer par écrit son serment d'obéissance aux constitutions de l'empire et de fidélité à l'empereur.

« Art. 3. — Ce fonctionnaire est autorisé ensuite à recevoir ce serment de MM. les adjoints et des membres du Conseil municipal. L'acte qui en sera rédigé sera signé individuellement et transmis au sous-préfet dans les vingt-quatre heures.

« Art. 4. — M. le sous-préfet de l'arrondissement de Rouen est chargé de l'exécution du présent arrêté.

« En l'hôtel de la préfecture, le 2 mai 1815. — Quinette ».

En lui envoyant cet arrêté, le sous-préfet écrivit au maire d'Elbeuf qu'il était personnellement satisfait que tous les membres de l'administration aient été renommés, et s'applaudissait d'avoir contribué à maintenir à sa tête M. Hayet, dont les talents et la sagesse méritaient justice.

Ce même jour 2 mai, M. Nicolas-Constant Fouard, fabricant, âgé de 59 ans, mourut à son domicile rue Saint-Jean.

Le 10, M. Henri Hayet prêta, à la sous-préfecture le serment qui lui était demandé.

Le 18, le sous-préfet vint à Elbeuf. Il confirma M. Hayet dans ses fonctions de maire, MM. Parfait Maille et Louis-Robert Flavigny dans celles d'adjoints, et tous les autres membres de la municipalité dans les fonctions de conseillers municipaux. A cette occasion, tous prêtèrent un nouveau serment de fidélité à Napoléon.

Une nouvelle guerre se préparait. Les cordonniers d'Elbeuf furent invités, le 15, à prendre part à une fourniture de 10.000 paires de souliers pour l'armée ; et les citoyens à avancer les 4/5 de la valeur estimative des biens communaux restant encore à vendre.

Le 21, trois chevaux de cavalerie furent réquisitionnés à Elbeuf. — A cette même date, on recherchait dans notre ville trois déserteurs. — Le lendemain, un forçat libéré en résidence à Elbeuf, demanda à s'engager, faute de pouvoir trouver du travail.

Les sept gendarmes de notre brigade étant allés rejoindre l'armée, M. Hayet fit établir un poste de garde nationale à la mairie, à partir du 27.

Ce même jour, M. Emmanuel Barbe, receveur municipal, prêta ce serment devant le maire : « Je jure obéissance aux constitutions de l'empire, fidélité à l'empereur et de gérer avec probité, de me conformer exactement aux lois et réglements... »

Le 30 mai, on afficha à Elbeuf un avis relatif aux militaires rappelés sous les drapeaux, un autre concernant les enrôlements volontaires pour la « jeune garde » et un troisième s'adressant aux artilleurs en retraite.

A cette époque, le bruit circula en ville que l'empereur avait aboli l'octroi ; par suite, beaucoup ne payaient plus les droits. Mais le maire fit battre à son de caisse un avis disant que le décret impérial du 8 avril ne concernait pas Elbeuf, dont la population était supérieure à 4.000 habitants.

Le dimanche 11 juin, à l'issue des messes paroissiales, on donna lecture d'une circulaire du ministre de la guerre énumérant les peines contre ceux qui se rendraient complices de désertion. On nous a assuré que des anciens militaires se cachèrent dans les bois d'Elbeuf et de la Londe, où ils vécurent pendant quelque temps, plutôt que de retourner à l'armée.

En ce même temps, le bruit se répandit que M. Lambert n'était plus conseiller d'arrondissement.

Le 12, l'empereur quitta Paris pour se rendre à l'armée ; le 15, il chassa les Prussiens et passa la Sambre. La victoire de Fleurus ou de Ligny suivit.

Le 17 juin, veille de la bataille de Waterloo, le maire prévint ses concitoyens qu'un registre était ouvert à la mairie, pour recevoir les dons volontaires et patriotiques destinés aux dépenses de l'habillement et équipement des sept bataillons de gardes nationales mobilisées de la Seine-Inférieure. Il terminait ainsi :

« Cet appel, fait au patriotisme des habitants de cette ville, ne manquera pas sans doute d'avoir son effet. Les bons citoyens qui, dans cette circonstance, donneront l'exemple d'un généreux dévouement, en trouveront la douce récompense dans la bienveillance du gouvernement et la reconnaissance publique ».

Ce même jour, M. Hayet annonça à ses administrés qu'un second registre était ouvert également à l'Hôtel de Ville pour recevoir les signatures des « citoyens dévoués, inscrits au rôle de la garde nationale, qui voudraient se fédérer, ainsi que ceux non inscrits qui voudraient adhérer à la fédération ou au pacte fédératif de la Seine-Inférieure ». Aucun Elbeuvien ne se fit inscrire. Ceux que le maire interpella directement répondirent que, faisant leur service dans la garde nationale, le gouvernement pouvait compter sur eux pour maintenir la tranquillité publique, mais tous refusèrent d'entrer dans la fédération.

Le désastre de Waterloo est trop connu pour que nous nous y arrêtions. L'empereur retourna à Paris, suivi de près par l'armée des coalisés, qui ramenaient Louis XVIII.

Cinquante des militaires blessés à Waterloo arrivèrent inopinément à l'hospice d'Elbeuf le 26 juin ; en même temps on reçut l'avis qu'il en arriverait soixante autres le 28. Le maire fit faire une réquisition de lits pour être transportés à l'hospice.

Plusieurs communes ne répondirent pas à l'appel qui fut fait en faveur de ces blessés, mais d'autres souscrivirent. Darnétal envoya 1.466 fr., Déville 625 fr. ; N.-D. de Bondeville, 335 fr., le Houlme 346 fr.

Le 28, le général Lamberdière fit prévenir M. Hayet de l'arrivée très prochaine des dépôts des 13e, 17e, 19e et 51e régiments d'infanterie, pour tenir garnison aux environs d'Elbeuf. — Le 17e et 19e seulement vinrent dans notre ville, où ils ne restèrent que cinq jours, mais ils revinrent, car douze jours après, on comptait à Elbeuf environ trois cents hommes de ces deux régiments.

CHAPITRE XXI

(JUILLET-DÉCEMBRE 1815)

La seconde Restauration. — Les Prussiens sont aux portes d'Elbeuf. — Deux régiments français quittent la ville. — On annonce l'arrivée de cavalerie anglaise. — Les Prussiens ; incidents. — La fête du roi. — Excuses du maire a un chef allemand. — 1.600 Prussiens a Elbeuf. — Mesures de police. — Curieuse lettre du maire au préfet.

Napoléon avait quitté Paris. Le 3 juillet, arrivé à Rochefort, il s'embarqua sur une frégate française, qui devait le conduire aux États-Unis ; mais une croisière anglaise intercepta le passage.

Ce même jour 3 juillet, Louis XVIII rentra aux Tuileries, où se donnèrent rendez-vous tous les royalistes de marque.

M. A. Leprevost, sous-préfet de Rouen, informa le maire d'Elbeuf que le Roi avait fait son entrée dans la capitale « au milieu des acclamations générales et des vœux plus énergiquement exprimés qu'ils ne l'avaient été l'année précédente ». Le maire était invité à faire disparaître le drapeau tricolore de tous les lieux où il serait arboré, et à lui substituer le drapeau blanc.

M. Hayet donna connaissance de cette lettre à ses concitoyens qui, « sur son invitation, s'empressèrent de manifester leur joie par une illumination générale, que décorait une quantité considérable de drapeaux blancs, dont la mairie avait donné l'exemple. J'apprends, écrivit encore notre maire, qu'à cette occasion M. le préfet a fait une proclamation tendante à réunir tous les cœurs en un même sentiment, celui d'amour et de dévouement à la personne de Sa Majesté. Comme elle ne m'est point parvenue, j'ai lieu de craindre qu'il y ait eu quelques paquets d'égarés ».

Le nouveau changement de gouvernement avait suscité une certaine émotion à Elbeuf. Le 8 juillet, le maire fit défense « à qui que ce fût de faire entendre des clameurs ou des cris dans les rues, carrefours et promenades ; d'insulter les personnes par paroles vagues ou par voies de fait ; les attroupements nocturnes tendant à troubler la tranquillité publique ».

Les contrevenants seraient saisis à l'instant et traduits devant les tribunaux, et les militaires dénoncés à leurs chefs de corps. Des patrouilles et la gendarmerie parcoururent la ville pendant les nuits suivantes.

Le 12, le maire prit un arrêté concernant les baignades en Seine ; les bains étaient fixés entre l'île de l'Epinette et le fleuve, mais aux baigneurs portant un caleçon, il était permis de se mettre à l'eau devant les prairies, c'est-à-dire entre la rue de Seine actuelle et la place du Champ-de-Foire.

Chacun sait que ce fut le 15 juillet que Napoléon s'embarqua sur le *Bellérophon*, qui devait le conduire en Angleterre. Le ministre anglais le fit transporter à l'île de Sainte-Hélène, où il n'arriva que le 18 octobre.

En juillet, vingt-huit des militaires blessés, en traitement à l'hospice d'Elbeuf, s'évadèrent. Le commissaire des guerres fit demander leurs noms.

L'approche des troupes alliées inquiétait notre maire. Il écrivit le 25, au sous-préfet:

« Je viens d'apprendre, à n'en pouvoir douter, que 15.000 Prussiens vont être répartis dans le département de l'Eure et que les communes qui nous avoisinent doivent en recevoir incessamment. Elles sont à une si petite distance de la nôtre qu'à coup sûr il y aura de fréquentes rencontres entre ces étrangers et les militaires qui sont ici. Il en résultera infailliblement des rixes qui mettront notre ville en grand danger, ce que le major qui les commande ne peut lui-même se dissimuler.

« Dans cette occasion, je dois insister plus que jamais auprès de vous pour le prompt éloignement de ces deux dépôts (des 17º et 19º d'infanterie). Vous reconnaîtrez certainement qu'il n'y a pas un instant à perdre, et je vous aurai une grande obligation de vouloir bien vous y employer ».

Le sous préfet de Louviers reçut, le 30 juillet, cette lettre du maire d'Elbeuf:

« ... Vous m'annoncez que M. le maire de Saint-Martin la Corneille vous a informé des mesures coupables auxquelles paraissent se préparer quelques mauvais sujets de cette commune envers les troupes prussiennes cantonnées dans le voisinage, et des dispositions de quelques-uns des militaires logés dans ce canton à les y aider.

« Je vous avoue qu'à la nouvelle de l'arrivée de ces étrangers qui viennent si près de nous, j'avais conçu des inquiétudes sur les fréquentes rencontres qui doivent en résulter entre eux et nos militaires, ce qui m'avait fait solliciter l'éloignement des deux dépôts que nous avons ici. L'avis que vous avez reçu de M. de Plancheville me portait à y insister de nouveau, lorsque j'en ai été détourné par ce qui s'est passé la nuit dernière.

« Vers deux heures et demie du matin, une troupe de cavaliers, qu'on a jugé être de trente à quarante hommes, vêtus en vert, a traversé la ville, venant du côté de Rouen et se dirigeant vers le Neubourg. On ne doute pas que ce ne soient des déserteurs qui se sont établis en partisans, et qui ne se sont abstenus de nous rançonner que dans la crainte de notre garnison.

« Cette circonstance m'ayant fait sentir le besoin d'en conserver au moins une partie, je me contente de demander l'évacuation d'un seul de ces dépôts. J'y trouve l'avantage de ramener vers Elbeuf des militaires logés trop près des cantonnements prussiens et, à ce moyen, d'éloigner les dangers que je craignais.

« Je conviens que cela ne prévient pas les préparatifs hostiles dont nous a entretenu M. le maire de Saint-Martin. Quoique je n'en aie eu aucune connaissance, la chose est assez importante pour ne pas négliger cet avis. J'en ai donc fait part à M. le major qui commande nos dépôts ; il m'a assuré qu'il avait pris des mesures telles qu'il ne craignait rien de la part de ses soldats, dont il prétend pouvoir garantir la bonne conduite, même sur sa tête, et que si des militaires se sont réunis à des ouvriers pour de mauvaises machinations, ce ne sont pas les siens.

« Quelque confiance que mérite le zèle de ce brave officier et la bonne discipline dans laquelle il maintient sa troupe, on ne peut se dissimuler que des misérables peuvent, d'un moment à l'autre, échauffer l'esprit de quelques soldats et les entraîner dans une dangereuse imprudence.

« Voilà pourquoi je regarde comme très important de les éloigner le plus possible des cantonnements prussiens. J'espère ainsi au moyen de cette précaution et de la surveillance qu'exige cet état de choses, que la tranquillité ne sera point troublée ».

M. Hayet donna, le même jour, communication au sous-préfet de Rouen de la lettre qu'il avait reçue de celui de Louviers, et de ce qui s'était produit à Elbeuf pendant la nuit du 28 au 29 ; il concluait en demandant l'évacuation du 17e régiment.

Les 17e et 19e régiments d'infanterie quittèrent Elbeuf le 31 juillet au matin ; mais, comme au bureau de l'état-major, à Rouen, on avait dit la veille que des plaintes contre ces deux régiments s'étaient élevées parmi l'administration municipale de notre ville, M. Hayet adressa, le 1er août, au duc de Castries, commandant la 15e division militaire, à Rouen, une lettre dont voici quelques extraits :

« Rien au monde ne pouvait me surprendre davantage [que ces bruits], n'ayant qu'à me louer de la manière honnête dont ces deux corps se sont comportés, chefs, officiers, sous-officiers et soldats. Elle leur a mérité à bien juste titre les regrets que je leur ai témoignés de leur départ, et je suis bien persuadé que j'étais, en cette circonstance, le fidèle interprète des sentiments de mes concitoyens.

« On s'est donc rendu bien coupable, Monsieur le duc, en calomniant auprès de vous ces braves militaires et en se couvrant du manteau de l'administration pour vous tromper si indignement.

« J'ai pensé qu'il était de mon devoir de rendre cet hommage à la vérité et de démasquer ainsi les intentions perfides de gens dont l'autorité supérieure a tant à se méfier dans les circonstances actuelles. Il est bien à désirer qu'ils soient signalés pour les confondre et les faire punir ».

Le même jour, M. Hayet écrivit au major commandant le 17e et 19e, alors sur la route du Havre, auquel il envoyait copie de la lettre qu'il adressait au duc de Castries.

Le maire prévint ses concitoyens, le 3 août, qu'un fort détachement de cavalerie anglaise devait arriver dans la journée à Elbeuf et y rester jusqu'à nouvel ordre. Il les invita « à accueillir ces étrangers avec une cordiale bienveillance et de les traiter comme des alliés auxquels nous devons l'heureux retour de notre vertueux monarque. L'exacte discipline qu'ils savent observer nous garantit notre repos et notre tranquillité ».

Cette proclamation du maire, dont les versatilités politiques étaient déjà l'objet de nombreux commentaires, déplut à une grande partie de notre population, qui avait une profonde haine pour les Anglais, et l'on critiqua ouvertement M. Hayet. Le sieur Lemercier, tambour de ville et clocheteur public, paya immédiatement pour tous les mécontents:

Le 3 août même, le maire, considérant que Lemercier « s'était permis des manières ironiques et moqueuses au moment de la publication de l'ordonnance relative à l'arrivée du détachement anglais ; considérant encore que la conduite de cet homme avait déjà été fort répréhensible lors de la proclamation du Conseil municipal du 14 avril 1814, concernant le rétablissement de la famille des Bourbons sur le trône, et que cette récidive ne permet plus d'user d'indulgence envers lui », arrêta qu'il cesserait ses fonctions sur le-champ et déposerait de suite à la mairie sa caisse et sa clochette.

Le lendemain, Denis Cornu, ancien tambour, reçut la clochette et la caisse de ville servant à la publication des actes municipaux et à l'annonce des objets perdus.

Le dimanche 6, les trente derniers blessés, en subsistance à l'hospice, quittèrent notre ville par le bateau, qui les conduisit à Rouen, où ils entrèrent à l'hospice d'humanité.

Nous trouvons dans une autre lettre de M. Hayet le récit d'un événement que la tradition a fait parvenir jusqu'à notre époque, mais qui, en passant par plusieurs générations, a été dénaturé. Cette lettre, datée du 7 août, parvint le lendemain au sous-préfet, auquel elle était adressée :

« Il est de mon devoir de vous informer de la rumeur qui a eu lieu cette nuit, et qui heureusement s'est dissipée sans avoir les tristes résultats qu'il y avait lieu d'en craindre.

« A une heure du matin, l'agent de police est venu m'annoncer que nombre de personnes de Caudebec venaient se réfugier en cette ville, dans la crainte que leur inspiraient 500 Prussiens réunis à Martot (à une lieue d'ici) et qui devaient passer à trois heures par l'extrémité de notre ville pour se rendre au Neubourg.

« Par simple précaution, j'ai écrit de suite au commandant de la garde nationale, pour l'inviter à placer sans délai, au corps de garde de la mairie, un poste de 50 hommes chargé de faire des patrouilles et de se porter clandestinement vers le Cours, pour empêcher les traîneurs d'exercer leurs brigandages.

« Quelque temps après, j'ai été fort surpris d'apprendre que la générale avait été battue. M. le commandant prétend que ce n'est pas la générale, mais l'appel de nuit ; que la place publique était couverte de monde, parmi lesquels se trouvaient des hommes armés qui chargèrent leurs fusils au moyen de cartouches qui leur avaient été délivrées ; que les têtes étaient montées et qu'il se tenait des propos très indiscrets.

« Aussitôt, j'ai fait part de ma surprise à M. le commandant, en l'avertissant des dangers extrêmes d'un pareil état de choses. Je lui ai rappelé que ce n'était pas dans ce sens que je lui avais écrit, et je l'ai prié de réduire son monde à un petit nombre d'hommes prudents, qui n'avaient d'autre mission à remplir que de se porter hors la ville, après le passage des Prussiens, pour surveiller les traîneurs.

« Mais déjà on voyait sur la route une infinité de gens exaltés, parmi lesquels on entendait toutes sortes de bruits. On allait jusqu'à dire que les villages voisins étaient en feu, après avoir été pillés, et que le même sort nous attendait, etc. Enfin, divers de ces individus paraissaient disposés à engager une action, qui aurait entraîné notre ruine, et elle aurait eu lieu infailliblement si, par un bonheur inespéré, les Prussiens n'eussent pas pris une autre route que celle annoncée d'abord. A cette nouvelle, la multitude s'est retirée et tout est rentré dans l'ordre ».

Le sous-préfet de Rouen répondit, le 9, au maire d'Elbeuf :

« J'ai reçu la lettre que vous m'avez fait l'honneur de m'adresser au sujet de ce qui s'est passé à Elbeuf, dans la nuit du 6 au 7 de ce mois, et j'ai frémi comme vous des malheurs auxquels votre intéressante cité aurait été exposée sans la circonstance inespérée du changement de direction des troupes prussiennes.

« J'écris à M. le chef de cohorte pour lui témoigner mon vif mécontentement de la conduite pour le moins légère qu'il a tenue dans cette circonstance... »

Immédiatement, M. Laurent Patallier, commandant en chef de la garde nationale, donna sa démission.

En réponse à une lettre collective des officiers du 19e de ligne, M. Hayet leur écrivit le 12 :

« Vous m'avez appris combien vous êtes sensibles à la calomnie dont vous avez été l'objet. Je n'en pouvais douter.

« Suivant vos désirs, je me suis empressé de me procurer de nos principaux habitants une déclaration authentique des sentiments que vous avez su leur inspirer pendant votre séjour en cette ville. Je viens de l'adresser à S. E. le ministre de la guerre, accompagnée d'une lettre particulière de moi, ainsi que celle que vous m'avez fait l'honneur de m'écrire.

« Elle peint si bien votre dévouement envers la personne de Sa Majesté, que j'ai pensé qu'elle devait produire le plus grand effet sur l'esprit du ministre, et effacer jusqu'à la dernière trace de l'impression qu'auraient pu faire naître sur lui les faux rapports. Je serai extrêmement flatté d'avoir pu y coopérer... »

Dans sa lettre au ministre de la guerre, M. Hayet déclare que les sentiments exprimés dans la lettre des officiers du 19e sont « en parfaite harmonie avec la conduite que ces braves militaires ont tenue ici, lorsqu'il nous a été permis de célébrer l'heureux retour de Sa Majesté... »

L'arrêté du maire pris pour la procession du 15 août, conformément au vœu du roi, nous apprend que la partie inférieure de la rue Saint-Jean conservait encore son nom de rue de Seine. Cent hommes de garde nationale, la musique, les tambours et la gendarmerie escortèrent la procession, à laquelle toute l'administration municipale assista.

A cette cérémonie, un certain nombre de gardes nationaux se présentèrent sans cocarde blanche ; le maire donna l'ordre de les faire sortir des rangs.

La fête Saint-Louis fournit à M. Hayet, maire, l'occasion de donner de nouvelles preuves de son « amour et de son respect au roi qui était rendu pour le bonheur général des Français » et il ne douta pas que « dans cette heureuse circonstance, ses administrés se livreraient à l'élan et à l'enthousiasme qu'inspirait le retour d'un monarque tant de fois désiré ».

Dès le matin, en effet, des drapeaux blancs flottaient devant presque toutes les habitations. « Le corps municipal, accompagné de gardes royaux volontaires formant un cortège nombreux et respectable » se rendit à la messe à Saint-Jean. « Le temple était orné de verdure et de fleurs de lys. Malgré la grande affluence, l'office fut entendu avec recueillement. A l'issue, M. le curé prononça un discours concis, suivi des acclamations de « Vive le roi ! » et la musique exécuta des airs chéris des Français ». Le cortège revint à la mairie. La garde nationale défila par pelotons sur la place du Coq, aux airs de *Vive Henri IV !* et autres ainsi qu'aux cris de : « Vivent les Bourbons ! »

Dans l'après-midi, le public se porta en foule dans les prairies pour prendre part à des exercices créés par une société de jeunes gens notables de la ville, notamment à un mât de Cocagne en haut duquel étaient attachés cinq prix de valeur:

« A peu de distance, sur la rivière, la musique exécutait des concerts ; toute la population, on peut le dire, bordait les quais et le halage. Plusieurs petits bateaux offraient le spectacle de dames qui contribuaient à la gaieté de cette fête champêtre. On remarquait surtout un canot décoré à l'usage personnel du roi, qui, par son élégance, augmentait la curiosité des spectateurs. Ce canot, que le hasard avait amené ce jour-là à notre port, était rempli de dames élégamment parées. Tous ces plaisirs variés durèrent jusqu'à la fin du jour, qui fut le signal d'un beau feu d'artifice tiré sur le milieu de la rivière.

« Ensuite, une illumination brillante commença dans toute la ville. Ce n'était partout qu'affluence. Des devises allégoriques et plus ingénieuses les unes que les autres furent remarquées à une infinité de maisons. L'Hôtel de Ville était décoré d'emblêmes et des bustes de S. M. Louis XVIII et de Henri IV, avec des inscriptions remarquables... Les danses se prolongèrent toute la nuit dans la prairie.

« Ainsi s'est terminé ce beau jour, écrivit M. Hayet, maire, « ce beau jour, qui retraçait des souvenirs si doux et si consolants... »

Le 26, la police de notre ville arrêta le sieur Fouasse, vendeur d'imprimés, qui, suivant M. Hayet, paraissait être « un de ces messagers dangereux dont la malveillance se sert pour tromper le peuple et l'entretenir dans des opinions contraires au rétablissement de la tranquillité publique ». — Le malheureux colporteur fut transféré à Rouen, mais on le remit en liberté bientôt après. Il revint à Elbeuf, où le maire continua à le faire surveiller à cause de ses opinions bonapartistes.

Le 6 septembre, le maire proposa M. Devitry pour remplacer M. Patallier, dont la démission avait été acceptée, dans le commandement de la garde nationale.

Le dimanche 17, un soldat prussien du corps cantonné à Louviers vint à Elbeuf, où il fut assailli par des ouvriers.

Le lendemain, M. Hayet envoya une lettre d'excuses au chef de corps, en l'informant qu'il avait donné des ordres pour faire rechercher les auteurs des insultes dont ce soldat avait été l'objet pour, dit-il, « les faire punir suivant la rigueur des lois, ayant fort à cœur de faire respecter les braves Prussiens qui se rendront dans cette commune ». Il assura le commandant que pareil désordre ne se renouvellerait pas.

Cette affaire causa une grande inquiétude au maire, ainsi que le démontre la lettre que reçut de lui le sous-préfet, le 20 du même mois, et dont voici les termes :

« Un événement bien malheureux me donne tout lieu de craindre que notre ville ne devienne la victime de la sottise de quelques mauvais sujets.

« Avant-hier soir, un militaire prussien, sur le point de repartir pour Louviers, entra dans un lieu public de danses, qui se trouve sur notre Cours ; il était accompagné d'un de nos habitants. Là, un homme du peuple, déjà échauffé par la boisson, lui offrit du vin, qu'il refusa. Les offres furent fortement réitérées ; il persista dans son refus et se retira.

« On prétend, sans cependant que cela soit prouvé, que cet homme, nommé Dumor, demeurant à Caudebec, piqué du refus, a surexcité la multitude contre ce Prussien qui, dans sa voiture, a été hué et assailli à coups de pierres par la canaille, jusqu'à ce que la vitesse de son cheval l'en ait débarrassé.

« Aussitôt que j'en ai été informé, j'ai fait la recherche de ceux qui avaient pris part à ce désordre. Jusqu'à présent on n'a pu m'indiquer que Dumor et un jeune homme, qui sont tous deux mis en arrestation, jusqu'à ce que l'instruction, qui continue, puisse donner d'autres renseignements.

« Mais, songeant à l'effet qu'a dû produire ce fâcheux événement sur l'esprit du commandant prussien, je lui ai écrit pour conjurer l'orage, en lui annonçant que les auteurs du délit allaient être poursuivis... ; mais, si j'en dois croire les bruits qui circulent, le militaire insulté aurait fait à Louviers, devant les autorités, une plainte dans laquelle les torts seraient fort aggravés, au point que nous serions menacés d'un envoi de 1.000 à 2.000 hommes.

« Dans cette situation, je prends le parti de me rendre demain matin à Louviers, et même à Evreux, s'il est nécessaire, pour tâcher de faire entendre la vérité aux chefs et de nous épargner les malheurs dont nous sommes menacés... »

Le lendemain 21, au moment où M. Hayet allait partir, il reçut, du sous-préfet de Louviers, une lettre l'informant que le commandant prussien lui avait communiqué la sienne du 18 ; que cet officier supérieur ne paraissait pas mal disposé, mais qu'il n'avait pas promis de ne point envoyer de troupes à Elbeuf.

A Louviers, M. Hayet fut conduit, par le sous-préfet, auprès du chef prussien ; après une courte explication, l'affaire fut aplanie, et le maire rentra tout joyeux à Elbeuf, où il rassura la population, qui se voyait déjà plusieurs régiments de Prussiens sur le dos.

Par mesure de prudence et afin d'éviter, autant que possible, toute difficulté avec les Prussiens, le maire fit éloigner d'Elbeuf un certain nombre d'anciens soldats libérés, restés dans notre ville.

Le 27, le maire se plaignit à M. Quesné, major, commandant par intérim de la garde nationale, du mauvais service de ses hommes et même des officiers. Le poste était presque désert. Il ordonna au commandant de rétablir la régularité, ajoutant que les délinquants seraient punis.

Le chevalier de la Hubaudière, colonel de 3e légion de gendarmerie royale, demanda confidentiellement, le 29 septembre, au maire d'Elbeuf, des renseignements sur les gendarmes de la brigade de notre ville « surtout sur leurs principes ».

M. Hayet répondit que le brigadier Lambert était « entièrement dévoué au roi et à la patrie »; que le gendarme Corniaux s'était laissé « un peu égarer dans ses opinions, mais qu'il était susceptible de revenir de son erreur dans les mains d'un bon brigadier tel que le sieur Lambert »; que le gendarme Carel était « dévoué au roi et à la patrie », et enfin que l'autre gendarme avait demandé son congé.

Par arrêté préfectoral daté du 12 octobre, M. Devitry reçut le commandement de la garde nationale, mais il le refusa. Le 16, M. Hayet proposa M. Henri Quesné pour ce commandement, alléguant que ce dernier s'était toujours employé pour que la bonne harmonie continuât à régner entre la garde nationale et les troupes étrangères.

Le 14 octobre, deux bataillons de l'armée prussienne, composés de 1.600 hommes, se mirent en route de Pont-de-l'Arche pour Elbeuf. Des dames de notre ville — les plus grandes dames — montèrent à cheval et se rendirent au-devant de « nos amis les ennemis ». Nombre de patriotes elbeuviens s'indignèrent contre une pareille indécence, mais ils durent se borner à de timides protestations, dans la crainte d'être dénoncés.

Un arrêté du maire, daté du 15 de ce mois, était ainsi conçu :

« Par mesure de sûreté publique, vu les dangers qu'ont déjà fait courir à cette ville les rassemblements qui se forment dans les bastringues ou autres lieux de danse ; ordonnons :

« Tout bastringue ou lieu de danse quelconque sera fermé jusqu'à nouvel ordre.

« Tous les cabarets seront fermés à neuf heures précises du soir... »

Deux fabricants, MM. Langlois père et fils, préférèrent fermer leur fabrique et quitter la ville plutôt que de recevoir chez eux des soldats prussiens. Le maire ordonna que les six Allemands qu'ils devaient loger seraient placés à leurs frais dans une auberge.

Une lettre du maire, datée du 19 et qui parvint au sous-préfet le lendemain, concerne ces deux bataillons ; elle était ainsi conçue :

« ... J'ai reçu l'état de la répartition fixée pour notre ville et ses environs des troupes prussiennes qui y sont mises en cantonnement. Il s'élève à 800 hommes, dont 200 étaient destinés pour Caudebec et 200 pour Orival et Saint-Aubin.

« Il nous est arrivé samedi deux bataillons, ensemble 1.600 hommes, dont un est parti dimanche matin.

« Il n'y a pas eu moyen de rien détacher des 800 hommes, qui nous sont restés, le commandant s'étant refusé d'en envoyer dans les villages voisins, d'après la connaissance qu'il avait qu'il leur en était destiné d'autres corps.

« Cette surcharge nous cause de grands embarras ; mais nous prenons notre mal en patience, dans l'espoir qui nous est donné que nous en serons débarrassés dans trois ou quatre jours ; trop heureux, Monsieur le sous-préfet, de l'obligation que nous vous avons de n'avoir que de l'infanterie.

« Au surplus, M. le commandant m'a témoigné sa satisfaction de la manière dont ses soldats sont traités par nos habitants qui, de leur côté, n'ont aucun lieu de s'en plaindre ; et je n'ai qu'à me louer de la bonne discipline dans laquelle ils sont maintenus, ainsi que de l'honnêteté du chef et de ses officiers ».

Une tentative de vol fut commise par un soldat prussien ; on le mit à la disposition de son chef de corps le 28.

Ce même jour, M. Hayet écrivit cette nouvelle lettre au sous-préfet de Rouen, le comte de Valory :

« J'ai vu avec reconnaissance la nouvelle marque d'intérêt que vous avez bien voulu nous donner en parvenant à obtenir qu'une compagnie de Prussiens que nous logeons serait envoyée à Caudebec, si leur départ n'était pas aussi prochain qu'on l'espère. Il faudra donc alors que les ordres du général soient bien positifs, vu que le major qui commande ici paraît fort jaloux de conserver ses soldats près de lui.

« En attendant ce départ, nos habitants nourrissent le mieux qu'ils peuvent ces étrangers. Je suis plus embarrassé pour les fourrages, dont une assez grande quantité a déjà été consommée, tant par les chevaux attachés à ce bataillon pour les officiers et le train d'équipages que par ceux des nombreuses voitures qui ont amené leurs bagages... »

Le bataillon des troupes prussiennes quitta Elbeuf le 2 novembre. Pendant son séjour, la municipalité lui avait délivré 1.140 rations de fourrages, montant à 1.586 fr. 20, somme qui fut réduite par l'administration supérieure à 1.516 fr. 75.

Pendant l'automne, le nombre des réverbères éclairant la ville fut porté à vingt-deux.

Le 7 novembre, on publia à son de caisse une lettre du préfet, invitant les jeunes gens d'Elbeuf désirant entrer dans la garde royale et se dévouer à la cause du roi, à se faire inscrire à la mairie.

Le service de poste de garde nationale était fait d'une manière de plus en plus fantaisiste. Quelquefois la sentinelle était seule, et finissait elle-même par s'en aller. Un soir, les habitants du quartier furent effrayés par les cris de l'homme en faction : Ses camarades de garde étaient sortis par la rue de la Bague, puis revenus près de cette sentinelle pour lui faire peur. Le maire, informé de ces faits, fit supprimer tout service, en adressant de vifs reproches au commandant provisoire.

A cette époque, le prince de Lambesc était en réclamation de la remise en ses mains de la forêt d'Elbeuf.

Le 18, le Conseil municipal délibéra sur les frais occasionnés par les troupes étrangères. Il y avait quatre liasses de mémoires, s'élevant ensemble à environ 1.800 fr., concernant les dépenses faites par de fréquents détachements de troupes alliés de passage dans notre ville et le séjour de deux bataillons prussiens, le premier pendant la journée du 14 au 15 octobre, et le second depuis le 14 dudit mois jusqu'au 2 novembre.

Le nouveau gouvernement n'avait influé en rien sur l'état des rues d'Elbeuf, qui étaient plus sales encore que précédemment. Les boues et ordures formaient « des monceaux considérables dans tous les quartiers, et il s'en échappait des odeurs infectes ». La culture maraîchère à Caudebec, et surtout à Martot et Criquebeuf, était complètement inconnue, et aucun cultivateur ne consentait à enlever les boues de nos rues sans recevoir une indemnité. Le 12 décembre, le maire fit afficher qu'elles seraient adjugées au rabais.

Le comte de Kégariou, préfet du département, reçut du maire d'Elbeuf la curieuse lettre suivante, datée du 22 décembre :

« M. Drevet, commissaire de police, m'a fait part du motif pour lequel vous l'aviez mandé auprès de vous. Il m'a appris que vous étiez persuadé que la police ne se faisait pas assez sévèrement dans cette ville; que le parti de l'usurpateur semblait y dominer encore; qu'on n'a rien fait pour le comprimer, et qu'on laisse subsister un billard où il se fait chaque jour une réunion suspecte ; qu'il y a une division de partis dans cette société, d'où les royalistes se sont retirés, et que ne restant plus composée que d'individus contraires au gouvernement, il était indispensable d'en ordonner la fermeture.

« Je ne conçois pas, Monsieur le comte, comment on a pu vous donner une pareille idée de la situation de notre ville, et je serais bien répréhensible moi-même si j'y souffrais le désordre qu'on suppose y exister.

« Depuis vingt-cinq années presque consécutives que je l'administre, soit en commun soit seul, l'esprit de nos habitants m'est assez connu, et dans le compte que j'ai eu à rendre tant de fois à l'autorité supérieure, j'ai toujours eu la satisfaction de pouvoir garantir leur soumission au gouvernement existant.

« Ce n'est pas, à coup sûr, sous celui de notre digne et vertueux monarque que j'aurais à vous tenir un langage différent. Ils sont tous pénétrés du bonheur de son retour et d'attachement à sa personne. Il faut sans doute en excepter quelques mauvais esprits, que le manque d'éducation et de malheureuses dispositions rendent récalcitrants à toute autorité. Il s'en trouve dans tous les pays et surtout dans ceux de fabrique comme le nôtre, où abonde une quantité d'ouvriers étrangers, souvent débauchés et perturbateurs, surtout depuis l'établissement des mécaniques.

« C'est particulièrement sur eux et dans les lieux publics que l'œil de la police doit se porter. C'est aussi l'objet de mes recommandations, et je suis assuré qu'à cet égard le commissaire de police et le brigadier de la gendarmerie font scrupuleusement leur devoir. Leur dévouement au gouvernement royal n'est point équivoque. Les jugements rendus en police correctionnelle font foi des poursuites qui ont été dirigées ici contre ceux qui se sont rendus coupables de propos séditieux, et je peux dire que, notamment sur ce point, la surveillance est rigoureusement excercée.

« Quant au billard qu'on vous a peint, Monsieur le comte, comme un rassemblement suspect dont les royalistes se sont retirés, on a commis une grande erreur, cette réunion étant toujours composée des mêmes abonnés, dont la majeure partie me paraît dans les meilleurs principes. Il en est sans doute plusieurs auxquels on désirerait un tout autre esprit, mais comme leurs opinions n'ont jamais produit de discussions sérieuses, et qu'ils sont incapables d'aucunes menées, j'ai cru ne pas devoir user d'une rigueur dont les royalistes seraient victimes, en les privant de cet objet de dissipation et de délassement. A ce dessein même, j'avais déjà donné au propriétaire du local des avis qui m'ont paru produire leur effet, puisqu'il est question d'une régénération qui doit désormais ne laisser aucun soupçon sur la conduite d'aucun des associés.

« J'ai dû, Monsieur le préfet, vous soumettre ces renseignements avant d'en venir à la mesure rigoureuse que vous avez prescrite et pour laquelle j'exécuterai vos ordres, si vous y persistez.

« Pour vous faire connaître en deux mots l'esprit qui règne en cette ville, il me suffira de vous dire qu'en mars dernier, elle a fourni vingt-cinq volontaires royaux qu'on n'a pas eu le temps d'employer, et que lorsqu'il en a a été demandé pour l'usurpateur, il ne s'en est pas présenté un seul. Les tentatives qui ont été faites pour les fédérés et les corps francs n'ont pas eu un meilleur succès ».

Et pour donner une sanction à cette lettre, le commissaire de police arrêta le même jour et envoya le lendemain à Rouen, le sieur Jean Sergent, ouvrier tondeur, âgé de 22 ans, sous prévention de chants et propos séditieux dans un lieu public.

Le maire reçut du préfet, le 23 décembre, des instructions pour faire disparaître et détruire les bustes et portraits de Bonaparte, et généralement « tous les signes pouvant rappeler son odieuse usurpation ».

Le sous-préfet donna l'ordre, le 31, au maire d'Elbeuf, de faire arrêter les étrangers suspects.

En ce même temps, le maire fit rechercher par la police « les catéchismes contenant un article en faveur de l'usurpateur » et envoya un rapport de l'opération.

La paix avait ramené le travail dans les fabriques, qui augmentèrent leur outillage.

Comme détail, nous mentionnerons un article du grand-livre de M. Jacques Lécallier — dont la rue Saint-Jacques et la place Lécallier portent les noms. — Il avait acheté « une droussette à cardes » au prix de 3.360 fr., fournie par Cockrill, de Liége. Précédemment, il avait dû faire venir de la même maison d'autres outils mécaniques, car le relevé du grand-livre précédent porte un reliquat de 2.456 fr. Il est bien entendu que ces machines étaient encore mues par manège, mais pas pour longtemps.

L'état-civil d'Elbeuf avait enregistré, dans le courant de l'année, 253 naissances, 70 mariages et 209 décès.

CHAPITRE XXII
(1816)

Cherté des subsistances ; enquête. — Cérémonie expiatoire. — La navigation a vapeur ; premier service entre Elbeuf et Rouen ; *l'Elise*. — L'observance du dimanche. — Affaires politiques, industrielles et municipales. — Le chardon métallique. — Nouvelle saisie, a Louviers, de draps d'Elbeuf ; toujours la question des lisières.

Le prix des subsistances s'était de nouveau considérablement élevé. Le préfet ordonna une enquête, à laquelle le maire d'Elbeuf se livra. Voici le texte du rapport qu'il adressa, le 4 janvier 1816, à la préfecture, en réponse à un questionnaire :

« 1° Il n'y a aucune trace d'accaparements ni de malveillance dans ce renchérissement. La cause de l'augmentation des grains ne paraît provenir que de la consommation des armées et du mauvais produit de la dernière récolte, les blés exigeant beaucoup plus de gerbes au sac que de coutume.

« 2° Il ne se présente à notre marché que les acheteurs ordinaires de Rouen, qui sont des boulangers, des fariniers et les acheteurs accoutumés. Aucun inconnu n'y paraît.

« 3° Notre commune ne présente à cet égard aucune ressource, vu qu'elle ne récolte pas la cinquantième partie de ce qu'il lui faut pour sa consommation.

« 4° Il en est de même des foins et pailles, qu'elle tire des cantons voisins. Les avoines nous viennent de Rouen. Il ne se fait donc ici aucun achat ni vente de ces denrées.

« 5° Le séjour des troupes alliées a retardé l'ensemencement des terres, mais elles n'ont pas souffert et elles n'en sont pas moins bien disposées. La saison actuelle y est très favorable et l'apparence est belle ; mais il y a encore trop loin d'ici à la récolte pour qu'on puisse savoir si elle sera meilleure qu'en 1815, car il y a encore bien des chances à courir.

« Jusque-là, il paraît que ce qui soutient le prix du blé est la demande qui s'en fait pour Paris. Si ce débouché se maintient, il est à craindre que le taux n'en soit encore bien plus élevé au printemps. C'est au gouvernement qu'il appartient de prévoir notre état futur à l'égard d'un objet aussi digne de sa sollicitude... »

Suivant l'ordre du sous-préfet, la police de notre ville fit faire des recherches « pour savoir s'il existait des bustes et portraits de Bonaparte et de sa famille, tant dans les édifices publics que chez les particuliers ». Il ne fut trouvé « qu'un aigle sur la pendule de deux cabaretiers et une trace du mot « impérial » chez un débitant de tabac ». On les fit supprimer immédiatement.

Il n'existait alors à Elbeuf qu'une école gratuite pour plusieurs élèves, fondée par M. Bienaimé le 5 novembre 1810 ; elle était tenue par M. Fromont, « homme religieux ». Cette école, suivant M. Hayet, n'avait d'autres besoins que « l'instruction du maître », car elle comptait des élèves payants et jouissait d'une rente perpétuelle de 325 fr. Le curé de Saint-Jean désignait les enfants qui pouvaient y être admis.

Un arrêté du maire ordonna que le 21 janvier, « jour expiatoire de S. M. Louis XVI, roi martyr, les manufactures, ateliers et boutiques seraient fermés jusqu'après la cérémonie funèbre, et les cafés toute la journée ». Le marché fut remis au lendemain.

La ville et les habitants arborèrent le drapeau blanc orné d'un crêpe. La municipalité se rendit à l'office, célébré à Saint-Jean, accompagnée de la garde nationale, dont les officiers portaient aussi un crêpe au bras et à l'épée. La cérémonie fut la même que l'année précédente ; mais on y ajouta « la lecture du miraculeux testament du roi-martyr, qui se fit au milieu du plus profond recueillement ; il en fut de même jusqu'à la fin de l'office, d'où l'on sortit pénétré des souvenirs les plus douloureux qu'inspirait ce jour de deuil, de prières et d'expiations ». Comme précédemment, le peuple elbeuvien « donna des preuves de son amour pour le vertueux monarque » alors régnant.

A partir du 1er février, le maire d'Elbeuf, conformément à une circulaire préfectorale, entra en correspondance directe avec le préfet.

Le 8, sur un rapport du maire, le préfet suspendit de ses fonctions M. Guillaume Corblin, lieutenant de la garde nationale, pour n'avoir pas fourni un détachement à l'occasion de l'installation du maire de Caudebec.

Ce même jour, le maire indiqua comme la maison la plus propre à exécuter une commande de draps militaires, celle de MM. Pierre Grandin aîné, Ribard et Duvergier, anciennement Grandin et Cie, dont M. Pierre Turgis, son ancien associé, fabriquait en 1816 des qualités intermédiaires de 25 à 35 francs l'aune. Outre cette maison, M. Hayet indiqua celles de MM. Louis-Robert Flavigny et fils, Parfait Maille-Grandin, Pierre-Nicolas Bourdon et Petou, Mathieu Sevaistre et Cie, Constant Duruflé et Vve Quesné et fils.

En ce même temps, M. Louis Delarue se disposait à construire un grand établissement hydraulique sur le Puchot, pour y recevoir des machines à carder et à filer. Il n'attendait que l'autorisation du préfet pour commencer les travaux.

Le 26, la Chambre consultative procéda au renouvellement d'un tiers de ses membres. Les sortants étaient MM. Pierre Patallier et Jean-Pierre Lefort ; les nouveaux élus furent MM. Georges-Paul Petou et Pierre Turgis.

M. Jean-Charles-Prosper Durand, ancien agent du dernier duc d'Elbeuf, mourut vers ce temps, à son domicile, rue Saint-Auct, à l'âge de 77 ans.

En ce même mois, la Seine déborda et inonda la partie basse de la rue Saint-Jean.

On afficha, le 16 mars, un avis tendant à faire contracter des engagements volontaires pour le régiment de cuirassiers du duc de Berry.

Le commissaire de police fournissait chaque

trimestre un rapport au préfet. Voici un extrait de celui portant la date du 31 mars :

Quelques mendiants venant des villages voisins. Pas de vagabondage. Aucune trace de brigandage ; aucun germe de désordre.

Les grains circulent librement, malgré leur cherté dont la cause est dans la mauvais récolte, aggravée par les ravages de la guerre dans quelques départements voisins. Les marchés sont tranquilles. L'activité des travaux éloigne l'agitation que le haut prix du pain pourrait faire naître.

Le commerce des draps est en bonne activité, grâce à la consommation intérieure ; les débouchés pour l'étranger se réduisent à bien peu de chose. La main-d'œuvre est chère, ce qui rend supportable le haut prix du pain.

Le culte et ses ministres jouissent du respect qui leur est dû.

L'esprit public est bon ; l'ordre n'est troublé par personne. S'il est des individus assez insensés pour ne pas apprécier encore les bienfaits du gouvernement légitime, ils se gardent de le manifester, et le nombre en est bien petit.

Le rapport trimestriel suivant accusa une baisse d'environ un dixième dans la fabrication elbeuvienne. Le malaise s'accentua davantage à l'entrée de l'hiver.

On faisait alors de sérieuses tentatives de navigation par le moyen de la vapeur. Voici un passage que le savant Louis Figuier a consacré au premier bateau à vapeur ayant fait un service utile en France — entre Elbeuf et Rouen.

Après avoir rappelé les tribulations du marquis de Jouffroy, véritable créateur de la navigation à vapeur dans notre pays, M. Figuier arrive à la compagnie Pajol qui, afin de ne pas se mettre en frais d'invention pour introduire la nouvelle navigation en France, acheta tout simplement, par l'entremise du capitaine Andriel, un des pyroscaphes stationnant sur la Tamise.

M. Louis Figuier continue ainsi :

« Arrivé à Londres au mois de janvier 1816, le capitaine Andriel, malgré plusieurs jours de recherches, ne put découvrir sur la Tamise et dans les docks que trois pauvres bateaux, dont le plus fort, le *Margery,* n'avait que 16 mètres de longueur sur 5 de largeur, et n'était pourvu que d'une machine de la force de 10 chevaux. N'ayant pas le choix, il dut se contenter de ce chétif modèle ; il le débaptisa de son nom britannique de *Margery,* pour lui donner le nom d'*Élise,* et, le 9 mars 1816, il s'embarqua sur ce petit navire avec dix hommes d'équipage, y compris le mécanicien et le chauffeur.

« L'*Elise* était partie du pont de Londres à midi ; à trois heures, on était à Gravesend ; on quitta cette ville le lendemain dimanche. Le petit navire à vapeur ne tarda pas à rencontrer sur la Tamise un cutter de la marine royale. Le commandant de ce vaisseau pressentait sans doute dès ce moment les grandes destinées qui attendaient la navigation par la vapeur, et la supériorité qu'elle devait manifester un jour sur la marine à voiles, car il essaya d'arrêter dans ses langes la jeune invention qui se montrait pour la première fois à ses regards. Il dirigea ses bordées vers l'embarcation du capitaine Andriel, qu'il mit plusieurs fois en danger de couler à fond. C'est en vain que l'équipage protestait au moyen de porte-voix, contre ces brutales attaques; abusant de sa force, le gros navire courut de si près sa dernière bordée, que son mât de beaupré vint heurter la cheminée de tôle de la machine à vapeur de l'*Elise*. Cependant, par un effort de vitesse, le navire à vapeur parvint à se mettre hors de l'atteinte de son terrible ennemi, qui espérait sans doute, qu'en coulant la petite embarcation, il aurait suffisamment établi, aux yeux de tous, les dangers de ce nouveau mode de navigation.

« Le 10 mars, à onze heures du soir, l'*Elise* se trouvait à la hauteur de Douvres, et le 11, elle entrait dans la Manche, à 35 milles sud de Beachy Head, dans la direction du Havre, lorsqu'un vent de sud-ouest des plus violents, la crainte des avaries, enfin quelques murmures de l'équipage, qui n'osait braver avec la vapeur les dangers de la haute navigation par une grosse mer, décidèrent le capitaine à rebrousser chemin. On ramena le navire sous Dungeness, où l'on jeta l'ancre au milieu de beaucoup d'autres bâtiments qui étaient venus s'y abriter comme lui.

« Le mauvais temps s'étant maintenu, ce ne fut que quatre jours après, c'est-à-dire le 15, à cinq heures du matin, que l'*Elise* put reprendre la mer et se diriger sur le Havre. Mais à midi, un fort vent du sud souleva la mer avec tant de violence, qu'elle emporta quatre des palettes de fer des roues du bâtiment, ce qui le força d'entrer au port de New-Haven pour réparer cette avarie.

« L'accident réparé, l'*Elise* quitta ce port à une heure de l'après-midi, en présence d'une foule nombreuse accourue de tous les environs pour assister au spectacle nouveau d'un navire à vapeur prenant la mer.

« A peine l'équipage de l'*Elise* avait-il perdu de vue la côte d'Angleterre, que la mer devint menaçante. Les lames étaient si fortes que la coque du navire sortait à demi de l'eau ; dès lors l'une des roues tournait à vide, c'est-à-dire hors du liquide. Vers minuit, la tempête devint furieuse. L'équipage était épouvanté, tant de l'inégalité du jeu de la machine, par suite de l'élévation de l'une des roues hors de l'eau, que de la violence de la tempête et de l'imprévu d'une navigation qui plaçait les passagers entre l'eau et le feu, sur une chétive embarcation, par une nuit noire et une pluie battante. L'équipage, entièrement composé de matelots anglais, demanda donc à grands cris de retourner en Angleterre, car le vent était favorable au retour.

« Sans tenir aucun compte des réclamations de ses matelots, le capitaine Andriel descendit dans la cale pour observer soigneusement toutes les parties de la machine à vapeur. Satisfait de cet examen, il donna l'ordre de continuer d'avancer contre le vent et les flots. Les vents variaient à chaque instant, et souvent avec une violence telle qu'un navire à voiles eût été forcé de mettre en cape. Plusieurs fois la lame, couvrant le petit navire tout entier, renversa le capitaine et les matelots qui se trouvaient sur le pont.

« Vers deux heures du matin, le capitaine était descendu dans sa chambre pour y faire sécher ses vêtements mouillés par la mer. Il avait fait allumer un grand feu dans un poêle de fonte, composé de plusieurs pièces superposées, lorsqu'un coup de vent terrible, renversant à demi le bateau, démonta le poêle, fit rouler sur le sol les pièces qui le composaient, et répandit sur le plancher, recouvert de toile cirée, une lave de houille ardente. Si cet accident eût amené l'incendie du navire, nul doute qu'on n'eût attribué ce malheur au foyer de la machine ou à l'explosion de la chaudière. En l'absence de tous témoins, cette interprétation était inévitable, et la navigation à vapeur eût été discréditée en Angleterre, dès son berceau. Les compagnies d'assurances qui, au départ de l'*Elise,* avaient obstinément refusé d'assurer le navire et la vie du capitaine, se seraient, dans ce cas, hautement applaudies de leur prudence.

« Heureusement, rien de tout cela n'arriva. Le capitaine, sans invoquer le secours d'aucun homme de l'équipage, parvint à arrêter ce commencement d'incendie avec la seule aide de son second, qui avait compris, comme lui, combien il importait, dans ce moment, de se hâter et surtout de se taire.

« Ce danger était à peine conjuré que la mer devenant de plus en plus dangereuse, tout l'équipage fit entendre de nouveau ses réclamations, formulées très haut, et son impérieux désir de regagner la côte anglaise. Le capitaine Andriel résista énergiquement à ces prétentions. Il fit servir aux hommes du bord quelques verres de rhum, et promit trois bouteilles de cette liqueur à celui qui annoncerait le premier la terre de France. Un hourra d'assentiment accueillit cette promesse, et chacun reprit son poste.

« A quatre heures trois quarts du matin, deux voix crièrent à la fois : *French light (fanal français).* Aussitôt le capitaine s'élança sur le pont, et malgré une mer toujours furieuse, il put se convaincre de la vérité. A six heures du matin, l'*Elise* était en vue du Havre, après une traversée de dix-sept heures, et par une mer violente, que l'on avait vue depuis la veille couverte de débris de vaisseaux.

« Le bateau-pilote du Havre se dirigeait vers le navire épuisé par sa pénible lutte contre les éléments ; mais dès qu'il eût aperçu la fumée de la cheminée, qui signalait une embarcation à vapeur, il vira de bord et rentra au Havre, où l'*Elise* dut pénétrer sans guide. Malgré le mauvais temps, une foule immense remplissant les quais attendait avec anxiété de connaître le sort de ce navire attendu depuis plusieurs jours.

« Lorsque le capitaine Andriel se présenta chez le correspondant de sa compagnie chargé de recevoir l'*Elise*, ce dernier se refusa à croire que le capitaine eût effectué la traversée de la Manche par une mer qui avait été la nuit précédente funeste à tant de navires. Il fallut, pour le convaincre entièrement, le conduire à bord de l'*Elise*.

« Le lendemain 20 mars, à trois heures de l'après-midi, et en présence de toute la population du Havre, l'*Elise* quitta ce port pour se rendre à Paris par la Seine, en traversant Rouen. La nuit suivante fut très obscure. Les villageois se rassemblaient sur les rives du fleuve, appelés par le bruit des roues, et effrayés par la vue des étincelles et des jets de flamme qui s'échappaient du bateau, car l'ardeur du foyer faisait souvent rougir le bas de la cheminée jusqu'à un mètre au-dessus du pont. Cette espèce de torche sillonnant avec rapidité le cours du fleuve attirait de loin tous les regards, et semait l'épouvante sur son parcours. Les cris sinistres : *Au feu! au feu!* le tocsin et les aboiements des chiens ne cessèrent qu'au point du jour de poursuivre la fantastique apparition.

« Mais la scène changea avec le lever du soleil. On parcourait les belles rives de la Seine aux approches de Rouen, et l'on ne trouva plus que des paysans au visage gai et épanoui, qui saluaient les passagers en jetant leurs chapeaux en l'air.

« Il fallut s'arrêter à Rouen pour faire disposer la cheminée du bateau à vapeur de manière à pouvoir l'abaisser au passage des ponts. Le 25, à onze heures du matin, l'*Elise* quittait Rouen, ayant à son bord le prince Wolkonski, aide-de-camp de l'empereur de Russie Alexandre, et quelques officiers de sa suite, venus de Paris dans cette intention. Le navire traversa Rouen sous les doubles couleurs françaises et russes, aux acclamations des habitants de la ville et des campagnes d'alentour qui encombraient les quais, les fenêtres et jusqu'aux toits des maisons. Les officiers russes embarqués sur l'*Elise* ne se méprirent pas sans doute sur l'objet et l'adresse de ces hommages. La cité rouennaise saluait de ses vivats sympathiques l'inauguration d'un système nouveau qui devait renouveler la navigation, elle oubliait pour un moment la douloureuse présence des alliés dans la capitale de la France.

« Le 28 mars, l'*Elise* mouillait à la hauteur du Champ-de-Mars, et le lendemain les Parisiens se pressaient sur les quais, depuis la barrière de la Conférence jusqu'au quai Voltaire où devait s'arrêter le bateau. On avait fait porter la veille deux canons à bord de l'*Elise*. Arrivé au pont de la Concorde, le capitaine commanda de tirer le premier coup de canon, auquel succéda toute une salve, dont le vingt et unième coup retentit sous les fenêtres du palais des Tuileries, et aux acclamations de la multitude. Le roi Louis XVIII, qui assistait à cette scène, accoudé à une fenêtre du palais, ne put s'empêcher de partager l'enthousiasme public : il applaudit en levant les mains.

« Là se termina l'épopée du premier bateau à vapeur venu en France. Le 10 avril, l'*Elise* partit pour Rouen et commença un service de transports réguliers entre cette ville et Elbeuf. Mais l'entreprise s'arrêta bientôt devant des embarras qui amenèrent sa dissolution, et le bateau à vapeur dut reprendre le chemin de l'Angleterre, où son premier soin fut de rentrer en possession de son titre britannique de *Margery,* et de répudier ce doux et mélodieux nom d'*Élise*, qui aurait pourtant rappelé son triomphe et ses beaux jours.

« Les temps n'étaient pas encore venus pour la France d'inaugurer avec éclat ou avec succès le nouveau mode de navigation. Après les essais que nous venons de rappeler, quatre années se passèrent sans que rien fût entrepris en ce genre. En 1820 seulement, un constructeur anglais, Steel, lança sur la Seine, entre Elbeuf et Rouen, un petit bateau à vapeur, ayant pour propulseur une rame articulée, ou *patte d'oie*, selon le système du marquis de Jouffroy ».

Nous verrons tout à l'heure une lettre se rattachant au service de l'*Elise* entre Elbeuf et Rouen.

Le 30 avril, le maire reçut avis que le préfet venait de nommer, provisoirement, « M. Sevaistre Le Tuissimer » chef de cohorte de la garde nationale, et « M. de Turgis » adjudant. M. Turgis n'accepta point, ce qui décida M. Sevaistre à refuser également le poste auquel il était nommé.

Le dimanche 5 mai, la municipalité assista à un *Te Deum* chanté à Saint-Jean, à l'occasion de « l'anniversaire de la rentrée dans ses Etats de S. M. Louis XVIII, date mémorable et chère à tous les bons Français amis de la paix et de l'ordre ». Sur l'ordre du maire, la garde nationale défila devant les autorités aux cris de : « Vive le Roi ! Vivent les Bourbons ! »

Quelques jours après, M. Hayet s'indigna contre ceux qui faisaient travailler ou travaillaient le dimanche, et « considérant qu'il était indispensable de s'opposer à un scandale aussi contraire aux principes de la morale, de la religion et de la loi », il renouvela une défense précédemment faite aux marchands d'étaler et de mettre en vente des marchandises les dimanches et jours de fête, aux ouvriers de travailler extérieurement et d'ouvrir leurs ateliers pendant ces mêmes jours, aux charretiers et voituriers de faire des chargements, etc. Les marchands de comestibles seuls furent exemptés de cette mesure, et encore durent ils fermer leurs boutiques pendant les offices religieux.

Une commission nommée le 22 mai, pour vérifier et classer les déclarations des manufacturiers et filateurs soumis à la patente, se composa de MM. Parfait Maille, Louis-Robert Flavigny, Louis Devitry et Charles Louvet, manufacturiers, et Victor Bourdon, filateur.

Tous les fabricants occupant plus de cinq métiers à tisser durent en faire la déclaration à la mairie. Les filateurs de coton et de laine furent invités à déclarer le nombre de leurs broches.

M. Prosper Beaudoin reçut l'autorisation de construire un four à chaux, rue de la Justice, le 24 mai.

En ce même mois, la ville fut éclairée par 22 nouveaux reverbères.

Le blé était toujours très cher; il se vendait de 32 à 35 fr. l'hectolitre.

Un des plus anciens documents municipaux concernant la navigation à vapeur, entre notre ville et Rouen, est une lettre adressée par M. Hayet à la société P. Pajot et Cie à Paris ; elle est datée du 14 juin 1816 et conçue en ces termes :

« J'ai reçu la lettre que vous m'avez fait l'honneur de m'écrire le 9 de ce mois, par laquelle vous me faites part des soins que vous avez pris pour appliquer à la navigation de la France la découverte importante des bateaux à vapeur, et pour faire jouir d'abord de ses avantages cette partie intéressante des rives de la Seine,

« Je vous assure que les communications majeures et importantes qui existent entre la ville de Rouen et la nôtre m'ont fait voir avec beaucoup d'intérêt le parti que vous avez pris d'y fixer la croisière ou bateau l'*Elise*.

« Je me suis empressé de lui procurer les facilités qui dépendent de moi. Soyez certains que je ne manquerai pas de continuer à protéger un établissement aussi précieux pour le commerce, qui doit finir par triompher de tous les obstacles ».

L'*Elise* partait d'Elbeuf le matin, à sept heures, et de Rouen le soir, à quatre heures.

A l'occasion du mariage de « S. A. Royale Mgr le duc de Berry avec une princesse du sang des Bourbons » célébré le 16 juin, à Paris, et pour fêter un événement « d'un si heureux présage pour la France », le maire invita les Elbeuviens à arborer leurs drapeaux pendant tout le jour, à illuminer le soir et à prendre part aux danses publiques, qui commencèrent à neuf heures, sur la place du Coq. Les musiciens donnèrent un concert à l'Hôtel de Ville.

Le recensement arrêté le 30 juin, fixa le chiffre de la population d'Elbeuf à 7.875 habitants, contre 6.351 en l'année 1806. Cet accroissement, d'après le maire, n'avait d'autre cause que « l'établissement des mécaniques, exigeant dans l'intérieur de la ville beaucoup plus d'ouvriers que par le passé, et qui, en augmentant le nombre des manufacturiers, avaient attiré une infinité d'artisans de tout genre ».

M. Pierre Turgis reçut avis, le 6 juillet, qu'il était nommé, par le préfet, chef de bataillon de la garde nationale à titre provisoire.

Le 8, le maire réclama qu'un successeur fût donné à M. Durand, suppléant du juge de paix, décédé il y avait déjà quatre mois.

Vers ce temps, on mit en adjudication les travaux de pavage des rues de l'Hospice, de la Rigole et des Champs.

On venait de terminer le plan du Puchot. Les frais s'élevèrent à 1.039 fr.; cette somme fut imposée à la fabrique drapière et aux établissements de teinture.

L'Etat se proposait de demander au commerce français une contribution de 100 millions pour l'année 1847. La Chambre consultative, réunie le 20 juillet, déclara que le commerce ne pouvait supporter seul un pareil impôt ; qu'il fallait le demander à la généralité, chacun payant en proportion de ses facultés ; que ce but pouvait être atteint en triplant le prix du sel et en ajoutant quelques centimes additionnels aux contributions. La Chambre rédigea en ce sens un mémoire pour le ministre des finances.

A un questionnaire du ministre de la guerre, le maire répondit le 31 juillet :

« D'après les ventes qui se sont faites des laines de la dernière toison, tant dans les foires que chez les cultivateurs de nos environs, du pays de Caux, de la Beauce et du Vexin, les prix se sont élevés de 30 à 40 0/0 de plus que l'année dernière à pareille époque. L'augmention a même été plus forte sur les laines communes. On ne peut pas cependant regarder cette hausse comme bien solidement établie, les fabricants se montrant très circonspects dans leurs achats. Deux choses peuvent y produire une baisse sensible : de nombreux arrivages de l'étranger et la stagnation du commerce.

« Les drogues colorantes employées pour les draps de troupe sont l'indigo, la cochenille, la garance et la gaude.

« L'indigo se vend de 7 à 14 fr. la livre, suivant sa qualité ; il n'a pas été à plus bas prix depuis trente ans.

« La cochenille est de 35 à 40 fr. la livre ; elle était à environ 24 fr. avant la Révolution.

« La garance est à 1 fr. 50 ; elle valait alors 4 fr. la livre.

« La gaude vaut 1 fr. la botte du poids de 12 livres ; c'est le prix le plus bas auquel elle puisse tomber.

« La main-d'œuvre est généralement chère. La journée d'un homme en fabrique est, au plus bas, de 30 à 35 sous, et beaucoup d'ouvriers gagnent 2 et 3 fr.; les femmes en proportion ».

Suivant le vœu de Louis XVIII, la fête de la Saint-Louis fut célébrée, en 1816, « avec économie et simplicité, et par des bonnes œuvres envers les indigents et des prières pour le monarque..., la fête la plus douce au cœur du souverain étant celle qui se forme de bénédictions universelles d'un peuple pour son roi ».

Il se fit une souscription volontaire, dont les 830 fr. qu'elle produisit furent distribués aux pauvres de la ville et de l'hospice. Au nombre des morceaux que joua la musique d'Elbeuf ce jour-là, nous trouvons *Où peut-on être mieux...* et le *Serment français*.

Le 30 août, Mme Dusommerard, directrice de la poste, fut priée par le maire de lui dire à quelle heure on pouvait se présenter à son bureau pour faire affranchir les lettres et à quelle heure se faisait la dernière levée de la boîte.

La balle de chardon qui, année commune, se vendait de 40 à 50 fr., valait alors de 300 à 350 fr. C'était une grande gêne pour le lainage de draps. La Chambre consultative s'émut de cette situation et, dans sa séance du 18 octobre, décida d'écrire au ministre de l'intérieur, pour lui demander d'interdire l'exportation du chardon, notamment en Belgique, dont les fabricants faisaient de grands approvisionnements dans l'Eure et la Seine-Inférieure.

Le 29 octobre, la municipalité décida que le nom de rue Saint-Jean serait donné à la voie allant de la place du Coq au fleuve, et que, conséquemment, la rue de Seine (partie de la même rue entre l'église et la Seine) perdrait le sien.

Il y avait déjà longtemps que l'on avait eu l'idée de se servir de cardes métalliques pour les substituer au chardon végétal dans le lainage ou tirage à poil des draps.

Le 11 novembre, M. Auzoux Dubois, de Louviers, prit un brevet « pour des chardons métalliques propres à remplacer le chardon végétal dont on se sert ordinairement pour lainer les draps ». Ce brevet n'est peut-être pas le plus ancien, et, depuis, plusieurs tentatives ont été renouvelées dans la même voie.

Voici ce qu'écrivait M. Alcan, en 1867, à propos du chardon métallique :

« L'application a été longue à se faire adopter, soit faute de persévérance de la part des innovateurs, soit par suite de certains défauts que présentaient encore ces organes nouveaux, soit enfin et surtout parce que les articles de lainages auxquels cette sorte de chardons est la plus propre n'existaient pas encore. Il a donc fallu une réunion de conditions pour arriver à cette application, à laquelle M. Nos d'Argences, d'Elbeuf, a attaché son nom, par suite des progrès qu'il y a apportés. Ils sont tels, qu'il est aujourd'hui, si nous ne nous trompons, le seul fabricant du chardon métallique, appliqué soit au lainage, soit au brossage des étoffes. Ce fabricant est parvenu à établir des catégories ou finesses diverses d'aiguilles, ainsi que cela se pratique pour la garniture de cardes, et les a classées par numéros comme celles-ci. »

Le 5 novembre, était décédé M. Joseph-Alexandre-Henri Delarue, rentier, demeurant rue de Seine (Saint-Jean), âgé de 85 ans. Il était fils de Louis et oncle de Jean Delarue.

Le Conseil municipal avait, le 7, adopté la proposition de M. Jacques Saint-Amand d'ouvrir une rue portant son nom entre la rue de Louviers et la promenade du Cours.

Le cherté du pain ayant fait craindre au maire quelques scènes de violence, il avait fait commander une patrouille de quinze hommes de garde nationale qui devait circuler à « petit bruit » pendant toutes les nuits. Or, pendant la nuit du 12 au 13, la patrouille se livra elle-même au tapage et « frappa à grands coups de marteau à diverses portes » du quartier habité par M. Hayet.

Le procureur du roi de l'arrondissement de Louviers fit saisir, le 14 novembre, un certain nombre de pièces de drap appartenant à des fabricants d'Elbeuf qui les avaient envoyées au foulon dans cet arrondissement, par cette raison que ces étoffes portaient des lisières jaunes et bleues ou jaunes et noires.

La Chambre consultative d'Elbeuf se réunit le surlendemain à ce sujet, et décida d'envoyer une députation vers le ministre. Celle-ci fut composée de MM. Turgis et Henri Quesné, qui furent chargés d'un mémoire.

Quelques jours après, la Chambre rédigea un second et long mémoire tendant à obtenir que la lisière accordée à la fabrique de Louviers cessât de lui être exclusive.

Le renouvellement partiel de cette compagnie en fit sortir MM. Mathieu Quesné aîné et Alexandre Grandin, les plus anciens en fonctions, qui furent remplacés par MM. Parfait Maille et Jacques-Louis Grandin.

A cette époque, vingt-six boulangers du dehors apportaient à Elbeuf, chaque semaine, environ 40.000 livres de pain, quantité supérieure à celle que les douze boulangers de la ville produisaient. C'est à cette circonstance que l'on devait en grande partie une alimentation suffisante.

A l'occasion de la messe de minuit, le maire ordonna la fermeture des cafés à dix heures et des patrouilles de garde nationale durant l'office.

Nous avons dit que le préfet voyait d'un très mauvais œil un cercle dans lequel il supposait que l'on faisait de la politique antigouvernementale. Ce cercle, désigné alors sous le nom de « billard », comptait de 30 à 40 abonnés ou associés, qui, se considérant comme chez eux dans la salle de leurs réunions habituelles, ne tinrent aucun compte de l'ordre du maire, lequel fit dresser contre eux un procès-verbal, le 26 décembre.

Pendant la nuit du 27 au 28, on jeta une charrette dans la Rigole, l'écluse de ce bassin fut enlevée et l'on cassa huit réverbères. Le maire imputa ces actes à des jeunes gens appartenant à des familles bourgeoises.

Le comte de Kergariou, préfet du département, nomma à titre provisoire, par arrêté du 27 décembre, des officiers de la garde nationale d'Elbeuf :

Adjudant-major du bataillon, M. Curmer ;
Compagnie de grenadiers : MM. G. Petou,

capitaine ; Desroches, lieutenant ; Math. Sevaistre et P. Grandin aîné, sous-lieutenants.

Compagnie de chasseurs : MM. Devitry, capitaine ; Join-Lambert fils, lieutenant ; Prieur et Louis Grandin, sous-lieutenants.

Compagnie de sapeurs-pompiers : M. Philippe Damien père, lieutenant ;

Garde à cheval : M. Henri-Mathieu Quesné, sous-lieutenant.

On avait compté, pendant l'année 1816, à Elbeuf, 306 naissances, 75 mariages et 230 décès.

CHAPITRE XXIII
(1817)

La première machine a vapeur. — Réorganisation de la garde nationale. — La disette continue. — Cherté du chardon cardère. — Construction du théâtre. — La boulangerie. — On craint des troubles. — Le tondage mécanique des draps. — Le Puchot et la Rigole. — Nouvelle dénomination des voies publiques. — Ouverture de la rue Lafayette. — Le duc d'Angoulême a Elbeuf.

Le 1er janvier 1817, mourut M. Louis-Sever Andrieu, ancien huissier et fonctionnaire public, dont nous avons plusieurs fois parlé ; il était âgé de 65 ans.

La première machine à vapeur installée à Elbeuf fut montée rue de la Barrière, à l'endroit où se trouve actuellement la rue Saint-Jacques.

M. Jacques Lécallier acheta cette machine à vapeur le 30 janvier, à MM. Darpentigny-Périer et L. Martin, de Chaillot, pour le prix de 20.000 francs.

Au mois de mars suivant, M. Jacques Lécallier acheta, chez M. Fontaine-Spitaels, de Mons, en deux factures, pour 20.470 fr. de charbon de terre, somme à laquelle il lui fallut ajouter le prix du fret et l'entrée en France se chiffrant par 6.597 fr., soit, au total, 27.067 francs de charbon rendu à Elbeuf.

On voit, par ce premier débours pour achat de houille, combien la dépense de combustible était considérable au début des machines à vapeur. Un dicton qui avait facilement cours dans notre ville, était que ces appareils, pour fonctionner avec une économie sensible sur les anciens manèges, devaient être montés sur une mine de charbon.

La machine à vapeur de M. Jacques Lécallier fut la première installée dans le département de la Seine-Inférieure. Suivant M. Ed. Turgis, la même année, on en monta une seconde à Oissel, celle-ci de fabrication anglaise.

Ainsi qu'on peut le penser, la pompe à feu elbeuvienne eut un grand succès de curiosité; mais l'accès n'en était pas permis à tout le monde. Cependant, le public put satisfaire son désir de voir un appareil de ce genre par la machine de l'*Elise* qui faisait toujours un service régulier entre Elbeuf et Rouen.

Un grave accident étant survenu à la machine de « cette vapeur », le service fut interrompu et l'on parlait déjà de « l'envoyer à Chaillot » pour la faire réparer, quand un jeune homme de notre ville, M. Léon Pion, l'ayant examinée, se chargea du travail.

M. Pion fit venir son ami le jeune Auguste Malteau, mécanicien, lui indiqua ce qu'il y avait à faire, et, le lendemain, l'*Elise* reprit son service.

M. Périer — le frère de M. Casimir Périer — ayant appris ces détails, proposa à M. Léon Pion une place dans ses ateliers de Chaillot, mais celui-ci la refusa. Cependant, en reconnaissance du service intelligent qu'il lui avait rendu par la réparation de la machine, il lui envoya un beau chronomètre.

L'année suivante, la machine de l'*Elisa* se détraqua complètement et le service fut interrompu.

Un état, daté du 14 janvier, nous fournit la nouvelle composition de la garde nationale. Nous relevons les noms des principaux gradés :

Etat-major. — Pierre Turgis, 38 ans, manufacturier, chef de bataillon ; Armand Curmer, 48 ans, rentier, adjudant-major ; Benjamin Compaing, 30 ans, chirurgien ; Bonaventure Noufflard, 39 ans, fabricant, secrétaire ; J.-B. Foucher, 27 ans, maître-maçon, adjudant sous-officier ; Pierre-Noel Eloy, 40 ans, contre-maître, tambour-maître (sa taille était de 5 pieds 7 pouces).

Grenadiers. — Georges Petou, 42 ans, manufacturier, capitaine ; François-Sainte-Croix Desfresches, 46 ans, manufacturier, lieutenant ; Pascal Quesnot, 47 ans, maître teinturier, sous-lieutenant ; Pierre Grandin fils aîné, fabricant, sous-lieutenant ; Auguste Maille, 35 ans, fabricant, sergent-major ; Pierre-Parfait Maille, 21 ans, fabricant, fourrier ; Alphonse Lefort, 20 ans, fabricant, François Toussaint, 37 ans, marchand de tabac, Victorin Houllier, 38 ans, fabricant, Casimir Hazet, 34 ans, fabricant, sergents.

Chasseurs. — Louis Devitry, 38 ans, fabricant, capitaine ; Hipp. Join-Lambert, 35 ans, fabricant, lieutenant ; Math.-Constant Le Roy,

Année 1817

29 ans, fabricant, sous-lieutenant; Antoine Prieur, 41 ans, fabricant, sous-lieutenant; Mathieu Delarue, 47 ans, négociant, sergent-major; Pierre-Désiré Lefort, 27 ans, fabricant, fourrier; Charles Dubloc, 29 ans, fabricant, Alex. Le Roy, 26 ans, commis, J. Lhomme, 44 ans, cordonnier, Louis Piéton, 27 ans, fabricant, sergents.

1re compagnie de fusiliers. — Jacques-Louis Grandin, 46 ans, fabricant, capitaine; Amédée Capplet, 40 ans, fabricant, lieutenant; Florentin Marcotte, 34 ans, fabricant, Louis Longuemare, 36 ans, notaire, sous-lieutenants; Louis-Jacques-Pierre Grandin, 21 ans, fabricant, sergent-major; Louis-Robert Bourdon, 44 ans, fabricant, fourrier; Alcibiade Chefdrue, 21 ans, fabricant, Nic. Buron, 46 ans, tailleur, Philippe Andréotti, 26 ans, émouleur, Louis Lair, 43 ans, marchand mercier, sergents.

2e compagnie de fusiliers. — Jacques-Louis Piéton, 29 ans, fabricant, capitaine; Louis Grandin, 36 ans, rentier, lieutenant; Jean Glin fils aîné, 31 ans, fabricant, Eugène Sevaistre, 28 ans, fabricant, sous-lieutenants; Félix Labbé, 39 ans, fabricant, sergent-major; Frédéric Rouy, 34 ans, fabricant, fourrier; Désiré Cauchois, 47 ans, fabricant, Théodore Guerout, 46 ans, émouleur, Emmanuel Ignard, 27 ans, fabricant, Louis Lefranc, 49 ans, fabricant, sergents.

Garde à cheval. — Henri-Mathieu Quesné, 26 ans, fabricant, lieutenant; Charles Louvet, 31 ans, fabricant, maréchal des-logis chef.

Sapeurs pompiers. — Jean Bellec, 23 ans, émouleur de forces, capitaine; Julien-Sever Lecler, 35 ans, mécanicien, sous-lieutenant;

Louis-Robert Deshais, 51 ans, charpentier, sergent-major ; Charles Legrand, 34 ans, serrurier, Pierre-André Mazurier, 53 ans, charpentier, sergents.

Musiciens. — Jacques Taurin, 40 ans, commis, chef ; Noel-Guillaume Bénard, 36 ans, fabricant, chef-adjoint.

Outre le corps de garde nationale actif, il y avait une réserve, mais sans chefs désignés.

La composition de la garde nationale d'Elbeuf fut approuvée par le préfet le 14 août suivant.

Les Archives municipales conservent un imprimé portant pour titre : « Garde nationale. — Consigne générale des postes de la ville d'Elbeuf », sortant des presses de M. Mari, imprimeur, rue des Carmes, à Rouen, en 1817. Il y est fait mention du théâtre.

M. Landry, alors à Saint-Aubin pour affaires de famille, avait abandonné sa qualité de Français pour celle de citoyen des Etats-Unis ; il fut rayé des rôles de la garde nationale.

Des troubles s'étant élevés à la halle du Neubourg, du 15 janvier, le maire d'Elbeuf prévit qu'à notre marché du samedi suivant il y aurait une foule et peut-être du tumulte. En conséquence, il demanda au préfet des gendarmes et de 40 à 50 fantassins pour ce jour-là, qui lui furent envoyés.

D'après le rapport de M. Hayet, sans ces soldats, « notre halle aurait éprouvé le triste sort de plusieurs autres. La crainte d'y voir régner les mêmes désordres qu'au Neubourg aurait sans doute empêché de s'y rendre nombre de cultivateurs, puisqu'il n'y fut apporté que 150 sacs... Les prix se sont établis de 35 à 40 fr. le sac... »

Le maire ajouta que si les cultivateurs ne baissaient pas leurs prix, ils devaient craindre d'être pillés chez eux par le public exaspéré. Il termina en priant le préfet de lui envoyer encore un détachement le samedi suivant.

A la halle du 25 janvier, le blé se vendit de 60 à 80 fr. le sac de deux hectolitres. Sans la présence de la troupe, il y aurait eu émeute, les boulangers de Rouen offrant de le payer de 90 à 100 fr. — A la suivante, il fut vendu de 72 à 85 fr.

M. Drevet, secrétaire de la municipalité et commissaire de police, s'étant démis de cette dernière fonction, M. Ligois lui succéda comme commissaire et prêta serment le 16 janvier.

Le 21 fut jour férié à Elbeuf comme partout ailleurs, en vertu d'une loi de l'année précédente, qui le déclarait « jour de deuil général ».

En cette même année, on arrêta le plan définitif de la rue de Louviers, dans laquelle on construisait déjà quelques maisons.

En conformité d'une ordonnance royale, les fabricants d'Elbeuf furent avisés, le 1er mai, de déposer à la mairie deux empreintes ou modèles de leur marque de fabrication. Deux chefs brodés avant le foulage des draps remplissait l'objet demandé.

La question du chardon cardère occupait toujours l'attention des fabricants. Le 23 février, le maire d'Elbeuf donna communication à la Chambre consultative d'une lettre que lui avait adressée le député Duverger de Hauranne, annonçant que les cultivateurs de chardons réclamaient avec chaleur contre la prohibition de l'exportation de cette denrée à l'étranger, qui avait amené une réduction du prix de 40 pour 100, mais encore cinq ou six fois plus élevé que les anciens prix.

Dans cette même réunion, la Chambre arrêta le texte d'une pétition à la Chambre des députés, pour demander le maintien de la prohibition, au moins jusqu'à la récolte de 1817, ajoutant que le chardon, malgré la défense de l'exporter, valait encore 200 fr. la balle.

En présence de cette cherté, on multiplia les essais de lainage au moyen du chardon métallique, mais les résultats laissèrent fort à désirer.

La Chambre consultative émit l'avis, en ce même temps, que ses membres devraient contribuer à la réparation du chemin d'Elbeuf à Pont-Saint-Pierre, en grande partie détérioré par le passage des voitures portant les draps aux foulonneries, et qu'il fut ouvert, pour cet objet, une souscription parmi les manufacturiers de notre ville.

Cette souscription fut ouverte ; elle produisit 5.379 fr., et comme les travaux que l'on fit au chemin ne s'élevèrent qu'à 1.975 fr., l'excédent fut remis aux souscripteurs, attendu qu'une demande allait être formée pour convertir cette voie en route départementale.

M. Bertrand dit Amand exploitait, comme directeur, un petit théâtre provisoire, depuis la fin de novembre 1816. Ayant appris qu'un négociant d'Elbeuf avait l'intention de construire une salle de spectacle rue de la Barrière, il demanda au préfet, le 28 février, d'en être le directeur, mais il ne fut pas agréé.

Ce négociant était M. Math. Bourdon fils, propriétaire du terrain ; il avait MM. Sèbe et Godard comme associés dans la construction du théâtre.

Année 1817

Le mois suivant, le Conseil municipal décida de bailler à ferme les recettes de l'octroi, au lieu de faire percevoir les droits par des employés de la ville. — Il fut adjugé pour la somme de 34.350 fr., c'était 7.500 fr. de plus que n'avaient produit les recettes de 1816.

Au 6 mai, MM. Mathieu Bourdon et Sèbe avaient commencé la construction du théâtre de la rue de la Barrière.

Une ordonnance royale, du 21 mai, régla l'exercice de la profession de boulanger à Elbeuf. Diverses conditions devaient être remplies par ceux qui voulaient se livrer à cette profession.

Il leur fallait une permission spéciale du maire et fournir des justifications d'apprentissage, de capacité et de moralité. Ils devaient se soumettre à avoir constamment, en réserve dans leur magasin, un approvisionnement de farine de première qualité, soit 12.000 kilog. pour les boulangers de 1re classe, 8.000 kilog. pour ceux de 2e classe et 4.000 kilog. pour ceux de 3e classe. Ils ne pouvaient cesser leur profession qu'après avoir prévenu le maire six mois d'avance. Ils ne pouvaient restreindre le nombre de leurs fournées sans en avoir obtenu l'autorisation du maire.

En juin, des bandes de 20 à 25 hommes parcoururent la plaine du Neubourg pour se faire délivrer du blé chez les cultivateurs. A la halle du 7, à Elbeuf, il y eut un commencement de pillage. Quelques jours après, 150 sacs de blé furent pris de force dans un bateau à Oissel, et comme on supposait que les pillards allaient se diriger, avec leur butin, vers Elbeuf, le maire de notre ville ordonna, le 14, à M. Turgis, commandant la garde nationale, de se rendre sur les lieux avec ses deux compagnies d'élite.

Les gardes nationaux, n'ayant rencontré personne, fouillèrent les roches d'Orival, sans succès ; mais ils finirent par découvrir vingt-deux sacs pleins dans une île. La colonne ne rentra à Elbeuf qu'à une heure du matin. On sut que des pillards habitaient la Londe ; M. Lecerf, juge de paix, lança contre quinze habitants de cette commune un mandat d'amener. Le maire d'Elbeuf, craignant une émeute, demanda au préfet 50 cavaliers.

Quelques jours après, sur l'avis de M. Turgis, le maire demanda 600 cartouches pour la garde nationale ; elles furent accordées le 28.

Par décision ministérielle du 20 juin, notre ville fut réunie à l'arrondissement théâtral de Rouen, dont l'exploitation était concédée à M. Corréard, lequel avait également dans son arrondissement les villes d'Evreux, de Louviers, du Havre et de Dieppe.

Un second poste de garde nationale fut placé à l'Hospice, où avait été établi un corps de garde.

Par arrêté du maire, M. Cousin, propriétaire du passage « communiquant de la rue Royale à la rue de la Liberté » fut tenu de le laisser ouvert de jour pour la circulation du public ; le propriétaire pourrait le fermer de nuit.

A cette époque, les boulangers d'Elbeuf se formèrent en syndicat.

En cette même année, plusieurs nouveaux lavoirs de laine s'ouvrirent sur le Puchot ; on ne pouvait en établir sans enquête préalable.

Les manèges qui alors mettaient en mouvement les outils mécaniques des fabriques

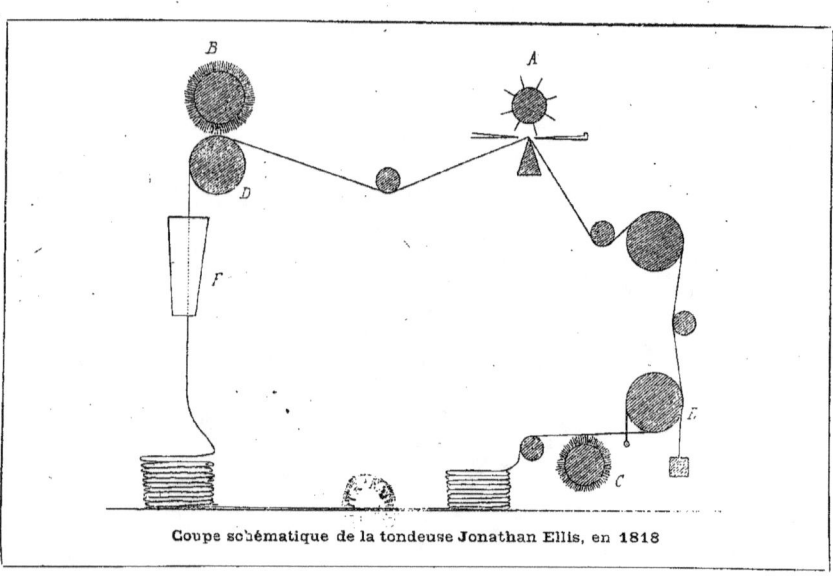

Coupe schématique de la tondeuse Jonathan Ellis, en 1818

de draps, employaient 350 chevaux ; 60 de ces animaux actionnaient des machines à lainer.

Il y avait déjà cinq ans alors que l'Américain Jonathan Ellis avait pris un brevet d'importation pour une tondeuse mécanique à lames hélicoïdales. En 1817, le négociant parisien Sevène se rendait acquéreur de deux tiers du brevet de Jonathan Ellis, et immédiatement il faisait construire dans les ateliers du célèbre spécialiste anglais John Collier, à Paris, une première machine, entièrement construite en fer et fonte de fer, reproduisant les dispositions fondamentales de la tondeuse américaine; elle en différait toutefois par l'introduction d'une table fixe, et par le mode de construction du cylindre, dans lequel les lames, toujours enroulées en hélice, étaient disposées tangentiellement à la surface du cylindre.

Dans le même brevet, Sevène indique un dispositif de tondeuse transversale.

De grands progrès étaient déjà réalisés dans la nouvelle machine ; son emploi dans la pratique courante fit cependant apercevoir la possibilité de nouveaux perfectionnements, et, en 1818, nous voyons son inventeur arriver au type dont la planche ci-contre présente une coupe schématique, type sur lequel aucune amélioration considérable n'a été réalisée depuis cette époque.

Le cylindre A a ses lames disposées normalement à la surface. Deux brosses B, C, servent à relever le poil de l'étoffe et à en débarrasser la surface des corps étrangers. Le rouleau D, garni de vieilles cardes, communique son mouvement au drap, dont la tension est réglée par le rouleau à frein E. Enfin la trémie F, animée d'un mouvement d'oscillation, détermine le pliage automatique du drap. On peut donc dire qu'en 1818, la tondeuse longitudinale avait pris sa forme définitive, et, chose singulière, nous n'avons plus à constater, de 1818 à 1840, qu'un mouvement de recul et de retour à des types moins parfaits.

L'importation de la tondeuse américaine eut lieu en France et en Angleterre à peu près en même temps. Les premiers brevets anglais pour des machines de ce genre, ceux de John Lewis et de Stephen Price, datent de 1815, et, en 1823, M. Bathgate, constructeur à Galashiels, décrivait ses machines comme construites d'après des modèles importés d'Amérique dix ans auparavant, et considérablement améliorés depuis.

En présence de ces faits, il est impossible de contester aux Américains la priorité de l'une des inventions les plus importantes relatives à la fabrication des draps. Il en est d'ailleurs résulté pour l'industrie drapière française de l'époque des avantages considérables. Nos producteurs profitèrent, de ce fait, aussitôt au moins que les Anglais, de l'économie considérable due à l'emploi de la nouvelle machine, ce qui ne se fût pas produit dans le cas d'une invention anglaise.

Revenons maintenant en France, dit M. Mouchel, pour y suivre la tondeuse dans ses dernières étapes.

Le célèbre manufacturier sédanais, baron Poupart, était, pour son époque, un homme avide d'idées nouvelles, au point de prêter son nom à des inventeurs de mouvement perpétuel. Dans ses ateliers on put voir fonctionner les premières tondeuses à forces mécaniques, et lorsque la nouvelle tondeuse à forces hélicoïdes, comme on l'appelait à l'époque, fit son apparition, il se prêta aux expériences de l'inventeur et du constructeur et les aida puissamment à rendre leur machine complètement pratique.

C'est en 1819 que la tondeuse mécanique figura pour la première fois à une exposition française. Le *Mémorial* de la même année nous en donne la description suivante :

« N° 891. 1071. MM. le baron Poupart de Neuflize, manufacturier à Sedan, Louviers et Elbeuf ; Sevène, Auguste, négociants à Paris, rue Notre-Dame-des-Victoires, n° 24, et Collier John, ingénieur-mécanicien, ont exposé une nouvelle machine à tondre les draps, qu'ils appellent *tondeuse à forces hélicoïdes*. Cet instrument exécute la tonte des draps avec la plus grande régularité. Il peut aisément, pendant chaque heure de travail, faire une coupe parfaite à cent aunes de drap cinq quarts ou quatre tiers de large. Les produits de cette ingénieuse machine ont été comparés à ceux qu'ont donnés le tondage à la main et le tondage par mécanique, en voici les résultats : l'économie annuelle que cette machine à tondre procure est de 28.876 francs sur le tondage à la main, et de 13.506 fr. sur le tondage à la mécanique. Le jury central a décerné une médaille d'or à ces trois fabricants ».

Cette machine n'occupait qu'un espace de dix pieds de long sur dix de large. Son prix était, d'après les contemporains, de 30.000 fr.

Nous ne parlerons pas des perfectionnements apportés aux tondeuses mécaniques depuis cette époque, M. Ch. Mouchel les a résumés, du reste, dans un intéressant mémoire lu à la Société Industrielle d'Elbeuf en 1885, auquel nous empruntons encore cependant ce passage :

« Les machines de Poupart passaient, selon l'opinion alors généralement admise, pour donner les dernières coupes avec une plus grande perfection que les tondeuses de Collier. Il convient d'ajouter, d'ailleurs, que, pendant près de vingt ans après l'introduction des premières tondeuses, non seulement il était admis qu'une dernière coupe à la main finissait le drap mieux que toute machine, mais encore les tondeuses transversales étaient, malgré leur production bien moindre, généralement préférées aux tondeuses longitudinales.

« Les anciens ouvriers tondeurs, en effet, coupaient le poil en travers, et, pendant longtemps, on crut qu'il était impossible d'obtenir un aussi bon résultat en le coupant dans le sens de la longueur du drap.

« En ce qui concerne particulièrement notre région, les premières tondeuses y furent introduites dès leur apparition.

« Un grand nombre de fabricants elbeuviens avaient pris part à l'exposition de 1819, ils purent s'y rendre compte des avantages incontestables du nouveau procédé, qui, s'il ne contribuait pas, comme l'affirment les auteurs de l'époque, à égaliser les bons fabricants avec les mauvais, procurait, sur les anciens prix de tondage, une économie des 19/20 au moins, et cela en donnant un produit plus régulier ».

A partir du 1er septembre, la perception des droits d'octroi, qui alors était mise en adjudication, se fit par quatre bureaux, établis : sur le quai ; au carrefour du Calvaire ; au carrefour des rues du Thuit-Anger et des Ecameaux ; à la porte de Rouen, au bas de la côte Saint Auct. M. Bernard Curmer, ex-officier, chevalier de la Légion d'honneur, remplissait les fonctions de préposé en chef de l'octroi, où il avait été nommé le 22 août.

Le 7, le prix du pain fut fixé, par arrêté municipal, de 25 à 30 centimes le demi kilo.

On trouve sur les registres municipaux, à la date du 25 septembre 1817, un intéressant rapport concernant le régime du Puchot et un projet de règlement. Ce document, qui ne comporte pas moins de vingt-trois grandes pages de texte serré, est trop étendu pour que nous puissions le reproduire, mais il sera toujours utile de le consulter dans toutes les questions concernant ce cours d'eau. Nous n'en relèverons qu'un passage qui nous fera connaître les usages industriels et autres auxquels servait la Rigole :

« Si vous ne vous opposez pas, Messieurs, à toute espèce d'établissement sur le canal de dérivation, si vous ne défendez pas de jeter soit des bains de teinture ou toute autre chose dans ce canal, que deviendrait le bassin de la Rigole ? Où le peuple ira-t il laver son linge ? Pourra-t il prendre de cette eau pour son ménage ? Où les fabricant iront-ils mouiller leurs draps ? Où les feront-ils dégeler pendant l'hiver, s'ils n'ont plus le secours de ce grand bassin qui ne gèle jamais et qui est constamment à la même température ? Pourquoi perdre cet avantage unique ?

« Lorsque la Seine sera gelée ou débordée, lorsqu'elle chariera des glaçons, lorsque ses eaux troubles rouleront des vases ? Que fera la fabrique, qui ne peut pas se servir de la Seine ?

« Croyez-vous que les bains de teinture ne communiqueront pas leurs dissolutions alumineuses, vitrioliques, alcalines et ferrugineuses à toute l'eau du réservoir ? Qui oserait ensuite en faire usage ? Lequel voudrait ou perdre ses draps ou gâter son linge... »

Ajoutons à cela quelques extraits du projet de réglement :

« Les parties des Puchots réservées pour l'utilité publique et le service domestique de l'universalité des habitants, sont les sources du bassin du Sud (rue de l'Hospice) nommé l'Abreuvoir, et le bassin du Nord nommé la Rigole qui est un lavoir public.

« Le Puchot, seulement depuis les deux bras du bassin du Sud jusqu'à son embouchure dans la Seine est consacré au service particulier de l'industrie... »

Le 25 septembre, on fixa les noms des rues de la ville dont plusieurs « étaient insignifiants ou présentement proscrits ». En voici la liste :

Rues de Rouen, de la Brigaudière, Saint-« Haut », Notre-Dame, St-Etienne, du Nord, du Bassin, cul-de-sac du Moulin, rues Royale (de la rue de l'Hospice au Coq), aux Bœufs, cul-de-sac de la Fontaine, rues des Ecameaux (au bout de la rue l'Hospice), du Thuit-Anger, du Centre (ancienne rue Hayet), Saint Jean, passage Padel, rues du Moulin, de la Rigole, place du Port, de Seine (celle actuelle, mais alors entre la ville et les champs), de la Barrière, Percière, d'Angoulême (actuellement rue Lafayette), Robert, des Champs (rue de la Porte-Rouge actuelle), du Cimetière (rue Constantine actuelle), des Traites, du Cours, de l'Epinette (rue du Port actuelle), de Louviers (rue de Caudebec actuelle), St-Amand, du Neubourg, Poulain, de la Justice, du Vallot, Traversière, de la Bague, (rue Camille-Randoing actuelle), des Trois-Cornets, Tournante et des Echelettes.

Le 22 octobre, « Son Altesse Royale le duc d'Angoulême » vint à Elbeuf, accompagné du prince de Montmorency, du duc de Damas, du maréchal duc de Trévise, du comte de Kergariou, préfet de la Seine-Inférieure, et des principaux officiers de la garde nationale de Rouen.

L'Hôtel de Ville de la place du Coq n'ayant pas été jugé digne de recevoir de tels hôtes, la mairie fut provisoirement transférée dans la maison de M. Turgis, c'est-à-dire dans l'ancien château ducal d'Elbeuf, rue Saint-Etienne.

La garde nationale à cheval était partie d'Elbeuf par la route de Rouen, pour aller au-devant de ces puissants personnages jusqu'aux Essarts.

Le duc d'Angoulême reçut à la mairie improvisée, les autorités, le clergé et les officiers retraités. « Il écouta avec bonté les discours qui lui furent adressés, puis passa en revue la garde nationale, honora de sa présence les principaux établissements industriels, notamment ceux de MM. Pierre Grandin aîné et Duvergier, Pierre Turgis et Louis Delarue.

« A son passage dans les rues, ornées de drapeaux, il fut accueilli par une nombreuse population, aux cris de : « Vive le Roi ! Vive le duc d'Angoulême ! Vivent les Bourbons ! » et parut satisfait de cet enthousiasme.

« S. A. R. visita l'église paroissiale, où le clergé le reçut ; en se retirant, il fit un don à M. le curé de Saint-Jean pour les pauvres de sa paroisse.

« Le prince rentra à l'Hôtel de Ville, où il examina avec beaucoup d'intérêt les produits manufacturés qu'on y avait réunis.

« Sur la demande du maire, au nom du Conseil municipal, il consentit que l'on donnât son nom à une rue nouvellement percée, dont avait fait cadeau à la ville M. Jean-Pierre Lefort, l'un de ses membres.

« Avant son départ, S. A. R. reçut tous les officiers de la garde nationale à cheval et à pied, et leur porta à tous, séparément, des paroles de bonté, des compliments sur leur zèle, leur bon esprit et leur bonne tenue ».

Arrivé à une heure, le duc quitta notre ville à quatre heures, « laissant de vives impressions dans l'esprit des magistrats et de tous les habitants en général... »

La rue nouvelle conserva le nom d'Angoulême jusqu'en 1830, époque à laquelle elle reçut celui du général La Fayette, qu'elle porte encore aujourd'hui.

Vers le 27, la Chambre consultative demanda au ministre de maintenir la défense de l'exportation du chardon, à cause des besoins de la fabrique.

Conformément à une lettre du préfet et à une délibération municipale, le maire ordonna, le 6 novembre, la disparition des noms de rues « semblant tenir de la Révolution ».

Le 10 décembre, on décida de mettre en adjudication l'inscription des noms de rues et le numérotage des maisons; elle eut lieu le 12 janvier suivant.

Les deux plus anciens membres de la Chambre consultative, MM. Join-Lambert aîné et Louis-Robert Flavigny, étaient sortants : ce dernier vit son mandat renouvelé et M. Louis

Devitry entra à la Chambre, par vote de cette assemblée en date du 24 décembre.

En 1817, M. Caplain, fondeur à Grand-Couronne, fournit deux cloches à l'église Saint-Etienne, qui n'étaient pas encore payées cinq ans après. M. Renault, curé de la paroisse, en acheta une autre à l'église de Gournay, en ce même temps.

Dans le courant de l'année, on avait enregistré 334 naissances, 79 mariages et 224 décès.

CHAPITRE XXIV
(1818-1819)

Les religieuses d'Ernemont. — Règlement pour le théatre. — La place Royale (Saint-Louis). — La route de Pont-de-l'Arche et la Chambre consultative. — Ouverture de la rue du Maurepas. — Création du Conseil des prud'hommes. — Fondation de « la Providence ». — Affaires municipales. — La vaccine. — Création de la compagnie de pompiers. — Le nouveau plan de la ville.

Le 2 janvier 1818, une enfant, âgée de sept à huit ans, fut entraînée par la ravine; elle allait périr dans la Seine quand un jeune homme parvint à la sauver à « l'Arche ». — Le préfet adressa de vives félicitations au sauveteur, nommé Lecoupeur.

A cette époque, il y avait environ dix-huit mois que le curé de Saint-Etienne avait fondé une école pour les filles, tenue par deux religieuses d'Ernemont. Au commencement de 1818, les élèves étaient au nombre de 180, dont 100 payantes; le maire se proposait alors de lui faire construire un établissement convenable, rue Saint-Etienne. Le conseil municipal préféra qu'on l'établisse dans l'enclave de l'hospice. M. Hayet se rallia à ce dernier projet, dont le devis se montait à 22.173 fr.; mais la Commission administrative de l'hospice refusa de donner un terrain.

Le 25 février, M. Guillaume Alexandre prêta serment comme commissaire de police, en remplacement de M. Ligois, dont la nomination avait été révoquée; il fut installé le même jour.

Cette année-là, le nombre des réverbères municipaux fut porté à quarante-deux.

La salle du théâtre de la rue de la Barrière venait d'être construite, ainsi que nous l'avons dit, par les soins d'une société privée. Le 14 mars, le maire prit un arrêté de police pour y maintenir l'ordre.

Le spectacle ne pouvait commencer avant que la garde de police fut arrivée et eut ses postes. Elle était composée de cinq hommes de la garde nationale.

Défense fut faite au directeur de placer des sièges sur la scène.

Un coup de cloche était donné à cinq heures et demie pour prévenir les artistes, un second à six heures pour compléter l'éclairage de la salle, et un troisième à six heures et demie pour le lever du rideau. Chaque représentation devait finir à dix heures et demie au plus tard.

Le public masculin était tenu de se tenir découvert. Il était défendu de jeter des objets sur la scène, même des lettres, des chansons.

Deux petites pompes à main et deux cuves pleines d'eau devaient être placées de chaque côté de la scène. Il fut défendu d'apporter du feu dans des chaufferettes.

M. Hayet, maire, écrivit au préfet, le 4 mai :
« Lors de l'adjudication de la maison conventuelle des Ursulines de cette ville, les acquéreurs prirent envers l'administration l'obligation d'ouvrir dans le jardin, à la première réquisition des autorités constituées, une rue de communication entre la rue de l'Hospice et celle des Echelettes.

« En étant devenu propriétaire depuis nombre d'années, il me semble à propos que cette disposition reçoive incessamment son exécution. Je désire profiter de cette circonstance pour offrir bénévolement à la commune une chose qui lui serait aussi utile qu'agréable, par l'établissement dans l'enceinte de ce jardin d'une place publique, dont elle manque totalement, et qui servirait de marché, nos rues ne pouvant suffire au grand nombre d'étalagistes en tous genres de denrées et de marchandises qui les encombrent.

« Je ferai l'abandon gratuit du terrain que je destine à cette place, sous la condition seulement que le plan que j'ai conçu dans l'intérêt public et le mien, pour la réunion de cette place à la rue projetée, serait admis et exécuté.

« Me flattant qu'il méritera votre approbation, et que le conseil municipal s'empressera de l'accueillir », etc.

Dans la séance municipale du 27 mai, le maire entretint le Conseil de la rue projetée, et annonça son ouverture prochaine. Il ajouta :
« Vous connaissez, Messieurs, l'état de nos marchés. Le carrefour du Coq, qui en est le centre, est, ainsi que les rues adjacentes, tel-

lement surchargé des étalages de tout genre que ce passage, le plus fréquenté de la ville, est totalement obstrué...

« Le long d'une partie de la rue projetée, se trouve, au Sud, dans le jardin qui m'appartient, un espace qui, réuni à cette rue, donnerait une largeur d'environ 70 pieds sur 190 de longueur et autour duquel des bâtiments seraient construits. C'est cet espace dont je fais l'offre gratuit à la commune... » pour l'établissement d'un marché public, avec fontaine. La place se nommerait Royale.

Le maire rappella que, pendant les ravines, l'eau entrait dans ce jardin et y laissait un épais dépôt ; en conséquence, dans le cas où son offre serait agréée, il conviendrait de faire remblayer le terrain et en attendant de construire, « à son extrémité vers la rue de l'Hospice un mur à hauteur d'appui, partagé par un intervalle vide de 10 pieds pour le placement d'un vanneau ou coulisse » à l'approche des ravines. — Le conseil accepta à l'unanimité cette proposition si avantageuse. — Le même jour, l'assemblée approuva l'ouverture par les héritiers Louvet d'une rue « dans l'enclos appelé le Maurepas ».

Le plan de la rue projetée entre celles de l'Hospice et des Echelettes fut déposé à la mairie dans le courant du mois de juin.

Le 11, on mit en adjudication la fourniture d'une forte pompe à incendie.

Dans la séance de la Chambre consultative du 12 juin, le maire donna communication d'une lettre à lui adressée par le sous-préfet de Louviers, l'informant qu'après avoir invité le Conseil de cet arrondissement à délibérer sur l'établissement d'une route départementale d'Elbeuf à Pont-de-l'Arche, un débat et un long examen, ce Conseil avait cru devoir voter de préférence le classement du chemin de Louviers à Elbeuf parmi les routes départementales, en substituant ce chemin à l'autre, et que dans son vote, le Conseil d'arrondissement avait consulté particulièrement l'intérêt de la ville de Louviers et des communes voisines où étaient situés les moulins à foulon.

La Chambre consultative, mécontente, résolut d'envoyer au préfet de l'Eure une commission composée de MM. Maille, Flavigny et Petou, avec un mémoire pour le Conseil général de son département. Voici les principales parties de ce mémoire, éloquente et adroite plaidoirie en faveur des intérêts de la fabrique d'Elbeuf, principale intéressée :

« ... Il existe entre notre ville et la vallée d'Andelle des relations journalières de transports que l'étendue de nos manufactures rend des plus importantes par l'usage qu'elles font des moulins à foulon et des filatures de Romilly, Pont-Saint-Pierre, Fontaine-Guérard et Charleval. Ces transports ne sont pas moins intéressants pour le canton de Pont-de-l'Arche par l'apport fréquents des chardons, gaudes et légumes que nous fournissent les communes qui le composent. Il en résulte que ces deux parties du département de l'Eure se trouvent vivifiées par le versement annuel de plus de 800.000 fr. qu'y font nos fabriques pour main-d'œuvre de filature, foulons, roulages et paiement de denrées. Des relations aussi majeures réclament la protection de l'autorité pour la facilité des communications.

« Le chemin de Pont-de-l'Arche à Elbeuf se trouva tellement dégradé l'année dernière, près de Bonport, que M. le maire se décida à y faire faire une assez forte réparation. Ses fonds ont été épuisés, sans que la communication ait pu être rétablie. Dûment autorisés par M. le sous-préfet de Louviers et aidés par une souscription d'une partie de nos fabricants, nous avons mis provisoirement en état ce mauvais passage. Mais il exige un entretien ; divers autres passages périclitent, et les charrois y sont tellement multipliés qu'un chemin vicinal n'y peut suffire.

« De là, l'idée qui a été conçue de convertir ce chemin en route départementale. Le Conseil d'arrondissement de Rouen vient d'en émettre le vœu, sous la condition que le département de l'Eure y concourrait de son côté pour ce qui concerne son territoire.

« M. le sous-préfet de Louviers, qui connaît l'importance de nos rapports avec une partie de son arrondissement et de celui des Andelys, s'était flatté que son Conseil se prononcerait dans le même sens ; mais nous venons d'apprendre que son attente a été trompée et que c'est pour être établie de Louviers à Elbeuf que cette route a été votée.

« Sans prétendre blâmer les motifs qui ont pu faire prévaloir cette opinion, nous n'avons pu nous défendre de l'extrême étonnement qu'elle nous a causé. Nous n'en doutons pas, Messieurs, vous partagerez ce sentiment lorsque vous aurez bien voulu balancer les avantages et les inconvénients de l'une et l'autre route.

« Nous dirons d'abord que les transports de nos matières et étoffes pour les usines de la vallée d'Andelle sont infiniment plus multipliés que ceux pour Louviers et ses dépendances. Une route départementale va être établie, dès cette année, de Fleury à Pîtres, et les dispositions sont faites pour qu'elle le soit jusqu'à Pont-de-l'Arche. Si la même mesure venait à être adoptée pour les deux lieues séparant cette ville de la nôtre, que de facilités pour ces relations réciproques!

« D'après l'estimation d'un homme de l'art, cette dépense serait de 24.000 fr. pour la portion du département de l'Eure. La faible dépense d'une lieue pour chacun des deux départements, sur un sol plat, sec, sablonneux et de peu de valeur, permet-elle de balancer, surtout lorsque l'on considère que les deux lieues qui séparent Louviers du Pont-de-l'Arche étant parfaitement belles, la communication d'Elbeuf à Louviers serait toute faite. Tout donc marche au mieux, dans tous les intérêts, par cette combinaison, simple et naturelle.

« Quelles difficultés, au contraire, ne rencontrerait-on pas dans le système proposé d'une route de Louviers à Elbeuf?

« Trois lieues, composées en diverses parties d'un terrain fécond à charger, d'une forêt à percer, de deux côtes escarpées à adoucir, d'une longue cavée à combler et de deux ponts à faire. Que de déblais et de remblais; que d'indemnités à payer pour une route qui, à beaucoup près, ne présente pas autant d'intérêt que l'autre et qui serait dix fois plus dispendieuse! La part du département de l'Eure y serait de plus de deux lieues. Nous n'en pouvons douter : si on venait à l'entreprendre, on serait bientôt forcé de l'abandonner, ou elle languirait pendant bien des années, et le Conseil de l'arrondissement de Rouen, imbu de ces obstacles, se garderait bien d'en voter la dépense pour ce qui le concerne... »

Le 29 juin, M. J.-B. Delaunay fut autorisé à établir une pompe à feu dans ses ateliers. On l'installa et elle fonctionna la même année, qui vit aussi l'installation à Caudebec, chez MM. Duruflé père et fils, d'une « pompe à feu ne brûlant pas sa fumée ».

Le maire donna avis, le 23 juillet, que le plan de la nouvelle rue projetée « à travers le Maurepas, appartenant aux héritiers Nicolas Louvet, tendant de la rue de la Barrière à celle du Cimetière », était exposé à la mairie.

L'administration de l'Hospice ayant refusé, ainsi que nous l'avons dit, le terrain qui lui était demandé pour la construction d'une école de filles, et le curé de Saint-Étienne en ayant offert un pour cet objet, près de son presbytère, cette dernière proposition fut agréée par le Conseil, le 8 août. La délibération nous apprend que l'école de filles comptait déjà plus de deux cents élèves.

Le 14, dans une lettre qu'il adressa au nouveau préfet, successeur de M. Kergariou, le maire déclara que « le bonheur de la France ne pouvait se maintenir qu'avec le Roi, la Charte et la légitimité ».

Le 21, le Conseil émit le vœu qu'un Conseil de Prud'hommes fût établi à Elbeuf, sur les mêmes bases que celui existant déjà à Louviers, où il rendait de grands services.

Pendant la nuit du 25 au 26 septembre, on colla à la porte de plusieurs habitants d'Elbeuf, et notamment à celle de M. Maille, l'un des adjoints, de petits morceaux de papiers représentant une cocarde tricolore et sur lesquels étaient écrits ces mots : « Vive Napoléon ! » Le maire n'en ayant pas informé le préfet, celui-ci le blâma de sa conduite et lui ordonna de faire une enquête.

Cet « attentat à la sûreté publique » fut mis sur le compte d'ouvriers, dont un grand nombre étaient restés bonapartistes.

Le 11 octobre, des troubles ayant éclaté au théâtre, le commissaire envoya chercher le piquet de service ; mais le poste était complètement désert. Le maire se plaignit au commandant de la garde nationale. — Cet incident avait beaucoup amusé la population de notre ville.

Des plaintes furent aussi portées contre la machine à vapeur de M. Lécallier, qui, sur l'injonction du maire, dut apporter quelques changements à son installation.

MM. Petou et Turgis, membres sortants, furent réélus, le 2 décembre, membres de la Chambre consultative.

Ce même jour, la Chambre émit également l'avis qu'il était utile de créer un Conseil de prud'hommes à Elbeuf.

Le mois suivant, sur certaines observations du préfet, elle ajouta que ce Conseil devrait être composé de sept membres : quatre fabricants, un teinturier, un contremaître, un chef d'atelier, un ouvrier patenté ; que la juridiction devrait s'en étendre sur tous les marchands, fabricants, chefs d'atelier, commis, contremaîtres, ouvriers, compagnons et apprentis travaillant pour les diverses fabriques du canton, quel que soit le lieu de leur résidence ; que, dans le cas où il serait interjeté appel d'un jugement rendu par le Conseil, cet appel soit porté devant le Tribunal de commerce de l'arrondissement dans lequel se trouve compris la ville d'Elbeuf; et enfin, que les divers lieux de fabrique du canton devant profiter des avantages de cet établissement, les communes participeraient aux frais, chacune en proportion du montant du rôle de sa patente.

En 1818, le nombre des naissances fut de 320, celui des mariages de 85, et l'on compta 256 décès.

L'école d'enseignement mutuel, tenue par M. Cartier, comptait alors 50 élèves payants et 60 autres affranchis de toute rétribution. — L'école primaire, encore tenue à cette époque par M. Derrey, était en pleine décadence. — Quelques enfants étaient en pension dans un établissement monté à Saint-Aubin, par M. Lefebvre, desservant de la paroisse ; il comptait 35 élèves non compris les enfants de la commune ; le prix de la pension était de 400 fr. par an.

L'école de filles, dirigée par la sœur Saint-Bazire, de la communauté d'Ernemont, comptait 103 élèves franches de rétributions et 172 payant un minimum de 50 centimes par mois ; trois religieuses donnaient leur concours à la supérieure. Elles enseignaient le catéchisme à 366 enfants. — On s'occupait alors de les installer rue Saint-Etienne, entre l'ancien château et la porte de Rouen.

L'institution de la Providence date du 10 février 1819. Sa fondatrice, Mlle Bertaut, pleine de dévouement, fit grandement prospérer cet établissement, installé rue de Seine.

Une exposition de produits de l'industrie nationale devant s'ouvrir à Paris le 25 août, la Chambre consultative, réunie le 25 février, arrêta que, par voie d'affiches adressées aux maires du canton, tous les artistes, fabricants et manufacturiers seraient invités à concourir à cette exposition et à déposer avant le 15 juin, à la mairie d'Elbeuf, les échantillons des divers produits de leur industrie.

M. Pierre Grimouin fut autorisé, le 9 mars, à mettre en activité un four à chaux permanent qu'il avait fait construire rue du Neubourg. — Deux mois plus tard, M. Foucher reçut la même autorisation pour deux fours à plâtre. — En ce même temps, on autorisa la briqueterie de M. Hermerel, qui existait déjà depuis deux ans. — D'autres fours à chaux, à plâtre et briqueteries s'élevèrent plus tard dans la partie sud de notre ville.

On appelait « heurt », à Elbeuf, un endroit où chacun pouvait porter des vidanges, des vaisselles cassées, des remblais, etc. Celui des années précédentes étant comblé, le maire fixa le nouveau heurt « au bout de la rue de la Bague, à la suite du pavage neuf », c'est-à-dire au carrefour formé actuellement par le croisement des rues Théodore-Chennevière et Camille Randoing.

On renouvela, le 10 mars, par ordre du préfet, le règlement de police municipale.

L'ouverture de la rue Saint-Louis et de la place Royale fut retardée par les oppositions de M. Prosper Delarue. Le Conseil délibéra à ce sujet, le 16 mars, puis le 5 juin suivant. L'ouverture de la rue et de la place était de nouveau décidée, mais la question n'était pas encore vidée au 3 février 1820, et M. Hayet fût sur le point de retirer l'offre qu'il avait faite à la ville.

A cette époque, l'administration était à la recherche d'un local pour l'école mutuelle dirigée par M. Cartier, qui venait de recevoir congé de son propriétaire. Le Conseil décida de le placer dans le bas de la rue Saint-Jean, dans une maison appartenant à M. Nos Dargence.

Le gouvernement faisait de louables efforts pour la propagation de la vaccine, auxquels se prêtait beaucoup notre municipalité. Mais malgré les recommandations et les avis donnés au prône dans les églises, les lettres adressées aux instituteurs et institutrices, la prévention contre cette pratique durait toujours, au point qu'il n'avait été présenté à une première séance de vaccine tenue le 17 mars, que huit enfants, et à la seconde, qui eut lieu le 25, quatre seulement, bien que le nombre des enfants de notre ville n'ayant pas encore été vaccinés fût de 749. — Les médecins d'Elbeuf étaient alors MM. Henry, qui n'exerçait plus guère; Compaing, Revelle; Lesaas et Peuffier, ce dernier ne sortait presque point de chez lui.

Au 3 avril, un peloton de sapeurs-pompiers était en formation. Une liste de candidats aux grades d'officier et de sous-officier était alors entre les mains du comte Odoard, chef d'état-major de la garde nationale à Rouen.

Le mois suivant, le peloton se composait d'un lieutenant commandant; d'un sous-lieutenant, d'un sergent-fourrier, de deux sergents, de quatre caporaux, d'un tambour et de trente pompiers.

Le préfet proposa que le service des pompiers s'étendît à tout le canton et aux autres communes voisines. — Au mois de juillet, l'effectif était tel que l'on jugea à propos de transformer le peloton en compagnie. — Vers ce même temps, on s'occupa d'établir des règlements, qui furent calqués sur ceux de la compagnie des Andelys.

Presque toujours, en cas d'incendie, on lâchait les eaux du moulin Saint-Etienne, qui coulaient naturellement par les rues actuelles de la République et Saint-Jean, dans le profond ruisseau existant alors au milieu de ces deux larges voies.

Une ordonnance royale du 21 avril porte la création d'un Conseil de prud'hommes dans notre ville. Notre municipalité en fut avisée le 18 juin.

Le premier président de cette nouvelle juridiction fut M. Jacques-Louis Grandin, élu le 27 août de la même année, en même temps que M. Devitry, vice-président, et M. Louis Drevet, secrétaire du Conseil.

Après la suppression du service par le vapeur l'*Elise* on revint aux bateaux remorqués par des chevaux. Le premier jour de mai, le maire d'Elbeuf proposa à son collègue de Rouen de régler ainsi le service des bateaux entre les deux villes :

La *Catherine,* appartenant à M. Ambroise Lanne aîné, partirait d'Elbeuf le dimanche à une heure d'après-midi, depuis Pâques jusqu'à la Toussaint ;

Le *Désiré-Saint-Pierre,* appartenant au même, partirait les lundi, mercredi, vendredi et dimanche, à quatre heures du soir, de Pâques à la Toussaint, et à trois heures de la Toussaint à Pâques.

Le bateau appartenant à M. Louis-Henri Boucher partirait les lundi, mercredi, vendredi et dimanche, une demi-heure après le précédent.

Le quai d'Elbeuf en 1819

Celui appartenant à M. Pierre-Florentin Lanne jeune partirait les dimanche, lundi, mardi, mercredi, vendredi et samedi à cinq heures après-midi en été et à quatre heures en hiver.

La Fête-Dieu était proche ; le préfet écrivit au maire de notre ville, le 29 mai, que le défaut de tenture, par les non catholiques, des maisons sur le passage des processions, ne sauraient à l'avenir donner lieu à aucun procès-verbal.

Le commerce et la fabrication du drap subissaient une crise générale ; à Elbeuf, beaucoup d'ouvriers se trouvaient sans travail ; aussi un certain nombre de manufacturiers donnèrent-ils tous leurs soins aux produits qu'ils comptaient envoyer à l'exposition qui se préparait à Paris, dans l'espérance de nouveaux débouchés ; on supposait qu'elle attirerait de nombreux négociants étrangers.

Le 15 juin, la Chambre consultative décida qu'un mémoire, rédigé par M. Frontin et ayant pour objet la répression des vols de fabrique, serait envoyé au préfet, avec prière de le transmettre au ministre, en l'appuyant de son influence, afin de provoquer une loi sur la matière.

Le maire, en accusant réception à M. Robert, architecte à Rouen, du nouveau plan de notre ville ajouta : « Il est accompagné d'une notice sur la ville d'Elbeuf d'une très belle écriture. Si l'antiquité vantée de nos fabriques y est basée sur des documents authentiques dues à vos recherches, on a lieu de regretter que le style n'y ait pas été partout également soigné, ainsi que « l'ortographe ». Quant au plan lui-même, le maire le considérait comme parfaitement exécuté. — Ce plan est conservé au bureau de l'architecte municipal.

Le 28 août, on mit en adjudication le pavage de la rue de Seine, celle actuelle, qu'il ne faut pas confondre avec tout ou partie de la rue Saint-Jean, qui, pendant plusieurs années, avait été dite rue de Seine depuis l'église jusqu'au quai, et quelquefois dans toute sa longueur.

Le maire désirait que ces travaux de pavage fussent exécutés tout de suite, à cause de l'école d'enseignement mutuel qui allait s'installer dans cette rue. — En août, le maire reçut 50 almanachs pour être distribués aux élèves les plus avancés de cette école.

Le 16 octobre, « de douloureuse mémoire, jour anniversaire du décès de la feue reine Marie-Antoinette », un service funèbre fut célébré à l'église paroissiale. Un cortège se forma à la mairie et se rendit à l'office, escorté de la gendarmerie.

La variole faisait depuis trois mois de grands ravages dans notre ville. Le maire adressa une proclamation aux habitants, pour les engager à profiter des bienfaits de la vaccine, que le docteur Girot-Dupré, de Rouen, venait propager à Elbeuf.

Le 24 novembre, à huit heures du soir, le bateau de M. Ambroise Lanne, faisant le service de Rouen à Elbeuf, coula devant le hameau de Fourneaux. Les voyageurs eurent de l'eau jusqu'à mi-corps, mais aucun ne périt.

Les registres municipaux de cette époque contiennent plusieurs arrêtés pris contre des boulangers dont les approvisionnements en farine étaient insuffisants. Leur four était « cacheté » pendant une période de huit à quinze jours, de sorte qu'ils ne pouvaient travailler pendant la durée de la peine qui leur avait été infligée.

Vers ce temps, le feu prit chez M. Ledoux, instituteur, rue de la Rigole.

Le dimanche 28 décembre, des jeunes gens appartenant aux principales familles de la ville, notamment M. Victor Grandin et son cousin M. Henri Grandin, firent une protestation au théâtre. Le premier fut saisi au collet par un gendarme, mais la foule devint si grande qu'il parvint à s'échapper. Le maire apporta tous ses soins pour que cette affaire n'eût point de suite.

En 1849, on enregistra 449 naissances, 70 mariages et 320 décès.

CHAPITRE XXV
(1820-1821)

Trouble au théatre. — L'assassinat du duc de Berry ; service funèbre. — Les cercles elbeuviens. — L'esprit public. — Suppression des charités. — Lettres du maire. — Naissance du duc de Bordeaux ; fête a Elbeuf. — Encore la route de Pont-de-l'Arche. — Nouveaux attentats politiques. — Baptême de Henri V ; poésies de M. Petou ; le transparent de M. Hayet. — La fontaine Saint-Georges. — Ouverture de la rue du Pré-Basile. — Maninestation politique au théatre.

M. Morin-Joseph-Mathieu Duruflé, fils de Joseph, rentier, rue de la Justice, mourut le 14 janvier 1820. Il était né en 1739.

Le dimanche qui précéda le 19, de nouveaux troubles, plus violents que les précédents, se produisirent au théâtre, en haine d'un sieur Saint-Charles, régisseur et acteur. Un perturbateur ayant été arrêté, une partie du public voulut l'arracher des mains des gendarmes ; néanmoins, il fut conduit au corps de garde.

Mais une foule de jeunes gens suivit le groupe, et devant l'Hôtel de Ville, ces jeunes gens insultèrent la gendarmerie, la garde nationale, le garde champêtre et le commissaire de police.

Au 26 janvier, il y avait plusieurs jours que la Seine était sortie de son lit. Les voitures se rendant d'Elbeuf à Rouen étaient obligées de passer par Pont-de-l'Arche, malgré le pitoyable état de la route entre cette dernière ville et la nôtre, jusqu'à l'extrémité du Cours.

Il résulte d'un état fourni par le maire au préfet, le 2 février, qu'il n'y avait alors que quatre protestants dans notre ville ; savoir : MM. Mathieu Frontin, âgé de 87 ans, rentier ; J.-B. Lefebvre, 61 ans, lamier ; J. Fischlin, 45 ans, docteur-médecin ; Henri-Victor Roy, 30 ans, horloger.

Le 5 de ce même mois, la Chambre consultative continua à MM. Louis-Jacques Grandin et Parfait Maille les fonctions de membres de cette compagnie. Quand l'époque d'un nouveau renouvellement partiel se présenta, par la suite, la Chambre renomma les membres sortants.

M. Jérôme-Roch Poteau, né en 1745, mourut le 23.

Le 24 février, le Conseil décida de restaurer le quai, et supprimer l'arche, en construisant une voûte sur le bout d'aqueduc qui conduisait les eaux du large ruisseau de la rue Saint-Jean à la Seine.

Dans cette même séance, le Conseil vota une adresse au roi, à l'occasion de l'assassinat du duc de Berry. Le maire la porta à la connaissance de ses administrés le lendemain. Elle était ainsi conçue :

« Sire ; Le forfait exécrable d'un monstre altéré du sang de nos rois a plongé la France entière dans la douleur la plus profonde. Nous n'essayerons point de peindre à Votre Majesté l'excès de la nôtre. Quelles expressions pourraient la rendre ?

« Vous supplier de croire que nous connaissons toute l'étendue du malheur qui nous accable, c'est, Sire, vous faire assez connaître celle de nos regrets les plus amers.

« Puisse ce respectueux hommage de nos sentiments répandre quelque consolation dans l'âme de Votre Majesté.

« Nous sommes, de Votre Majesté, Sire, les très fidèles sujets ».

Cette adresse resta déposée à la mairie pendant une journée, pour recevoir les signatures des habitants de notre ville.

En ce même temps, le maire donna des ordres sévères au commissaire de police ; la surveillance des étrangers et des cabarets lui fut particulièrement recommandée, ainsi que la circulation des écrits séditieux et pièces anarchiques.

Le maire d'Elbeuf, vu les ordres du roi concernant un service funèbre à célébrer dans toutes les églises de France, le 24 mars ; « considérant que l'exécrable attentat commis le 13 février sur Mgr le duc de Berry, a été pour tous les cœurs vraiment français un sujet d'horreur et d'indignation ; qu'il n'est personne qui ne vînt mêler ses douleurs et ses justes regrets aux accents douloureux de la famille royale et de répondre à l'appel fait par le cœur paternel du roi », ordonna ce qui suit :

« Demain, vendredi 24, à dix heures du

matin, il sera célébré à l'église paroissiale un service divin pour le repos de l'âme de Mgr le duc de Berry.

« Tous les habitants sont invités de quitter momentanément leurs affaires pour se rendre en foule dans le lieu saint et offrir leurs pieux devoirs à l'auguste victime.

« Les travaux de tous genres seront interrompus le matin à neuf heures jusqu'après l'heure du service... »

La garde nationale et la gendarmerie prirent les armes ; les officiers et militaires réformés en retraite firent partie du cortège qui se forma à la mairie ; tous avaient un crêpe au bras.

Quelque temps après, une souscription fut ouverte à la mairie pour élever, à Paris, un monument au duc de Berry.

A la date du 23 mars, on avait enregistré le décès de M. Pierre-Louis-Auguste Bourdon, fils de Pierre-Thomas-Constant ; il était âgé de 49 ans.

Il existait alors à Elbeuf deux cercles. Le premier était tenu par M. Claude Lefebvre père, tapissier, domicilié rue d'Angoulême, 21, sous la dénomination de « Société littéraire», où ses cinquante-deux abonnés, « personnes distinguées », se livraient aux plaisirs du jeu de billard et des cartes concurremment avec celui de la lecture. Le second cercle, dit « Société d'amusements », était tenu par M. Léonidas Lefebvre fils, rue Saint-Jean, 143, et comptait quarante abonnés ; on y jouait également au billard et lisait des journaux. Le 12 mai, le maire donna une nouvelle autorisation aux directeurs de ces cercles, qui avaient chacun leurs statuts. — Le commissaire avait l'ordre de dresser chaque mois un état des livres et journaux que recevaient ces deux cercles.

Le 13 juin, le Conseil municipal vota une somme de 600 fr. pour concourir à l'érection d'un monument au duc de Berry. — MM. Lecerf et Longuemare, notaires, furent chargés, conjointement avec la mairie, de recevoir les versements à la souscription publique qui avait été organisée pour cet objet.

Dans les derniers jours de juin, le maire dut fournir au préfet des renseignements confidentiels sur les officiers et soldats de « l'ancienne armée ».

L'école d'enseignement primaire pour les garçons ne recevait que 25 enfants, par suite de la négligence de beaucoup de parents ; ce dont le maire prévint le préfet. En même temps, il ordonna aux gendarmes et au commissaire de police de sévir contre les chefs de famille qui laisseraient vagabonder leurs enfants au lieu de les envoyer à l'école.

Dans son rapport trimestriel au préfet, le commissaire de police d'Elbeuf, M. Alexandre, consigna que l'esprit public était généralement bon. Cependant, on ne pouvait se dissimuler qu'il existait « des opinions dirigées par l'esprit de parti », mais la sagesse du gouvernement suffirait, ajouta-t-il, pour empêcher qu'il en résultât du danger.

M. Dévé fut autorisé, le 20 juillet, à établir une pompe à feu fumivore dans sa fabrique. Pareille autorisation fut accordée le même jour à M. Boisguillaume, également fabricant de draps.

L'année suivante, on monta d'autres machines à vapeur : chez M. Auguste Delalande, fabricant, rue Meleuse ; chez M. Massé, rue de la Justice, dans l'établissement exploité par MM. J.-P. Hayet fils et Collas, et chez M. Quesné, rue Royale.

Un arrêté du maire, portant la date du 29 juillet, va nous faire connaître dans quelles circonstances prit fin la Charité de St-Jean :

« Vu le tumulte scandaleux qui a eu lieu le 17 de ce mois sur la voie publique de cette ville, par suite de la résistance des individus composant la confrérie de la Charité de Saint-Jean aux ordres de M. le curé de ladite paroisse.

« Vu le rassemblement considérable qu'a occasionné, le 26 de ce mois, leur opiniâtreté à vouloir porter un corps, nonobstant la défense qui leur en avait été faite, dans la personne de leur échevin, par ledit sieur curé.

« Vu la délibération de MM. les administrateurs de la fabrique du 28, qui confirme cette défense...

« Considérant que si les membres de ladite confrérie persistaient dans leur résolution à exercer des fonctions qui leur sont présentement interdites, la tranquillité publique pourrait être compromise.

« Ordonne : Il est enjoint provisoirement à la Charité de Saint-Jean de cesser toutes fonctions... »

On supprima, en cette même année, la Charité de Saint-Etienne.

De nombreuses conspirations s'ourdirent pendant le règne de Louis XVIII ; la plupart furent réprimées dans le sang, mais toutes témoignèrent de l'impopularité de la Restauration. A l'époque où nous sommes arrivés, on venait d'en découvrir une nouvelle à Paris. A cette occasion, M. Hayet, maire, écrivit au préfet, le 29 août:

« Mon premier soin, en apprenant la nouvelle de ce complot, a été de chercher si les conspirateurs n'avaient point tenté de s'assurer ici de complices prêts à les seconder, quoique je n'eusse aucun motif de le soupçonner. Il ne s'est découvert rien de semblable.

« Les éléments dont cette ville est composée ne sont guère favorables à ces manœuvres criminelles. Chacun, riche ou pauvre, uniquement livré à ses travaux et à son industrie, ne peut être disposé à prêter l'oreille aux machinations, et je suis loin de penser qu'ils puissent y trouver des auxiliaires.

« Je n'en suis pas moins pénétré de la nécessité d'une surveillance exacte, surtout dans un moment où il n'existe pas le moindre doute sur les affreux projets des malveillants... »

Le 27 septembre, mourut M. J.-B. Nicolas Alexandre Patallier, fils de Nicolas-Alexandre. Il était né en 1751 et exerçait la profession de fabricant.

A l'occasion de la naissance du duc de Bordeaux, fils du feu duc de Berry, « qui assurait les destinées de la France », le maire d'Elbeuf lança, le 6 octobre, une proclamation aux habitants :

« Que de motifs pour rendre grâce à la Providence qui a daigné exaucer nos vœux ! dit-il. C'est pour acquitter cette dette sacrée que Sa Majesté a voulu qu'un *Te Deum* fût incessamment chanté dans toutes les églises de France ».

Le maire invita les habitants à déployer des drapeaux blancs et à manifester leurs sentiments d'allégresse le dimanche suivant, jour fixé pour la fête religieuse, à laquelle assistèrent toutes les autorités et la garde nationale.

Avant le commencement de la fête, à dix heures du matin, « l'allégresse publique fut troublée par un incendie » qui éclata rue de la Justice. Les pertes s'élevèrent à environ 5.000 fr.

M. Thomas-Mathieu Frontin, fils de Pierre, rentier, rue Saint-Auct, mourut le 11 ; il était né en 1732.

Comme d'ordinaire, le service funèbre à la mémoire de Marie-Antoinette réunit de nouveau les autorités, le 16 du même mois, en l'église Saint-Jean.

Le bruit courut, à partir du 13 octobre, que, la veille, un colporteur de papiers du nom de Boilet, se trouvant rue du Neubourg, où il annonçait et vendait une feuille donnant des détails relatifs à la naissance du duc de Bordeaux, avait été accueilli par des murmures, et qu'un individu s'était écrié : « Si c'était la mort ou le testament du duc de Bordeaux, je l'achèterais. Si vous apportiez l'entrée de Buonaparte, je le paierais six francs ».

Le préfet ordonna une enquête. Le commissaire de police Alexandre rapporta que tout se bornait à un propos de Boilet ayant dit à un individu qui ne lui avait pas acheté la feuille après l'avoir marchandée : « Vous ressemblez peut-être à Louvel » ; à quoi les personnes présentes répondirent par des huées. — On sait que Louvel était l'assassin du duc de Berry.

Un autre notable, M. Nicolas-Victor Bourdon, fils d'André-Robert, mourut le 18 novembre, à l'âge de 47 ans ; il était filateur rue de la Bague.

Le 13 décembre, le Conseil municipal vota une somme de 500 fr. que l'on affecta à l'achat du domaine de Chambord, offert au jeune duc de Bordeaux.

La population d'Elbeuf, en 1820, était de 9.100 habitants ; c'était une augmentation de 1.224 sur le chiffre de 1817, conséquence du développement de l'industrie drapière dans notre ville.

On avait compté, dans le courant de l'année, 387 naissances, 72 mariages et 205 décès.

Villèle, Corbière et Lainé, royalistes ultras, venaient d'être nommés ministres sans portefeuille. A cette occasion, M. Hayet, maire, crut devoir écrire au préfet. Sa lettre est intéressante, en ce sens qu'on y trouve l'aveu de l'existence, à Elbeuf, d'un parti d'opposition, ce qu'il avait toujours à peu près nié précédemment.

Voici quelques passages de cette lettre :

« Le roi a fait choix de trois nouveaux ministres secrétaires d'Etat, pris parmi les membres les plus distingués de la Chambre des députés. Nul doute que la saine partie de la population n'ait applaudi à cette disposition, dont le double motif a dû frapper tous les bons esprits, surtout celui qui a déterminé Sa Majesté à honorer de sa confiance des orateurs éprouvés qui, par leur éloquente logique, sauront défendre les projets de loi, à la confection desquels ils auront concouru par leurs lumières, et qui, par leur influence justement acquise sur la majorité, devront fixer entre la Chambre et le Gouvernement une harmonie si précieuse au bonheur et à la prospérité de la France.

« Tout ce qui peut nous conduire à cet état prospère par le maintien de nos institutions monarchiques et de la légitimité, est, à n'en pas douter, un sujet de blâme et de censure amère pour ceux qui veulent les détruire. On en doit conclure que cette sage mesure n'en est pas exempte, et que ceux qui se laissent séduire par leurs sophismes n'en sont pas les approbateurs.

« Ce n'est pas ici cependant où cette doctrine pernicieuse trouvera de nombreux partisans. Je suis même informé qu'elle n'est pas professée, du moins ouvertement, par ceux qui auraient pu en être soupçonnés, d'après l'impulsion à laquelle ils ont cédé en d'assez graves circonstances, et qu'au contraire il en est parmi eux qui ont rendu justice aux sages dispositions du monarque et au bon choix qu'il a fait. Je crois donc pouvoir vous dire que, si ce sentiment n'est pas absolument unanime parmi ceux qui s'occupent des affaires publiques, les dissidents y sont en si petit nombre qu'ils ne valent pas la peine d'être comptés ».

Un procès-verbal du commissaire de police, daté du 10 janvier, nous apprend que la rue de Louviers était alors toute couverte d'eau sur une longueur de plus de 80 mètres, à tel point que le passage des piétons était impossible, que les voitures mêmes n'y passaient que difficilement et que divers individus avaient été en danger d'y perdre la vie. Cette inondation provenait d'un mur qui empêchait la circulation des eaux dans les terrains situés en contrebas, dans la direction du Cours, lequel était lui-même souvent impraticable.

Le 27 janvier, un inconnu plaça un petit baril de poudre dans un escalier voisin du cabinet royal, et, à cinq heures du soir, ce baril sauta. Une autre explosion se produisit, le 30, sur la place du Palais Royal, et une troisième, le lendemain, dans un corridor du ministère des finances.

On mit ces attentats sur le compte de bonapartistes, mais beaucoup de gens crurent plutôt à des manœuvres d'ultras royalistes, tendant à détacher Louis XVIII du système constitutionnel. En tous cas, on ne découvrit jamais les coupables et l'on parla longtemps de ce que l'on appela « la conspiration du pétard ».

M. Hayet ne pouvait manquer de saisir cette nouvelle occasion de faire connaître ses sentiments au préfet, qui, du reste, l'y avait invité. Il lui écrivit donc, à la date du 4 février :

« L'horrible attentat du 27 janvier fait le sujet de votre lettre... Vous désirez connaître l'effet qu'il a produit ici dans le public.

« L'impression que chacun en a éprouvée a certainement été relative à l'opinion qui le dirige. La plus vive indignation a été manifestée par les nombreux amis du gouvernement du roi. Parmi ceux qui, sans être les agents des factieux, se laissent séduire par leur langage hypocrite et se montrent favorables à des machinations sur le danger desquelles ils s'abusent, il en est sans doute qui ont paru indifférents à cet affreux événement ; mais je ne pense pas que l'on doive pour cela en tirer des inductions plus fâcheuses, quoiqu'ils semblent les autoriser, en insinuant que la cause de ces diverses explosions doit être attribuée au projet d'alarmer la Chambre pour la porter au maintien des lois d'exception. Il est donc bien important que le foyer de ces crimes soit découvert ».

Année 1821

A partir du 1er février, MM. Brayer, marinier à Pont de l'Arche, et Laurent, marinier à Pîtres, formèrent une société pour le transport par galiotte, d'Elbeuf à l'embouchure de l'Andelle et retour, des draps destinés aux foulons. Le bateau partait de notre ville les mardi, jeudi et samedi de chaque semaine, à quatre heures du soir et arrivait à huit heures au port de Pîtres, où les foulonniers venaient chercher les pièces.

Le 10 février, mourut M. Jean-Baptiste-Pierre Grandin, fils de Jean-Baptiste, membre du Conseil général de la Seine-Inférieure ; il était âgé de 79 ans. Conseiller général sous la première Restauration, il avait été destitué au retour de Napoléon, puis était rentré dans ses fonctions après la bataille de Waterloo.

Le baptême du duc de Bordeaux fut célébré à Elbeuf, comme dans toutes les autres villes de France, par des réjouissances publiques ordonnées par le roi.

Le clou de la fête fut l'illumination de la mairie « au moyen de lampions dont la lumière vive rejaillissait au loin. Du milieu sortait un grand tableau allégorique représentant la France qui venait d'écarter son voile et s'empressait à tendre les bras pour recevoir, des mains d'un Génie porté sur un groupe de nuages, le précieux rejeton que le Ciel lui envoyait. A côté, s'élevait une pyramide sur laquelle on lisait cette inscription :

LA FRANCE REÇOIT AVEC TRANSPORT
CE GAGE PRÉCIEUX DE SON BONHEUR

« En face, la famille royale manifestait sa surprise et sa joie de ce don miraculeux de la Providence. Au bas du tableau était gravé ce quatrain, de la composition de M. Petou, membre du Conseil municipal :

> France, sèche tes pleurs et garde la mémoire
> De l'amour qu'eût pour toi l'infortuné Berri.
> Tu reverras des jours de bonheur et de gloire :
> Le ciel dans cet enfant te renvoie un Henri !

« Diverses illuminations particulières se faisaient encore remarquer ; celle entre autres, du même M. Petou, dont la décoration extérieure de la maison offrait un transparent au milieu de deux drapeaux ornés de fleurs de lys, sur lequel on lisait ces deux vers :

> Conserve de tes rois l'unique rejeton,
> France, pour être heureuse il te faut un Bourbon.

« Ces rejouissances auxquelles les habitants se livrèrent avec une parfaite harmonie, furent bientôt suivies d'un beau feu d'artifice, tiré sus la promenade du Cours.

« L'affluence y était considérable, et les acclamations qui se faisaient entendre de toutes parts, auxquelles se mêlaient les cris répétés de : « Vive le Roi ! Vivent les Bourbons ! Vive le duc de Bordeaux ! » démontrèrent pleinement l'ivresse que généralement produisit ce jour fortuné.

« Un orchestre placé sur un amphithéâtre animait encore le plaisir de la fête, qui s'est terminée par des danses qui se sont prolongées jusqu'au jour.

« ... Le maire ne peut que rendre le compte le plus favorable de l'empressement, du zèle et de l'enthousiasme unanimement manifestés à l'occasion du baptême du nouvel Henri... »

Cette fête coûta 1.100 fr. Les libéraux dirent qu'on aurait pu mieux employer cette somme.

Une curieuse lettre que M. Delamare, peintre à Rouen, avait reçue la veille, nous apprend que la ville avait failli ne pas avoir le bonheur de contempler le tableau allégorique dont il vient d'être question. Cette lettre lui avait été écrite par M. Hayet; en voici la copie textuelle :

« J'avais adopté un projet de transparent que vous aviez adressé à M. Drevet, secrétaire de la mairie, et j'avais fait des dispositions en conséquence. Le prix devait en être de 150 fr.

« Depuis, vous lui en avez envoyé un autre, que je ne pouvais admettre; il vous en a informé à sa réception, et il a été hier vous le confirmer. Mais j'ai été bien surpris d'apprendre qu'au lieu de préparer le premier, comme on vous l'avait marqué, c'est le second que vous nous destinez.

« Je l'avais refusé : 1º parce qu'il me paraissait trop compliqué ; 2º parce que la famille royale et le roi sans couronne aux pieds de la France couronnée, cela me paraissait et me paraît encore proclamer le dogme anarchique de la Souveraineté du peuple. Quelque puisse être l'usage à cet égard, ce contre-sens me répugne trop pour l'agréer.

« Ainsi je ne pourrai consentir à recevoir ce second transparent que sous la condition que la France voilée paraîtra écarter son voile pour recevoir le précieux enfant et non au-dessus de la famille royale, au milieu de laquelle le roi portera sa couronne sur sa tête.

« J'espère que rien ne s'opposera à cette disposition... »

A cette époque, la municipalité d'Elbeuf était en contestation avec celle de Caudebec, à propos de la direction à donner à la route de Pont de-l'Arche. Elbeuf voulait qu'elle fût la prolongation du Cours. Caudebec la réclamait par la rue de Louviers et le chemin de la Villette.

Le Conseil municipal et celui des notables d'Elbeuf avaient déclaré qu'ils ne consentiraient à payer aucune part de toute route sur Pont-de-l'Arche qui ne partirait point de l'extrémité du Cours. La Chambre consultative, dans sa réunion du 18 juin, appuya les désirs du Conseil municipal et s'adressa au préfet, par une délégation composée de MM. Turgis, Petou, Henri Quesné et Laurent Patallier, pour obtenir que les travaux sur la Seine-Inférieure fussent commencés le plus tôt possible.

Suit un extrait d'une ordonnance du roi :

« Louis, par la grâce de Dieu, roi de France et de Navarre, à tous ceux qui ces présentes verront, Salut.

« Vu notre ordonnance du 13 janvier 1816, sur le renouvellement quinquennal des maires et adjoints ; sur le rapport de notre ministre secrétaire d'Etat au département de l'intérieur, Nous avons ordonné et ordonnons ce qui suit :

« Art. 1er. — Sont nommés maire et adjoints de la ville d'Elbeuf : maire le sieur Hayet (Pierre-Henri) ; adjoints, les sieurs Devitry (Louis), manufacturier, et Capplet (Amédée), manufacturier.

« Art. 2. — Notre ministre secrétaire d'Etat de l'intérieur est chargé de l'exécution de la présente ordonnance.

« Donné au château des Tuileries, le 20 juin, l'an de grâce 1821 et de notre règne le vingt-septième. — Louis ».

Le 26 juin, on mit en adjudication la construction d'un talus autour du bassin, dans la rue du même nom ; le devis s'élevait à la somme de 2.615 francs.

Dans la séance du 4 août, le Conseil s'entretint d'un projet de M. Louis Delarue, lequel se disposait à enclore dans sa propriété une petite source située rue de la Rigole, non loin de la rue du Bassin, connue, depuis, sous la dénomination de « fontaine à Gabriel ou fontaine Saint-Georges », dont la ville était en possession depuis un siècle et demi environ, et qui était très précieuse au quartier. La discussion nous fait connaître que les habitants des communes voisines venaient eux-mêmes y puiser de l'eau pendant les temps de sécheresse. Une commission fut nommée pour établir les droits de la ville.

Cette affaire revint devant la municipalité le 14 du même mois. La commission rapporta que M. Delarue était propriétaire de cette source et n'en laissait jouir le public que par tolérance ; que M. Grente, voisin, qui avait un droit réel à cette fontaine, en avait plusieurs fois fermé l'entrée, sans obstacles. Elle concluait à l'achat du droit à la source par la ville, ce qui fut adopté. Ce droit coûta 5.000 francs.

Un malheureux accident arriva le 24 août. Deux hommes furent asphyxiés dans un puits de la rue du Cours et un troisième faillit aussi y perdre la vie. La municipalité nomma une commission composée de MM. Compaing, docteur en médecine ; Delanos, officier de santé, Refuveille et Decroix, pharmaciens, pour rechercher les causes de ce sinistre et indiquer les mesures à prendre en conséquence. En outre, une soucription publique fut ouverte ; elle produisit une somme de 1.200 fr. qui fut placée en rente sur l'Etat au profit de la veuve Le Breton, dont le mari avait perdu la vie dans ce sinistre en voulant porter secours à la première victime.

Le Conseil fut saisi, le 30 août, d'une demande de M. Louis Delarue tendant à ouvrir une rue, dans le pré Basile, pour communiquer, en ligne droite, de la rue du Nord à la Seine. A ce moyen, il y aurait un petit port à l'extrémité de la rue, à la condition, toutefois, qu'il ne pourrait y séjourner, dans aucun cas, que d'autres bateaux que ceux de Saint-Aubin, et accidentellement celui d'Elbeuf, pour y débarquer les voyageurs ; que la ville se chargerait du remblai et ferait construire un pont pour couvrir le Puchot. La municipalité adopta ce projet le 10 octobre suivant. — La rue fut ouverte, mais avec des modifications sur le tracé, car elle n'aboutit point directement à la Seine.

Le 14 septembre, le bateau de Rouen appartenant à M. Ambroise Lanne, coula au moment où il arrivait en cette dernière ville. Deux personnes furent noyées.

Le maire décida, le 3 octobre, que le *heurt* de la ville serait provisoirement rue de Seine (nouvelle) au bout du pavage alors en cours et où existaient des cavités qu'il importait de remplir.

A cette époque, le chiffre des réverbères municipaux s'élevait à cinquante et un.

En novembre, on donna au théâtre d'Elbeuf le *Soldat laboureur,* vaudeville patriotique, qui avait été joué pour la première fois aux Variétés à Paris, le 1er septembre. Dans cette pièce se trouve le couplet suivant, qu'un ancien colonel adresse à un vieux soldat décoré:

> Ami, crois-moi, défendre sa patrie,
> C'est bien servir et son prince et l'honneur.
> Cette croix tendrement chérie
> Doit toujours rester sur ton cœur.
> C'est une juste récompense ;
> Car tout soldat qui, comme toi,
> A versé son sang pour la France
> A bien mérité de son roi ;
> Oui, qui versa tout son sang pour la France
> A bien mérité de son roi.

A ce couplet, une partie des assistants cria *bis !* L'autre, au contraire, s'opposa à ce qu'il fut chanté une seconde fois. De là un tapage chaque soir, dont le préfet fut informé.

Le maire fit faire une enquête, à la suite de laquelle il écrivit au préfet « qu'il avait suffi pour faire cesser le bruit, de l'avertissement du commissaire de police que les demandes de *bis* étaient interdites par l'ordonnance et de sa menace de faire baisser le rideau ». M. Hayet termina sa lettre ainsi :

« Il ne faut que quelques mauvaises têtes pour causer du désordre au milieu d'une jeunesse nombreuse et de gens souvent grossiers dans un pays de fabriques comme celui-ci. Mais ce que j'ai appris de personnes sûres, présentes aux représentations de la pièce dont est question, me donne la certitude que le nom du roi n'a éprouvé aucune atteinte, ce qui n'aurait pas été souffert... »

Le 2 décembre, le trouble recommença au théâtre, encore pour les mêmes causes. Le commissaire dut faire baisser deux fois la toile et finalement mettre un spectateur en état d'arrestation.

Voici quelques extraits d'un état concernant la garde nationale d'Elbeuf, portant la date du 1er novembre 1821 :

Population générale, 9.110 hab. ; Montant total des contributions directes, 144.408 fr. ; Nombre des hommes de 20 à 60 ans, 1.937 ; Nombre des contribuables et fils de contribuables de 20 à 60 ans, 991.

Désignation des Compagnies	Hommes officiers compris	Armés mais sans uniforme	Sans arme et sans uniforme
Grenadiers	100	12	»»
Chasseurs	100	20	»»
1re de fusiliers	80	30	30
2e de fusiliers	80	35	45
Garde à cheval	36	»»	»»
Sapeurs-Pompiers	66	»»	»»

Le maire et ses deux adjoints ayant dû s'absenter en novembre, M. Vidcoq, conseiller municipal, administra la ville par intérim.

Trois accidents successifs obligèrent l'administration municipale de défendre aux entrepreneurs de bateaux entre Elbeuf et Rouen de recevoir des marchandises dans les barguettes à voyageurs.

L'état-civil enregistra, en 1821, 460 naissances, 72 mariages et 258 décès.

Année 1822   465

CHAPITRE XXVI
(1822-1823)

Affaires diverses. — Aventures d'une cloche ; brouille entre M. Hayet et le curé de Saint-Jean. — Histoire singulière d'un trésor. — La vente des journaux a Elbeuf. — M. Petou, manufacturier, 19e maire d'Elbeuf. — La tondeuse Taurin. — L'Exposition de 1823. — Installation de la nouvelle administration municipale. — Manifestations anti-royalistes. — Les lavoirs de laine. — Création d'un hospice de vieillards.

Un rapport adressé par le maire au directeur général des subsistances militaires à Paris, mentionne qu'il était apporté à la halle d'Elbeuf chaque année, de 40 à 50.000 hectol. de blé, dont les neuf dixièmes étaient achetés par les boulangers et fariniers de Rouen.
Le maire envoya ces quelques notes au préfet le 2 janvier 1822 :
« Le commandant de la garde nationale est animé du meilleur esprit et se distingue par son dévouement au roi et à sa dynastie. On

en peut dire autant de tout le corps des officiers, sauf quelques légères nuances. Nul n'exerce d'influence ».

Avant 1822, notre ville ne possédait aucune place pour la tenue de ses marchés, qui, par conséquent, se tenaient dans les rues. C'est alors qu'on ouvrit la place Saint-Louis ; on la borda de deux rangées d'arbres.

Le 6 février de cette même année, une ordonnance royale réglementa le Puchot. Quelques temps après, ce cours d'eau alimentait vingt-cinq teintureries, une filature, deux tanneries et faisait tourner les deux anciens moulins à blé.

Le 5 mai, à propos de la tentative du général Berton, le maire écrivit au préfet que l'impression causée par cette affaire, à Elbeuf, avait été plutôt favorable que nuisible à la tranquillité publique.

A cette époque, le bassin de l'ancien jardin du château ducal, situé sur la place « du Bassin » était converti en lavoir public.

Le préfet nomma, le 7 mars 1822, le sieur J.-B. Turquin aux fonctions de garde-champêtre et agent de police de la ville d'Elbeuf, avec des appointements de 600 fr. par an.

Le 28, le Conseil donna un avis favorable à la création d'un Tribunal de Commerce.

Ce même jour, le maire fut autorisé à faire transporter l'école d'enseignement mutuel, dirigée par M. Cartier, de la maison Nos-Dargence, rue Saint-Jean, dans celle occupée jusque-là par les religieuses, pour lesquelles la ville avait acheté un immeuble.

Le 24 avril, la ville ordonna des travaux de réparation aux sources de M. Bellec, près la place du Bassin ; la dépense s'éleva à 470 fr.

Mme veuve Jacques Lécallier acheta une seconde machine à vapeur en 1822, sur laquelle nous avons quelques détails. Cette machine, construite par la maison Hall et fils, de Dartfort (Angleterre), coûta, avec ses accessoires, 85.300 fr. Dans cette somme, les droits d'entrée en France figuraient pour 11.880 fr. et le fret pour 2.181 fr. Le monteur se nommait Lawday ; il s'établit à Elbeuf, où ses descendants sont encore. Cette machine fut montée rue de la Barrière pour actionner la grande fabrique que Mme veuve Jacques Lécallier avait fait construire exprès, en face le théâtre, aujourd'hui louée à divers pour magasins et autres usages.

Un état de ce temps indique que le dépôt de sûreté se composait de deux pièces, l'une au rez-de-chaussée pour les hommes, l'autre au premier étage pour les femmes, situées à l'Hôtel de Ville, entre l'escalier conduisant à la justice de paix et la portion de bâtiment occupée par la gendarmerie. Leur salubrité laissait beaucoup à désirer. Dépourvues de fenêtres, ces deux pièces ne recevaient d'air que par la porte lorsqu'il n'y avait pas de prisonniers, ce qui arrivait la moitié du temps.

En avril, la police fit une enquête pour connaître s'il n'y avait pas en ville de réunions de « libéraux ». En même temps, on s'assura que M. Honoré Pierre François, seul libraire de la ville, ne détenait aucun ouvrage prohibé ; son magasin ne comportait que des livres de piété, d'histoire et quelques « bons romans ».

Des incendies multipliés venant de se produire dans les arrondissements voisins, le maire fit commander, le 7 mai, un piquet de quinze hommes de garde nationale pour faire des patrouilles pendant les nuits.

Le 15, une ordonnance royale autorisa la ville à acquérir de M. Frontin, de Louviers, l'immeuble de la rue Saint-Etienne, au prix de 60.000 fr. pour y installer l'école de filles, dirigée par des religieuses d'Ernemont.

Au 31 de ce mois, on faisait des préparatifs pour placer de nouvelles cloches dans la tour de Saint-Jean. Une de celles existant précédemment dans le clocher était même descendue. Le maire remontra au curé que cette cloche portait une inscription digne d'intérêt et qu'elle devait être considérée comme une propriété publique dont personne n'avait le droit de disposer sans autorisation légale. M. Hayet ordonna de suspendre les travaux commencés, dont la dépense était évaluée à 15.000 fr.

Le curé passa outre ; la cloche fut transportée le lendemain, à huit heures du soir, dans l'église de Caudebec. Aussitôt que le maire fut prévenu de ce transport, il en prévint l'autorité préfectorale, en lui demandant de prendre un arrêté ordonnant que cette cloche serait restituée à l'église Saint-Jean et replacée dans son clocher ; que celles qui auraient pu y être indûment introduites seraient descendues ; que les engagements pris par la Charité de Saint-Jean pour sa participation aux frais des nouvelles cloches fussent déclarés nuls, et stipulant enfin que le Conseil de fabrique ne pourrait s'occuper d'aucune dépense extraordinaire avant que les comptes arriérés fussent rendus et le budget bien établi.

Le préfet blâma la fabrique, mais engagea le maire, par une lettre datée du 7 juillet, à ne pas donner d'importance à cette affaire, parce que la fabrique n'avait eu aucune somme à débourser, car c'était la confrérie de charité qui en avait fait tous les frais. Il ajouta :

« Vous considérerez, Monsieur le maire, qu'une cloche était insuffisante ; que les trois nouvelles donnent plus de dignité et d'éclat aux cérémonies religieuses, et que les paroissiens verraient maintenant avec peine retirer ces cloches.

« Parmi les reproches que la fabrique s'est attirée pour avoir agi aussi irrégulièrement, le plus mérité est celui d'avoir échangé une cloche destinée à conserver des souvenirs honorables ; car quoique les trois nouvelles cloches doivent avoir ensemble une valeur intrinsèque plus considérable que celle-là seule, la fabrique ne devait point agir aussi légèrement. Cependant, la cloche est placée dans l'église de Caudebec, non loin d'Elbeuf ; les inscriptions qu'elle contient ont été transmises sur celle destinée à la remplacer... »

Le maire ne se contenta pas de ces raisons et d'autres dont le préfet émaillait sa lettre, et une rupture se produisit entre la municipalité et la fabrique. Le préfet prit le parti de saisir l'archevêque de ce différend, dans lequel l'administration départementale ne pouvait intervenir, puisque la ville n'avait pris aucune part à la dépense.

La brouille entre le curé de Saint-Jean et le maire s'accentua de jour en jour, au point que celui-là refusa d'inhumer le corps d'un enfant, malgré l'insistance de M. Hayet, lequel, en fin de compte, se trouva obligé de recourir au curé de Saint-Etienne pour faire cesser ce scandale et procéder à l'inhumation.

L'affaire du clocher fut l'objet d'une nouvelle lettre du maire au préfet.

En ce même mois, M. Hayet demanda des primes d'encouragement pour M. Ledran, instituteur à Elbeuf ; M. Miard, instituteur à Caudebec, et Mme Lefebvre, institutrice en notre ville.

Outre l'affaire des cloches, la chronique elbeuvienne s'occupait alors beaucoup d'une autre, qui fit naître les commentaires les plus divers et partagea l'opinion publique en plusieurs camps.

M. Jacques Delaleau avait cédé en mars précédent, à la voie publique, une portion de jardin résultant de l'alignement qui lui avait été donné rue du Cimetière (Constantine).

Il s'occupait de faire construire une maison sur le bord de cette rue, de faire enlever un pied de bonne terre sur le terrain cédé et de remplacer cette terre par du caillou, bien préférable pour le sol de la rue. Pendant ces travaux, il ne quittait pas les ouvriers, qu'il surveillait constamment.

Le 4 mai, à huit heures du matin, moment où une affaire pressante l'avait empêché d'être présent, la roue d'une charrette, passant sur le terrain qu'il avait fait découvrir, écrasa le haut d'un pot de terre qui se trouvait à la superficie et en fit sortir quelques pièces d'argent. Un nommé Jacques Albour dit Suret, qui travaillait près de là, se hâta d'approcher, fouilla et débarrassa ce pot et un second, voisin du premier. Deux autres ouvriers accoururent et se mirent aussi à la besogne.

Bref, ces trois ouvriers recueillirent ainsi une somme importante qu'ils portèrent dans un chapeau à M. Delaleau, lequel, après avoir donné une récompense aux ouvriers, en faisant la meilleure part à l'ouvrier Suret, compta 3.118 fr.; il pensa qu'il s'était perdu quelques pièces pendant le trajet.

M. Delaleau se rendit ensuite auprès du maire, auquel il déclara que cet argent lui appartenait, qu'il avait été enfoui par ses ordres, lors de l'arrivée des Prussiens, par le nommé Chartier dit Bosseron, ouvrier charpentier; que ces deux pots contenaient 3.500 francs et qu'il les avait laissés après le départ des Prussiens jusqu'au moment où il aurait trouvé à placer cette somme.

Bosseron était mort en 1817; alors M. Delaleau avait fait des recherches pour retrouver la cachette, mais sans succès. Il se doutait cependant qu'elle devait se trouver vers la bande de terrain cédée à la ville; aussi surveillait-il avec attention les travaux; c'était même dans l'espoir secret de la découvrir qu'il avait offert de remplacer un pied de terre par du caillou.

La nouvelle de cette trouvaille parvint facilement aux oreilles des enfants Bosseron qui, aussitôt, réclamèrent comme leur propriété l'argent trouvé, fruit des économies de leur père, disaient-ils. M. Delaleau s'étant refusé à leur reconnaître un droit quelconque sur cet argent, ils s'exhalèrent en plaintes amères, qui trouvèrent un écho dans la ville; on prétendait même que le propriétaire voulait garder le bien des autres.

M. Delaleau alla de nouveau trouver le maire auquel il confia que cette affaire l'affligeait beaucoup, mais comme il ne voulait pas être accusé de cupidité et qu'il préférait abandonner l'argent, pour moitié à Suret, qui l'avait trouvé, et pour l'autre moitié aux héritiers Bosseron, en mémoire des services que leur père lui avait rendus, mais dans le cas seulement où la commune n'aurait pas à la réclamer comme propriétaire du terrain cédé, non encore livré. Le maire lui dit qu'il en conférerait avec le Conseil municipal.

Le 27 mai, veille de la séance du Conseil, M. Delaleau sortit de sa maison, à neuf heures du soir, pour se promener au bord de la Seine, dont il était voisin, ainsi que cela lui arrivait quelquefois ; il ne reparut pas. Deux jours après on retrouva son corps dans le fleuve.

A la nouvelle de cette mort, Mme veuve Delaunay, sœur de M. Delaleau et son unique héritière, demeurant à Lisieux, vint à Elbeuf, où elle renonça aux 3.117 fr., quoique les regardant comme sa propriété, mais déclara la famille Bosseron indigne des bienfaits de son frère, et résolut de donner 3.000 fr. aux enfants de la Providence et 118 fr. à Suret. A cet effet, elle envoya la somme totale au maire.

Une heure après, Suret se présenta devant M. Hayet, auquel il réclama la moitié de la somme trouvée, conformément à la loi.

Le maire écrivit à Mme Delaunay que l'établissement de la Providence n'était pas encore reconnu par l'administration et l'informa de la réclamation de Suret. M. Hayet lui renvoya 1.559 fr. et garda pareille somme à l'intention de Suret. Mme Delaunay lui retourna les 1.559 francs, en disant qu'à défaut de la Providence, elle donnait 3.000 fr. à l'hospice.

En même temps, les héritiers de Bosseron présentèrent une réclamation pour obtenir la somme totale de 3.118 fr., pendant que Suret renouvelait la sienne.

ANNÉE 1822

M. Hayet était fort embarrassé, comme on le pense, et les membres de l'administration municipale autant que lui. Dans cette alternative, le maire soumit le cas à l'administration préfectorale, laquelle déclara Mme Delaunay propriétaire du trésor.

Quelque temps après, Mme Delaunay envoya à M. Hayet l'invitation de remettre en son nom 3.000 fr. à Mlle Bertaut, directrice de l'Orphelinat, et 118 fr. à Suret.

Il n'était alors question que de ce trésor à Elbeuf, qui, précisément, coïncidait avec la découverte d'une monnaie d'or de Galba, proclamé empereur en l'an 68, dont M. Dor, orfèvre, venait de se rendre acquéreur.

A cette époque, l'établissement dit de la Providence, dont il vient d'être reparlé, donnait asile à 45 orphelins ou enfants abandonnés.

Il était situé rue de Seine; il consistait en un rez-de-chaussée où se faisaient l'instruction des enfants et leur travail manuel; en un premier étage converti en deux dortoirs, dont un à usage d'infirmerie; en un second étage où un autre dortoir était installé, et enfin en un grenier au-dessus. Cet immeuble était loué 1.000 fr. par an.

Les recettes, en l'année précédente, s'étaient ainsi établies :

Montant du produit des travaux..fr.	1.800
Aumônes par abonnement..........	1.600
Aumônes diverses très éventuelles...	2.800
ENSEMBLE.............fr.	6.200

M. Hayet ayant été nommé conseiller général et devant siéger au Département, il délégua, le 30 avril, ses fonctions de maire à

M. Vidcoq, à cause de l'absence de ses deux adjoints.

Le 17 septembre, trois enfants d'un sieur Divory étaient montés dans une voiture se trouvant sur le bord de la Seine. La charrette roula dans l'eau avec les trois enfants. Deux furent sauvés, mais le troisième se noya.

Le lendemain 18, une ordonnance royale autorisa la ville à accepter la place publique donnée par M. Pierre-Henri Hayet, pour y établir un marché public.

Un rapport de police, daté du 3 novembre, établit, d'après les déclarations de la Poste, que les journaux lus à Elbeuf étaient reçus : le *Constitutionnel* par dix personnes, le *Courrier français* par trois, le *Drapeau blanc* par une seule, les *Débats* par une seule également. — Le docteur Rey et M. Louis Delarue ne recevaient que des feuilles d'opposition libérale.

Le *Courrier* et le *Constitutionnel,* organes libéraux, étaient les plus en faveur auprès du public de notre ville ; et comme ces journaux malgré leur petit nombre étaient reçus par des propriétaires de cafés, de restaurants ou de cercles, ils étaient lus par une grande partie de la population bourgeoise, ce qui déplut au préfet, qui fit servir des abonnements gratuits à des journaux royalistes pour tous les établissements publics d'Elbeuf, afin de contrebalancer l'influence des organes libéraux.

Quelque temps après, Mme veuve Augustin Delarue, son fils, âgé de 17 ans, un sieur Clément et un sieur Richebraque furent l'objet de recherches policières. Quant au docteur Rey, qui avait la réputation d'être le chef du parti libéral à Elbeuf, il était espionné à tous les instants. Disons que M. Rey était frère d'un avocat condamné à mort par contumace, pour l'affaire du 19 août 1820.

Ce ne fut que le 22 novembre que la Ville décida définitivement d'accepter la place publique que M. Hayet, maire, lui offrait gratuitement. On sait qu'elle était située sur l'emplacement d'une partie de l'ancien couvent des Ursulines et qu'elle est devenue notre place Saint-Louis. Les registres municipaux portent la donation de cette place, écrite de la main de M. Hayet lui-même. Notons que le donateur refusa l'invitation à donner son nom à cette place publique et à la rue nouvelle.

Le 18 décembre, mourut M. J.-B.-Louis Glin, rentier, rue de l'Hospice, né à Rouen, en 1755.

L'état-civil enregistra, en 1822, 488 naissances, 87 mariages et 337 décès.

Vers la fin de 1822, la Chambre consultative avait été appelée à donner son avis sur la création d'une foire européenne à Metz. Elle répondit au commencement de 1823 :

« La foire européenne dont est question y ferait affluer un nombre considérable de produits étrangers, dont la contrebande ne manquerait pas de s'emparer, du moins en partie, pour les jeter sur notre territoire, quelque surveillance qui y soit apportée.

« L'éloge que l'auteur fait lui-même des draperies de Saxe et de Belgique, si voisines de cette foire, annonce assez le succès des efforts qui seraient faits pour leur introduction frauduleuse ; tandis que les nôtres, déjà soustraites à l'exportation par le système prohibitif des Etats limitrophes, après avoir langui dans une vaine attente, reviendraient chargées de frais dans les lieux de leur origine...

« La Chambre est d'avis que l'établissement d'une foire européenne à Metz ne doit pas être admise ».

M. Pierre Turgis, commandant, signala au maire et au préfet l'état de désorganisation dans lequel se trouvait la garde nationale, par suite de la démission de nombreux officiers, et exposa la nécessité de réorganiser ce corps.

Entre le 20 et 30 janvier mourut, à Nancy, M. Antoine-Michel Sallambier, inspecteur des manufactures d'étoffes pour les troupes, qui, par son testament, avait légué 500 fr. aux pauvres de Saint-Etienne d'Elbeuf.

Le 27 février, la ville acheta, pour le prix de 60.000 fr., de M. Mathieu Frontin, président du Tribunal de commerce de Louviers, un immeuble situé rue Saint-Etienne, occupé par les religieuses, pour en faire une école municipale de filles. Cet immeuble avait précédemment appartenu à M. Alex. Lefebvre, qui l'avait cédé en 1779 à M. Mathieu Frontin, père du vendeur, et, auparavant, à M. Pierre Frontin, bourgeois de Rouen, qui l'avait vendu à Lefebvre en 1778.

Le 18 mars, le Conseil communal décida d'établir trois planches ou ponts mobiles pour être placés sur la ravine : un en face de la rue Saint-Louis, nouvellement ouverte, le second place du Coq où il en existait déjà un, et le troisième en face de l'église Saint-Jean. Ces ponts mobiles ou planches étaient les seuls moyens que les piétons avaient pour traverser les rues de l'Hospice, Royale et Saint-Jean, quand les eaux du ruisseau central coulant dans ces rues étaient grossies par celles des pluies abondantes, et la circulation y était tellement active qu'il y arrivait assez souvent des accidents.

La teigne était une affection fréquente autrefois, à cause de la malpropreté presque générale des populations, et notre ville n'était pas plus privilégiée que les autres.

Depuis quelques années, le docteur Mahon traitait avec succès de nombreux teigneux à Rouen. Le 13 avril, il se rendit à l'hospice de notre ville, où, avec l'aide de M. Compaing, médecin d'Elbeuf, il commença un traitement sur les enfants atteints de ce mal contagieux qui, depuis, fut combattu par d'autres, de sorte qu'il diminua considérablement.

Etant aux Tuileries le 30 avril 1823 « et de son règne le vingt-huitième », Louis XVIII nomma maire d'Elbeuf M. Georges-Paul Petou en remplacement de M. Henri Hayet, non acceptant, et adjoint M. Hippolyte Join-Lambert, en remplacement de M. Capplet, qui n'acceptait pas non plus un nouveau mandat.

Les registres de la Chambre consultative conservent un long mémoire, dont la rédaction fut arrêtée le 13 mai, sur les droits à l'entrée en France des laines étrangères, dans l'intérêt de l'agriculture, des fabriques et de l'industrie. Il conclut au maintien de l'état de choses.

Cette pièce est suivie d'un intéressant procès-verbal de délégués de la Chambre ayant assisté à des expériences de tondage faites au moyen d'une machine nouvelle inventée par M. Taurin, d'Elbeuf :

« Nous soussignés..., sur l'invitation qui nous a été faite par le sieur Taurin l'aîné, mécanicien en cette commune, nous étant transportés en son domicile pour y faire l'examen d'une machine à tondre de son invention. après y avoir procédé avec la plus scrupuleuse attention, déclarons avoir reconnu :

« 1º Que cette machine consiste en une force montée sur une table suivant l'ancien usage, considéré comme le meilleur pour la beauté et la perfection du travail ;

« 2º Que cette force est dirigée par un système de nouveau genre, au moyen duquel aucun accident n'est à craindre, la force étant tellement assujettie et dirigée dans sa marche qu'elle opère avec la plus constante régularité et qu'il lui est impossible d'éprouver le moindre dérangement.

« 3º Qu'elle parcourt la largeur d'un drap d'une aune et quart en trois minutes, y compris le changement de la tablée, après avoir battu 1.500 coups.

« 4º Qu'un seul homme, non compris le moteur, est dans le cas de servir deux tables avec une facile surveillance, et de produire en douze heures 160 aunes de drap d'un travail parfait.

« 5º Que le couteau mâle reçoit son mouvement par la pointe et non par le talon, ce qui en rend le jeu d'autant plus sûr et plus facile.

« 6º Qu'un petit ensimeur, ingénieusement adapté, rafraîchit continuellement, sans perte de temps, le bord du tranchant, qu'il parcourt par un mouvement circulaire qui le ramène chaque fois au point d'où il vient de partir, moyen nouveau, qui remplit parfaitement sa destination.

« Nous estimons enfin que cette machine réunit, autant qu'il est possible, la perfection et la célérité, et que son auteur mérite d'être distingué et encouragé ». — Suivent les signatures de MM. Petou, H. Hayet et Parfait Maille.

Le 17, M. Boutigny, architecte à Rouen, fut saisi d'une demande faite par M. Hervieux, marchand de bois, tendant à ouvrir une rue entre celles de la Justice et des Echelettes.

Une autorisation d'établir une pompe à feu fut accordée, le 14 juillet, à M. R. Flavigny.

L'exposition de 1819 n'avait donné guère de satisfaction aux industriels elbeuviens. A la veille de celle de 1823, le maire de notre ville adressa cette lettre au duc de Doudeauville, ministre, président du jury central de cette exposition :

« Le but de Sa Majesté en ordonnant l'exposition publique du 25 août, a été d'établir entre les artistes et manufacturiers français une utile concurrence pour la perfection de leurs produits, pour l'obtention de la flatteuse récompense promise à ceux qui s'y distinguent le plus.

« La ville d'Elbeuf jouit depuis longtemps d'une réputation méritée pour la belle et bonne qualité de ses draps. Son commerce s'est tellement accru depuis dix ans, par la perfection qu'elle lui a donnée dans tous les genres, que sa fabrication surpasse aujourd'hui de beaucoup celle des autres villes manufacturières du royaume, sur lesquelles elle a une prééminence qu'aucune d'elles ne peut lui contester. Cependant, elle n'a reçu, en 1819, qu'une seule médaille d'argent et quatre de bronze, tandis que les villes de Sedan et de Louviers en ont obtenu chacune deux d'or et plusieurs en argent.

« Il est réservé au jury central de 1823 de rendre à la ville d'Elbeuf la justice qu'elle réclame avec une entière confiance. Les efforts continuels de ses manufacturiers pour multiplier et perfectionner les produits de leur industrie, et les sacrifices qu'ils s'imposent pour alimenter leurs établissements, malgré la stagnation du commerce, leur donnera de grands droits à la bienveillance du jury et aux bontés de Sa Majesté ».

Le 21 août, M. Hayet, exerçant encore les fonctions de maire, annonça à son Conseil que le mandat de cette assemblée municipale était expiré et que le préfet viendrait le dimanche suivant procéder à l'installation de la nouvelle municipalité. Avant de nous séparer, dit-il, lançons « ce cri si cher à tous les bons Français qui savent que la royauté et la charte sont inséparables pour le maintien de nos libertés et le bonheur de notre pays. Ecrions-nous donc, avant de nous séparer : « Vive le «Roi! Vive la Charte! Vivent les Bourbons! »

Le dimanche 24 août, eut lieu l'installation de la nouvelle administration, nommée par le roi, le 30 avril précédent. Voici quelques extraits du rapport dressé par le préfet, à cette occasion :

« Nous, baron de Vanssay, maître des requêtes au Conseil d'Etat, officier de l'ordre royal de la Légion d'honneur, préfet de la Seine-Inférieure, nous nous sommes rendu à Elbeuf, à l'effet de procéder à l'installation du maire et adjoints...

« Arrivé à l'Hôtel de Ville, nous y avons été reçu par M. Hayet, maire sortant, lequel nous a présenté MM. Petou, maire, et Devitry, 1er adjoint (M. Join-Lambert fils n'ayant pu s'y rendre pour cause d'empêchement légitime). Nous y avons trouvé les membres du Conseil municipal, la justice de paix et autres fonctionnaires civils et militaires... Sur la place était la garde nationale en bonne tenue».

Le préfet fit l'éloge de M. Hayet, dont les longs services rendus à l'Etat et à la Ville, et « le dévouement prononcé pour le roi et la famille des Bourbons » était connu de tous.

MM. Petou et Devitry prêtèrent ensuite ce serment : « Je jure fidélité au Roi, obéissance à la Charte constitutionnelle et aux lois du royaume ».

M. Petou prit alors la parole, protesta de son attachement au monarque et fit connaître son intention de se conduire dans la carrière administrative « à la noble imitation de son prédécesseur ». La musique joua, puis le préfet se rendit, avec les autorités elbeuviennes, à l'église paroissiale, où l'on célébra « une messe d'actions de grâces pour attirer la bénédiction céleste sur les nouveaux administrateurs ».

Au retour de l'église, sur l'invitation de M. Turgis, chef de bataillon, le préfet passa en revue la garde nationale, laquelle défila ensuite aux airs de : *Vive Henri IV !* Rentré à l'hôtel de ville, le préfet complimenta l'ancien et le nouveau maire sur l'ordre et la décence observés pendant la cérémonie, et l'on se sépara aux cris de : « Vive le Roi ! »

« Ainsi se termina, écrivit le préfet sur un registre municipal, cette pompeuse installation, que rendait encore plus importante l'approche de la fête de notre monarque si chéri ».
— Suivent les signatures du préfet, des membres de l'administration et autres.

Le lendemain était la fête de Louis XVIII. D'après un rapport de M. Petou, le nouveau maire, elle produisit sur les esprits le meilleur effet et il y put apprécier, dit-il, « les sentiments d'amour et de reconnaissance manifestés par les habitants de notre ville envers le monarque chéri et son auguste famille... Chacun a pris part à la joie publique et l'anniversaire de la fête de notre bon roi n'a rien laissé à désirer ».

Le 6 septembre, le maire d'Elbeuf envoya au préfet la liste de seize membres du Conseil municipal dont le siège était inoccupé. Elle est ainsi établie :

Michel Langlois, Nicolas Bourdon, Pierre Patallier, démissionnaires ; Alexandre Grandin père, Constant Duruflé, changement de domicile politique ; Georges Petou, nommé maire ; Constant Godet, démissionnaire ; Mathieu Frontin, J.-B. Glin, Prosper Durand, J.-B. Grandin, Modeste Frémont père, Marin Duruflé, Denis Leroy-Mettais, décédés ; Mathieu Sevaistre père, démissionnaire ; Pierre-Mathieu Bourdon, changé de domicile.

Par arrêté du 12 septembre, le maire fixa l'emplacement du « heurt », jusqu'à nouvel ordre, sur la place Royale — actuellement Saint-Louis — où l'on déposa pendant quelque temps des vidanges et matériaux de démolition et autres, afin de surélever le terrain.

Le 1er octobre, le roi nomma membres du conseil municipal de notre ville, MM. Pierre-Henri Hayet, Parfait Maille, Pierre Turgis, Alex. Grandin fils, Henri-Mathieu Quesné, Léon Duvergier, Amédée Capplet, Eugène Sevaistre, Sainte-Croix-François Desfresches et Auguste Maille.

Par une autre ordonnance, datée du 30 du même mois, le Conseil fut complété par la nomination de MM. Henri-Louis-Robert Flavigny, Louis Delarue, Alexandre Tassel fils, Grémont-Vidcoq, Mathieu-Constant Leroy et Charles Louvet.

Par arrêté ministériel, daté du même jour et signé de Villèle, M. Jacques-François Mouchel fut nommé maître de la poste aux chevaux à Elbeuf, route de Rouen à Alençon.

Quelques jours après, le maire s'entendit avec M. Pierre Lanne, entrepreneur de bateaux d'Elbeuf à Rouen, pour l'éclairage du débarcadère, sur le quai.

En ce même mois, on fit des recherches de police pour connaître si aucun exemplaire de l'ouvrage *Le grand Messager boiteux des électeurs de France* ne se trouvait à Elbeuf.

Par suite d'une circulaire du préfet, on chanta un *Te Deum* à Elbeuf, comme partout ailleurs dans le département, le dimanche 19 octobre, en célébration « des heureux événements qui venaient de délivrer l'Espagne du joug révolutionnaire et de rendre Sa Majesté Catholique à ses peuples ». Le bataillon de la garde nationale et toutes les autorités se rendirent à cette cérémonie, qui se termina par des airs de musique et l'acclamation du roi, du duc d'Angoulême et des Bourbons.

M. Pierre-Alexandre Patallier, fils Nicolas, mourut le 27. Il était né en 1753.

La première séance présidée par le nouveau maire, M. Petou, eut lieu le 30 octobre. Il donna lecture des deux ordonnances du roi concernant le renouvellement de la municipalité. Nous nous bornerons à reproduire la composition de la nouvelle administration :

Nouveaux membres, MM. :	Remplaçant MM. :
Henri-Louis-Rob. Flavigny	= Frontin, décédé
Louis Delarue	= Durand, décédé
Alexandre Tassel fils	= Duruflé, décédé
Gremont-Vitcoq	= Grandin, décédé
Mathieu-Constant Leroy	= Bourdon
Charles Louvet	= Glin
Pierre-Henri Hayet	= Langlois, démis.
Parfait Maille	= Bourdon, dém.
Pierre Turgis	= Patallier, dém.
Alexandre Grandin fils	= Grandin père, dém.
Henri-Mathieu Quesné	= Duruflé, démis.
Léon Duvergier	= Petou, nom. maire
Amédée Capplet	= Godet, démis.
Eugène Sevaistre	= Fremont, décédé
François-S^{te}-Cr. Desfresches	= Leroy-Mettais, déc.
Auguste Maille	= Sevaistre, dém.

Le premier acte de la nouvelle municipalité fut de demander la correspondance du bureau de poste par Louviers et un second facteur pour la distribution des lettres en ville.

Les royalistes furent indignés, le 2 novembre, par des scènes qui se produisirent au théâtre, pendant une représentation donnée par un physicien.

A un moment donné, les lumières s'éteignirent et l'opérateur montra des figures grotesques projetées sur une sorte d'écran lumineux.

— Bien, c'est Louis XVIII ! cria quelqu'un dans la salle.

Aussitôt les rires se mêlèrent aux murmures. D'autres têtes ayant suivi, des spectateurs leur trouvèrent une ressemblance avec des membres de la famille royale.

Quand la lumière reparut dans la salle, l'ordre se rétablit, car les gendarmes firent des recherches pour connaître les interrupteurs, mais sans succès, personne n'ayant voulu les désigner.

Le bassin de la Rigole (état actuel)

Un rapport fut envoyé au préfet, qui, par une lettre adressée à M. Petou, maire, manifesta un profond chagrin de ces faits.

A la faveur de la paix, l'industrie lainière prenait à Elbeuf un plus grand développement chaque année, et de nouveaux fabricants surgissant continuellement, les eaux du Puchot ne suffirent plus pour le lavage de toutes les laines que la fabrique employait.

Vers cette époque, MM. Parfait Maille et Louis-Eugène Sevaistre demandèrent l'autorisation d'établir, le premier quatre, le second trois paniers à laver la laine sur la dérivation du Puchot ; ces demandes furent repoussées par l'autorité municipale, le 19 novembre, pour les raisons et dans les termes suivants :

« Le maire estime que la permission de placer des paniers sur le canal de dérivation dit de Saint-Jean ne peut être accordée, attendu que le bassin de la Rigole, qui ne fait qu'un tout avec le canal de dérivation, est exclusivement réservé tant aux besoins domestiques qu'à l'immersion des draps ;

« Qu'il résulterait du placement de ces paniers les plus graves inconvénients pour la conservation des eaux du bassin de la Rigole.

« Qu'il est démontré que les laines qui seraient journellement dégraissées dans ces paniers chargeraient l'eau de graisse et résidus provenant des laines en suint ; qu'ensuite les laines en couleurs qui seraient lavées fréquemment dans ces paniers, comme bleu, noir, savoyard et autres couleurs qui sont très chargées de teinture, achèveraient de gâter les eaux du bassin de la Rigole, qui, par conséquent, ne pourraient plus servir à l'usage auquel elles sont destinées.

« Le maire se trouve d'autant plus fondé à émettre cette opinion, que M. Parfait Maille lui-même est tenu, par l'ordonnance du roi, de vider les bains de sa teinture dans le canal du Puchot, ce qui prouve évidemment que l'esprit de l'ordonnance concernant la police des eaux du Puchot est de ne rien laisser faire sur le canal dit de Saint-Jean ou de dérivation qui puisse augmenter la saleté des eaux qui se rendent du canal du Puchot dans celui de dérivation... »

Le 28 novembre, on inhuma M. Louis-François-Alexandre Flavigny dit Desiles, chevalier de Saint-Louis, ancien officier, oncle de M. Louis-Robert Flavigny ; il était né en 1738 et fils de Robert.

Un autre notable mourut le 24 décembre ; c'était M. Bernard-Benoist Delarue, fils de Bernard, rentier, rue de la Barrière ; il était né en 1750.

Le 30, le Conseil municipal fut saisi d'une demande d'ouverture de rue entre celles de la Barrière et des Trois-Cornets, par M. Grandin, mais comme celui-ci imposait les frais de pavage à la Ville, on ne statua pas.

Jusqu'en 1820, l'hospice n'avait compris que le corps de bâtiment situé dans la première cour, divisé en deux parties égales par la chapelle et contenant une trentaine de lits. L'administration intérieure était confiée à des laïques, placées sous la direction de Mlle Bertaut, logées dans une maison basse en face de l'hôpital, sorte de masure, dit M. Patallier, qui menaçait la vie de ses habitants, reliée au bâtiment principal par une suite de communs presque à l'état de ruines. Une autre masure, dans une arrière-cour, abritait tant bien que mal le chapelain, et une sorte de hangar servait de buanderie.

« Toutes ces vieilleries ont successivement disparu. Une pensée de bienfaisance inspira l'annexion d'un hospice à l'hôpital. Les manufacturiers consentirent une souscription volontaire en 1822, dont le produit fut appliqué à l'érection d'un hospice pour les vieux ouvriers ».

La commission de l'Hospice soumit à la municipalité, le 30 décembre 1823, un projet de création d'asile pour les vieillards, dans la maison appelée alors « ferme de l'Hospice ». A cette occasion M. Petou prononça une allocution qui va nous dire quelle était la triste situation des vieux serviteurs de la fabrique elbeuvienne à cette époque :

« Vous n'êtes pas sans remarquer, Messieurs, avec quelque émotion, nos vieux ouvriers mendiant à nos portes, ou se traînant vers nous avec une certaine honte, pour réclamer quelques faibles secours. Tant que ces malheureux peuvent se soutenir sur leurs jambes, ils viennent chercher ce qu'ils appellent « leur mois » ; mais bientôt les infirmités les accablent, ils ne peuvent plus s'offrir à nos regards ni provoquer notre compassion.

« D'un autre côté, ils ne sont pas assez malades pour être reçus à l'hospice ; et ils le seraient, qu'après avoir recouvré une apparence de santé, ils en seraient bientôt éconduits pour faire place à d'autres plus infirmes ; en sorte que ces vieillards, refoulés vers leur triste demeure, sont condamnés à y rester confinés, souvent privés des premiers besoins... »

Le projet se bornait à l'assistance de sept ou huit vieillards. Le Conseil nomma une commission pour s'adjoindre à celle de l'Hospice et étudier les moyens de le mener à bien.

Les dépenses d'agrandissement faites cette année-là à l'Hospice s'élevèrent à 16.000 fr.

Ce même jour, la municipalité décida de donner le nom des donateurs aux rues nouvelles et à celles qui s'ouvriraient par la suite, à moins d'opposition de ces donateurs, et désigna les noms des rues du Maurepas, Deshayes, Saint-Louis et Hervieux.

Une note de ce même temps mentionne que M. Victor Grandin et M. Louis-Robert Flavigny possédaient déjà chacun « un moulin à foulon mû par une pompe à feu et que le succès avait couronné ces premiers essais ».

On avait compté, dans le courant de l'année, 442 naissances, 72 mariages et 301 décès.

CHAPITRE XXVII

(1824)

M. Petou est élu député. — Ouverture de la rue de la Prairie. — On monte des pontons-lavoirs sur la Seine. — La duchesse de Berry a Elbeuf ; enthousiasme public ; accidents. — Ecoles publiques ; on ne veut pas de Frères. — Ouverture du chemin de Thuit-Anger. — Singulière prétention des fabricants de Louviers. — Mort de Louis XVIII ; service a Saint-Jean. — Charles X. — Adresse au nouveau roi ; inauguration de son buste a Elbeuf ; discours.

M. Félix Lefebvre fut élu président du Conseil des Prud'hommes, le 2 janvier 1824, et M. Hyacinthe Sèbe, vice-président.

En février, on vit sur le quai d'Elbeuf 3.655 boulets de huit qui devaient être transportés à Vincennes.

Vu le besoin impératif, écrivit le 20 février, M. Petou, de nous absenter pour la présidence du collège du 2º arrondissement de Rouen, à l'occasion des élections fixées au 25 de ce mois, présidence à laquelle Sa Majesté, par une confiance insigne, a daigné nous appeler; vu aussi la nécessité où sont nos adjoints de se rendre, le même jour, aux dites élections pour y exercer leurs droits politiques, avons délégué M. Thomas Vidcoq, l'un des plus anciens membres du Conseil municipal, pour exercer nos fonctions de maire par intérim.

M. Petou fut élu député en mars 1824. A la Chambre, il se montra digne défenseur de l'industrie elbeuvienne. Mais son nom et peut-être aussi sa façon de s'exprimer furent cause d'un calembour que ses collègues répétèrent plus d'une fois : « M. le député d'Elbeuf Petou parle ! » Il en riait ; mais il eût préféré qu'on s'abstînt de ce jeu de mots, qui fit longtemps fortune dans notre ville.

La Chambre consultative, présidée par M. Petou, se réunit le 22 mars.

Aussitôt l'ouverture de la séance, un membre félicita, au nom de la compagnie, M. Petou, son président et maire de la ville d'Elbeuf, de son élection comme député. Organe de ses collègues, il lui exprima « toute la satisfaction qu'ils éprouvaient de le voir appelé à remplir des fonctions si hautes et en même temps si honorables. Le choix fait par le second collège de Rouen était justifié par le zèle et les sentiments vraiment royalistes dont le nouveau député avait toujours fait preuve. Il était précieux, pour la ville d'Elbeuf, de pouvoir compter, pour la première fois, un député dans son sein ; elle devait cet avantage aux sacrifices immenses que s'était imposé M. Petou, par rapport à sa famille et à ses affaires commerciales ; on lui devait donc les plus grands éloges d'un dévouement aussi prononcé en faveur de la cause de nos Rois et par son inviolable attachement à la Charte. Pour remplir dignement son mandat, il seconderait de tout son pouvoir les efforts du Roi pour le maintien de ses sages institutions et se rendrait auprès du Gouvernement le protecteur zélé de nos fabriques ».

M. Petou répondit à l'assemblée qu'elle ne pouvait douter de ses sentiments, et qu'il prenait l'obligation de s'acquitter de son mandat suivant le vœu du monarque et à la satisfaction de tous ses concitoyens.

On procéda ensuite au renouvellement partiel de la Chambre.

MM. Louis Devitry et Petou, sortants, furent remplacés par MM. Hippolyte Join-Lambert fils, manufacturier, et Antoine Prieur-Quesné, négociant.

A la séance qui suivit, le 15 de ce mois, l'assemblée nomma membres suppléants MM. Mathieu-Constant Le Roy et Eugène Sevaistre.

Ce ne fut que le 15 mars 1824 que M. Hippolyte Join-Lambert fils fut installé dans ses fonctions de deuxième adjoint au maire d'Elbeuf.

Le lendemain, le Conseil accepta une proposition faite par M. Prosper Delarue d'ouvrir une rue entre celles Saint-Jean et de Seine. On lui donna le nom de rue de la Prairie, en raison de ce qu'elle aboutissait aux prairies existant alors à l'Est de la rue de Seine.

A cette époque, il y avait une contestation entre les habitants de la rue de Louviers et la municipalité. Les premiers s'opposaient à la nouvelle dénomination de rue de Caudebec que le Conseil voulait donner à cette voie publique. L'affaire fut portée à la préfecture.

Le 26, le maire donna un avis sur une pétition présentée par M. Louis-Robert Flavigny, propriétaire du moulin Saint-Jean, au sujet du dérasement des vannes de la Rigole.

En mars, MM. Eugène Sevaistre et Constant Le Roy, manufacturiers, furent nommés suppléants aux membres de la Chambre consultative.

Il n'y avait plus qu'un libraire breveté à Elbeuf, M. François, par suite de la faillite du sieur Vavasseur. Le 9 avril, Mlle Beuvin fut avisée que le ministre lui avait accordé un brevet de libraire, pour exercer dans notre ville.

Le 30 avril, M. Victor Grandin, fabricant de draps, déclara qu'en conformité de la loi du 25 mars 1818, il se soumettrait, pour l'année 1825, au maximum du droit fixé, porté par ladite loi à la somme de 300 fr., pour être conséquemment dispensé de toute autre déclaration et vérification.

Le 10 juin, on mit en adjudication des travaux de pavage destinés à faire écouler les eaux de la place du Calvaire à travers les propriétés de Mme veuve Lecallier et de M. Nos-Dargence ; le devis s'élevait à 13.050 fr.

Cette année-là, le maire prit un arrêté pour maintenir l'ordre et la décence pendant les danses de la Saint-Jean et de la Saint-Pierre.

Vers cette même époque, deux bouchers de notre ville furent condamnés par le maire à fermer leurs boutiques pendant un mois, pour n'avoir point fait la déclaration de leurs viandes.

L'administration ayant refusé de laisser établir des lavoirs sur l'autre bras du Puchot, il fallut cependant trouver le moyen de laver les

Partie de la Seine où étaient les pontons

laines ; mais personne ne pensa d'abord à utiliser pour cela le cours de la Seine, tellement on était persuadé que les eaux du Puchot étaient seules propres à cette opération.

MM. Pierre Turgis et Victor Grandin, tous deux doués d'une grande intelligence et d'un vaste esprit d'initiative — et il n'en fallait pas moins pour combattre une prévention générale — osèrent se hasarder à établir des pontons volants sur le fleuve. La demande de M. Turgis est datée du 16 juillet 1824.

A l'étonnement de la fabrique elbeuvienne tout entière, les laines lavées à la Seine étaient mieux nettoyées que celles traitées sur le Puchot ; mais il se passa encore plusieurs années avant que les anciens fabricants en fussent bien convaincus.

A cette époque, la duchesse de Berry entreprit un voyage en Normandie. Elle entra, montée sur un cheval blanc, dans notre département par les Authieux-sur-le-Port-Saint-Ouen, venant du Vaudreuil, de Léry, de Pont-de-l'Arche et de Romilly-sur-Andelle.

Le 22 juillet, le maire d'Elbeuf adressa cette proclamation à ses administrés :

« Habitants d'Elbeuf,

« Votre maire vient de recevoir de M. le Préfet la certitude que nous recevrons demain dans nos murs l'auguste princesse dont la présence était si impatiemment attendue !

« Demain, vous jouirez du bonheur de contempler S. A. R. Madame la duchesse de Berry !

« Apprêtez-vous donc à lui manifester par l'élan de vos cœurs l'expression des sentiments que sa présence vous inspirera !

« Que l'enthousiasme soit général, et que, par le concours de vos acclamations, la digne mère de notre nouvel Henri puisse reporter aux pieds du trône le vif témoignage qu'elle aura reçu de vos sentiments d'amour et de respect pour l'auguste famille des Bourbons ! »

A la suite de cette proclamation, M. Petou ordonna que le lendemain vendredi 23, dans la matinée, toutes les maisons seraient pavoisées ; que la garde d'honneur, la garde nationale et la gendarmerie se mettraient en armes ; que les dames et demoiselles invitées se rendraient au lieu qui leur serait indiqué ; que les rues seraient balayées et déblayées ; que la circulation des voitures serait interdite dans les rues Royale, Saint-Jean et de la Barrière ; que l'arrivée de la princesse serait annoncée par le canon et le son des cloches, etc.

Pour cette fois encore, l'hôtel de ville fut transféré chez M. Turgis, commandant de la garde nationale, dans l'ancien château seigneurial d'Elbeuf.

Un arc-de-triomphe fut dressé à la porte de Rouen. Le programme, arrêté par M. Petou, maire, contient quelques cocasseries qui méritent d'être relevées :

« La princesse sera introduite par son chevalier d'honneur dans les appartements du premier étage.

« Le maire demandera à M. le préfet les ordres de la Princesse pour la présentation des diverses autorités.

« Les enfants de la Providence seront placés dans le jardin et défileront devant la Princesse si S. A. R. le permet.

« Le maire demandera à M. le préfet les ordres de la Princesse pour la visite de l'établissement désigné.

« La Princesse arrivée à cet établissement visite les ateliers ; ensuite, au départ, M. le maire fait demander si elle désire voir l'église principale de Saint-Jean, qui se trouve sur son passage.

« Dans le cas où la Princesse se déciderait à entrer dans l'église, M. le maire voudra bien faire insinuer à M. le curé que tout discours devient superflu (*sic*).

« La Princesse sera dirigée vers le Port, sur lequel seront invitées de se réunir les dames qui auront été présentées. Elles seront placées de manière à voir facilement S. A. R.

« Fait et arrêté à Elbeuf... ». — Signé : Petou.

Nous possédons également le procès-verbal que rédigea le maire d'Elbeuf après la visite de la duchesse. Nous le reproduisons *in extenso* :

« Du 24 juillet 1824.

« Son Altesse Royale Madame la duchesse de Berri, accompagnée de Mme la duchesse de Reggio, sa dame d'honneur, de Mme la comtesse d'Hautefort, de M. le comte de Maynard, d'un officier de sa garde et de M. le Préfet, est partie hier de Rouen pour venir visiter notre ville. Avant de s'y rendre, Son Altesse s'était arrêtée au Grand-Quevilly, pour accepter un déjeuner chez M. le prince de Montmorency.

« Un détachement de la garde nationale de Rouen, qui avait escorté la princesse sur le chemin de Quevilly, la conduisit jusqu'au Grand-Couronne, où alors elle fut relevée par celle d'Elbeuf, qui s'est fait remarquer par sa brillante tenue.

« Sur toute la route jusqu'à Elbeuf, de jeunes demoiselles, accompagnées des habitants et des autorités de toutes communes, se sont portées à la rencontre de Son Altesse Royale. Elles ont fait retentir l'air des plus vives acclamations.

« Enfin, Madame la duchesse de Berri est arrivée à deux heures dans nos murs, où elle a été reçue sous un arc-de triomphe formé avec des pièces du plus beau drap des fabriques d'Elbeuf et au milieu d'une population immense, accourue de toutes les communes voisines.

« La princesse est descendue chez M. Turgis, qui avait consenti que sa maison servît ce jour-là d'hôtel de ville. Son Altesse y a reçu toutes les autorités, les dames et demoiselles invitées, ainsi que la bienfaisante demoiselle Bertaut, fondatrice et directrice de la maison des Orphelines. Son Altesse a fait à cette dame charitable des questions, remplies de bienveillance et de bonté, sur l'établissement qu'elle dirige avec tant de zèle et de piété, et elle a bien voulu accepter différents ouvrages brodés par les jeunes orphelines.

« Les dames d'Ernemont, maîtresses d'un pensionnat considérable, où 200 jeunes filles sont élevées gratuitement, ont aussi eu l'honneur de présenter leurs hommages respectueux à Son Altesse Royale.

« Mademoiselle Camille Sevaistre, jeune personne de la plus haute espérance, âgée de neuf ans, fille d'un fabricant notable de cette ville, a été admise à réciter devant la princesse une pièce de vers qui ont été par elle entendus avec bonté. Son Altesse a adressé à cette charmante demoiselle des paroles de douceur.

« En sortant de chez M. Turgis, l'auguste princesse s'est rendue, conduite par les autorités, et dans des voitures préparées par la Ville, à la fabrique de M. Amable Delaunay, située dans le milieu de la ville.

« Placée sous un élégant berceau de verdure où elle a été reçue, Son Altesse Royale apercevait d'un coup d'œil les vastes ateliers, dont toutes les fenêtres étaient garnies de nombreux ouvriers faisant retentir l'air des accents bruyants de leur allégresse. Madame la duchesse de Berri a tout visité dans le plus grand détail et avec l'intérêt que lui inspirait naturellement une ville si renommée par le produit de ses manufactures. Tous les procédés relatifs à la fabrication ont été, de la part de Son Altesse Royale, l'objet de demandes dont elle a entendu la solution avec un plaisir particulier.

« La princesse s'est ensuite rendue directement au port, où l'attendait le bateau à vapeur de Rouen, appartenant à la compagnie Magendie.

« Les gardes nationales à pied et à cheval formaient sur le rivage un cintre magnifique, derrière lequel se trouvait échelonnée une population innombrable. Son Altesse Royale s'est embarquée sur le bateau à vapeur orné, pour la recevoir, de guirlandes de feuillages et de fleurs. Mille et mille voix ont salué son départ avec des transports d'admiration et d'enthousiasme le plus complet. Deux sentiments étaient empreints dans tous les yeux : le bonheur de l'avoir possédée, et le regret de ne pouvoir la posséder plus longtemps.

« Sur la prière qui lui en avait été faite, la princesse a permis que douze des principaux habitants d'Elbeuf, ayant à leur tête M. Petou et MM. les adjoints, montassent avec elle sur le bateau et l'accompagnassent jusqu'à Rouen, où M. Petou, maire, a été admis à l'honneur de reconduire Son Altesse jusqu'à son palais. La princesse a bien voulu admettre à sa table ce fonctionnaire, membre de la Chambre des députés.

« Par cette bonté qui caractérise les Bourbons, l'auguste princesse a voulu laisser, à son départ, des marques de sa munificence envers les pauvres, envers l'établissement des jeunes orphelines et envers les ouvriers de l'atelier qu'elle a daigné visiter.

« Ainsi s'est passée cette belle journée, dont le souvenir ne s'effacera jamais de la mémoire des habitants de cette cité. La douceur, l'aménité et la bonté bienveillante avec laquelle la princesse a daigné les accueillir, resteront gravées dans les cœurs en caractères ineffaçables, et le maire ne cessera de répéter avec ses administrés : « Vive le Roi ! Vivent les Bourbons ! Vive Madame la duchesse de Berri !

« Fait à Elbeuf… — Petou ».

La foule était tellement grande à Elbeuf pendant cette journée qu'elle fut cause de plusieurs accidents assez graves.

Au moment de l'entrée de la princesse, un mur s'écroula et sept personnes furent blessées ; on en transporta trois à l'hospice. Au départ de la duchesse, sur un bateau à vapeur de la compagnie Magendie, venu de Rouen, un homme fut renversé dans l'arche par les gendarmes à cheval.

On sait que la duchesse de Berry, belle-fille de celui qui devait être Charles X, était la mère du comte de Chambord, dit plus tard Henri V, dont le père avait été assassiné par Louvel, en 1820.

La maréchale Oudinot, duchesse de Reggio,

étant à Dieppe, le 7 août, écrivit au maire d'Elbeuf qu'elle avait placé sous les yeux de la duchesse de Berry la lettre qu'il lui avait adressée le 26 juillet.

Elle annonçait l'envoi de 100 fr. pour être distribués aux personnes qui avaient été blessées lors du passage de la princesse à Elbeuf. La duchesse de Berry renouvelait l'assurance de l'intérêt qu'elle prenait à notre ville, remerciait les fonctionnaires, la garde nationale et la population tout entière, mais elle priait le maire de lui envoyer les noms des membres de la garde nationale à cheval, de laquelle elle avait conservé un souvenir tout spécial.

MM. J.-B.-Léonard Pion, directeur de filature, âgé de 25 ans, et L.-J. Desparrois, serrurier, âgé de 36 ans, furent proposés, le 7 août, pour le grade de sous-lieutenant de pompiers, en remplacement de M. Leclerc, démissionnaire.

Un rapport, en date du 12 août 1824, nous apprend que l'école d'enseignement mutuel, alors dirigée par M. Cayez, comptait de 60 à 70 élèves. Un cours du soir, à l'usage des enfants travaillant dans les fabriques, réunissait de 40 à 50 élèves dans l'été et de 60 à 70 pendant l'hiver. Ces derniers étaient généralement indisciplinés et « leurs parents manifestaient à leur égard la plus blâmable insouciance ». Chaque leçon commençait et finissait par une prière. L'instituteur montrait beaucoup de zèle dans sa tâche, difficile, car les enfants n'arrivaient pas à la même heure à l'école.

Un membre du Conseil avait demandé de substituer à cette école un établissement de Frères. La commission lui répondit ainsi dans son rapport :

« Une demande de cette nature suppose nécessairement la persuasion que le mode d'instruction donné par les Frères l'emporte sur celui donné dans l'autre école. C'est une erreur que le gouvernement lui-même est loin de partager. Les actes administratifs en font foi », ce que signèrent MM. H.-M. Quesné, Capplet et Hayet.

Ce même jour, d'accord avec M. Malfilâtre, propriétaire, on décida d'ouvrir un chemin, aux frais de la Ville, dans la côte du Thuit-Anger, à travers bois, afin de remplacer l'ancienne cavée.

Le Conseil se plaignit de ce que la route de Pont-de-l'Arche « était interminable jusqu'à Martot ».

M. Petou, maire, ne perdait aucune occasion de manifester son royalisme. A l'approche de la procession publique du jour de l'Assomption, il avait écrit à M. Turgis, commandant de la garde nationale :

« Nous touchons au 15 août, époque à laquelle Louis XIII a consacré, par son vœu, une cérémonie religieuse, qui doit recevoir toute la pompe et la solennité dignes de son objet.

« Afin de donner à cette pieuse intention tout l'éclat que permet notre localité, j'ai cru convenable d'y appeler tous les fonctionnaires publics, civils et militaires, ainsi que les compagnies de grenadiers, chasseurs et pompiers, afin d'avoir de ceux-ci un certain nombre, car vous savez qu'il y a ordinairement beaucoup d'absents.

« Dans ce cas, je vous serai obligé de vouloir bien donner vos ordres pour qu'il soit pris note et statuer ultérieurement à l'égard de ceux qui ne se seront pas présentés.

« Quant à la disposition de cette garde, le jour de la fête, dimanche prochain, je m'en repose sur vos soins, vous donnant avis qu'elle devra être rendue sur la place à quatre heures d'après-midi, afin d'accompagner le cortège, qui sortira de la mairie à cinq heures précises... »

Le même jour, le maire écrivit à M. Jacques-Louis Grandin, capitaine de musique de la garde nationale :

« Je suis informé que le zèle de MM. les musiciens de la garde nationale se ralentit chaque jour, et qu'il y a lieu de craindre qu'ils ne soient pas demain en nombre suffisant pour faire de la musique à la procession.

« Je vous invite à bien vouloir donner vos ordres, afin que tous les musiciens se trouvent demain à leur poste, ainsi que pour la fête de Saint-Louis... »

Le 21, il sollicita une route départementale d'Elbeuf à Guerbaville-la-Mailleraye, par Bourgtheroulde.

Ce même jour, le Conseil vota l'abattage des 241 arbres plantés en deux rangées sur le Cours ; c'étaient des ormes pour la plupart, dont la valeur sur pied était estimée en moyenne à 20 fr. l'un.

Avec un maire aussi monarchiste, la fête Saint-Louis ne pouvait manquer d'avoir un très grand éclat ; il en écrivit le procès-verbal. Nous nous bornerons à noter que, le soir, il y eut un bal public et gratuit dans la salle du Théâtre et que les danses durèrent jusqu'au jour.

Le 27, M. Henri-Mathieu Quesné, commandant de la garde d'honneur à cheval, reçut, de M. Petou, une bague que lui envoyait la duchesse de Berry, en souvenir de son voyage dans notre ville.

En ce mois, M. Byvoct, commissaire de police à Saint-Valery-en-Caux, fut nommé pour exercer cette même fonction à Elbeuf. M. Byvoct prêta serment et fut installé le 8 septembre suivant, en remplacement de M. Alexandre.

A cette époque, M. Louis Robert Flavigny, conseiller d'arrondissement, s'occupa de faire classer comme route départementale le chemin que l'on projetait d'Elbeuf à Guerbaville, par Bourgtheroulde.

En ce même temps, on commença à ouvrir le chemin d'Elbeuf à Thuit-Anger, à travers le bois de M. Malfilâtre, propriétaire du Mont-Duve.

Le 15, conformément à un arrêté du ministre, le maire d'Elbeuf, « attendu l'état fâcheux de la santé du Roi », fit fermer le théâtre et tous autres lieux de fêtes publiques.

Depuis plusieurs années, la ville et les fabricants de Louviers étaient en instance pour que le nom de rue de Caudebec fut donné à la rue de notre ville portant le nom de Louviers. On ne se douterait certainement pas, de nos jours, du motif qui les faisait agir. L'explication apprendra pourquoi, pendant de longues années, les nouvelles maisons de fabrication d'Elbeuf s'installèrent de préférence dans cette rue de Louviers, qui, jusqu'après 1871, resta la plus industrielle de notre ville.

C'est qu'à la faveur de leur installation dans cette rue, la plupart des fabricants marquaient le chef de leurs draps de ces mots : Un tel « rue de Louviers », afin de profiter du renom que la ville de Louviers avait acquise par ses draps, alors que la qualité générale de ces mêmes marchandises baissait à Elbeuf.

Malgré les avis de la municipalité d'Elbeuf, ces fabricants avaient continué l'emploi du nom de Louviers ; mais le 9 septembre, le maire leur notifia qu'ils seraient poursuivis s'ils persistaient dans cet abus.

On construisait beaucoup à cette époque, et le mouvement se continua longtemps encore. Il y avait, en 1824, neuf maîtres charpentiers faisant tous de bonnes affaires. Les bois qu'ils employaient provenaient en grande partie de forêts du haut bassin de la Seine et arrivaient par flottaison. Mais ils éprouvaient de grands ennuis quand il s'agissait de le mettre à terre, le quai leur étant interdit, le halage également et les propriétaires riverains du fleuve ne tolérant pas de dépôt sur leurs prairies. C'est ce que les charpentiers exposèrent par une pétition au maire, le 16 septembre, dans laquelle ils le priaient de désigner un endroit pour déposer leurs bois.

Louis XVIII était mort ce même jour 16 septembre, à quatre heures du matin ; la nouvelle de l'événement ne parvint à Elbeuf que le lendemain.

Charles X, son frère et successeur au trône, prescrivit des prières pour le défunt. En conséquence, le maire de notre ville ordonna un service funèbre en l'église Saint-Jean, à célébrer le vendredi 24 du même mois, qui fut annoncé par le son des cloches des deux églises et de la chapelle de l'hospice.

Toutes les autorités constituées assistèrent à la cérémonie. Les officiers de la garde nationale portaient un crêpe au bras et à l'épée; les tambours étaient recouverts d'un drap noir. Le bataillon entier de la garde nationale avait été convoqué à ce service, qui fut célébré dans l'église Saint-Jean, où « un superbe catafalque surmonté d'un dais » avait été élevé. On remarqua qu'il y avait un assez grand nombre de notables absents. Les fabriques et boutiques demeurèrent closes toute la journée et la vente dans les rues fut interdite.

Le 17 du même mois, mourut à son domicile, rue de la Barrière, M. Jean-Pierre Lefort, né à Pont-Audemer en 1756.

Le 30 septembre, le Conseil vota cette adresse au nouveau monarque, Charles X :

« Sire ; La France tremblait pour les jours de son Roi ! Ses alarmes n'étaient que trop fondées ! La fatale nuit du 16 septembre l'a plongée dans le deuil et dans les larmes !...

« A la nouvelle de ce douloureux événement, la France a connu toute l'étendue de sa perte ; mais dans son affliction, ses regards se sont tournés aussitôt vers la légitimité, et Charles X a adouci l'amertume de ses regrets.

« Elle serait inconsolable, Sire, si elle ne retrouvait en votre personne sacrée les éminentes qualités du Roi fondateur de ses libertés.

« Mais, Sire, elle se livre aux plus douces espérances.... Votre Majesté a promis de maintenir toutes les institutions sur lesquelles se fondent son bonheur et sa prospérité.

« Il vous est réservé, Sire, d'achever le grand œuvre de la Restauration et d'accomplir les destinées d'un grand peuple.

« Si déjà les premiers actes de votre puissance souveraine font bénir Charles X, que ne doit-on pas attendre d'un règne qui commence sous des auspices aussi favorables ?

« Aussi, dans sa douleur comme dans ses espérances, la France s'abandonne toute entière à son Roi.

« Le maire, ses adjoints et le Conseil municipal de cette ville industrieuse, partagent ces sentiments au plus haut degré. Ils ne mettent point de bornes à leur dévouement et à leur vénération envers Votre Majesté.

« Ils le supplient d'en agréer l'hommage comme le premier tribut que, dans leur amour, ils s'empressent de payer à leur Roi.... ?

Ce même jour, le Conseil reçut les comptes de la sœur Saint-Basile, supérieure des religieuses d'Ernemont. Dans l'exercice, les cours payants avaient produit 4.346 fr.; les dépenses s'étaient élevées à 4.011 fr., plus les frais de transport.

Comme les années précédentes, il fut célébré en l'église Saint-Jean, le samedi 16 octobre, un service funèbre en mémoire de la mort de Marie-Antoinette, auquel assistèrent les autorités et les officiers de la garde nationale ainsi que les officiers retraités.

Le 23 octobre, le maire réunit le Conseil municipal, les fonctionnaires, les membres des tribunaux et les officiers de la garde nationale dans la salle des séances à l'hôtel de ville pour l'inauguration d'un buste de Charles X, « exécuté de la manière la plus heureuse par un artiste distingué, le sieur Dieudonné, statuaire, à Paris ». Ce buste était en plâtre ; il avait coûté 100 fr.

La séance ouverte aux cris de : « Vive le Roi ! », le buste du nouveau monarque, de grandeur naturelle, en grand costume royal, fut découvert devant l'assemblée. Alors le maire-député prononça ce discours :

« Je me suis empressé, Messieurs, de vous convoquer extraordinairement, aujourd'hui, pour procéder dans cette enceinte à l'inauguration du buste de notre Roi.

« Cette cérémonie, qui ressemble plutôt à une fête de famille qu'à une réunion obligée de fonctionnaires, a surtout le mérite de n'avoir point été commandée par l'autorité supérieure : elle est toute d'inspiration.

« Jugeant de vos sentiments par les miens, j'ai pensé que c'était le moment de nous signaler, des premiers, par la manifestation de notre amour envers le souverain. A ce sentiment, se mêle celui d'une forte reconnaissance envers Charles X, qui promet à la France la continuation du règne de Louis XVIII, l'immortel auteur de la Charte.

« Que dis-je, il promet ?.... Déjà Charles X réalise à nos yeux ses royales promesses. Il veut tout voir par lui-même, et pour nous donner la mesure de ses idées, vastes et généreuses à la fois, il a voulu que son auguste fils entre aussitôt au Conseil, comme pour l'accoutumer à gouverner un jour.

« Il n'est pas besoin, Messieurs, de vous faire remarquer tout ce que cette conception renferme de noblesse et de grandeur.

« Voit-on souvent des Rois associer à leurs nobles travaux, admettre à leurs côtés dans le Conseil ceux qui doivent leur succéder ? Vous le savez, Messieurs, l'histoire des gouvernements nous offre peu d'exemples de ce genre. Aussi, plus ils sont rares, plus celui-ci doit exciter notre admiration.

« Les premiers effets de cette alliance et pour ainsi dire de ce partage de l'autorité royale entre le roi et son auguste fils, ont été des actes éclatants qui attestent déjà la grandeur du règne qui commence.

« La France avait depuis quelques mois subi le joug d'une censure injurieuse, Charles X l'a brisée en montant sur le trône. Il veut que la vérité arrive jusqu'à lui ; il veut connaître la vérité pour réparer les injustices qui pourraient être commises en son nom, moyen infaillible de les empêcher.

« C'est ainsi, Messieurs, que Charles X a trouvé le secret d'exciter l'amour des Français jusqu'à l'enthousiasme, de réunir en une seule toutes les opinions. Cette opinion, dominante aujourd'hui, que Charles X sait si bien juger, est celle qui se rattache et se lie plus que jamais à la monarchie constitutionnelle.

« La loyauté, la franchise et l'âme toute française de notre Roi nous garantissent que toutes les institutions consacrées par la Charte seront désormais placées sous son égide et par conséquent inattaquables.

« La France, si je peux m'exprimer ainsi, va devenir robuste par la forme et la fixité de son gouvernement. La tranquillité profonde dont elle jouit au dedans sera aussi durable que la paix dont elle jouit au dehors.

« Messieurs, vous ne m'accuserez pas d'exagération dans les idées si j'appelle un moment votre attention sur la situation prospère de nos manufactures. Si je ne me trompe, cette situation est due à la stabilité du gouvernement, à cette confiance immense qui a sa source dans la légitimité, à cette légitimité qui nous fait passer sans secousse du beau règne de Louis XVIII à celui de Charles X.

« Puissions-nous voir son règne se prolonger longtemps pour le bonheur de la France !

« Faisons donc éclater nos transports et nos vœux en criant : « Vive le Roi ! Vive Charles X !... »

Après ce discours, le buste du monarque « déjà l'idole de la France », fut placé sur un socle, et la cérémonie se termina par de nouvelles acclamations royalistes.

Après la mort de Louis XVIII, le maire avait encore interdit les spectacles pendant onze jours. M. Montbrun, directeur du théâtre d'Elbeuf, ayant subi un préjudice de ce fait, adressa une demande d'indemnité à Ville; mais elle fut repoussée.

En ce même temps, MM. Robert Bourdon et Sèbe, actionnaires de cette salle de théâtre, réclamèrent de la Ville une participation pour les frais de loyer. Celle-ci consentit à payer la moitié de la location, soit 1.200 fr.

Disons en passant que M. Montbrun avait succédé à M. Philippe Delafontaine comme directeur du théâtre.

Dans un compte de 796 fr. 80 de dépenses faites, du 1er janvier au 22 novembre 1824, par la garde nationale, nous trouvons :

Solde des tambours............	301 fr. »»
Fournitures pour tambours.....	209 fr. 50
10 kilog. de poudre pour cartouches et canons...............	37 fr. 50
Dépense de musique, y compris celle des musiciens de la garde royale venus à l'occasion de la réception de S. A. R. la duchesse de Berry...............	248 fr. 80

A cette époque, on pava la rue de Louviers, depuis la place du Calvaire jusqu'à la rue Saint-Amand.

Depuis deux mois, on travaillait un peu à la route d'Elbeuf à Pont-de-l'Arche. La section située sur le département de la Seine-Inférieure avait été construite, huit ans auparavant, aux frais de notre ville, et pour celle sur l'Eure, Elbeuf avait encore contribué pour moitié, de sorte que cette route coûta 100.000 francs à nos concitoyens ; mais elle était pour notre fabrique d'une importance extrême, car elle donnait accès à la vallée d'Andelle, où étaient ses moulins à foulon, et il arrivait que les rouliers mettaient encore une journée entière pour franchir la distance séparant Caudebec de Pont-de-l'Arche, tout en risquant vingt fois de verser.

Par suite de l'inondation qui couvrait alors toute la partie basse de la ville actuelle, le maire défendit d'introduire des bestiaux dans la prairie.

Un rapport du 25 novembre constata que la rue de la Bague était encore tout à fait impraticable et un cloaque infect, aussi nuisible à la sûreté qu'à la salubrité publique. Néanmoins, le Conseil refusa l'ouverture d'une rue entre celles des Trois-Cornets et de la Barrière, par laquelle on eût pu faire écouler les eaux, à cause des exigences de M. Alexandre Grandin fils, propriétaire du terrain. — La rue réclamée ne fut ouverte qu'en 1881, sur l'emplacement du passage Ribot.

L'*Hôtel de l'Europe* est mentionné dans une lettre du 16 décembre ; il était tenu par M. Augé.

Le 31, la Chambre consultative désigna MM. Flavigny, Turgis, Sevaistre et Leroy pour élaborer une réponse à des questions soumises à la Chambre, dans l'intérêt du commerce des draps, par le président du bureau du Commerce et des Colonies.

C'est de cette année que date le magnifique ostensoir de Saint-Etienne, acheté par M. Renault, curé, pour le prix de 5.324 fr., produit d'une souscription. La hauteur de ce « Saint-Sacrement » est de 1 m. 32, et son poids est de 11 kilog. 500.

Le mouvement de la population, en 1824, se résuma ainsi : 466 naissances, 63 mariages et 291 décès.

CHAPITRE XXVIII

(1825)

Une enquête politique. — La loi du sacrilège ; l'opinion a Elbeuf. — Un assassinat. — Les déchets de fabrique ; adresse de la Chambre consultative au ministre. — La Saint-Charles. — Le général Foy. — Banquet de la garde nationale a cheval ; enquête de police.

Au commencement de 1825, le préfet demanda des renseignements confidentiels sur les membres des anciennes sociétés de charité d'Elbeuf, et la société des anciens militaires, dont il voulait connaître les opinions politiques. Il demandait également des notes sur les francs-maçons de notre ville.

La Société des anciens militaires, fondée en 1809, comptait alors de 150 à 160 membres ; elle avait pour président M. Cauchois, ancien chef d'escadron, chevalier de Saint-Louis, et M. Laurent Patallier, conseiller municipal, comme vice-président. Ses réunions se tenaient quatre fois par an, à l'Hôtel de ville, sous les yeux de l'administration. — C'était l'unique société existant à Elbeuf, et elle était soupçonnée de bonapartisme.

De l'enquête ordonnée par le préfet sur la loge maçonnique d'Elbeuf, on apprit que cette loge avait été fondée en 1811, que le nombre de ses affiliés, en 1825, était de vingt-huit, et que le premier toast qu'ils portaient dans leurs banquets était pour la santé du roi.

Cette demande de renseignements avait été provoquée par des informations présentant notre ville comme un foyer de libéralisme, ce qui était vrai jusqu'à un certain point, car de nombreux bourgeois, des commerçants et des ouvriers ne cachaient guère les sentiments qu'ils professaient pour le gouvernement du nouveau roi, dont l'avènement avait rempli de joie la majeure partie du clergé et les ultra-royalistes.

La discussion du projet de loi sur le sacrilège, qui faisait l'objet des conversations dans les cercles et autres réunions privées, ranima bientôt la répulsion que la bourgeoisie elbeuvienne avait pour le gouvernement.

Ce projet de loi portait la peine de mort contre ceux qui profaneraient publiquement les vases sacrés du culte catholique, et, reculant de deux siècles, elle faisait précéder l'exécution du coupable de l'ancien cérémonial de l'amende honorable. Si la condition de publicité faisait défaut, la peine était abaissée d'un degré et réduite aux travaux forcés à perpétuité. A Elbeuf, comme dans beaucoup d'autres localités, on s'indigna contre ce projet de loi.

Le discours prononcé à la Chambre des députés par Benjamin Constant fut acclamé à Elbeuf par les voltairiens, qui formaient alors la majorité de la bourgeoisie. Celui de Royer-

Collard eut encore plus de retentissement : on le copia à beaucoup d'exemplaires et il était lu, relu, commenté dans les familles ou entre amis.

Ce discours se résumait ainsi :

« Vous croyez avoir défini le sacrilège, parce que vous avez déclaré qu'il consiste dans la profanation de l'hostie consacrée. Vous n'avez rien fait encore ; il faut aller plus loin et définir ce qu'est l'hostie consacrée elle-même ; il faut dire qu'elle est l'Homme-Dieu et confesser législativement le dogme de la présence réelle. Vous n'allez pas jusque là ! Vous n'avez pas jusqu'au bout la logique et le courage de votre loi. Pourquoi cela ?

« Parce que vous sentez que vous ne pouvez faire législativement un acte de foi, un acte de foi coercitive et s'imposant même aux dissidents par des sanctions pénales redoutables. Vous comprenez cela ; vous comprenez en conséquence que votre loi est inconstitutionnelle comme violatrice de la liberté de conscience ; qu'elle ne se borne pas à protéger la religion comme institution sociale, mais qu'elle la protège et l'impose comme article de foi ».

La bourgeoisie de notre ville suivit avec le plus vif intérêt ce projet de loi, voté à la Chambre des députés, puis présenté à la Chambre des pairs, où il fut encore combattu, mais inutilement, par Molé, de Broglie, de Lanjuinais, Pasquier, Chateaubriant et autres. La loi fut votée et bientôt promulguée. Disons toutefois qu'on n'osa pas y inscrire la peine de mort.

A la cérémonie expiatoire du 21 janvier, la garde nationale ne se montra pas, faute d'officiers. D'ailleurs, l'affluence du public devenait chaque année moins nombreuse aux services religieux ordonnés par le gouvernement. Une note dit que le parti de l'opposition libérale se développait sans interruption dans la bourgeoisie de notre ville. Quant à la population ouvrière, elle se montrait très indifférente aux affaires politiques, mais le nom de Napoléon était parmi elle de plus en plus vénéré.

Le 1er février, à neuf heures du soir, le bateau de MM. Lefrançois frères, successeurs de l'entreprise Lanne, poussé par un coup de vent, chavira au port d'Elbeuf avec quatre personnes, mais qui en furent quittes pour un bain. — Quelques semaines après, le feu prit dans les écuries des frères Lefrançois ; il y eut pour environ 3.000 fr. de dégâts.

Le 10 mars, on mit en adjudication les travaux nécessaires pour l'ouverture du chemin entre Elbeuf et Thuit-Anger, sur une longueur de 738 mètres.

Le 24, le Conseil délibéra sur les moyens de faire arriver jusqu'à la Seine les eaux des rues de Caudebec, du Neubourg et du quartier de la Barrière, qui alors se reunissaient dans la prairie, où elles répandaient des odeurs infectes, tout en inondant les propriétés.

Le 25, on adjugea 241 arbres, essences d'orme pour la grande partie et de peuplier, compris dans la deuxième rangée du Cours.

Le 6 avril, l'administration de l'hospice entra en possession d'une donation de 14.000 francs faite par M. Legrelle, notaire à Elbeuf.

Le 19, la Chambre consultative désigna MM. Parfait Maille et Turgis pour examiner une invention dans la teinture en bleu, dont l'auteur était M. Amédée Capplet, fabricant, et ensuite faire un rapport. L'invention consistait en la conservation des cuves alcalines, que l'on rejetait précédemment, et à les faire servir de nouveau.

Le 23 avril, mourut M. Pierre-Charles-Nicolas Bourdon, beau-père de M. Petou; il était fils de Nicolas Bourdon, était né en 1746 et habitait la rue de l'Hospice.

Une plainte contre le propriétaire d'une machine à vapeur, dont la cheminée n'était pas plus haute que celles des maisons voisines, nous apprend que les plus belles cheminées industrielles d'Elbeuf étaient alors celles de MM. Louis-Robert Flavigny et Louis Delarue, qui avaient chacune une hauteur de 32 mètres au-dessus du sol. Celle de Mme veuve Lécallier, construite trop basse, fut élevée jusqu'à la hauteur de 34 mètres 22 cent. en cette même année.

Suivant des rapports adressés au préfet, des « propos les plus répréhensibles étaient tenus parmi les ouvriers d'Elbeuf ». Le maire fut invité, le 4 juin, à tâcher de livrer les coupables à la justice. Un, entre autres, nommé Yse, était accusé d'avoir dit que « Charles X était un brigand, que l'on devrait braquer une pièce à mitraille sur lui et sur tous ceux qu'il récompensait ». D'autres avaient dû dire qu'il fallait « un Louvel pour le jour du sacre ».

M. Caplain exerçait alors la profession de fondeur de cloches, à Elbeuf. Le 9 juin 1825, il fut autorisé à établir un fourneau à réverbère pour une fonderie de cuivre. — En 1856, cet établissement fut transféré rue Bourdon.

Un membre de sa famille, M. J.-B.-Claude Caplain fils aîné, mécanicien à Petit-Couronne, prit un brevet, en 1825, pour un appareil concernant également les bains de teinture.

A l'occasion du sacre de Charles X, un *Te Deum* fut chanté, le 19 juin, à l'église paroissiale en présence des autorités. La ville, par invitation du maire, fut pavoisée et le soir illuminée. Le buste du roi, placé sur la façade de la mairie, « laissait apercevoir les traits chéris du monarque bien aimé qui faisait la gloire et le bonheur de la France ». Le maire ajoute dans son compte-rendu de la fête : « Toutes les affections semblaient se réunir en une seule pour fêter l'auguste monarque et graver dans le cœur les souvenirs de son sacre ». On sait, par ce que nous avons dit précédemment, ce qu'il faut penser de ce rapport du maire.

Le 20, on assigna à M. Bonne, au nom de MM. Fabas de Mautort et Gueroult, ses commettants, entrepreneurs des transports par eau d'Elbeuf à Rouen, une place pour le bateau à vapeur qui devait bientôt faire le service entre les deux villes.

A partir du 27 juin, on remblaya la rue Hervieux et le lieu dit Pré-Bazile, où deux « heurts » furent établis.

Le 28, on donna l'alignement à M. Prosper Delarue, dans une partie de terrain concédé à la ville « qui conduisait de la rue de Seine nouvelle à celle de Saint-Jean ».

Le 18 août, le Conseil municipal rejeta une demande de participation aux frais d'entretien des rues de Caudebec, que la municipalité de cette commune de 4.000 habitants disait être dégradées surtout par les voitures servant au transport de laines et de draps aux filatures et aux moulins à foulon, en ajoutant que, sans l'opiniâtre résistance et les entraves de tout genre que la commune de Caudebec avait apportées à la prolongation du Cours vers Pont-

Année 1825

de-l'Arche, ses chemins, qu'elle disait détériorés, ne le seraient plus depuis trois ans.

Notre Conseil ajouta encore que cette route, sur le point d'être enfin ouverte et qui avait coûté à la ville d'Elbeuf plus de 90.000 fr., serait à la jouissance de Caudebec, ainsi que la rue de Louviers, récemment pavée, pour laquelle Elbeuf avait dépensé 50.000 fr. ; et enfin, que la commune de Caudebec, comptant quatre-vingt-dix fabricants, avait bien le moyen de réparer ses chemins.

Ce même jour, le Conseil nomma, sur l'avis de M. Romelot, curé de Saint-Jean, et de l'archevêque, M. Fourquemain, instituteur à Bec-Thomas, chef de l'école mutuelle d'Elbeuf, en remplacement de M. Coyez, démissionnaire. La distribution des prix dans cette école eut lieu le 26.

Le prince de Lambesc avait un frère cadet : le prince de Vaudemont, qui mourut le 20 novembre. Dans sa jeunesse, il avait mené une vie scandaleuse. Plus tard, il avait émigré, servi dans les armées ennemies et était parvenu au grade de général. Dans les combats de Stokack et Mœsskirch, il avait lutté contre Lecourbe et Vandamme, généraux de la République française.

Un crime jeta la terreur parmi nos populations le 21 septembre. Une veuve Férey, âgée de 86 ans, avait été assassinée, la veille, par un nommé Delalande, forçat libéré, en résidence à Elbeuf, et demeurant rue Saint-Amand. L'assassin fut arrêté pendant la nuit suivante à son domicile. Il avoua avoir volé 90 fr. à sa victime. L'enquête fit découvrir qu'il avait trois complices, qui furent également arrêtés.

Ce crime impressionna d'autant plus les habitants d'Elbeuf et des environs qu'on comptait alors dans notre ville un assez grand nombre de forçats libérés, malgré les efforts qu'avaient toujours déployés M. Hayet, ancien maire, et M. Petou, son successeur, pour faire assigner à ces repris de justice une autre résidence.

L'émotion redoubla quand on apprit que le nommé Bénic, principal complice de Delalande, s'était évadé de prison et qu'il s'était réfugié dans la forêt entre Orival et la Londe ; chacun s'attendait à quelque nouveau crime, notre administration municipale elle-même, qui exposa ses craintes au préfet, en même temps que ses plaintes contre la maladresse de ceux qui avaient laissé fuir Bénic, que l'on arrêta de nouveau quelques jours après. — La cour d'assises de l'Eure prononça plusieurs condamnations à la peine capitale, et adressa des félicitations à M. Byvoct, commissaire de police d'Elbeuf.

Suivant le rapport du commissaire de police, la sûreté publique avait été menacée à Elbeuf, par la présence dans notre ville d'individus prévenus de l'assassinat commis sur la personne de la veuve Férey. Ils furent arrêtés par la police d'Elbeuf.

Le commissaire de police dit, dans ce rapport, que le trop grand nombre de forçats libérés, répandus dans les fabriques d'Elbeuf, causait des inquiétudes continuelles, par les difficultés de pouvoir les employer.

A cette époque, la situation du commerce de la draperie était difficile et critique. Vers la fin de l'année, le prix du blé augmenta, pour des causes inconnues ; il en résulta des alarmes et des plaintes parmi la classe ouvrière.

Des individus exploitaient alors la Rigole à leur profit particulier, en s'emparant de places où ils installaient des coffrets et des gaulettes qu'ils louaient ensuite aux lessivières ou aux ménagères. Cet abus prit fin le 22 août, par suite d'un arrêté municipal.

Un autre arrêté municipal, daté du 29 septembre, eut pour but de prévenir les incendies causés par les amas de bouts et déchets de fabrique.

Vers ce temps, le nombre des places pour les vieillards à l'hospice fut porté à vingt.

Cette année-là également, M. Glin, vicaire de Saint-Etienne, passa en la même qualité à Orival, dont il devint curé. — M. Baslé, de la Londe, fut nommé vicaire de Saint-Etienne.

La Société d'encouragement pour l'industrie nationale ayant décerné à M. Debergue, de Paris, une médaille d'or pour le métier mécanique à tisser de son invention, qui s'appropriait à la fabrication des tissus de laine, plusieurs fabricants d'Elbeuf s'intéressèrent à ce métier ; mais, après examen, ils conclurent qu'il ne pouvait être utilement employé pour leur industrie.—Quelque temps après, M. Debergue chercha à appliquer à son métier l'invention de Jacquard, et fabriqua des métiers spéciaux pour le tissage des draps de grande largeur, et d'autres pour le tissage d'étoffes réclamant de deux à six marches.

La Chambre consultative, dans sa réunion du 8 octobre, rédigea cette adresse aux ministres des Finances et de l'Intérieur :

« Monseigneur,

« Parmi les diverses mains-d'œuvre que nécessite la confection des draps, se trouve l'opération du tisserannage, ce travail de la toile ne peut se faire sans que l'ouvrier n'ait à renouer une quantité de fils que fait rompre le mouvement de la châsse et de la navette. De là, naît un déchet provenant des restes de fils trop courts pour être rattachés, que l'on désigne en fabrique sous le nom de « bouts de « tisserand ».

« Ces bouts, que nos manufacturiers n'ont point employés jusqu'à ce jour, sont recherchés par la Belgique qui, depuis un temps immémorial, les convertit en draperie commune. Les Belges se procurent les restes de fils de tisserand par des courtiers qui, dans chaque ville de fabriques de draps, sont établis pour les acheter ; mais ces mêmes préposés, trouvant dans leur trafic des moyens faciles pour s'emparer des matières premières en même temps que des déchets, il en résulte un désordre inexprimable.

« Le mal causé par ces courtiers, séducteurs de tisserands, s'est accru à un tel degré dans la ville d'Elbeuf, que les manufacturiers se sont réunis pour l'adoption d'un projet qui tendrait à détruire ce fléau, en créant un établissement commun, destiné à confectionner des draps, dans l'intérieur même, avec ces bouts de tisserand que la Belgique emploie.

« Ce projet aurait l'avantage de ravir à l'étranger une industrie profitable, et ce point de vue le rend précieux dans ses résultats ; mais il serait vainement mis à exécution, s'il restait aux courtiers de la Belgique le moindre prétexte pour continuer leurs achats et la fraude qu'ils ont organisée à l'aide de ce courtage.

« C'est pourquoi la Chambre consultative d'Elbeuf, organe des cent-dix premières maisons de la ville, ose supplier V. E. de présenter à Sa Majesté une ordonnance pour défendre la sortie à l'étranger des déchets de fabriques de draps, connus sous le nom de bouts de tisserand, bouts de filature et généralement de tous déchets de fabrique.

« Ces bouts sont une véritable matière première, comme la laine, puisqu'ils servent comme elle à confectionner un genre de draperie ; et, sous ce rapport, la prohibition de leur sortie à l'étranger se trouve dans les attributions de V. E.

« Un grand nombre de manufacturiers de Louviers appuyant fortement le projet de confection des bouts dans l'intérieur présenté par Elbeuf, paraît disposé à se joindre aux actionnaires de l'établissement proposé : tout fabricant pourrait d'ailleurs le mettre en œuvre lui-même, si tel était son désir.

« Ces considérations et la protection puissante que V. E. se plaît à accorder au commerce, ont convaincu la Chambre consultative des manufactures de la ville d'Elbeuf que le vœu unanime des manufacturiers serait accueilli avec bienveillance, et pleins d'espoir dans votre appui, ses membres, en attendant l'ordonnance royale qu'ils sollicitent, ont l'honneur d'être.... », etc.

Un peu antérieurement à la date du 8 octobre, on trouve sur le registre de la Chambre, la copie d'un mémoire très étendu sur les vols de fabrique et celle des bases de la société projetée pour l'emploi des bouts.

Le terrible incendie de Salins, dans lequel deux églises et 400 maisons avaient été détruites, excita la pitié de la France entière. A Elbeuf, des souscriptions furent organisées et l'on recueillit ainsi une somme de 3.577 fr. 75, qui fut adressée, le 25 octobre, à un député du Jura, pour les incendiés.

La Saint-Charles, fête du roi, fut célébrée en 1825 et les années suivantes le 4 novembre, par le son des cloches, des distributions de vivres aux indigents faites par les curés des deux églises, une messe à Saint-Jean, où les autorités se rendirent ainsi que la garde nationale, des drapeaux, des illuminations et des danses gratuites. Par ordre, les ateliers et boutiques demeurèrent fermés pendant tout ce jour.

Le rapport du maire ajoute que l'on passa en revue la garde nationale « quoiqu'elle n'eût pas encore atteint le degré d'organisation que l'on se proposait; mais stimulée par ses commandants, elle se présenta dans une belle tenue, notamment les trois compagnies de grenadiers, de chasseurs et de pompiers, qui attirèrent l'admiration du public et les éloges de l'autorité ».

Le 15 décembre, la nouvelle voie publique ouverte par M. Prosper Delarue reçut officiellement le nom de rue de la Prairie. Celle ouverte par M. Louis Delarue reçut le nom du Pré-Bazile, « à cause de cette ancienne dénomination ».

Le général Foy, mort le mois précédent, était une des illustrations de l'époque. Le peuple l'aimait parce qu'il n'avait jamais perdu une occasion de célébrer les victoires de la République et de l'empire, et l'on savait que s'il avait accepté les Bourbons, c'était parce qu'il croyait à leur fidélité à la Charte. D'ailleurs, son attitude à la Chambre lui avait valu le respect de tous les libéraux et même des royalistes.

Or, le 6 décembre, vingt membres de la garde à cheval de Rouen vinrent à Elbeuf pour assister à un banquet auquel ils avaient été invités par des membres de la garde à cheval de notre ville. Dans cette réunion, on fit une collecte au profit des enfants du général Foy, indépendante d'une autre faite au cercle des commerçants.

Il faut croire que cette souscription déplut au gouvernement, car le préfet ordonna une enquête à Elbeuf. En tous cas, la pression de l'opinion publique fut si grande, que le ministère n'osa pas intervenir.

Le jeudi 10 décembre, un terrible ouragan s'abattit sur Elbeuf. Entre autres accidents qu'il causa, on nota le renversement de la cheminée de pompe à feu que faisait alors construire M. Gariel, rue de Caudebec, laquelle, dans sa chute, écrasa la maison de M. Drevet, contigüe.

Ce même jour, la municipalité décida « afin de réunir l'utile à l'agréable » d'entourer de lisses la place Royale, où 22 arbres avaient déjà été plantés dans le but de protéger la rue Saint-Louis des ardeurs du soleil.

Le 30, elle vota la construction d'un ponceau sur le halage dans la Prairie, et décida que l'éclairage des rues durerait désormais toute la nuit. Cette dernière décision fut rapportée peu de temps après : l'éclairage s'arrêtait à trois heures du matin.

En décembre, la Chambre consultative fut appelée à résoudre une série de questions, tant sur la construction des machines à vapeur et autres mécaniques en France que sur leur emploi, comparativement à l'Angleterre.

En 1825, on constata cent décès de plus qu'en l'année précédente. Cet excès de mortalité portait exclusivement sur les enfants, dont une grande quantité avaient été frappés par la variole.

L'état-civil, pendant l'année, avait enregistré 466 naissances, 80 mariages et 392 décès.

CHAPITRE XXIX
(1826)

Augmentation du nombre de machines a vapeur. — Affaires de fabrique ; statistique. — Une série de crimes. — Double exécution capitale. — Affaires municipales. — Le rejet du droit d'ainesse ; enthousiasme a Elbeuf. — Ouverture de la place Saint-Louis. — Création d'une brigade de gendarmerie a cheval. — Faits extraordinaires. — Crise industrielle. — Nouveau service de bateaux a vapeur. — La future rue Bourdon.

Un rapport de M. Byvoct, commissaire de police, daté du 2 janvier 1826, donne la liste exacte des machines à vapeur existant alors à Elbeuf. Elles étaient au nombre de vingt-quatre, dans les établissements de MM. Gariel, Drouet, veuve Lécallier, Pérel, Emile Delaunay, Boisguillaume, J.-B. Delaunay, Dévé, Hazé fils, Victor Delarue, Massé, Charles Louvet, Robert Flavigny, Henri Quesné, Eugène Sevaistre, Join-Lambert fils, Auguste Delalande, Petou, Duvergier, Victor Grandin, Charpentier, Louis Delarue, Fromont, Lefort.

Le 6, M. Constant Leroy fut nommé président du Conseil des Prud'hommes, et M. Lefort-Henry vice-président.

A partir du 16, la ville reprit la régie de son octroi, affermé pendant les années précédentes. M. Mauger en fut le préposé en chef ; il avait dix préposés sous ses ordres. Les frais de traitement et de bureau s'élevèrent à 870 francs par mois, en moyenne.

Le 18, on nomma MM. Constant Leroy et Eugène Sevaistre membres de la Chambre consultative, en remplacement de MM. Parfait Maille et Jacques-Louis Grandin. MM. Lefort-Henry et Henri Quesné entrèrent à la Chambre comme suppléants, avec voix consultative.

Ce même jour, la Chambre, ayant reconnu qu'il y avait lieu d'étudier sincèrement la création, à Elbeuf, d'un cours public de géométrie et de mécanique, MM. Pierre Turgis et Constant Leroy furent chargés de présenter un plan d'organisation.

Le 18, la Chambre répondit à un questionnaire du ministre de l'Intérieur, relatif à la fabrication et à l'usage des machines à vapeur. Le texte de cette réponse est consigné sur le registre de cette compagnie. Il mentionne qu'Elbeuf emploie vingt-deux machines à vapeur, appliquées, sauf une, à la fabrication du drap, et que leur force était de 6 à 20 chevaux, le plus grand nombre de 8 à 14, treize de ces moteurs étaient d'origine anglaise, trois franco-françaises et six entièrement françaises.

Une des réponses a trait au matériel de fafabrique. La Chambre note que toutes les tondeuses employées à Elbeuf sont d'origine française et ont été construites chez John Collier, à Paris. « Depuis le 1er janvier dernier, il est arrivé dans notre ville deux nouvelles tondeuses, d'un autre genre, dont on fait un grand éloge et qui se construisent à Sedan, chez M. Abraham Poupart, ainsi qu'une pile, échantillon d'un système nouveau de fouleries, inventé à Sedan, par M. Chardron, transplanté en Belgique, et dont le brevet vient d'être concédé à M. Ternaux pour l'exploitation en France ».

Suit le tableau du nombre des principales machines et nouveaux appareils existant en chaque année à Elbeuf, de 1819 à 1825 :

	1819	1820	1821	1822	1823	1824	1825
Machines à vapeur	3	8	11	11	14	15	22
Tondeuses.......	13	25	39	47	53	66	96
Fouleries........	0	0	0	0	0	1	3
Presses hydraul..	3	5	8	14	21	29	36
Calorifères.......	0	0	0	0	1	2	4

Le 26, le préfet écrivit à M. Petou :

« Je suis charmé d'avoir à vous annoncer que, conformément à la proposition que j'en avais faite à S. E. le ministre de l'Intérieur, le Roi, par ordonnance du 18 courant, vous a nommé de nouveau aux fonctions de maire d'Elbeuf, vacantes par suite du renouvellement quinquennal.

« M. Devitry est confirmé par la même ordonnance à la première place d'adjoint, et M. Constant Leroy a été appelé à celle vacante par la démission de M. Join-Lambert.... »

Un nouveau crime vient jeter l'émoi dans notre ville.

Le 6 février, M. Nicolas Delaunay, maître charpentier à Elbeuf, avait été mortellement frappé d'un coup de feu, dans la forêt des Essarts, où il passait à cheval pour se rendre à Grand-Couronne ; on vola sur lui la misérable somme de 4 fr. qu'il portait.

Cet assassinat était le troisième commis aux environs d'Elbeuf depuis quatre mois. Le second avait été perpétré sur le chemin de notre ville à Bourgtheroulde.

La série des crimes se continuait donc d'une façon inquiétante. Un des événements qui fit, en 1826 et 1827 le plus de sensation à Elbeuf, fut un quatrième assassinat suivi de vol, commis dans la forêt de la Londe.

M. Voisin, clerc de notaire, après avoir reçu des sommes importantes dans diverses villes de France, arrivait à Rouen le 6 février et le 7 à la Bouille. Le lendemain matin, vers six heures, il quittait cette dernière localité, monté sur un cheval loué à un nommé Boucachard, auquel il donna ordre de l'aller attendre à Bourgtheroulde. Quelques heures plus tard, on trouvait le cadavre de Voisin dans la forêt de la Londe, à quinze pas de la route, et, non loin de là, sa bourse en peau de daim, qui avait été coupée et vidée. Le cheval paissait dans le bois à peu de distance. Boucachard fut un instant soupçonné, mais il prouva facilement son innocence.

L'enquête à laquelle la justice se livra eut pour résultat l'arrestation du nommé Heurtaux, de sa femme et d'un troisième individu du nom de Daguet. L'instruction rétablit les allées et venues des trois accusés dans la forêt, avant, pendant et après le crime. Une fille Cabour avait vu Daguet et Heurtaux sortir du bois, saisir Voisin sur la route et l'entraîner violemment dans la forêt. Des bûcherons ajoutèrent aux charges qui pesaient sur les accusés.

A la cour d'assises de la Seine-Inférieure,

les débats durèrent six jours. Cent vingt-trois témoins furent entendus. Heurtaux et Daguet furent condamnés à mort le 6 décembre 1826 ; l'arrêt portait que l'exécution aurait lieu à Bourgtheroulde. La femme Heurtaux obtint son acquittement, les preuves contre elle n'étant pas suffisantes.

Disons tout de suite que la double exécution eut lieu à Bourgtheroulde le 4 février suivant, à midi trois quarts. On évalua à 10.000 le nombre des personnes qui se déplacèrent pour y assister, dont plusieurs milliers d'Elbeuviens. Il faut ajouter que le trajet des condamnés, de Rouen à Bourgtheroulde, s'était fait par Pont-de-l'Arche et Elbeuf, de sorte que le lugubre cortège s'était grossi d'une infinité de personnes habitant les localités traversées. Le *Journal de Rouen* rapporta les détails de cette exécution :

« Daguet est monté sur l'échafaud avec assurance ; au moment où il recevait la mort, Heurtaux le regardait froidement ; ceux qui l'accompagnaient, poussés par un sentiment d'humanité, lui firent détourner la tête. A son tour il parut ; il s'inclina de côté pour voir les débris du corps de son complice dans le panier où il était tombé ; il se redressa et, s'adressant au peuple qui l'entourait, dit d'une voix assurée : « Mes amis, dites un *Pater* et un *Ave* pour moi ; je meurs innocent ». Un instant après, il avait cessé de vivre.

« Le plus grand ordre a régné pendant l'exécution, qui a fait une vive sensation dans tout le pays, dont les habitants ont paru convaincus de la culpabilité des condamnés ».

Cette opinion du *Journal de Rouen* ne fut pas partagée par tous les Elbeuviens, car beaucoup conservèrent les doutes qu'ils avaient émis pendant les débats.

A la suite, on vendit des complaintes, dont on peut voir encore des exemplaires, conservés depuis cette époque.

Ces crimes multipliés firent croire à M. Petou, maire d'Elbeuf, à l'existence d'une bande de brigands ayant ses repaires dans la forêt de la Londe, qu'on ne traversait plus qu'armé et en compagnie. On supposait de plus en plus que des forçats libérés, habitant notre ville, ne devaient pas être étrangers à ces assassinats.

En conséquence, le maire réclama du préfet une battue générale de la forêt, entre Orival, Moulineaux et la Londe. Cette battue fut faite le 22 février 1826, sous la direction d'un capitaine de gendarmerie ; elle demeura sans résultat.

Dans une excursion de nuit, faite aux abords du Château de Robert-le-Diable, dont les souterrains étaient soupçonnés de servir de refuge à des malfaiteurs, M. Byvoct, commissaire de police à Elbeuf, fut blessé à l'aîne d'un coup de feu, par la maladresse d'un des agents qui l'accompagnaient.

Le 21 février, M. Pierre-Henri Hayet, ancien maire, conseiller général, chevalier de la Légion d'honneur, procéda, par délégation du préfet, à l'installation de M. Petou, nommé maire d'Elbeuf, de M. Louis Devitry, premier adjoint, et de M. Constant Leroy, second adjoint. A cette occasion, M. Hayet prononça un discours dont le texte figure sur les registres municipaux, ainsi que celui prononcé par M. Petou.

A la suite du procès-verbal se trouvent les

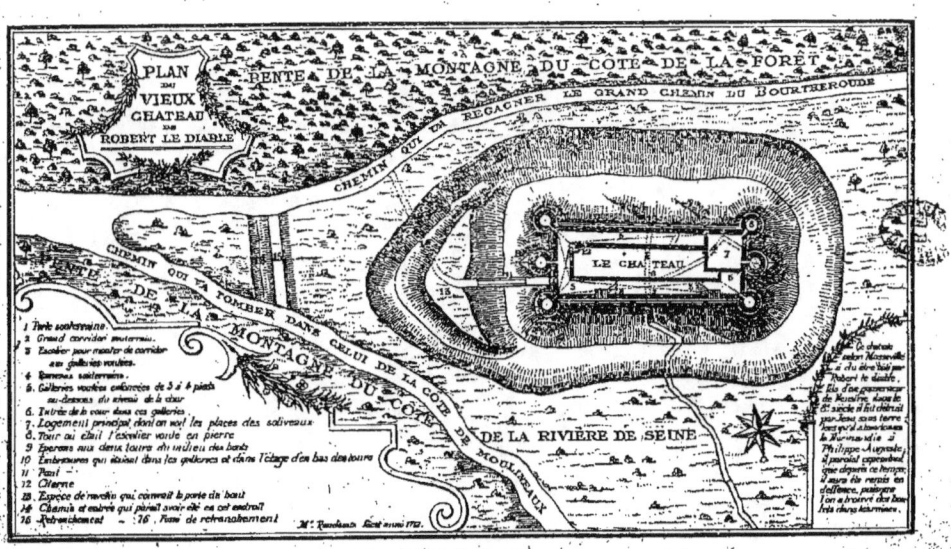

Plan du Château Robert

Année 1826

signatures des administrateurs et notables de notre ville : P.-H. Hayet, Petou, Devitry, Constant Leroy, Le Cerf, juge de paix ; Romelot, curé d'Elbeuf ; P. Renault, desservant de Saint-Etienne ; P.-A. Corblin, Aug. Henry, Henri-Math. Quesné, Join-Lambert aîné, Jacques-Louis Grandin, Parfait Maille, Nic.-Félix Lefebvre, Capplet, Desfresches, Fremont, Ch. Louvet, Lefort-Henry, Auguste Maille, Louis-Robert Flavigny, Alexandre Grandin fils, Le Grelle, Augustin Dévé, E. Barbe, Mauger, Prieur-Quesné, J. Bellec, J.-B. Rouvin père, Lefebvre, Jh. Godet, H. Tabouelle, Vauclin, Lejeune père, etc.

M. Thiennette exploitait à cette époque une petite fabrique de savon. Un arrêté du préfet, en date du 23 février 1826, l'autorisa à continuer cette exploitation. — Le 29 mars de cette même année, MM. Berment et Avenel furent autorisés à établir une nouvelle fabrique de savon, impasse de la Vignette, à Elbeuf.

L'ouverture de la rue du Pré-Bazile, dans la propriété de M. Louis Delarue, ne fut définitivement autorisée que vers cette époque.

Le 20 mars, la Commission de l'Hospice repoussa une demande faite par la marquise de Folleville née Bigot et le marquis de Martainville, tendant à rentrer dans des biens autrefois confisqués sur eux comme émigrés et donnés par l'Etat à l'Hospice d'Elbeuf, en remplacement d'autres biens ayant appartenu à cet établissement et aliénés pendant la Révolution.

Ce même jour, M. Gancel, de la Londe, prit un brevet pour une machine de son invention, qu'il appelait « lavoir économique des laines » propres à la fabrication du drap.

Le 20 mars également, on ouvrit une enquête sur le projet de M. J.-B. Delaunay d'éblir, rue de la Bague, une pompe à feu pour le service de son établissement industriel. — Deux mois après, on fit une nouvelle enquête pour l'établissement d'une autre machine à vapeur, chez M. Charles, rue de la Barrière, 122.

Le 28, mourut M. J.-B.-Pierre Sevaistre, fils de Louis, rentier rue Royale ; il était né en 1738.

La Chambre des pairs avait été saisie d'un projet de rétablissement du droit d'aînesse, aboli par la Révolution. Quand, le 10 avril, on apprit à Elbeuf que ce projet avait été rejeté par l'assemblée, il se manifesta une joie indescriptible, qui se traduisit, le soir, par des illuminations spontanées presque générales. Dans les rues, on criait à tout instant : « Vive la Chambre des pairs ! Vive le Roi ! » On croyait véritablement à un retour vers le libéralisme.

A Elbeuf, la population avait doublé depuis quinze ans, et notre ville, par son importance, arrivait au troisième rang dans la Seine-Inférieure. Notre municipalité sentit le besoin d'apporter quelques améliorations à la voirie, qui en avait d'ailleurs le plus grand besoin. A cet effet, elle contracta, au nom de la ville, un emprunt de 200.000 fr. Cette décision porte la date du 1er mai 1826.

Le 6 du même mois, on publia dans les rues de la ville que les pièces de 15 sous et de 30 sous ne pouvaient être refusées, sous peine d'amende.

Quelques jours après, un nouvel avis informa le public que le locataire du bâtiment dans lequel le feu se déclarait ne devait pas payer 50 fr. pour la sortie des pompes à incendie, ainsi qu'on le croyait généralement, et qu'il était du devoir de chacun d'appeler du secours quand un commencement d'incendie se déclarait quelque part.

A cette époque, on voyait chaque samedi soir, de six heures jusqu'à dix, des jeux de hasard établis sur la place du Coq, où nombre d'ouvriers perdaient l'argent gagné pendant la semaine. Sur l'invitation du préfet et par arrêté daté du 12, le maire fit disparaître ces établissements, dont les propriétaires se rendaient aussi à toutes les fêtes patronales des environs, et surtout sur le lieu de la foire Saint-Gilles.

Au 21 mai, la place Royale (Saint-Louis) était nivelée, plantée et en état d'être régulièrement occupée par les étalagistes qui, encombrant la rue Royale dans toute sa longueur, ne laissaient qu'un passage insuffisant aux voitures et même aux piétons, d'où plusieurs graves accidents étaient résultés. En conséquence, le maire arrêta qu'à partir du 15 juillet suivant, les marchands d'œufs, de beurre, de crème, fromages, etc., seraient tenus d'étaler sur la place et non ailleurs.

Une décision du ministre de la Guerre, en date du 23 mai, ordonna la création immédiate d'une brigade de gendarmerie à cheval. — Cette mesure était prise en considération de troubles graves survenus en Angleterre, dans les villes où l'on avait introduit des machines. Le gouvernement redoutait de pareils troubles à Elbeuf, bien que les avis qui lui avaient été donnés par l'autorité municipale fussent contraires aux craintes du ministre.

Un concert fut donné, le 10 juin, au bénéfice des Grecs ; des jeunes gens de Rouen s'y rendirent. Le maire d'Elbeuf fut invité à surveiller cette réunion pour prévenir tout désordre.
— Entre temps, des citoyens d'Elbeuf furent dénoncés, notamment M. Ratienville, ancien teinturier, qui avait tenu des propos contre le gouvernement.

Le 11 juillet, en pleine rue, on vit un nommé Herpin, mendiant, s'employer à « désensorceler » un ouvrier nommé Lecomte, atteint d'une maladie nerveuse. Le maire d'Elbeuf constata que ce Herpin s'était livré à « des actes dont le ridicule surpassait seul l'obscénité » et qu'il avait tenté de rançonner les spectateurs de cette scène. L'auteur de ce scandale, qui, aux yeux de quelques-uns, était un mouchard, ne fut point poursuivi, ce que déplora amèrement M. Petou.

Quelques semaines après, Herpin se vanta d'avoir « désensorcelé » un nommé Fréret, de Freneuse, connu comme fou furieux, et de la famille duquel le mendiant sut se faire donner 17 fr. pour prix de la prétendue guérison de l'aliéné. — Le maire dénonça Herpin au préfet et au procureur du roi.

Le corps médical d'Elbeuf se composait alors de MM. Rey, docteur en médecine, Compaing, Revelle, Lesaas, Fillolet et Delanos, ce dernier officier de santé.

A cette époque, une enquête était ouverte pour l'établissement d'une pompe à feu chez M. Louis Drouet, rue du Cours, et une autre pour pareille installation chez MM. Hazet fils et Collas, rue de la Bague.

Le 27 juillet, on parla pour la première fois, au Conseil municipal, de la création d'une

Morgue. Elle fut décidée le 21 septembre suivant.

Un événement d'un genre spécial fit le sujet de toutes les conversations quelques jours après.

Une jeune fille de 19 ans disparut tout à coup de chez sa mère et aussitôt le bruit se répandit en ville qu'elle avait été enlevée et conduite au couvent de Saint-Aubin. Le maire d'Elbeuf se rendit dans cet établissement, avec son confrère de Saint-Aubin, le 29 juillet. La supérieure leur déclara qu'en effet elle l'avait reçue la veille, à dix heures du soir. Les deux maires invitèrent la jeune fille à rentrer chez ses parents. Dans la conversation, M. Petou s'aperçut « qu'elle était subjuguée par des suggestions étrangères ». Elle revint néanmoins à Elbeuf, avec son frère, mais, le lendemain, disparut de nouveau et l'on n'en entendit plus parler.

Depuis un an, la situation de la fabrique elbeuvienne était mauvaise, malgré le prix très bas des matières premières. De nombreux fabricants, se trouvant dans la nécessité de réaliser des espèces, livraient leurs draps à des prix dérisoires, ce qui empêchait plusieurs autres de soutenir les leurs. Le travail avait considérablement baissé, et le chômage créait la misère parmi la population ouvrière. En juillet, un solde considérable se fit, avec des pertes énormes pour les manufacturiers.

Un état de la population d'Elbeuf, daté du 12 août, porte qu'elle comptait 10.200 habitants, soit 1.110 de plus qu'en 1820.

Le 16 août, un incendie éclata rue de l'Hospice, dans l'immeuble appartenant à M. Constant Godet, et détruisit une grande partie de la fabrique de M. Desfresches, dont l'enfant périt dans les flammes, après avoir été asphyxié par la fumée. La compagnie de pompiers s'y distingua par son zèle. Elle reçut, le 23 août, une somme de 250 fr. de la Compagnie Royale d'assurances, à titre de félicitations. Deux jours après, la Compagnie d'assurances mutuelles annonça à M. Petou, maire d'Elbeuf, l'envoi d'une médaille d'argent, pour être décernée au capitaine Bellec ; mais celui-ci ne voulut point l'accepter, ne jugeant pas avoir assez fait pour la mériter.

M. J.-B.-Léonard Pion fut nommé lieutenant de la compagnie de pompiers, par arrêté préfectoral en date du 20 septembre.

L'archevêque de Rouen résida à Elbeuf, chez M. Petou, du 2 au 7 octobre. Les autorités étaient allées le recevoir aux portes de la ville, et un poste de garde nationale fut placé devant le domicile du maire pendant toute la durée du séjour qu'y fit le prélat.

Ce fut sans doute cette visite qui engagea M. Renault, curé de Saint-Etienne, à décorer son maître autel des six grands chandeliers que l'on y remarque, et qui furent payés 3.208 fr. à M. Caplain, fondeur. Vers ce même temps, M. Delandre remplissait les fonctions de clerc des sacrements en cette paroisse, en remplacement de M. Pigault.

Le 11 octobre, on déposa à la mairie le nouveau plan de la rue Notre-Dame, qui fut pavée à partir de l'année suivante.

Le 23, une ordonnance royale nomma membres du Conseil municipal MM. Hippolyte Join-Lambert, Pierre-Nicolas-Désiré Lefort-Henry et François Longuemare, notaire, en remplacement de MM. Jean-Pierre Lefort, décédé ; Constant Leroy, nommé adjoint, et Louis Delarue, démissionnaire.

A cette date, la circulation se faisait enfin d'Elbeuf à Pont-de-l'Arche par la nouvelle route.

On s'occupait alors de l'alignement de la rue du Maurepas, dont le terrain avait été donné à la ville par les héritiers de M. Nicolas Louvet.

Dans le courant de novembre, un service de bateaux à vapeur s'établit entre Elbeuf et Rouen : ce fut un rude coup pour les barguettes d'Elbeuf, d'Orival et d'Oissel. La chaloupe l'*Elisa* continua cependant son service, plutôt pour certaines marchandises que pour les voyageurs, mais elle dut enfin céder devant le progrès.

Le 25 novembre, le Conseil municipal rejeta une demande des communes de Saint-Cyr, Saint-Martin-la-Corneille et Thuit-Anger, tendant à une nouvelle délimitation, à leur profit, de la forêt d'Elbeuf.

Le 4 décembre, l'administration municipale fut saisie d'une proposition faite par M. Mathieu Bourdon, rentier à Igoville, d'ouvrir à Elbeuf une rue tendant de la rue Saint-Jean à celle de Seine. Cette proposition ne fut acceptée que l'année suivante, avec un projet de presbytère dans cette rue pour le curé de Saint-Jean.

Jusqu'ici, la Ville payait la moitié du loyer du théâtre, appartenant à MM. Robert Bourdon et Sèbe, mais l'exploitant de la salle ayant manqué à ses engagements, le Conseil refusa d'inscrire cette dépense au budget de l'année suivante.

Une lettre, datée du 19 décembre, informa

le maire qu'un renfort de quatre gendarmes allait être envoyé à Elbeuf, afin d'assurer la surveillance des grandes routes et des forêts pendant l'hiver.

A cette époque, M. Pierre-Joseph Lesaas, né à Elbeuf et qui y avait exercé la pharmacie, était pharmacien à l'hôpital de Longwy.

On enregistra, en 1826, 485 naissances, 82 mariages et 369 décès.

CHAPITRE XXX
(1827-1828)

Voirie municipale. — Mort de M. Hayet. — L'industrie a Elbeuf. — L'exposition de 1827. — Visite d'Elbeuf par la dauphine, duchesse d'Angoulême. — La malle-poste. — Projet de cimetière au Vallot. — Inventions. — M. Malteau et l'éclairage au gaz.

MM. Henri Quesné et Lefort-Henry entrèrent à la Chambre consultative d'Elbeuf, le 4 janvier 1827.

A dater du lendemain 5, M. Lefort-Henry présida le Conseil des Prud'hommes, ayant pour vice-président M. Félix Lefebvre. — Le 31 décembre de la même année, M. Eugène Sevaistre fut nommé président, et M. Joseph Godet vice-président de ce même Conseil, dont les justiciables furent relativement peu nombreux jusqu'à l'époque où la fabrication de nouveautés s'établit.

La création d'abattoirs publics fut décidée le 12 janvier. L'emplacement choisi était un terrain situé sur le bord de la Seine, au confluent du Puchot, dont le prix était de 130.000 francs.

La Ville prenait alors des dispositions pour faire creuser un canal destiné à conduire à la Seine les eaux de la place du Calvaire. Ce travail fut terminé en l'année même, mais après de nombreuses difficultés, soulevées par certains propriétaires des terrains que le fossé traversait.

Vers ce temps, une machine à vapeur de Lyon ayant fait explosion, une sorte de panique se manifesta dans notre ville. Le maire réclama la visite, par un ingénieur compétent, de toutes les machines de ce genre existant à Elbeuf.

On célébrait toujours, et cela se continua jusqu'en 1830, un service expiatoire le 21 janvier, anniversaire de l'exécution de Louis XVI. En 1827, cette date tombant le dimanche, le service religieux fut avancé d'un jour, et comme tout travail était interdit pendant la journée de cette cérémonie funèbre, on supprima le marché du samedi. Par contre, le service, particulier jusque-là, pour Marie-Antoinette fut joint à celui de son époux.

M. Louis-Norbert Flavigny, fils de Louis-Nicolas, mourut le 21 ; il était né en 1763.

Cet hiver-là, on mit en adjudication les travaux d'un ruisseau pavé dans la rue « Saint-Haut », et des réparations extraordinaires aux réverbères.

La rue Pavée n'existait alors qu'à l'état de passage pour les locataires riverains. Le 6 mars, le Conseil décida de l'admettre au nombre des rues municipales et de lui donner le nom qu'elle porte encore actuellement.

En mars, le maire écrivit plusieurs lettres

municipales, dont la copie est conservée aux archives, concernant la source dite à Gabriel ou Saint-Georges, située rue de la Rigole, qui était devenue propriété de la ville.

Le 29, le feu éclata chez M. Quesné-Devé, fabricant rue de Caudebec.

M. J.-B.-Hubert Tienterre, fils de J.-B. Philippe, mourut le 1er avril ; il était né en 1782.

La ville ayant acquis une portion de terrain pour l'agrandissement de la place Royale, le maire la fit remblayer, à partir du 19 avril, pour l'amener au niveau de la place.

Ce même jour, la nouvelle du retrait du projet de loi sur la police de la presse fut accueillie à Elbeuf, par un enthousiasme qui porta un grand nombre de nos concitoyens à illuminer le soir. La foule était grande dans la rue de la Barrière, et, de toutes parts, on entendait les cris de : « Vive le roi ! »

M. Charles-Prosper Hayet, fils de Martin, demeurant rue Saint-Jean, mourut le 30 ; il était né en 1745.

Le 16 mai, le Conseil donna un avis favorable pour la réhabilitation du sieur Louis-Jacques Marchand, forçat libéré, demeurant à Elbeuf, dont la bonne conduite, la probité et l'exactitude au travail étaient connues de tous.

A partir du 19 mai, on exposa à la mairie des plans supplémentaires au plan général de la ville, concernant la rue du Bout-du-Gard, avec un projet de prolongement jusqu'à la route du Neubourg (rue Fouquier-Long), la rue de Saint-Cyr, le chemin de la Saussaye ; la côte et la rue de Thuit-Anger, la partie supérieure de la côte Saint-Auct ; le chemin de la Vallée de l'Epine, celui des Ecameaux ; le hameau du Buquet et le chemin y conduisant.

M. Jacques-Louis Voranger, rentier, rue Notre-Dame, mourut le 29 mai; il était né en 1750.

La population moyenne de l'hospice était alors de 70 personnes, dont 10 préposés, servants et lessivières.

M. Pierre-Henri Hayet, qui avait rempli tant de fonctions publiques pendant la Révolution, sous le Consulat, l'Empire et depuis la Restauration, ancien maire d'Elbeuf, membre du Conseil général de la Seine-Inférieure, chevalier de la Légion d'honneur, mourut le 10 juin; il était fils de Jean-Louis-Nicolas et était né en 1752. Au cimetière, M. Petou, député et maire, prononça un discours dans lequel il rendit hommage à la mémoire du défunt, dont la libéralité avait toujours été appréciée de ses contemporains. Le *Journal de Rouen* publia une notice biographique sur notre concitoyen. — Par son testament, M. Hayet avait légué 4.000 fr. à l'Hospice et 2.000 francs au Bureau de bienfaisance.

Pendant le deuxième trimestre de 1827, quelques jeunes membres du clergé d'Elbeuf se laissèrent emporter par un zèle trop ardent. L'autorité ecclésiastique prit des mesures pour y remédier. — Suivant M. Petou, l'esprit public à Elbeuf était bon, mais atteint d'alarmes dont on ne connaissait guère la cause.

Le projet de construire un presbytère derrière le chœur de l'église Saint-Jean ayant été abandonné, on songea à acquérir un terrain dans la rue qu'il était question d'ouvrir entre les rues Saint-Jean et de Seine, dans la propriété de M. Bourdon.

Nous sommes arrivés à l'époque où l'industrie lainière en général et celle d'Elbeuf en particulier était à la veille de se développer. Déjà, la production de notre place s'accroissait, grâce aux moyens mécaniques que l'on possédait, mais au détriment de la classe ouvrière, chez laquelle se produisaient des chômages, peut-être aussi parce qu'une partie des draps que notre place aurait pu fabriquer étaient produits à Beaumont-le-Roger, et lancés dans le commerce comme étant d'Elbeuf. Les foulons qui avaient suffi jusque-là ne pouvant répondre à tous les besoins des manufactures de notre ville, on en avait établi un autre à Camfleur-Courcelles, près Bernay, où, chaque année, trois mille draps étaient foulés.

On publiait alors à Paris un journal de format in-12 nommé l'*Industriel*, dans lequel nous trouvons quelques renseignements sur l'industrie lainière française :

« Le lavage des laines ne s'est guère naturalisé en France, d'une manière remarquable que depuis peu d'années, et l'on y a acquis une pratique si éclairée, qu'il est permis de croire que nulle part on ne lave en grand les laines avec plus d'habileté qu'en ce pays.

« La sagacité dans le triage, pour approprier les qualités de laine aux divers usages, est comme une suite naturelle des efforts que l'on a faits pour perfectionner le lavage des laines et l'emploi le plus profitable des produits de notre culture.

« Les fabriques de lainages de toutes espèces et la soierie se présentent les premières à notre attention.

« Les fabriques de draps n'ont pas suivi le même élan : depuis l'introduction des machines à ouvrir, carder et filer la laine, ainsi que des machines à lainer et à tondre les draps, la plupart de ces fabriques sont restées stationnaires, et, c'est peut-être dans les lieux les plus renommés que cet état paraît se faire remarquer.

« On est parvenu à des résultats d'une parfaite exécution ; mais y a-t-il autant de progrès qu'on devait se promettre de l'emploi des moyens pour arriver à ces résultats ?

« Depuis quatre ans, les machines les plus remarquables qu'on ait introduites dans cette branche d'industrie sont, sans contredit, les tondeuses. L'une est remarquable en ce qu'elle opère avec une grande promptitude, l'autre avec une grande perfection les dernières coupes, qu'on donne encore, dans bien des endroits, avec des forces à la main.

« Quelques fabriques, d'une renommée récente, se sont distinguées par la fabrication de différents genres de tissus feutrés que la mode a favorisés. On peut dire cependant que la draperie s'est soutenue au point où elle était il y a dix ans, mais qu'en général elle n'a fait aucun pas digne d'une remarque spéciale ».

Le même journal, en rendant compte de l'Exposition de 1827, émet une seconde opinion en partie contraire à la précédente :

« La fabrication des draps semble depuis longtemps n'avoir plus de progrès à faire, et cependant chaque exposition ajoute à sa réputation ; mais aucune ne l'a élevée si haut que l'exposition de 1827.

« Vingt-un départements ont concouru à l'enrichir. Si les anciennes villes de fabrique conservent la supériorité depuis longtemps acquise par la masse et la perfection de leurs produits, il est juste de reconnaître que plusieurs autres villes ont fait de grands efforts pour s'en approcher, et que ces efforts ont été souvent couronnés de succès.

« Plusieurs manufacturiers nouveaux sont venus dans la capitale disputer aux anciennes villes la consommation immense de Paris et de l'étranger, et leurs espérances n'ont point été trompées.

« S'il reste constant que les anciennes villes de fabriques se maintiennent à la tête de la draperie par le fini et la perfection des apprêts, il est certain aussi que quelques autres villes rachètent cette différence par la finesse de leur filature, la force et la qualité de la toile.

« La draperie a donc pris un grand essor, et, pour en écouler les produits, il a fallu étendre ses débouchés et s'en ouvrir de nouveaux. Les fabricants ont atteint ce but en livrant au commerce des produits plus variés et à meilleur marché.

« Les draps croisés forts dits noirs de laine; les draps légers lisses ou croisés, appelés zéphirs ou amazones; le drap surfoulé, dit imperméable, qui s'est présenté pour la première fois à l'exposition, ont offert à la consommation un nouvel attrait et un nouvel aliment.

« Cette draperie légère paraît, plus que toute autre, propre à l'exportation, et elle compose la majeure partie d'une expédition de plus d'un million qui vient d'être faite pour la Chine... »

A ces détails, nous ajouterons ceux donnés par M. Alcan :

« Vers la fin du règne de Charles X, de 1827 à 1830, l'industrie des lainages en général commença à prendre un développement inattendu ; des progrès naissants, à peine sensibles naguère encore, s'étendirent au point de se manifester partout.

« Les moyens mécaniques et automatiques se perfectionnèrent ; les transformations devinrent plus faciles, leurs résultats plus parfaits, et les frais moins considérables. Ces circonstances, jointes à l'amélioration des laines indigènes, déterminèrent la création de produits plus variés à meilleur marché ; de nouveaux débouchés sur les marchés étrangers en furent la conséquence.

« Plus de vingt départements avaient envoyé des lainages remarquables à l'Exposition du Louvre, en 1827. On y vit figurer alors des draps si forts, qu'on les avait nommés *cuirs-laines, imperméables;* d'autres si légers, qu'ils étaient désignés sous les noms de *zéphirs* et d'*amazones.* Dans les articles légers on signala les *bolivars* ou flanelle avec chaîne et trame en fils cardés, qui désormais partagea le marché avec les flanelles croisées en chaîne peignée et trame cardée. Le nouveau tissu, plus moelleux, plus léger, plus souple, remplissait, par conséquent, mieux certaines conditions recherchées dans les vêtements destinés à être directement appliqués sur la peau ; on le désignait également sous le nom de flanelle *de Galles* ou *anglaise,* à cause de son origine. Une foule d'autres articles légers en laine pure, des variétés nombreuses de mérinos et de napolitaines, des produits mélangés, telle que la *circassienne,* en chaîne coton et trame cardée ; la même chaîne, tramée en poil de chèvre ou de laine longue et brillante, constituant les popelines, furent créés et se propagèrent rapidement.

« Cependant les tissus n'étaient pas encore

parfaits ; on se plaignait des *barres* ou *barrages*, résultant de l'irrégularité de l'application des couleurs et des nuances. Ces défauts disparurent en grande partie dès qu'on put mieux assortir les fils de la chaîne et de la trame, et que celle-ci, filée sur les métiers mécaniques, donna une grande régularité aux articles lisses. Quant aux mérinos renforcés, napolitaines, etc., dont les deux systèmes de fils venaient du métier mécanique, ils avaient également acquis une amélioration notable. Le filage à la main allait donc complètement disparaître. Vers 1830, il ne lui restait plus qu'à produire la chaîne en laine peignée ».

L'Exposition de 1827, la seconde à laquelle les manufacturiers d'Elbeuf prenaient part, excita leur intérêt au plus haut point. Nos fabricants eurent parfaitement conscience que les progrès accomplis dans leur industrie se manifestaient surtout par la beauté et le fini des draps qu'ils soumettaient à la critique du public, qui ratifia cette appréciation. Cependant, le jury sacrifia notre place au profit de Sedan et de Louviers.

Voici la liste des quelques manufacturiers elbeuviens récompensés à cette exposition :

MM. Pierre Turgis, croix d'honneur et médaille d'or ; Mathieu Quesné, rappel de médaille d'or ; Louis-Robert Flavigny, médaille d'or ; Desfresches et fils, rappel de médaille d'argent ; Henri Gautier et Lenoble, médaille de bronze.

Le 12 juillet, le Conseil municipal décida de créer un marché aux environs de la place du Calvaire et de la rue du Neubourg, où des constructions nombreuses s'étaient élevées pendant les dernières années.

L'administration des contributions indirectes prétendit, à nouveau, même en employant la force publique, établir une taxe sur les bouteilles de cidre que les ouvriers des communes voisines apportaient pour leur consommation journalière.

M. Petou, le 2 août, remontra au directeur de ces contributions combien cette mesure serait dangereuse au point de vue de la tranquillité publique, surtout en un moment, comme celui que la fabrique traversait, où les ouvriers n'étaient occupés que trois ou quatre jours par semaine.

L'enquête ouverte pour l'établissement d'une pompe à feu « fumivore et à basse pression », rue Royale, dans la fabrique de J.-B. Suchetet, date du 12 septembre.

Une ordonnance royale, en date du 21 septembre, autorisa la Ville à faire l'acquisition d'une maison sise sur le quai, à l'effet d'y établir une morgue, où l'on déposerait la boîte fumigatoire. Cette maison devait recevoir également le bureau du pesage public et ceux de l'octroi.

Le 24, mourut M. Jacques-Mathieu Sevaistre, fils de Louis, rentier, rue Royale; il était né en 1742.

Le bateau à vapeur *le Dauphin* faisait à l'automne de 1827 le service entre Elbeuf et Rouen.

Le 12 octobre disparut une autre notabilité elbeuvienne : M. J.-B.-Nicolas-Louis-Michel Grandin, demeurant rue Saint-Jean ; il était né en 1770, de Louis-Pierre-Auguste.

Le 25, la ville décida d'agrandir la place Royale. A cet effet, une commission municipale reçut mission de s'entendre avec M. Petou, maire, propriétaire des terrains que l'on se proposait d'acquérir. — L'architecte de la ville était alors M. Boutigny.

A partir du 17, notre ville eut un service de voitures publiques desservant Elbeuf et Louviers, sous la direction Mainot et Cie.

Pendant l'hiver de 1827-1828, on ne donna point de représentations au théâtre. Le pain était cher, à cette époque, et le travail peu considérable, de sorte que la population songeait d'abord au nécessaire avant de dépenser pour ses plaisirs.

MM. Pierre Turgis et Ant. Prieur-Quesné, membres sortants de la Chambre consultative, furent remplacés, par vote du 15 décembre, par MM. Alexandre Legrand-Duruflé et Henri Gautier. Les suppléants nommés furent MM. Victor Grandin et Louis-Robert Flavigny ; mais ce dernier, ayant démissionné, on lui donna, le mois suivant, pour successeur M. Hippolyte Join-Lambert fils.

En décembre, M. Caplain aîné, de Petit-Couronne, prit un brevet d'invention pour une machine à tondre les draps, qu'il nommait tondeuse à mouvement alternatif.

En ce même temps, MM. Caplain frères, l'un demeurant à Petit-Couronne, l'autre à Elbeuf, construisaient une machine de leur invention destinée à la fabrication des clous d'épingle, pour laquelle ils s'étaient fait breveter quelques mois auparavant.

Cette année-là, M. l'abbé Buisson, qui devint plus tard curé-doyen de Saint-Jean, fut nommé clerc des sacrements à l'église Saint-Etienne, M. Baslé étant vicaire.

M. Louis-Henri Delarue, né à Elbeuf en 1768, fils d'Alexandre-Henri, était allé habiter Rouen ; il mourut dans l'enceinte du Palais-de-Justice de cette ville, en 1827.

A Elbeuf, on compta, dans le courant de de cette même année, 463 naissances, 82 mariages et 281 décès.

Le 10 janvier 1828, on proposa de fixer l'alignement du passage communiquant de la route de Rouen à la Seine, désigné ordinairement sous le nom de port de Candie. Quelque temps après, la largeur de ce chemin fut portée de 7 mètres à 8 m. 65.

Le 12, M. André Caban fut nommé architecte de la ville, en remplacement de M. Boutigny, son oncle. — Ses premiers travaux consistèrent dans le plan d'alignement « du passage tendant au port de Candie », et dans le plan de la rue de l'Epinette. — Quelque temps après, il dressa le plan du pavage de la rue Saint-Louis.

Le 29, on demanda au Conseil la suppression du cimetière Saint-Jean et l'établissement d'un autre hors l'enceinte de la ville.

La garde nationale s'étant désorganisée, la compagnie de pompiers se relâcha dans ses exercices, aucun privilège ou indemnité n'étant accordé aux volontaires qui la composaient. M. Turgis promit au maire, par une lettre datée du 2 février, d'aviser aux moyens de faire rendre exécutoire le règlement établi pour les pompiers.

La population de notre ville, malgré les efforts de l'administration, était toujours réfractaire à la vaccine. Sur un tableau de 840 enfants qui fut envoyé à la préfecture, le 15 de ce mois, 280 seulement figurent comme vaccinés.

Le 5 mars, mourut rue de Rouen M. Pierre-

Michel-Constant Grandin, fils Michel ; il était né en 1753.

A partir du 10 mai, M. Augustin Henry, conseiller municipal, remplit les fonctions de maire, par suite de l'absence de M. Petou et celle de M. Devitry, adjoint.

En mai, il fut fait des expériences de chauffage des machines à vapeur au moyen de tourbe, en remplacement du charbon de terre.

Le 11 juin, il fut procédé à l'installation de MM. Mathieu-Isidore Le Cerf, notaire, et Antoine Prieur-Quesné, banquier, en qualité de conseillers municipaux, en remplacement de MM. Hayet et A. Delaunay, décédés.

Le Conseil municipal fut saisi, ce même jour, d'une proposition de création d'un marché au poisson, en remplacement de l'ancien, rue du Bassin, à cause de la proximité d'eaux de source, qui contribueraient aussi à la propreté et à la salubrité du quartier.

M. Devitry, adjoint faisant fonctions de maire en remplacement de M. Petou, député, soumit à l'assemblée un plan, comportant le rétrécissement du bassin circulaire placé au milieu de cette rue. Le devis de l'architecte évaluait la dépense à 22.575 fr., y compris les frais de pavage.

Le 16, M. Devitry, faisant toujours fonctions de maire, adressa cette proclamation à ses concitoyens :

« Son Altesse Royale Madame la Dauphine doit honorer cette ville de sa présence. Elle sera dans nos murs mercredi prochain 18 courant, et Son Altesse visitera jeudi différents établissements.

« L'arrivée de l'auguste princesse dans un pays qui n'a d'autre titre à offrir que son industrie et son travail, nous donne une preuve éclatante de la bienveillance accordée au commerce.

« Nous répondrons à cet acte de faveur par la démonstration de notre profonde reconnaissance, et nous prouverons par l'unanimité de nos acclamations que notre ville, si remarquable par son industrie, se distingue aussi par son amour pour l'auguste dynastie des Bourbons ».

L'adjoint prit des mesures de police et d'organisation pour la réception de la dauphine. La place Saint-Louis, alors en état, fut désignée pour le rassemblement de la garde nationale à pied et à cheval, et, le soir, pour des danses publiques en l'honneur « de la bru du roi », comme disait le peuple.

Marie-Thérèse-Charlotte de France, épouse du duc d'Angoulême, fils de Charles X, était fille unique de Louis XVI et cousine de son mari. Née en 1778, elle avait donc 50 ans quand elle vint à Elbeuf. Le parti libéral de l'époque la regardait généralement comme l'inspiratrice de tous les actes de vengeance, de toutes les mesures rétrogrades, et de toutes les concessions faites au clergé.

Il y avait dans son caractère, dans sa physionomie même, quelque chose de dur, peu fait pour inspirer la sympathie ; mais à plusieurs reprises, elle avait montré, notamment pendant les Cent-Jours, une fermeté et une activité telles que Napoléon avait dit d'elle : « C'est le seul homme de sa famille ! » — Marie-Thérèse, la dernière dauphine, mourut en 1851.

La princesse arriva le 18, à huit heures du soir, venant de Forges-les-Eaux, accompagnée du marquis de Vibraye, son chevalier d'honneur, et de la marquise de Saint-Maure. Elle descendit chez M. Petou, maire et député.

A son arrivée, elle trouva réunis le comte de Murat, préfet, et M. Romain, secrétaire de la préfecture ; le général baron Ducasse, commandant de la division militaire ; le colonel du 6e régiment d'infanterie de la garde royale; le baron d'Hocquincourt, chef de bataillon et d'état-major ; le chevalier de Vrainville, chef d'escadron de la gendarmerie ; le maire, les adjoints, le conseil municipal et les fonctionnaires de la ville.

Après les réceptions, la dauphine parcourut plusieurs fois à pied les rangs de la garde nationale, assemblée devant la demeure de M. Petou, sur la place Saint-Louis, en adressant la parole « avec la plus gracieuse aménité aux personnes qui l'entouraient ».

Rentrée dans ses appartements, dit un rapport, « elle voulut bien accepter le rafraîchissement qui lui a été offert au nom de la Ville et daigna admettre à sa table MM. Petou, Devitry, Turgis et Ch. Louvet, commandant par intérim de la garde à cheval. Pendant le banquet, la musique du 6e régiment de la garde royale, venue exprès de Rouen, joua sous les fenêtres de S. A. R., qui parut flattée de cette attention, et qui, après le repas, vint obligeamment se rendre aux désirs des personnes rassemblées en grand nombre dans la cour de son hôtel et avides de contempler ses traits et de lui manifester leurs sentiments.

« Madame la Dauphine applaudit au beaucoup d'œil qu'offrait l'illumination de la rue Saint-Louis et de la place Royale, que remplissait la population tout entière. S. A. R.

se retira à dix heures, et la foule se répandit dans les rues, où une illumination générale témoignait de l'allégresse publique inspirée par la présence de S. A. R. et manifestée par les cris de : « Vive le Roi ! Vive Madame la « Dauphine ! »

« Le lendemain 19, dès six heures du matin, S. A. R. visita les hospices, où les orphelines de la Providence lui furent présentées, les églises, la maison des dames d'Ernemont et les manufactures de MM. Petou, Robert Flavigny et Victor Grandin. Partout S. A. R. entra dans des détails annonçant à la fois sa sollicitude pour la classe malheureuse, pour l'instruction publique et pour l'industrie.

« Revenue à son hôtel, au milieu d'un concours immense de peuple, S. A. R. partit à huit heures et quart du matin pour Saint-Cloud, emportant les vœux de tous les habitants et laissant aux pauvres, aux orphelines et aux ouvriers des fabriques qu'elle avait visitées de généreuses marques de sa munificence et de sa royale bonté ».

Le préfet et les autorités se réunirent ensuite dans un banquet pour célébrer la visite de la princesse, à laquelle on porta des toasts. L'après-midi se passa en danses offertes gratuitement au peuple.

La réception de la dauphine avait coûté 4.270 fr. à la ville, dont le budget fut chargé. On trouva cette dépense trop élevée, surtout en un moment où le Bureau de bienfaisance restreignait ses distributions aux pauvres, faute de ressources.

Le 8 juillet, on commença le pavage de la rue Saint-Louis.

Le 17, à l'âge de 69 ans, mourut M. Pierre-

Alexandre-Henri Prosper Delacroix, membre du Conseil municipal, domicilié rue de la Barrière. Il était fils de Pierre-Alexandre.

M. Romelot, curé-doyen de Saint-Jean, installa, le 12 avril, M. Abraham Joseph Glin comme curé de Saint-Etienne.

M. Glin avait fait ses études au collège des Jésuites de Rouen et été curé de Saint-Denis de cette ville, avant la Révolution. Ayant refusé le serment, il était passé en Angleterre, où il avait exercé la profession d'horloger. A son retour en France, en 1803, on l'avait nommé vicaire de Saint-Etienne, puis curé d'Orival en 1824. Il ne survécut guère à sa nomination à la cure de Saint-Etienne, car il mourut le 25 mars suivant.

M. le curé Renault, son prédécesseur, mourut le 22 août 1828.

A l'occasion d'une demande de brevet d'imprimeur lithographe, présentée par M. Noirfalise, le préfet ordonna une enquête sur le postulant, à laquelle M. Petou joignit une lettre dont nous extrayons ce passage :

« Le sieur Noirfalise ne s'est point trouvé dans le cas de manifester des opinions ; mais heureusement il n'y en a maintenant à peu près qu'une, qui confond l'amour du roi et de sa dynastie avec l'attachement aux institutions constitutionnelles... »

Le 30, M. Noirfalise se rendit à Rouen pour prêter serment, devant le tribunal civil, de fidélité au roi, d'obéissance à la Charte et aux lois du royaume. — On remarque, à la sortie d'Elbeuf, dans le vallon de la Saussaye, une petite cabane carrée, en maçonnnerie : c'était la « maison de campagne » du premier imprimeur de notre ville.

La Chambre consultative délibéra, le 13 septembre, sur un projet présenté par M. Ginisty, directeur de la poste aux lettres à Elbeuf, tendant à obtenir le passage, par notre ville, de la malle-poste de Paris, projet depuis longtemps sollicité par la Chambre.

M. Ginisty, présent à cette réunion, fit connaître l'intention de l'administration des postes de se prêter au vœu manifesté par le commerce elbeuvien, en combinant toutefois les intérêts du gouvernement et ceux de l'administration, qui réclamait au moins quinze voyageurs par mois, pour occuper la place disponible dans cette malle-poste.

La Chambre arrêta les termes de sa réclamation, dont le texte suit, que M. Ginisty promit d'appuyer auprès du directeur général des postes :

« Depuis longtemps, le commerce de cette ville appelait de ses vœux l'établissement d'une entreprise qui put faire correspondre directement la ville d'Elbeuf avec la Capitale. La Chambre consultative, jugeant le moment favorable, s'empresse de vous adresser sa réclamation d'obtenir le passage par Elbeuf de la malle-poste de Paris.

« Il en résulterait un avantage réel pour notre ville, en ce que le courrier passant ici à six heures du matin, les lettres seraient délivrées au commerce beaucoup plus tôt, et que, le soir, on aurait jusqu'à quatre heures et demie pour leur dépôt dans la boëte.

« Nous pensons que les intérêts de l'administration générale n'auraient point à en souffrir, car le nombre des voyageurs qui fréquentent cette ville fait présumer que la place réservée serait toujours prise... »

M. Jean-Baptiste-Antoine Rouvin, fils de J.-B.-François, mourut en son domicile, rue Royale, le 5 octobre ; il était né en 1764.

Jusque-là les habitants et ouvriers de la fabrique d'Elbeuf n'avaient guère eu pour s'éclairer, pendant les veillées, que des chandelles de suif, désignées sous les noms de « douze longues, douze courtes, seize courtes », etc.; les chiffres 12, 16 et autres indiquant les quantités de flambeaux à la livre. En 1828, il existait vingt-et-une fonderies de suif à Elbeuf, presque toutes placées dans les principales rues de la ville, moitié moins grande alors que de nos jours.

A cette époque, rue de la Justice, dans l'axe prolongé de la rue du Vallot, était établi un jeune mécanicien que beaucoup de nos concitoyens encore existants ont connu parfaitement. Le dernier établissement qu'il occupa, généralement désigné sous le nom de « pompe à Malteau », était situé à l'angle de la rue Camille-Randoing, près la rue Th.-Chennevière ; son emplacement est maintenant occupé par une dépendance de l'établissement Fraenckel-Blin.

M. Malteau n'avait reçu qu'une assez faible instruction, mais était fort intelligent et doué d'un esprit entreprenant. Il conçut le projet d'éclairer la ville d'Elbeuf au moyen du gaz hydrogène, à une époque où beaucoup de cités, plus importantes que la nôtre, ne se servaient encore que d'huile ou de chandelles.

Donc, le 20 octobre 1828, M. Malteau présenta une pétition au préfet pour être autorisé à construire à son atelier, rue de la Justice, 14, un appareil pour l'extraction du gaz hydrogène de l'huile. A cette demande, étaient joints les plans de l'appareil et des ateliers du pétitionnaire.

Le 8 novembre, le préfet ordonna une enquête. Le 17, le maire fit publier un avis, sur la demande de M. Malteau, par lequel le public était informé que ce constructeur demandait l'autorisation d'établir des tuyaux de communication sous le pavé des rues de la Justice, Hervieux, des Echelettes, de la Bague, du Centre, Poulain, Saint-Jean et du Moulin.

Le 19 janvier suivant, le préfet communiqua à M. Petou, maire, le procès-verbal d'enquête dressé par le juge de paix, et, le 9 juin, le maire donna un avis favorable.

Enfin, le 23 juin, aucune opposition ne s'étant produite, le préfet autorisa M. Malteau dans sa demande, et, immédiatement, celui-ci se mit à produire du gaz, qu'il livra au domicile des consommateurs, au moyen d'une voiture, la canalisation n'ayant pas été faite.

Quinze jours après, l'été y poussant, une première fonderie de suif cessa de fonctionner et ne rouvrit plus. Mais, pour cela, M. Malteau n'était pas victorieux, ainsi que nous le verrons plus tard.

Le 7 novembre, la Chambre consultative fut invitée à traiter des questions suivantes, dans l'intérêt du commerce, pour le rapport être adressé à la Commission d'enquête instituée par le gouvernement :

1º Besoin d'améliorer les laines indigènes ;
2º Nécessité de mettre les fabricants français, dans leurs rapports avec l'étranger, sur le même pied que les fabriques étrangères, soit par une prime, soit par la suppression des droits d'importation sur les laines ; 3º Danger de l'importation des tissus étrangers.

MM. Pierre Turgis, L.-R. Flavigny, Henri Quesné et Legrand-Duruflé se rendirent à Paris, auprès de M. Duvergier de Hauranne, député, pour s'entretenir avec lui et suivre l'effet de ses demandes. Les deux autres membres de la Chambre, MM. Constant Le Roy et Lefort-Henry, restés à Elbeuf, furent chargés de la rédaction du mémoire, qui resta déposé pendant huit jours au secrétariat de la mairie, où tous les fabricants purent en prendre connaissance.

Le 12, le Conseil municipal décida d'acquérir un terrain situé contre le bois du Vallot, appartenant à M. Constant Leroy, à l'effet d'y établir un nouveau cimetière pour la paroisse Saint-Jean. Ce terrain s'étendait sur 2 hectares 80 ares. Avec les frais de voirie pour accéder au futur cimetière, la dépense devait s'élever à environ 25.000 fr., plus 18.000 fr., pour les murs et la maison du gardien.

Nous avons sous les yeux un plan de la rue Saint-Jean, daté du 13 novembre 1828. Les « vieilles halles » sont indiquées depuis l'église et sur une longueur de 85 mètres, laissant entre elles et les maisons deux étroits culs-de-sac d'un à trois mètres de large. Vers le milieu, les halles étaient soudées à deux maisons du côté Est de la rue.

Le 1er décembre, MM. Nicolas Louvet, Victor Grandin, Legrand-Duruflé et Joseph Godet, tous manufacturiers, furent appelés à faire partie du Conseil municipal, par nomination du roi, en date du 19 novembre. On procéda à leur installation le 22 décembre. Ils remplaçaient MM. Delacroix, décédé ; Joseph Flavigny, nommé mais non acceptant, Turgis et Longuemare, démissionnaires.

Le Conseil se composait alors de MM. Paul-Georges Petou, maire et député : Constant Leroy et Devitry, adjoints ; Nicolas Louvet, A. Legrand-Duruflé, Victor Grandin, Joseph Godet jeune, Alexandre Tassel, Pierre-Amable Corblin, Nicolas-Félix Lefebvre, François Desfresches, Thomas Vitcoq, Aug. Henry, Mathieu Quesné père, Parfait Maille, Lefort-Henry, Prieur-Quesné, Grémont-Vidcoq, Alex. Grandin fils, Louis-Robert Bourdon, Henri-Mathieu Quesné, Laurent Patallier, Mathieu Sevaistre, Louis-Eugène Sevaistre, Jacques-Louis Grandin, Isidore Lecerf, Amédée Capplet, Auguste Maille, Hippolyte Join-Lambert.

Par acte en date du 13 décembre, **M. Mathieu Bourdon** s'engagea à ouvrir une voie publique communiquant de la rue Saint-Jean à la rue de Seine ; mais elle n'était pas encore livrée à la circulation trois ans après.

En 1828, M. Victor Grandin prit une addition au brevet Miles-Berry, transporté au sieur Jones et dont M. Grandin était devenu concessionnaire. Ce brevet était relatif à des perfectionnements dans les machines, appareils et procédés propres à mieux parer les draps et autres étoffes.

Quelques mois plus tard, M. Th. Chennevière prit un brevet pour une machine dite « garnisseuse continue », destinée à lainer les draps.

Dans le courant de 1828, il y avait eu, à Elbeuf, 455 naissances, 69 mariages et 316 décès.

CHAPITRE XXXI
(1829)

Création du Tribunal de commerce. — Crise industrielle. — Avis de la Chambre consultative sur l'achat d'échantillons de draps anglais. — Affaires de politique générale. — L'octroi est directement exploité par la Ville. — Le curé de Saint-Etienne et le maire d'Elbeuf ; enterrement civil.

Le budget municipal primitif de 1829 fut ainsi établi : recettes, 130.692 fr. ; dépenses, 102.134 fr ; excédent de recettes, 28.558 fr. Le service de la charité publique était prévu dans ces dépenses par 20.000 fr. pour l'hospice et 11.000 fr. pour le bureau de bienfaisance.

Depuis quelque temps déjà, un nouveau malaise se faisait sentir dans la manufacture d'Elbeuf. La Chambre consultative de notre ville nomma une commission pour en rechercher les causes, dresser un mémoire et l'envoyer ensuite à la commission d'enquête à Paris. Le maire prévint ses administrés, le

2 janvier 1829, que ce mémoire resterait déposé à la mairie pendant huit jours, pour que les intéressés pussent en prendre connaissance.

Outre la baisse du travail, les ouvriers elbeuviens eurent encore à souffrir, pendant l'hiver, d'un froid rigoureux. La misère était tellement grande, que nos administrateurs provoquèrent une souscription publique en faveur des malheureux. On recueillit ainsi 5.214 francs

D'un rapport sur l'école d'enseignement mutuel dirigée par M. Fourquemain, il résulte que les parents négligeaient d'y envoyer leurs enfants, parce qu'ils en tiraient parti en les faisant travailler dans les fabriques dès l'âge de huit ans. Cette école comptait de 60 à 70 élèves payants et 25 gratuits ou ne payant que le quart de la rétribution scolaire, qui était de 2 fr. 50 par mois. Il y était donné des cours le soir, fréquentés par 45 ou 50 élèves.

Le 8 janvier, on ouvrit une enquête sur le projet de création d'un nouveau cimetière au clos Poulain ou de l'Agillière, situé près le bois du Vallot, en remplacement de celui que la paroisse Saint-Jean possédait dans le quartier du Maurepas (place Lemercier). La mise en adjudication des travaux se fit six mois après ; le devis s'élevait à 18.425 fr.

Le 20, le Conseil municipal décida de créer un marché aux bestiaux le samedi, sur l'emplacement des rues du Neubourg et des Trois-Cornets, franc de droits de place jusqu'au 31 décembre 1831.

Une ordonnance royale, du 22 février, créa un Tribunal de commerce dans notre ville. Peu après, on s'occupa de dresser une liste des notables commerçants.

M. Vachot fut installé dans les fonctions de commissaire de police, le 18 mars. Il succédait à M. Byvoct, nommé à Nantes, où il remplaçait lui-même M Vachot.

Le 24, on ouvrit une enquête sur une demande de M. Victor Grandin, qui désirait établir un pont au-dessus et en travers de la rue de la Brigaudière, pour communiquer de sa fabrique à la propriété de Mme Quesné-Dumoulin.

Le 25, mourut M. Abraham-Joseph Glin, desservant de la succursale de Saint-Etienne. Il était fils de Jean et était né en 1760.

Le 2 avril, on mit en adjudication les travaux pour l'établissement d'un presbytère destiné au curé de Saint-Jean, dans une maison acquise par la ville.

En ce même mois, M. Caumont, vicaire général du prince de Croy, installa M. César-Alexandre Baslé, fils d'un conseiller municipal de la Londe, à la cure de Saint-Etienne.

Le nouveau curé, âgé de 30 ans seulement, donna prise à des critiques qui amenèrent bientôt son changement. Nommé à la cure du Tréport, il n'y put rester et, miné par le chagrin, dit-on, retourna à la Londe, dans sa famille, où il mourut vers la fin de l'année 1830. — A cette époque, M. Demezière était vicaire de Saint-Etienne.

Le matin du 22 mai, on trouva, collé sur le mur extérieur de l'Hôtel de Ville, un placard dont la teneur causa une certaine émotion. Dans un rapport à ce sujet que le préfet reçut du maire d'Elbeuf, nous trouvons ces passages :

« Je ne crains pas de me tromper en considérant cette affiche incendiaire plutôt comme une vaine menace, sortie du cabaret, que comme le cri du désespoir. Aussi ne m'inspire-t-elle en elle-même aucune crainte sérieuse.

« Toutefois, il faut reconnaître que la population ouvrière souffre réellement beaucoup du manque de travaux et de la cherté des subsistances, et que, si cette cherté devait encore s'accroître, il serait à craindre que l'excès de la misère ne l'entraînât à quelques désordres. C'est un avertissement pénible que je ne puis cependant pas taire... »

M. Petou informa également de ce fait M. Robert Flavigny, alors membre du Conseil général de la Seine-Inférieure.

Le 5, M. Joseph Godet devint président du Conseil des prud'hommes. M. Nicolas Louvet le remplaça à la vice-présidence.

MM. Hippolyte Join-Lambert fils et Victor Grandin furent nommés membres de la Chambre consultative, le 11 juin, en remplacement de MM. Constant Le Roy et Eugène Sevaistre.

A cette époque, notre place se plaignait encore plus vivement du mauvais état des affaires ; la situation de l'industrie était extrêmement pénible, par suite de la rareté des demandes et des bas prix offerts pour les produits fabriqués. — Les grains étaient très rares et fort chers ; notre ville réclamait instamment l'importation de blés étrangers.

Dépourvus de travail et ne sachant à quoi passer leur temps, beaucoup d'ouvriers se rendaient dans la forêt pour y faire provision de bois ; mais y ayant commis des dégâts, l'administration supérieure envoya dans notre ville un escadron du 2e régiment de chasseurs. Le maire réclama, le 1er juillet, que les hommes fussent répartis ainsi : Elbeuf, 50 hommes avec leurs chevaux, Caudebec 25, Orival 10 et la Londe 15.

La fondation du Cercle des commerçants date de ce même jour 1er juillet.

Le ministre du Commerce et des Manufactures ayant conçu le projet d'envoyer une commission en Angleterre, pour acheter divers échantillons des produits de ce pays et obtenir des renseignements sur leur fabrication et leurs débouchés, avait demandé l'avis de la Chambre consultative d'Elbeuf. Celle-ci lui répondit, le 8 août :

« ... Ce projet, s'il eût été exécuté secrètement, aurait eu peut-être pour résultat de nous fournir les moyens d'établir des tissus plus appropriés au goût des consommateurs tant de France que de l'étranger, sans avoir à courir les chances d'essais toujours onéreux ; mais les journaux anglais, ayant déjà signalé la commission comme une bande d'espions, ne devons-nous pas craindre que les renseignements fournis par des concurrents soupçonneux et prévenus, ne tendent à nous entraîner dans une route aussi fausse que dangereuse ?

« D'ailleurs, comment pourrait-on espérer que cette commission, annoncée d'avance et sous des auspices si défavorables, pût parvenir à s'introduire chez les fabricants anglais et y surprendre les secrets de leurs procédés économiques, surtout dans un moment de crise commerciale, où ils doivent redouter encore plus notre concurrence sur les marchés étrangers ?

« Avant la publicité donnée au projet de V. E., plusieurs de nos manufacturiers ont déjà atteint en grande partie, par des excursions isolées et moins ostensibles, le but que vous vous êtes proposé, puisqu'ils ont réussi à rapporter d'Angleterre des procédés de fabrication inconnus ou peu en usage en France.

« Il est facile de comprendre que dans des tems où l'industrie, heureuse, devient plus confiante et plus communicative, nos négociants se présentant isolément, avec de pressantes recommandations, obtiendront, à la faveur de liaisons qui finissent par devenir intimes, des documents que jamais une commission d'enquête ne pourra se procurer.

« Sans envoyer de commissions en Angleterre, il serait facile à V. E. de nous rendre la lutte plus égale, en nous faisant restituer intégralement, à la sortie de nos tissus, les droits dont les matières premières ont été frappées à leur entrée en France dans l'intérêt de l'agriculture, qui est loin d'en avoir profité.

« Nous terminons en faisant observer à V. E. que la publicité donnée aux projets de ce genre semble être dangereuse pour le commerce; car, par une fatale coïncidence, les premiers travaux de la commission d'enquête ont été, pour ainsi dire, le signal d'une crise toujours croissante dont les résultats sont effrayants ».

On sait que ce fut ce même jour, 8 août, que Charles X forma le ministère Polignac, pour remplacer celui de Martignac, populaire en France, par la garantie qu'il offrait du respect de la Charte et les mesures rigoureuses qu'il avait prises contre les Jésuites. Il y avait quelque temps, du reste, que les libéraux craignaient l'arrivée au pouvoir du prince de Polignac et du comte de la Bourdonnais, qui venait d'être nommé au ministère de l'Intérieur; aussi, malgré leurs déclarations, on ne les crut point, et le *Journal des Débats*, feuille publique la plus en faveur à Elbeuf dans la bourgeoisie libérale, commença tout de suite une guerre contre le nouveau cabinet.

D'autres journaux, notamment le *Courrier français* et le *Figaro*, qui dénoncèrent au pays le danger que couraient ses libertés, furent, ainsi que les *Débats*, l'objet de poursuites, dont l'effet, à Elbeuf, fut de les faire lire davantage.

A la suite de graves désagréments que la ville avait eus avec le précédent fermier de l'octroi, le Conseil municipal, dans sa séance du 29 août, étudia de quel côté était l'avantage, pour la Ville, de régir elle-même son octroi ou de le donner à loyer ; il s'éleva avec force contre la dîme que le fisc royal encaissait sur les produits : « Les hospices et les bureaux de bienfaisance ne verront-ils jamais cesser l'impôt abusif du dixième des octrois, prélevé sur la maladie des pauvres et sur la misère des indigents ? » Le rapport, très long, concluait, pour l'année 1830, à la perception directe des droits par la ville, et le Conseil examina un nouveau tarif. Dans la séance suivante, l'assemblée adopta les conclusions du rapport. Treize employés furent désignés pour assurer le nouveau service ; on fixa le montant de leurs appointements à la somme totale de 10.600 fr. La location des bureaux et les frais divers prévus furent évalués à 3.400 fr.

M. Javal, fabricant de draps, et M. Godchaux, directeur d'une autre fabrique, fondée à Elbeuf, vers 1827, par MM. Godchaux frères et Picard, de Nancy, étaient, à cette époque, les seuls israélites habitant notre ville.

Le travail ayant repris dans les fabriques,

M. Petou réclama, le 18 septembre, le départ du détachement de chasseurs, en garnison à Elbeuf depuis plus de deux mois aux frais des habitants.

Le 28, MM. Jean Refuveille, Amable Lenoble fils, Jean-Noël Revelle et Victor Delarue reçurent avis que le roi, par ordonnance du même mois, les avait nommés membres du Conseil municipal. — MM. Revelle et Delarue refusèrent d'accepter ces fonctions.

Des notes remises à M. Petou concernant des faits qui s'étaient passés dans l'église Saint-Etienne, à l'occasion d'un jubilé, avaient été montrées au desservant de cette paroisse, qui y avait répondu par une lettre que nous ne connaissons pas, mais à laquelle M. Petou répliqua par une autre, datée du 12 octobre, dont voici quelques extraits :

« ... Je vous l'avoue, je n'aurais pu imaginer que des faits de cette nature seraient tournés par vous en plaisanterie ; mais, malgré les facéties et les efforts que vous faites pour les pallier, ces faits ne restent pas moins les mêmes. Il n'est pas moins constant que les portes de l'église ont été indûment fermées, que toute une moitié de fidèles en a été exclue, etc., etc., qu'enfin la tranquillité publique a failli être troublée : tels sont les faits avancés dans la plainte, tels sont aussi ceux qui ressortent de votre lettre.

« Il serait oiseux de répondre aux choses étranges dont votre réponse est remplie. Je n'ai ni le temps ni la volonté de discuter avec vous sur le *prêche* ou sur l'*exorcisme*...

« Toutes fois qu'une plainte m'est adressée, je dois, en ma qualité de chef de l'administration de la Ville, rechercher plutôt la vérité des faits, et m'occuper de la prompte répression des délits que me livrer à l'examen minutieux de la valeur de telle expression du plaignant.

« Ces discussions puériles seraient tout au plus bonnes entre écoliers ; or, l'autorité a quelque chose de mieux à faire que de perdre son temps à de pareilles vétilles.

« Je termine en formant sincèrement le vœu que les faits qui ont donné lieu aux plaintes ne se renouvelleront plus, car je me verrais forcé de les réprimer sans délai ».

La première élection au Tribunal de commerce d'Elbeuf eut lieu le 13 octobre. Furent élus : M. Constant Leroy, président; M. Turgis, juge pour deux ans ; M. Prieur Quesné, juge pour un an ; M. Capplet, juge suppléant pour deux ans ; M. Legrand-Duruflé, juge pour un an. — Le premier greffier du tribunal fut M. Guerrier. — Le tribunal ne put entrer en fonctions tout de suite, faute de local, et ce ne fut que quelque temps après qu'il s'installa au premier étage de la maison Prieur, rue de la Prairie, à l'angle de la rue Saint-Jean.

Vers la fin d'octobre, un service de voyageurs par voiture entre Elbeuf et Louviers fut établi par M. Rouzé.

La dernière fête de Charles X, le 5 novembre, fut marquée par une pluie continuelle ; « néanmoins, les cris répétés de : Vive le Roi ! témoignèrent de l'allégresse publique », suivant le rapport officiel.

L'arrière-saison de 1829 fut d'ailleurs très humide, au point même que beaucoup de cultivateurs ne purent ensemencer leurs champs. Déjà, la moisson avait été faite dans de mauvaises conditions, à cause des pluies, et l'on prévoyait une nouvelle cherté du pain.

Au commencement de décembre, grâce aux démarches de M. Petou, maire et député, la peine de mort, prononcée contre un nommé Jean Vanier, fut commuée en celle de réclusion perpétuelle, sans exposition publique. Le condamné avait de nombreuses sympathies dans notre contrée.

Le 16 de ce mois, le maire donna une nouvelle leçon au desservant de Saint-Etienne, qui avait refusé d'inhumer le corps d'un malheureux, mort dans un accès d'épilepsie produit par la faim, le froid et les privations. Il lui signifia que s'il ne procédait pas à son inhumation, elle aurait lieu par les soins de l'autorité civile.

M. Baslé ayant persisté dans son refus, la cérémonie fut faite civilement. Mais le maire se plaignit de la conduite du prêtre au préfet, auquel il écrivit le 18 :

« ... Le commissaire de police a dû assister à l'inhumation, qui s'est passée sans trouble, mais non sans que la voix publique n'accusât l'intolérance du jeune desservant et ne fasse des réflexions sévères sur la conduite différente que tient le clergé, selon que les individus meurent riches ou pauvres ».

Dans une seconde lettre, le maire informa le préfet que le desservant n'avait même pas permis aux frères de charité de couvrir la bière du défunt du drap mortuaire. Quant à l'effet produit, ajouta-t-il, « par cette conduite intolérante, il s'est diversement manifesté : chez les personnes éclairées, par une censure amère, mais calme et motivée ; chez le peuple, par des exclamations bruyantes. Pendant le transport du corps, on entendait répéter dans les rues : « C'est affreux ! C'est abominable ! « C'est un malheureux ; s'il avait eu de l'ar- « gent, il n'aurait pas été enterré ainsi. Il leur « faut de l'argent ! » et autres propos semblables ».

A la suite de cette affaire, dont on causa longtemps dans notre ville, M. Petou fit acheter un drap mortuaire, au nom de la commune, afin qu'il put servir pour tous, si pareille circonstance se représentait, et éviter ainsi le retour du spectacle qui avait été donné à la population. Quant à M. Baslé, beaucoup ne le saluèrent plus quand ils le rencontrèrent.

Le 16 décembre, M. Rouzé entra dans ses fonctions de directeur de la poste aux chevaux, où il avait été nommé par le ministre, en remplacement de M. Mouchel.

Les affaires politiques ne cessèrent de tenir en éveil le parti libéral pendant les derniers mois de l'année. Un article des *Débats* par lequel la rédaction, pourtant royaliste, de ce journal prédisait une débâcle prochaine, avait fait comparaître, devant le tribunal correctionnel, le publiciste Bertin aîné, propriétaire et gérant de cette feuille, qui, malgré ses précédents services à la royauté, fut condamné à six mois de prison et 500 fr. d'amende.

A Elbeuf, ce jugement avait soulevé d'énergiques protestations et même une profonde indignation dans une notable partie de la population ; aussi apprit-on, le 25 décembre, avec une extrême satisfaction que la Cour royale ne l'avait pas confirmé. On commenta la belle attitude du président Seguier — descendant du grand Seguier — qui, ayant reçu l'invitation du roi de maintenir le jugement, répéta le mot historique de son ancêtre : « La Cour rend des arrêts et non des services ».

Les faits relatifs au curé de Saint-Etienne, et la morgue indécente que montraient plusieurs ecclésiastiques de notre ville et de la région, eurent aussi une certaine influence sur l'esprit public elbeuvien. Aux provocations des ultra-royalistes et des cléricaux, on répondait par les cris de : « Vive la Charte ! Vive La Fayette ! A bas les Jésuites ! », mais aucun trouble n'eut lieu.

Parmi la bourgeoisie et le peuple, le nom de Polignac, chef du cabinet des ministres, était particulièrement exécré ; quelques-uns le donnèrent à leur chien. Ce personnage, auquel Charles X avait remis le gouvernement de la France, était, en effet, comme un défi lancé au parti libéral, qui grossissait sans cesse en province et notamment à Elbeuf. Bien que loyal et consciencieux, Polignac était aveuglé par ses préjugés de caste et son esprit rétrograde, et, en marchant constamment en sens contraire de l'opinion publique, il devait hâter la chute de la branche aînée des Bourbons.

L'état-civil enregistra, à Elbeuf, en 1829, 443 naissances, 57 mariages et 343 décès.

CHAPITRE XXXII
(JANVIER-JUILLET 1830)

Explosion d'une chaudière. — Evénements politiques ; les 221. — Les machines a vapeur. — La fabrique d'Elbeuf depuis la Restauration ; la Chambre consultative ; ses desiderata. — La Révolution de Juillet. — Mesures pour le maintien de l'ordre a Elbeuf. — Administration municipale provisoire. — M. Augustin Henry, médecin, président de la municipalité, 20e maire (provisoire) d'Elbeuf.

A une question posée par le maire au préfet, celui-ci répondit, le 16 janvier 1830 :
« Vous me demandez si M. Constant LeRoy, nommé président du Tribunal de commerce d'Elbeuf, peut conserver les fonctions d'adjoint à la mairie de cette ville. Cette question ne saurait être résolue que par la négative... »
— Le préfet continua sa lettre en exposant longuement les motifs qui basaient son opinion. — En conséquence M. Leroy se démit de ses fonctions d'adjoint.
Le 20, la Chambre consultative nomma, en

remplacement de MM. Henri Gautier et Constant Le Roy, sortants, MM. Pierre Turgis et Louis Robert Flavigny fils, MM. Parf. Maille et François-Antoine Grémont furent nommés membres adjoints. M. Maille, retiré des affaires et demeurant à Caudebec, fut remplacé par M. Mathieu-Constant Le Roy.

En envoyant, ce même jour, à M. H. Davelouis, chimiste à Paris, une bouteille d'eau prise à la source du Puchot, M. Petou lui écrivit :

« Les propriétés de cette eau, si favorables à la teinture et à l'apprêt des draps, sont appréciées depuis longtemps ; aussi je ne doute pas que l'analyse que vous vous proposez d'en faire ne démontre évidemment qu'elle contribue pour beaucoup à la perfection de nos produits ».

Le 30, M. Blitry, conseiller à la cour royale de Rouen, vint dans notre ville procéder à l'installation du Tribunal de commerce. A cette occasion, une messe du Saint-Esprit fut célébrée dans l'église Saint-Jean.

L'hiver avait été extrêmement rude ; la ville dépensa beaucoup pour l'enlèvement des neiges et donner des secours aux malheureux.

Le 4 février, M. Charles Houllier fut nommé président du Conseil des prud'hommes et M. Ambroise Delalande, vice-président.

Le 25, notre ville fut mise en émoi par un accident d'un genre nouveau. Vers huit heures du matin, la chaudière, en cuivre, de la machine à vapeur de M. Frémont, rue du Bassin, fit explosion. Les ouvriers n'étaient heureusement pas dans l'atelier à ce moment, mais trois autres, de la teinturerie contiguë de MM. Drevet frères et Cie, furent blessés, dont l'un très grièvement, par la projection de la vapeur et de débris lancés avec une violence extraordinaire. — A cette époque, on ne soumettait pas encore les chaudières à vapeur à une épreuve. Cet accident fut l'objet d'un rapport du préfet au ministre.

Par suite de l'absence de M. Petou, qui se rendait à la Chambre des députés, et d'un voyage de M. Devitry, les fonctions de maire furent déléguées, à partir du 2 mars, à M. A. Corblin, doyen du Conseil municipal.

A Paris, M. Petou put dire quelle mauvaise impression le retard, voulu par le roi, de la convocation des Chambres avait fait à Elbeuf, où l'expédition d'Alger ne détournait pas l'attention portée sur la politique intérieure de notre pays.

On sait que le discours d'ouverture du Parlement prononcé par Charles X était une sorte de provocation et même de coup d'Etat, et que le roi y employa les formes autocratiques familières à Louis XIV. Il ne fut applaudi que par les pairs et la droite de la Chambre ; le reste de l'assemblée garda le silence.

« L'Adresse au roi », rédigée par une commission de la Chambre des députés, fut une réponse sage et modérée ; elle se contentait de donner un avertissement au monarque et au ministère. Elle fut votée par 221 députés, contre 181, dans la célèbre séance du 16 mars.

Charles X apprit ce résultat avec un dépit qu'il ne cacha pas, et annonça que jamais il ne céderait aux prétentions de la Chambre en renvoyant ses ministres.

Le 18, en effet, quand une députation lui présenta l'Adresse, le roi déclara que ses résolutions étaient « immuables » et qu'il ne s'en écarterait pas. Le lendemain, la Chambre fut prorogée au 1er septembre.

Nul n'ignore avec quel enthousiasme le public célébra l'acte de vigueur des « deux cent vingt-et-un » — dont faisait partie M. Petou — auxquels on offrit des banquets, et que des médailles furent frappées en leur honneur.

Le 25, le bureau de la poste aux lettres fut transféré de la rue Saint-Jean à la rue Saint-Etienne, maison Murizon, en face du château de M. Turgis.

Le 4 avril, on commença à Elbeuf les opérations du cadastre.

Le 4 mai, le Conseil municipal décida, définitivement, que les halles de la rue Saint-Jean seraient abattues.

Le lendemain, on mit en adjudication le « relevage à bout » du pavage des rues de la Bague, du Centre et des Echelettes.

A l'occasion d'un nouvel enterrement civil, le maire écrivit au préfet, le 10 mai, qu'il avait eu lieu par suite de l'opposition du clergé de Saint-Jean de laisser entrer le corps à l'église. Sa lettre se terminait ainsi :

« Ce refus de sépulture a fait ici une pénible sensation et avait attiré à l'inhumation un concours considérable d'habitants ; néanmoins la tranquillité n'en a pas été troublée. La seule remarque qu'on ait faite, c'est que le peuple commence à se familiariser avec l'idée de ces refus, naguère inouïs ».

Ce même jour, le Conseil municipal décida de créer une morgue, et l'acquisition, de M. Petou, qui en était le propriétaire, d'un terrain de 1.021 mètres pour l'agrandissement de la place Royale (Saint-Louis actuelle). Cet achat coûta 28.000 fr.

Année 1830

Le 16 mai, Charles X acheva de se dépopulariser en ordonnant la dissolution de la Chambre des députés. Dès lors, on se prépara partout aux nouvelles élections, fixées au 25 juin et au 3 juillet, et à renvoyer les 221 à la Chambre.

Vers le commencement de juin, M. Pierre Laîné, vicaire de Saint-Godard, de Rouen, reçut sa nomination comme curé de Saint-Etienne d'Elbeuf.

Voici la nature des établissements dans lesquels étaient montées les machines à vapeur, la date de leur installation et le degré de pression de la vapeur sur les chaudières :

Pierre Turgis, fabrique de draps ; machine montée en 1825 ; quatre atmosphères.

Louis-Eugène Sevaistre, foulerie et fabrique ; 1825, deux atmosph.

Mathieu Quesné et fils, fabrique ; 1822, cinq atmosph.

Félix Gariel fils, fabrique ; 1825, quatre atmosphères.

Jean-Baptiste Guérot, décatissage ; 1829, deux atmosph.

J.-B. Delaunay, fabrique, 1818, deux atmosphères.

Veuve Jacques Lécallier, filature et fabrique ; 1822, haute-pression.

V. Delarue, trois paires de meules ; 1826, deux atmosph. trois quarts.

Auguste Delalande, apprêts des draps ; 1821, cinq atmosph.

Pierre Grandin aîné et Duvergier, 1824, treize cuves et huit chaudières de teinturerie, trois quarts d'atmosph.

Jean-Pierre Hayet fils et Collas, filature et fabrique ; 1821, trois atmosph. et demie.

Nicolas Bourdon et Petou, fabrique ; 1825, quatre atmosph.

Charles Louvet, fabrique ; 1826, quatre atmosphères.

Louis Delarue, fabrique ; 1825.

Chefdrue et Chauvreulx, fabrique ; 1822, trois atmosph.

Jean-Baptiste Suchetet, fabrique ; 1828, trois atmosph.

Hippolyte Join-Lambert.

Pierre Grandin et Duvergier.

Auguste Massé, 1821.

Inutile d'ajouter qu'aucune de ces premières machines à vapeur n'existe plus aujourd'hui.

M. Jean-Pierre Adam, fils de Pierre, rentier, rue de la Barrière, né en 1757, mourut le 21 juin.

M. Athanase Frété, propriétaire et débitant au hameau du Buquet, fut autorisé à faire célébrer la Sainte-Anne, tous les ans, par une fête assemblée dans sa propriété.

Alger fut pris le 4 juillet. Le dimanche qui suivit le 15, on chanta un *Te Deum* en l'église Saint-Jean, en présence des autorités locales, afin de célébrer ce brillant fait d'armes.

La Chambre consultative, sur une demande du ministre de l'Intérieur, dressa un rapport dont les termes furent arrêtés dans la réunion, tenue par cette compagnie, le 22 juillet. En voici la teneur :

« La fabrication des étoffes et particulièrement du drap a, depuis la Restauration, pris une extension remarquable. La matière première se trouvant répandue sur tout le sol, il est peu de départements où l'on n'ait cherché à la mettre en œuvre. Une concurrence active en est résultée; elle a développé les ressources de l'industrie, par la baisse des prix, l'usage du drap général.

« Dans ce grand mouvement, Elbeuf n'est pas resté en arrière, suppléant par un travail constant et son économie aux avantages que lui refusait la localité. Cette fabrique est devenue le centre de grandes opérations manufacturières ; tous les genres s'y sont naturalisés ; ses produits ont couru au-devant de tous les besoins et satisfont toutes les classes.

« En 1814, on comptait à Elbeuf deux dépôts de laine, soixante fabriques, trois teintureries, deux maisons de commission pour la draperie.

« Aujourd'hui la ville renferme neuf dépôts de laine, cent vingt-cinq fabriques, trente-six maisons de commission et dix teintureries. Trente machines à vapeur s'y sont élevées depuis une dizaine d'années. Une nouvelle route d'Elbeuf à Pont-de-l'Arche a facilité les communications et donné passage à deux messageries directes avec la capitale.

« On doit néanmoins convenir que cet état, prospère en apparence, n'a pas été favorable à la fabrique. L'industrie étrangère nous ayant devancés, nos manufacturiers, pour ne pas rester en arrière, ont été obligés de créer des établissements à grands frais. Le besoin de couvrir leur dépense les a portés naturellement à fabriquer davantage, et dès lors il n'y a plus eu de proportions entre les produits et la consommation. Enfin, les débouchés ne pouvant suffire aux résultats de la fabrication, les marchandises sont restées invendues et le cours s'en est établi à des prix désastreux.

« Pour faire cesser cet état de souffrance, qui atteint plus particulièrement les grands établissements, il serait à désirer que le gouvernement encourageât, par tous les moyens possibles, les débouchés à l'extérieur.

« Il faudrait aussi qu'Elbeuf pût soutenir la lutte sur les marchés étrangers. Là se présentent deux obstacles : la main d'œuvre trop élevée et les droits d'entrée sur les matières. Le premier, inhérent à la localité, serait difficile à combattre, mais le second exerce une influence plus fâcheuse.

« Etabli pour protéger les produits de notre sol, les droits n'ont répondu au but proposé qu'en suivant une progression ascendante dont rien ne présage le terme. Aussi l'étranger oublie-t-il le chemin de notre place, et, ne trouvant plus d'échange à faire, est devenu lui-même manufacturier. La prime accordée à l'exportation ne rétablit pas la balance : c'est au gouvernement à priser dans sa sagesse les réductions que pourraient supporter les droits sur les fus, les laines et les articles de teinture, de manière à concilier tous les intérêts.

« Il est un autre impôt sur lequel la Chambre insistera davantage, parce que les circonstances nouvelles le rendent plus onéreux. C'est le droit sur le charbon de terre. Le Nord de la France est obligé de s'approvisionner au dehors ; les mines d'Anzin ne fournissant qu'à la consommation locale. Les besoins, toujours croissants, ont occasionné une hausse marquante sur les prix et sur les frets ; elle s'élève à plus de 35 pour 100. La remise du droit ne serait qu'un léger dédommagement à un état de choses qui, pour Elbeuf seul, causera un surcroît de dépense de plus de 150.000 fr.

« Des plaintes se sont élevées contre la répartition actuelle du droit de navigation. Des commissions chargées de cette vérification ont reconnu qu'elles étaient fondées. La Chambre attend de la justice du gouvernement qu'il soit fait droit à ses réclamations, et qu'à l'avenir on perçoive sur le tonnage et non sur la longueur des bateaux. L'adoption de cette mesure amènerait une diminution dans le fret des charbons et serait un véritable bienfait pour la fabrique.

« L'absence de chutes d'eau a fait porter les fouleries sur des rivières situées dans un rayon de plusieurs lieues. Les chemins vicinaux qui y conduisent sont dans le plus mauvais état. Une route d'Elbeuf au Bourgtheroulde, et une seconde, de Pont-de-l'Arche à Fleury, rendraient un service important à la fabrique et ouvriraient un débouché aux productions des environs. Elles fourniraient, en outre, une ligne de correspondance plus directe entre Honfleur et Paris. Ces deux routes sont projetées : la Chambre réclame l'intervention du gouvernement pour en presser l'exécution ».

Le rapport se terminait ainsi :

« Le vœu général s'est prononcé pour la réformation du Code de commerce, titre des faillites : en se joignant à ce vœu, la Chambre exprime le désir qu'un travail approfondi sur la matière fasse reconnaître au législateur la nécessité d'interdire le commerce à tout homme qui aurait failli. Cette classe spéciale d'individus, n'ayant plus la crainte du déshonneur, s'expose impunément aux spéculations hasardeuses et devient pour ses concurrents le rival le plus dangereux.

« La Chambre appelle avec instance les nombreuses réclamations qui ont été adressées au gouvernement pour la revision de la loi qui régit les brevets d'invention.

« Une demande plus locale, est celle concernant la répression des vols de fabrique. La difficulté, pour des juges étrangers à nos opérations, de constater le corps matériel du délit soustrait le plus grand nombre des coupables à la vindicte des lois. Cette impunité est affligeante et mérite l'attention sérieuse du législateur. Ne serait-il pas possible de confier à d'autres membres de l'ordre judiciaire, aux prud'hommes, par exemple, le soin d'une instruction préparatoire, propre à éclairer la conscience des juges chargés de prononcer ?... »

A la séance municipale du 28 juillet, M. Laurent Patallier demanda l'érection d'une croix dans le nouveau cimetière ; mais le Conseil, à l'unanimité, décida de laisser ce soin au clergé.

Les 221 députés signataires de l'Adresse au roi avaient été réélus, à l'exception de 19, et ils étaient renforcés par 70 nouveaux membres de l'opposition. 82 ministériels de l'ancienne Chambre avaient échoué, et le gouvernement n'avait pu faire élire que 165 de ses candidats. On regardait donc le ministère comme incompatible avec la majorité ; cependant le calme resta parfait par toute la France.

Mais, le lundi 26 juillet, *le Moniteur* parut avec des Ordonnances du roi, qui supprimaient la liberté de la presse, dissolvaient la Chambre, changeaient la loi électorale et recomposaient le Conseil d'Etat. Ces célèbres Ordonnances mirent le feu aux poudres.

A Paris, l'agitation commença aussitôt après une protestation publiée par *le National*, *le Temps* et autres journaux, et le peuple jura de défendre la liberté de la presse ou de se faire tuer pour elle. On cria bientôt partout : « A bas les ministres ! A bas Polignac ! A bas les Ordonnances », et ces cris passèrent en province où ils se multiplièrent.

La révolution des 27, 28 et 29 juillet est connue de tous ; nous ne nous y arrêterons donc pas et ne parlerons que des faits se rattachant à notre ville, une de celles où les Ordonnances avaient soulevé le plus de colère et d'indignation.

On eut quelques détails sur les événements qui se passaient à Paris dans la matinée du 28 juillet. Aussitôt, M. Petou manda à son adjoint M. Devitry et à M. Turgis, de se trouver à trois heures de l'après midi, afin de conférer sur les mesures à prendre pour maintenir l'ordre dans la rue.

Il est probable que M. Turgis ne se présenta pas au rendez-vous, car il reçut l'après-midi du même jour, la lettre suivante signée du maire d'Elbeuf :

« Quoique vous ayez depuis longtemps donné votre démission des fonctions de commandant, l'autorité n'ayant pas pourvu à votre remplacement, et les circonstances exigeant, pour le maintien de la tranquillité locale, que la garde urbaine reprenne son service, je viens vous prier, M. le commandant, de vouloir bien donner des ordres pour qu'il soit établi ce soir, à l'hôtel de ville, un poste de ... hommes.

« Le service commencera chaque jour à .. heures du soir jusqu'à .. heures du matin.

« Il a pour but de veiller au maintien de l'ordre, de la tranquillité et de la sûreté intérieure. A cet effet, des patrouilles auront lieu dans l'intervalle des temps ci-dessus mentionnée; la direction en sera confiée aux sous-officiers titulaires ou, à défaut, à celui des citoyens composant le poste que vous aurez désigné.

« Il est essentiel que les chefs de poste soient bien pénétrés que ce service étant tout local et intérieur, les patrouilles ne pourront quitter le territoire de la ville.

« Je m'en rapporte, au reste, à votre prudence et à votre sagesse pour régler les diverses parties de ce service ».

Mais M. Turgis, connaissant l'esprit de la garde nationale, ne répondit point, et aucun poste ne fut établi.

Le maire donna également des instructions au commissaire de police, notamment sur la surveillance des étrangers qui viendraient en notre ville. Il le prévint également du rétablissement du poste, lequel serait à sa disposition en cas de besoin.

M. Petou s'adressa à peu près dans les mêmes termes au brigadier de gendarmerie, puis attendit les événements.

La population conservait des griefs contre le curé de St-Jean, à cause des refus d'inhumation dont nous avons parlé. Une cérémonie religieuse devait avoir lieu, le dimanche suivant, à l'extérieur de l'église, M. Petou invita le curé à rester à l'intérieur, afin de ne pas donner prétexte à des troubles.

Le 30, M. Petou prit l'arrêté suivant :

« Considérant que la gravité des circonstances nécessite que l'autorité locale prenne les mesures les plus propres à garantir le maintien de la sûreté et de la tranquillité publique ; qu'elle ne reçoit aucune instruction des autorités supérieures ; que dans cet état de choses, il comporte qu'elle s'entoure d'un conseil permanent composé de citoyens les plus intéressés à la conservation de l'ordre intérieur ; arrêtons :

« Une commission permanente se réunira à partir de ce jour à l'hôtel de ville.

« Cette commission sera composée de MM. Devitry, adjoint ; Robert Flavigny, membre des Conseil général et municipal ; Turgis, membres du Conseil d'arrondissement et commandant de la garde nationale ; Amable Corblin, doyen du Conseil municipal ; Henri Quesné, membre du Conseil municipal et commandant de la garde nationale à cheval ; Laurent Patallier, Victor Grandin, membres du Conseil municipal, et Augustin Henry, propriétaire ».

Quelques heures après, le maire envoya cet ordre au brigadier de gendarmerie :

« Le maire, vu l'effervescence populaire qui règne en ce moment et l'impossibilité matérielle d'opposer une résistance quelconque avec la seule brigade de gendarmerie maintenant à notre disposition. Attendu même que l'emploi de cette force pourrait causer les plus graves malheurs, sans aucun avantage pour le rétablissement de la tranquillité ; que ce n'est point avec cinq hommes, quelque dévoués qu'ils soient à leur devoir, que l'on pourrait maîtriser le mouvement populaire qui se manifeste en ce moment.

« De l'avis des principaux citoyens réunis en permanence à la mairie par nous ; ordonne au commandant de la brigade de gendarmerie de rester à l'hôtel de ville pour veiller à la sûreté des autorités présentement réunies.

« Ce 30 juillet 1830. — PETOU ».

Mesure inutile, car aucune tentative ne fut

faite contre l'administration municipale ; on poussa les cris de : « Vive la Charte ! A bas les Ordonnances ! » devant l'hôtel de ville, mais ce fut tout.

M. Devitry, adjoint, reçut de M. Petou la lettre suivante, datée du 31 juillet :

« Impérieusement obligé de partir à l'instant pour Paris, je viens vous en donner avis, pour que vous veuillez bien me remplacer dans mes fonctions de maire. Je vous prie aussi de prendre la présidence de la commission formée par mon arrêté en date d'hier.

« Je vois avec satisfaction que la tranquillité est rétablie et ne sera plus troublée, et qu'ainsi les fonctions que je vous laisse n'auront rien de pénible ».

L'adjoint, pour des motifs politiques probablement, n'accepta point les fonctions que M. Petou lui déléguait, car nous trouvons cette note sur le registre municipal :

« Nous, Louis Devitry, adjoint au maire, considérant que, par la force des choses, l'autorité administrative ne subsiste plus ; que par conséquent il n'est plus en notre pouvoir de prendre aucune mesure pour maintenir le calme et la tranquillité, objets de tous nos efforts ; déclarons, par le fait, cesser nos fonctions.

« Fait à Elbeuf, en l'hôtel de ville, le 31 juillet 1830. — Devitry ».

Aussitôt que cette démission lui fut connue, la commission provisoire prit cet arrêté :

« Vu la démission de M. Devitry de ses fonctions d'adjoint, lequel remplaçait M. le maire absent ; vu qu'aucun autre fonctionnaire municipal n'est en exercice.

« Attendu que dans cet état de choses, il

appartient aux principaux habitants de la ville de se constituer en administration provisoire, afin de veiller en l'absence de toute autorité régulière au maintien de l'ordre et de la tranquillité intérieure ;

« Les habitants soussignés ont résolu à l'unanimité de constituer une administration provisoire qui sera composée de vingt et un membres, qui vont être à l'instant élus...

« Deux scrutins ont eu successivement lieu et ont donné la majorité absolue aux citoyens ci-après nommés et dans l'ordre qui suit :

« MM. Devitry, Laurent Patallier, Auguste Henry, Nicolas Louvet, Lefort Henry, Louis-Robert Flavigny, Grémont, Join Lambert fils, V Grandin, Joseph Godet, Legrand-Duruflé, Joseph Flavigny, Louis Maille, Henry Quesné, Corblin, Prieur-Quesné, Brisson aîné, Robert Bourdon, Alph Sauvage, Eugène Sevaistre, Houllier ».

Le même jour, il fut décidé que trois des membres de la municipalité provisoire se trouveraient continuellement dans la salle des séances, et que trois réunions générales auraient lieu chaque jour, à huit heures du matin, une et sept heures du soir.

Les archives municipales conservent un procès-verbal dont voici le texte :

« Ce jourd'hui samedi 31 juillet 1830, nous soussignés, nommés membres de la commission provisoire administrative de la ville, par la réunion spontanée des citoyens présents à l'Hôtel de Ville, en l'absence de toute autorité régulière, nous sommes immédiatement assemblés audit hôtel, où, sous la présidence de M. Amable Corblin, doyen d'âge, nous avons procédé à l'élection d'un président et d'un secrétaire, au scrutin secret et à la majorité des suffrages.

« M. Augustin Henry, ayant réuni 14 suffrages sur 15, a été proclamé président de la commission provisoire. M. Victor Grandin, ayant obtenu 11 voix sur 15 votants, a été proclamé secrétaire de ladite commission.

« En conséquence, la commission provisoire, ainsi constituée et délibérant sur les mesures à prendre dans les conjonctures présentes, arrête à l'unanimité les dispositions suivantes :

« 1º Les fonctionnaires publics sont invités par la commission provisoire à continuer comme par le passé l'exercice de leurs fonctions.

« 2º M. Turgis, ex-commandant de la garde nationale, est invité à reprendre provisoirement le commandement de ladite garde.

« 3º Extrait du présent arrêté sera transmis, par les soins de M. le président, à chacun desdits fonctionnaires, ainsi qu'à M. le commandant provisoire de la garde nationale.

« 4º La commission provisoire se déclare en permanence à l'Hôtel de Ville.

« 5º La commission provisoire compte sur maintien de la tranquillité, sur le bon esprit des habitants, et sur le zèle et le dévouement de la garde nationale. De son côté, elle garan- à ses concitoyens qu'elle mettra tous ses soins à veiller à la sûreté de leurs personnes et de leurs propriétés.

« 6º Le présent arrêté sera affiché et publié aux lieux accoutumés... »

Suivent les signatures des membres de la commission provisoire.

Ce samedi-là, plusieurs manufacturiers firent la paie des ouvriers de la campagne un peu plus tôt, en les engageant à retourner chez eux tout de suite, et surtout à ne pas prendre part aux attroupements qui pourraient avoir lieu le soir où le lendemain dimanche.

Il y eut bien une circulation plus grande dans les rues et des groupes se formèrent à plusieurs reprises sur la place du Coq ; mais aucune manifestation sérieuse ne se produisit. On se borna à commenter les nouvelles, assez rares, venant de Paris, la démission de M. Devitry et la formation de la commission administrative provisoire.

Deux ou trois drapeaux tricolores, arborés à des fenêtres, furent cependant l'objet d'acclamations où fut mêlé le nom de Napoléon, mort depuis plus de neuf ans déjà.

FIN DU TOME VIII

TABLE DES GRAVURES

DU TOME VIII

   1. Restitution de l'ancienne rue Saint-Etienne (dessin de Mérovak) . . . . au titre
   2. Maison de la rue Saint-Jean où descendit Bonaparte. . . . . . . p. 96
   3. Portrait de Bonaparte, par l'Elbeuvien Delaunay . . . . p. 105
   4. Habitation souterraine au Nouveau-Monde. . . . . p. 124
   5. La maison à la Vierge et sa voisine, rue Saint-Jean. . . . . . p. 203
   6. La tondeuse de Georges Bass, en 1812 . . . . p. 286
   7. Le Puchot (dessin de Mérovak). . p. 356
   8. La tondeuse de Jonathan Ellis, en 1818 . . . . p. 421
   9. Le quai d'Elbeuf en 1819 . . . p. 442
   10. Le bassin de la Rigole . . . . p. 485
   11. Partie de la Seine où étaient les pontons pour le lavage des laines. . p. 493
   12. Plan de l'ancien château de Robert-le-Diable . . . . p. 530

Nota. — *Cette table servira d'avis au relieur.*

TABLE DES MATIÈRES

DU TOME VIII

I. (Du 11 Nivôse an VII au 10 Nivôse an IX. — 1800). — Affaires diverses. — Le citoyen Mathieu Frontin, fabricant. 16e maire d'Elbeuf. — Les barrières. — Dénonciation contre la municipalité ; réponse de celle-ci. — La fête du 1er vendémiaire. — La garde nationale. — Le Conseil municipal. — Nouveau projet d'un hospice général avec atelier national. — Adresse de la municipalité à Bonaparte . . . . p. 1

II. (Du 11 Nivôse au 11 Prairial an IX. — Janvier-Mai 1801). — Encore le projet d'un hospice général. — Adresse de la municipalité à Bonaparte. — On demande des routes sur Pont-de-l'Arche et Bourgtheroulde. — Proclamation de la paix ; fête à Elbeuf. — Le citoyen Parfait Grandin. — Création à Elbeuf d'une Commission de commerce; ses premiers travaux. . . . . p. 25

III. (Du 12 Prairial an IX au 10 Nivôse an X. — Juin-Décembre 1801). — Le préfet veut établir un octroi ; vive opposition de la municipalité ; vingt centimes additionnels. — La fête du 14 juillet. — Le citoyen P. N. Bourdon, délégué de la fabrique d'Elbeuf à Paris. — Les draperies anglaises. — Vœux de la Commission de commerce. — Projet de création d'une Bourse à Elbeuf. — Démissions municipales. — Nouvelles adresses à Bonaparte. — Projet de loi sur les manufactures. — Inondation par la Seine.   p. 44

IV. (Du 11 Nivôse an X au 8 Vendémiaire au XI. — Janvier-Septembre 1802). — Affaires municipales. — Un nouveau juge de paix — Le citoyen Prosper Delarue, fabricant, 17ᵉ maire d'Elbeuf. — Les premières draperies nouveautés. — Tondage mécanique des draps. — Crainte d'un traité avec l'Angleterre. — Troubles à l'occasion de l'installation du curé de Saint-Etienne. — Adresse de la fabrique au premier consul. — Mesures municipales en prévision de la visite de Bonaparte . . . . p. 68

V. (Du 9 Vendémiaire au 10 Nivôse an XI. — Octobre-Décembre 1802). — Exposition de draps à l'occasion du voyage du premier consul à Elbeuf ; dernières dispositions ; entrée de Bonaparte ; il soigne sa popularité. — A propos des armes d'Elbeuf. — Les puchots. — Installation du curé de Saint-Jean . . . . p. 89

VI. (Du 11 Nivôse an XI au 9 Nivôse an XII. — 1803). — Médaille commémorative du voyage de Bonaparte. — Affaires diverses de la fabrique drapière, municipales et du culte. — La guerre contre l'Angleterre ; discours du maire. — Les marques frauduleuses sur les draps. — Les moulins à foulon de Romilly. — L'ancienne garde d'honneur elbeuvienne de Bonaparte. — Statistique ouvrière. — Un matériel complet de filature. . . . . p. 110

VII. (Du 10 Nivôse an XII au 10 Nivôse an XIII. — 1804). — Création du Bureau de bienfaisance. — Fondation de la Chambre consultative. — Une adresse à Bonaparte. — Napoléon empereur. — Les fonctionnaires du canton d'Elbeuf. — Fouilles pour découvrir un gisement de marbre dans la forêt d'Elbeuf. — Le couronnement de l'empereur. — Mariage religieux d'un ancien prêtre.

— La petite vérole et la vaccination. — Fête commémorative de la visite de Bonaparte à Elbeuf. — Le service des inhumations . . . . . p. 126

VIII. (Du 11 Nivôse an XIII au 10 Nivose an XIV. — 1805). — Les prêtres d'Elbeuf. — Napoléon, roi d'Italie. — La première fête de l'empereur. — Encore la garde d'honneur elbeuvienne; les jeunes gens se dérobent. — Recrutement de l'armée ; lettre du maire aux curés des deux paroisses. — Le manque de numéraire. — Les Bulletins des armées. — Origine du tissage mécanique. . . . . p. 145

IX. (1806). — Rétablissement du calendrier grégorien. — Suppression de l'Arbre de la Liberté. — Réclamation de la fabrique contre l'Espagne. — La Saint-Napoléon. — Le Puchot. — Rétablissement du calvaire sur la place de ce nom. — Nouvelle tentative d'incorporation de jeunes bourgeois elbeuviens — La campagne d'octobre en Allemagne. — L'Exposition de 1806. — Marques distinctives sur les étoffes. p. 161

X. (1807). — Travaux de la Chambre consultative ; le transit des laines d'Espagne ; contrefaçon des draps. — Faits de guerre. — Attentat dans le bois des Essarts. — La paix de Tilsitt ; réjouissances à Elbeuf. — La fontaine du Sud. — Nouveaux conseillers municipaux. — La fête du 6 décembre ; chansons du cru elbeuvien ; Pierre-Félix Cauchois . . . . p. 177

XI. (1808). — Enquête sur le clergé. — Une nouvelle machine à tondre les draps. — M. Pierre-Henri Hayet, fabricant, 18ᵉ maire d'Elbeuf. — Le préfet Savoye-Rollin. — Questions de voirie ; largeur des rues. — Nomination de conseillers municipaux. — La guerre d'Espagne. . p. 195

XII. (1809). — Faits de guerre ; l'enthousiasme se refroidit. — Laines d'Espagne sequestrées ; offre à la fabrique elbeuvienne. — Arrivée de prisonniers autrichiens. — Enquête mystérieuse concernant les plus riches bourgeois d'Elbeuf. —

Surveillance sur les missions et les pratiques du clergé. — Origine de la Société des Anciens militaires. — Divorce de Napoléon. . . . . p. 207

XIII. (1810). — Mariage de Napoleon avec Marie-Louise. — Fête à Elbeuf; mariages d'après les ordres de l'empereur. — Enquête sur les membres du Conseil municipal. — M. Henri Delarue et le drapeau de l'ancienne garde d'honneur. — Ordre impérial de brûler les marchandises anglaises; félicitations à Napoléon, par la Chambre consultative . . . . p. 222

XIV. (1811). — Un rapport sur l'industrie elbeuvienne. - Naissance du roi de Rome; fête à Elbeuf. — Cherté des vivres et crise industrielle. — Encore le drapeau et M. Delarue. — Saisie du « Catéchisme » de Rouen. — L'indigo et le pastel. — Affaires diverses. . . . . p. 238

XV. (Janvier-Mai 1812). — Notre première Ecole primaire supérieure. — Chômage des ouvriers et cherté des subsistances. — Troubles à la halle. — Le Puchot. — Le sucre de betteraves. — Nouveaux troubles. — Le blé à 128 francs le sac. — Les soupes économiques. — La librairie à Elbeuf. — Un questionnaire industriel et commercial. — Saisie, à Louviers, de draps d'Elbeuf. . . . . p. 252

XVI. (Juin-Décembre 1812). — La disette continue. — Plainte adressée au ministre par les fabricants d'Elbeuf contre ceux de Louviers; les lisières jaunes. — Affaires diverses. — Création de fonds secrets pour la répression des vols de fabrique. — La conspiration du général Mallet. — Rétablissement de l'octroi. — La ville ne peut trouver une « rosière » pour le mariage annuel. — Plainte contre les fabricants de Caudebec. — Les tondeuses à lames hélicoïdales . . . p. 296

XVII. (1813). — MM Lefort et Petou députés vers le ministre. — Elbeuf offre cinq cavaliers à Napoléon; la vérité sur cette offrande — Nouvelle adresse à l'empereur. — Les assemblées cantonales. — Les beautés de l'octroi. — La bataille de Leipzig ; mort du général Bachelet-Damville, d'Elbeuf. — Adresse du Conseil municipal à Marie-Louise. — Nouveaux revers de Napoléon ; lettre de la Chambre consultative au ministre . . . . p. 287

XVIII. (Janvier-Mai 1814). — Tentative de levée parmi les bourgeois elbeuviens. — La campagne de France. — Arrivée de bateaux chargés de blessés ; embarras du maire. — La 1re cohorte de la 2e légion de la Seine-Inférieure (garde nationale d'Elbeuf). — Déchéance de Napoléon. — Louis XVIII. — Acte d'adhésion du Conseil municipal ; sa proclamation aux habitants. — Cuirassiers et carabiniers. . . . . p. 307

XIX. (Juin-Décembre 1814). — La fête de la paix. — Service expiatoire à la mémoire de Louis XVI. — La ravine des Carabiniers. — Le Conseil municipal vote une adresse à Louis XVIII. — A la Chambre consultative. — M. L.-A. Flavigny député auprès du roi. — La fête Saint-Louis. — Visite du sous-préfet à Elbeuf ; discours. — Mesures de police, politiques et religieuses. — La vaccine. — Nominations au Conseil municipal. . . . . p. 327

XX. (Janvier-Mai 1815). — La variole. — Le Puchot et la teinture. — Installation des nouveaux conseillers municipaux. — Adresse du Conseil au roi. — Le retour de l'île d'Elbe. — Lettre et proclamation anti-bonapartiste du maire d'Elbeuf. — Les Cent Jours. — Le Conseil municipal redevient impérialiste ; son adresse à l'empereur ; Napoléon le maintient en exercice. — Waterloo. — Arrivée à Elbeuf de nouveaux blessés . . . . p. 351

XXI. (Juillet-Décembre 1815). — La seconde Restauration. — Les Prussiens sont aux portes d'Elbeuf. — Deux régiments français quittent la ville. — On annonce l'arrivée de cavalerie anglaise. — Les Prussiens ; incidents. — La fête du roi. — Excuses du maire à un chef allemand. — 1.600 Prussiens à Elbeuf ; mesures de police. — Curieuse lettre du maire au préfet du département.................. p. 369

XXII. (1816). — Cherté des subsistances ; enquête. — Cérémonie expiatoire. — La navigation à vapeur ; premier service entre Elbeuf et Rouen ; l'*Elise*. — L'observance du dimanche. - Affaires politiques, industrielles et municipales. — Le chardon métallique. — Nouvelle saisie, à Louviers, de draps d'Elbeuf ; toujours la question des lisières................. p. 391

XXIII. (1817). — La première machine à vapeur. — Réorganisation de la garde nationale. — La disette continue. — Cherté du chardon cardère. — Construction du théâtre. — La boulangerie. — On craint des troubles. — Le tondage mécanique des draps. — Le Puchot et la Rigole. — Nouvelle dénomination des voies publiques. — Ouverture de la rue Lafayette. — Le duc d'Angoulême à Elbeuf......... p 412

XXIV. (1818-1819). — Les religieuses d'Ernemont. — Règlement pour le théâtre. — La place Royale (Saint-Louis). — La route de Pont-de-l'Arche et la Chambre consultative. — Ouverture de la rue du Maurepas. — Création du Conseil des prud'hommes. — Fondation de « la Providence ». — Affaires municipales. — La vaccine. — Création de la compagnie de pompiers. — Le nouveau plan de la ville......... p 430

XXV. (1820-1821). — Trouble au théâtre. — L'assassinat du duc de Berry ; service funèbre. — Les cercles elbeuviens. — L'esprit public. — Suppression des charités. — Lettres du maire. — Naissance du duc de Bordeaux ; fête à Elbeuf. — Encore la route de Pont-de-l'Arche. — Nouveaux attentats politiques. — Baptême de Henri V ; poésies de M. Pétou ; le transparent de M. Hayet. — La fontaine Saint-Georges. — Ouverture de la rue du Pré-Basile. — Manifestation politique au théâtre . . . . p. 446

XXVI. (1822-1823). — Affaires diverses. — Aventures d'une cloche ; brouille entre M. Hayet et le curé de Saint-Jean. — Histoire singulière d'un trésor. — La vente des journaux à Elbeuf. — M. Petou, manufacturier, 19ᵉ maire d'Elbeuf. — La tondeuse Taurin. — L'Exposition de 1823. — Installation de la nouvelle administration municipale. — Manifestations anti-royalistes. — Les lavoirs de laine. — Création d'un hospice de vieillards. . . . . p. 465

XXVII. (1824). — M. Petou est élu député. — Ouverture de la rue de la Prairie. — On monte des pontons lavoirs sur la Seine. — La duchesse de Berry à Elbeuf ; enthousiasme public ; accidents. — Ecoles publiques ; on ne veut pas de Frères. — Ouverture du chemin de Thuit-Anger. — Singulière prétention des fabricants de Louviers. — Mort de Louis XVIII ; service à St-Jean. — Charles X. — Adresse au nouveau roi ; inauguration de son buste à Elbeuf ; discours. p. 489

XXVIII. (1825). — Une enquête politique. — La loi du sacrilège ; l'opinion à Elbeuf. — Un assassinat. — Les déchets de fabrique ; adresse de la Chambre consultative au ministre. — La Saint-Charles. — Le général Foy. — Banquet de la garde nationale à cheval ; une enquête de police. . . . . p. 511

XXIX. (1826). — Augmentation du nombre de machines à vapeur. — Affaires de fabrique ; statistique. — Une série de crimes. — Double exécution capitale. — Affaires municipales. — Le rejet du droit d'aînesse ; enthousiasme à Elbeuf. — Ouverture de la place Saint-Louis. — Création d'une brigade de gendarmerie à cheval. — Faits extraordinaires. — Crise industrielle. — Nouveau service de bateaux à vapeur. — La future rue Bourdon . . . . p. 525

XXX. (1827-1828). — Voirie municipale — Mort de M. Hayet — L'industrie à Elbeuf — L'exposition de 1827. — Visite d'Elbeuf par la dauphine, duchesse d'Angoulême. — La malle-poste. — Projet de cimetière au Vallot. — Inventions. — M. Malteau et l'éclairage au gaz.   p 539

XXXI. (1829). — Création du Tribunal de commerce. — Crise industrielle. — Avis de la Chambre consultative sur l'achat d'échantillons de draps anglais. — Affaires de politique générale. — L'octroi est directement exploité par la Ville. — Le curé de Saint-Etienne et le maire d'Elbeuf; enterrement civil. . . . .   p. 561

XXXII. (Janvier-Mai 1830). — Explosion d'une chaudière. — Evénements politiques; les 221. — Les machines à vapeur. — La fabrique d'Elbeuf depuis la Restauration; la Chambre consultative; ses desiderata. — La Révolution de Juillet. — Mesures pour le maintien de l'ordre à Elbeuf. — Administration municipale provisoire. — M. Aug. Henry, médecin, président de la municipalité, 20ᵉ maire (provisoire) d'Elbeuf.   p. 573

Table des gravures . . . .   p. 591

FIN DE LA TABLE

Elbeuf. — Imprimerie H. SAINT-DENIS.

www.ingramcontent.com/pod-product-compliance
Lightning Source LLC
Chambersburg PA
CBHW071155230426
43668CB00009B/962